JN242170

ANCIENT
ROME
THE DEFINITIVE VISUAL HISTORY

古代ローマ帝国大図鑑

河出書房新社

ANCIENT
ROME
THE DEFINITIVE VISUAL HISTORY

古代ローマ帝国大図鑑

アンドリュー・ジェームズ・シレット／マシュー・ニコルズ［監修］
Andrew James Sillett／Matthew Nicholls

本村凌二［日本語版監修］

辻元よしふみ［訳］

辻元玲子［監訳］

河出書房新社

DK | Penguin Random House

Original Title: Ancient Rome: The Definitive Visual History
Copyright © 2023 Dorling Kindersley Limited
A Penguin Random House Company

Japanese translation rights arranged with
Dorling Kindersley Limited,London
through Fortuna Co., Ltd. Tokyo.

For sale in Japanese territory only.
Printed and bound in UAE

www.dk.com

古代《こだい》ローマ帝国《ていこく》大図鑑《だいずかん》

2024年10月30日　初版発行
監修
アンドリュー・ジェームズ・シレット／
マシュー・ニコルズ

日本語版監修
本村凌二

訳者
辻元よしふみ

監訳
辻元玲子

装丁者
岩瀬聡
発行者
小野寺優

発行所
株式会社河出書房新社

〒162-8544　東京都新宿区東五軒町2-13
電話(03)3404-1201［営業］　(03)3404-8611［編集］
https://www.kawade.co.jp/

組版
株式会社キャップス

Printed and bound in UAE
ISBN978-4-309-22923-2
落丁本・乱丁本はお取り替えいたします。
本書のコピー、スキャン、デジタル化等の無断複製は著作権法上での
例外を除き禁じられています。
本書を代行業者等の第三者に依頼してスキャンやデジタル化することは、
いかなる場合も著作権法違反となります。

contents

1 王政ローマ
紀元前753–前509年

2 共和政ローマ
紀元前509–前133年

3 共和政の危機
紀元前133–前27年

4 帝国の最盛期
紀元前27–紀元後192年

5 移行期の帝国
紀元後192–395年

6 西ローマ帝国の滅亡
紀元後395–476年

執筆者

監修

アンドリュー・ジェームズ・シレット

オックスフォード大学のラテン文学とローマ史の学科講師であり、ブラセノーズ大学とセント・ヒルダ大学で教鞭をとっている。ローマ帝国初期のマルクス・トゥッリウス・キケロの受容について博士論文を書いた。主にキケロの生涯と作品に焦点を当てており、共和政後期ローマの文学、歴史、政治、哲学を参照している。

マシュー・ニコルズ

オックスフォード大学セント・ジョンズ・カレッジの上級チューターで、レディング大学の古典学の客員教授である。

ニコルズ教授は、ローマ世界の知的文化と公共図書館について広く書籍を出版している。彼はまた、古代ローマの3Dデジタル・モデルを開発し、本書に提供しているほか、レディング大学で人気のあるオンライン・コースで使用し、いくつかの教育賞を受賞している。

執筆および専門監修者

ローラ・エイトケン＝バート

オックスフォード大学で古典考古学と古代史を学んだ後、ロンドンで古典、歴史、政治を教えている。考古学者で歴史教科書の著者でもある彼女は、放送や印刷メディアの歴史コンサルタントとしても活動している。教室の外では、研究、執筆、インタビュー、ドキュメンタリーを通じて、見過ごされてきた物語をより広い公共の場に持ち込もうとしている。

アレックス・アントニオ

オーストラリアのアデレード大学で古代史の修士号を取得。オックスフォード大学ユニバーシティ・カレッジで古代史の博士号を取得した後、オックスフォードの古典学部の准研究員を務める。彼の研究は、ローマの神権、イタリア半島における皇帝崇拝の証拠、ローマと帝国の宗教におけるプロディジー（驚異あるいは奇妙な自然現象）の役割に焦点を当てている。

ジェレミー・アームストロング

オークランド大学の古典と古代史の准教授。古代イタリアと初期ローマを専門とし、研究対象には、共和政のより広い歴史と考古学、古代戦争、国家形成、経済、歴史学が含まれる。産業、経済、国家崇拝など、初期ローマ社会の側面も探究している。

ケビン・フィーニー

ニューヨーク大学のローマ史のファカルティ・フェローで、オックスフォード大学トリニティ・カレッジで学士号と修士号を取得した後、イェール大学で博士号を取得。コネチカット州のフェアフィールド大学で古典研究の客員准教授を務める。彼の研究は、後期ローマ帝国の政治史、法律史、行政史、および古代後期の宗教史と社会史に焦点を当てている。

リズ・グロイン

ロンドン大学ロイヤル・ホロウェイ校でラテン語と文学を講じている。彼女の研究は、特にフェミニストの観点から、馴染みのあるテキストへの革新的なアプローチに着目し、ラテン文学、哲学、およびジェンダー研究の間の交差する地点に光を当てている。また、現代のメディアにおける古代世界の表現を専門としている。

キーレン・ジョーンズ

ウォリック大学の古典学および古代史学科で博士号を取得し、ブリティッシュ・アカデミーで勤務。彼は論文で、セウェルス朝の皇帝の碑文表現の調査結果を示した。ほかにも古代における集合的記憶の研究、古代都市における芸術と建築の政治的使用、現代文化における古代指導者の表現が関心領域に含まれる。

オリビア・トンプソン

オックスフォード大学コーパス・クリスティ・カレッジで古典を学び、オックスフォードのベリオル・カレッジでギリシアおよびローマ史の修士号を取得。現在は、ローマの政治的議論における家計管理のレトリックを研究し、古代史の博士課程に在学中。彼女の研究対象は、共和政と帝政初期の政治史、社会史、文化史、および学問の歴史に及んでいる。

▷ **イチジクの木のフレスコ画**
ポンペイの果樹園の建物に描かれたフレスコ画は、後1世紀のもの。生い茂るイチジクの木に蛇が巻き付いている様子が描かれており、繁栄と再生を象徴している可能性がある。

△1937年にアンティオキア（現在のトルコ）近郊のダフネ・ハルビエにある別荘の遺跡で発見されたモザイクの床。中央の女性は伝統的な春の擬人化で、花冠を被り、左の肩にも花の装飾がある。

はじめに

アンドリュー・ジェームズ・シレット

ローマ帝国最盛期の勇敢な航海者たちは、イングランドからイラクまで、黒海からジブラルタル海峡まで、ドナウ川沿いのウィーンからナイル川沿いのアスワンまで、ローマの領域内だけを行くことができた。

ローマ帝国を横断するとは、ネットワークを介して移動することであった。解放奴隷の労働者から皇帝その人まで、すべての市民が好意と義務、相互主義の複雑な関係で結ばれたシステムである。このような関係の形成、結果として生じるローマ世界の人々と風景の変容、そしてその世界に住んでいた人々の声と経験を伝えること。それが本書の主題である。

私たちはローマによる征服とか、文化的な「ローマ化」の話を聞き慣れているが、私たちが語らなければならない物語は、交渉とか適応の類である。ローマ人のように見える、着こなす、振る舞う、建てる、といったことの意味は、時代や地域によって常に変化した。皇帝アウグストゥスの広場のきらめく大理石は、共和政の創設者にとっては考えられないほど異質に見えたことだろう。一方、ローマ初期の市民が頻繁に訪れた寺院にあるユピテル、ユノ、ミネルウァの素焼きの像は、コンスタンティノープルの街とキリスト教のアイコンに慣れていたテオドラ皇后にとっては、原始的で異端的に見えたであろう。そして、我こそは他の誰よりもローマ人である、などと主張できる者はいないのだ。

「ローマ」文化とは、武力紛争と交渉による解決を通じて築かれた一連のハイブリッドであった。この本は、ローマを地域文化の破壊者および粉砕者として概念化するのではなく、ローマ人独自のアイデンティティが、他の人々との交流を通じてどのように発展し、彼らが出会った人々の宗教的および社会的伝統によっていかに形作られたか、を示すことを主眼とする。この本が見出すローマが、才能と創意工夫の活気に満ちた文化力を反映していることを願っている。

マシュー・ニコルズ

古代ローマには、強烈な視覚文化があった。壮大な公共の建物は、その都市や街を特徴づけた。都市の邸宅、アパート、田舎の別荘などの個人の住居には、ローマ様式のフレスコ画やモザイクが施されていた。帝政期には、硬貨や彫像が皇帝の肖像画を広大な帝国の隅々にまでもたらした。ローマ人は、肖像芸術の自然主義的なスタイルと、ギリシア人の古典建築の様式を取り入れたのである。

彼らはまた、人間の可能性と神との関係の表現として、ギリシア芸術と見方を共有した。帝国の規模と繁栄が拡大するにつれて、ローマ人は他の多くの影響を吸収し、経済的なコンクリート構造を使用して水道橋、浴場、港、その他を前例のない規模と洗練さをもって建設し、独自のエンジニアリングと建築技術を開発した。ローマ自体は約100万人の都市に成長し、住居、食事、娯楽を提供し、新鮮な水を運び、廃棄物を取り除くためのインフラが整備されたのだった。

私の研究と教育の仕事では、古代の文献と地図、考古学、碑文、コインの画像を含む文書および視覚資料の研究に基づいて、3Dデジタルで再構成した画像を作成し、使用している。この本のために、私はプロのアーティストやデザイナーと協力して、これらの再構成画像のいくつかに命を吹き込み、ローマ人がどのように生活し、働き、建設したか、そして彼らの首都——その最も重要な都市のいくつかの印象的な建物——は彼らにはどう見えていたか、を視覚化するべく、新しく鮮やかな方法を提示した。本書のCGIアートワークが、選ばれた豊富な他の画像とともに、古代ローマ世界とその住民の建築、工学、芸術的成果、日常生活についての新しい洞察を提供してくれることを願うものである。

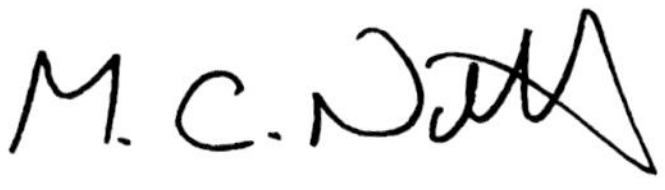

統治者たちの年表

王、コンスル（執政官）、そして皇帝たちがローマの歴史をリードした。彼らは概ね有力氏族の同じ家門から現れたが、2世紀までには、皇帝になろうとする場合、しばしば家名よりも軍事力が重要になった。

ローマ王政期

紀元前753－前509年

伝説によれば、ローマの初期は7人の王によって統治された。都市は彼らの政権下で成長したが、最終的に君主制は拒否された。

ロムルス（前753–前715）
ローマという名は、伝説的なこの創設者の名にちなんで名付けられた。

ヌマ・ポンピリウス（前715–前672）

トゥッルス・ホスティリウス（前672–前640）

アンクス・マルキウス（前640–前616）

ルキウス・タルクィニウス・プリスクス（前616–前578）
ルキウスは、3人のエトルリア人の王の初代である。

セルウィウス・トゥッリウス（前578–前534）
ローマのセルウィウス城壁の建設者であり、ローマ初の硬貨も導入した。

ルキウス・タルクィニウス・スペルブス（前534–前509）
不人気な「誇り高きタルクィン」はクーデターで権力を失い、ローマ最後の王となった。

ローマ共和政

紀元前509－前27年

君主制が廃止されると、都市を監督するために毎年2人のコンスルが選出された。共和政時代にはのべ1000人以上のコンスルが出た。以下は最も注目される一部の人物である。

ルキウス・ユニウス・ブルートゥス（前509）
共和政の創設者の一人であるブルートゥスは、同年、自らが設立に貢献した国家を守るべく、戦死した。

スプリウス・カッシウス・ウェセリヌス（前503、前495、前486）
カッシウスは成功した人気のある将軍だった。だがそれゆえに、クーデターを企てたとして、前485年に処刑された。

アッピウス・クラウディウス・サビヌス・レギッレンシス（前495）
プレブス（平民）の権利に保守的に反対した彼の子孫には、ユリウス＝クラウディウス朝の皇帝ティベリウス、カリグラ、クラウディウスが含まれていた。

ルキウス・クィンクティウス・キンキンナートゥス（前460）
共和政の美徳のモデルであるキンキンナートゥスは、危機の際にローマ軍を指揮する最高権力を与えられた。敵を倒した後、彼は自発的に大権を放棄して農場に戻った。

マルクス・フリウス・カミルス（前401、前398、前394、前386、前384、前381）
コンスルを6回、独裁官（ディクタトル）を4回も務め、4回の戦争の勝者であるカミルスは、軍事的勝利と並び、平民のコンスル選出を可能にした政治改革により、ローマの「第2のロムルス」と呼ばれた。

アッピウス・クラウディウス・カエクス（前307、前296）
ローマ初の水道橋と舗装道路の建設者で、解放奴隷の息子が元老院議員になることを認める法律も導入した。

プブリウス・コルネリウス・スキピオ・アフリカヌス（前205、前194）
スキピオは、第2次ポエニ戦争でローマの大敵ハンニバルを打ち負かした。

ガイウス・マリウス（前107、前104–前100、前86）
偉大な軍事指導者であり、7回もコンスルを務めた。彼のその後のキャリアは、ローマの将軍スラとの激しい競争によって特徴付けられた。

マルクス・トゥッリウス・キケロ（前63）
反乱貴族カティリナによる権力掌握の陰謀を暴き、コンスルとしてローマを「救った」。その後、ユリウス・カエサルの殺害に続く内戦で、マルクス・アントニウスの命令で暗殺された。

ガイウス・ユリウス・カエサル（前59、前48、前46–前45、前44）
特に成功した将軍であり、正式に終身独裁官に任命された初のローマ人である。

ローマ帝政期

紀元前27－紀元後476年

帝政期には、あらゆる種類の統治者たちが広大な領土を支配した。その過程で、権力はローマから東に移った。

アウグストゥス（前27–後14）
40年間君臨したローマの初代皇帝。ユリウス＝クラウディウス朝を創設した。

ティベリウス（14–37）
ローマ市民に不評だった彼は、26年にカプリ島から帝国を統治した。

カリグラ（37–41）
彼の残虐行為と行き過ぎた行いは、軍の将校、元老院議員、廷臣のグループによる暗殺を招くことになった。

クラウディウス（41–54）
ブリタンニアの一部を征服して帝国を拡大した。

ネロ（54–68）
皇帝として初期に結んだ公約は反故にされ、反乱に直面して自殺した。

「四皇帝の年」（68–69）
帝国内の各地域の軍団を率いるガルバ、オト、ウィテッリウス、ウェスパシアヌスが立て続けに即位を宣言した。

ウェスパシアヌス（69–79）
彼が設立したフラウィウス朝（息子のティトゥス［79–81］とドミティアヌス［81–96］を含む）は、エルサレムを征服し、コロッセウムを建設した。

ネルウァ（96–98）

トラヤヌス（98–117）
帝国領土は彼の統治下で最大の規模に達した。

ハドリアヌス（117–138）
ハドリアヌスの長城を築き、パンテオンを再建した。

アントニヌス・ピウス（138–161）

マルクス・アウレリウス（161–180）
ストア派哲学の古典である『自省録』を書いた。彼の治世の一部は、養子の兄弟であるルキウス・ウェルス（161–169）、息子のコンモドゥス（177–192）と共同統治した。

◁ウェスパシアヌス帝
実の息子に直に帝位を世襲させた初の皇帝。

ローマ人の名前の習慣

ローマ人男性には少なくとも2つの名前があった。プラエノーメン（名前）とノーメン（姓、あるいはゲンス［氏族］名）である。多くの男性は第3の名前としてコグノーメンを持っていた。これはニックネームまたは家系の支族を示すものだ。たとえば、政治家のプブリウス・コルネリウス・スキピオは、コルネリウス一族のプブリウスであり、「スキピオ」は、勝利を収めた将軍が携行する杖を意味するラテン語に由来する。スキピオは前202年に現在のチュニジアで起きたザマの戦いでハンニバルを破り、これを記念してアグノーメンという2番目のコグノーメンを授与された。アフリカの「征服者」を意味するアフリカヌスである。

△「背教者」として知られる皇帝ユリアヌス（右側に座っている人物）は、キリスト教化が進む帝国に伝統的な信仰を復活させようとして失敗した。

「五皇帝の年」（193）
ペルティナクス、ディディウス・ユリアヌス、ペスケンニウス・ニゲル、クロディウス・アルビヌス、およびセプティミウス・セウェルスの5人が皇帝の称号を名乗った。

セプティミウス・セウェルス（193–211）
アフリカ出身の最初の皇帝であり、セウェルス朝の創始者。彼の治世の一部は息子のカラカラおよびゲタと共同統治した。

カラカラ（198–217）
帝国のすべての自由人に市民権を与えた。彼は共同統治者であるゲタ（209–211）を殺害した。

マクリヌス（217–218）

ヘリオガバルス（218–222）

セウェルス・アレクサンデル（222–235）
セウェルス朝の最後の支配者。

「3世紀の危機」（235–284）
セウェルス・アレクサンデルの死により不安定な時代が始まり、帝国はガリア、パルミラ、ローマの3帝国に分裂した。パルミラは、この期間中に20人以上の皇帝が即位した後、ほぼ崩壊した。

アウレリアヌス（270–275）
この時代の最も著名な皇帝で、パルミラ帝国とガリア帝国を征服して帝国を再統一した。彼はまた、ゲルマン人の侵略者から街を守るために、ローマのアウレリアヌス城壁（現存）を建設した。

ディオクレティアヌス（284–305）
3世紀の危機を終わらせた。286年に帝国を2つに分割し、西帝国をマクシミアヌスに与えた。そして293年にテトラルキア（四帝分治制）を確立した。

マクシミアヌス（286–305：西）

コンスタンティウス1世（305–306：西）

ガレリウス（305–311：東）

セウェルス（306–307：西）

マクセンティウス（306–312：西）
元老院は彼をイタリアと北アフリカの皇帝として認めたが、四帝分治制の下での正統性はないと見なされた。

コンスタンティヌス1世（306–337）
彼は対立する皇帝マクセンティウスと、（後に）リキニウスを破り、324年に唯一の皇帝になった。コンスタンティノープルを設立してキリスト教に改宗し、東方に新しいキリスト教帝国を確立した。

西ローマ帝国の崩壊（337–476）
337年にコンスタンティヌス1世の治世が終わった後、西帝国は力を失い、ゲルマン人の侵略と政治体制の崩壊にさらされた。以下は、この時代の最も著名な、あるいは名ばかりの皇帝たちの一部である。

コンスタンス1世（337–350：西）
コンスタンティヌスの息子たちは、その死後、コンスタンス1世とコンスタンティヌス2世（337–340：西）が西を共同統治し、東はコンスタンティウス2世が治める形で、帝国を分割した。340年、コンスタンス1世はコンスタンティヌス2世を破って唯一の西ローマ皇帝となったが、ゲルマンの将軍マグネンティウスに殺された。

コンスタンティウス2世（337–361）
353年に簒奪者マグネンティウスを破り、一時的に帝国を再統一した。

ユリアヌス（361–363）
伝統的なローマの宗教を復活させようとしたが、後継者であるヨウィアヌス（363–364）はすぐにキリスト教を国教に復活させた。

ウァレンティニアヌス1世（364–375：西）
帝国の統治は彼の支配下で再び分裂した。彼は弟のウァレンスに東部の属州を与え、西部は保持した。

ウァレンス（364–378：東）
彼がアドリアノープルの戦いで死んだことにより、いわゆる「侵略の時代」が始まった。

テオドシウス1世（379–395）
東西の両方を支配した最後の皇帝である。彼は2つの内戦に勝利し、キリスト教の宗教改革を監督した。

ホノリウス（393–423：西）
彼の統治により、西ゴート人が410年にローマを略奪した。

ウァレンティニアヌス3世（425–455：西）
彼は6歳で皇帝になった。彼の母親、ガッラ・プラキディアは12年間、摂政を務めた。

レオ1世（457–474：東）
ラテン語ではなくギリシア語で立法した最初の皇帝。

ロムルス・アウグストゥルス（475–476：西）
西ローマ帝国最後の皇帝。ゲルマン人の将軍に追放され、将軍が王として君臨した。

ビザンツ帝国（330–1453）
東ローマ帝国は、以後もビザンツ帝国として1000年の間、存続したが、西ヨーロッパは新しい勢力が支配するようになった。

凡例

統治者の年数は在職・在位年を示す。
皇帝の年数にある「西」は西皇帝、「東」は東皇帝を示す。

◁**女性の奉納頭**
このエトルリアの例のような
奉納頭は、前6世紀には、
神々への供物に添えるために
寺院に置かれた。
かつては耳からイヤリングが
下がっており、顔料の痕跡から、
髪は真っ赤だったことが
わかっている。

1

王政ローマ

紀元前753－前509年

伝説の中で生まれた街

ローマは軍神マルスの息子によって設立され、その民はギリシアの伝説の英雄の子孫であるから特別である——少なくともそれが、この街の初期の年代記作家が伝えたかった物語である。記述された出来事から1000年の後まで、ローマの最初の歴史家は（彼ら自身が認めたように）歴史と神話を分かちがたい方法で混交していた。ここで浮かび上がるのは、継続性とモス・マイオルム（先祖の流儀）の原点たるローマ、という考え方だ。同様に、ローマの機関や公職は、それらを具現化したものである、と力説されている。その多くは、都市の最初の支配者である7人のレゲス（王たち）の下で定められたものである。

神話と現実の分離

ローマの宗教的、政治的、社会的構造はどのように機能したのか。その知識の多くは、世代から世代へと口承され、その中で、時代のニーズに合わせて適応された可能性が最も高い。こうした知識は、前2世紀から書き留められるようになった。人々はその時代と共鳴する方法で、都市の過去を理解しようとした。共和政時代には、人民による政府を支持して君主権力を否定するという解釈があり、帝政時代のローマの歴史家は、おそらく1人の権力者による支配をあまり評価していなかった。

同様に、ローマの7人の王は、それぞれ理想的なローマの側面を説明する性格を帯びている。ヌマは哲学的で、トゥッルス・ホスティリウスは好戦的、という具合に。ローマの著述家たちは、この時代を他の時代とは異なる方法で扱ったようだ。一般的にはありそうもないような、そして後のローマ人が確実に知ることは不可能であるような詳細な記述に満ちている。たとえば、ローマの創始者は本当にロムルスだったのだろうか？　そして、彼は幼い頃、兄のレムスと一緒に雌狼から乳を与えられたのだろうか？

最新の評価と理解

ローマの王政時代に対する今日的解釈は、考古学的証拠の研究と、文学的情報源の批判的分析を組み合わせることで形作られている。これらの情報源は、より広範な傾向に言及し、ローマの社会的および政治的複雑さの増大と、前6世紀の都市のエリート氏族の間の緊張の高まりなどを解き明かす。ローマは前6世紀に、主要な都市拠点として出現し始めた、というのが考古学の支持する見解で、ローマの歴史は、この期間中の、より広いイタリア中部の物語の文脈の中で、理解されなければならないことは明らかである。

一方文学は、ローマの起源からアイネイアース、ロムルス、タルクィニウス、ブルートゥスの物語を通して、そのアイデンティティの成長に焦点を当てる。これは、ローマに「高貴な」起源を割り当てようとした、後の視点を反映している可能性がある。それはまた、ローマ人の物語を、より広い地中海世界の実在、または捏造された祖先に結びつけ、その遺産と名声の一部を流用する試みであった可能性もある。実際のところ、王政時代のローマは、住民が移り変わる地域に数多あるコミュニティの一つだった。ローマはプラエネステやカエレなどのエトルリアの都市国家を含む近隣諸国の間で、主導的な勢力として台頭した。王政から共和政に移行した後の世代はおそらく、神話と比喩が混交した物語を通して、これを説明しようとしたのである。

◁**雌狼がロムルスとレムスに乳を与える**

前1150年頃　伝説によれば、トロイア戦争の戦士アイネイアースがイタリアに現れ、ラウィニウムを開設する。

前1100年　この頃、アイネイアースの息子のアスカニウスがアルバ・ロンガを建設する。

前775年　アルバ・ロンガの王女レア・シルウィアが、軍神マルスを父とするロムルスとレムスの兄弟を生む。

前753年　ロムルスを初代の王とする伝説上のローマの建国。

初期のイタリア地図
この地図はローマ王政期の主要地域と都市拠点を示す。人々は土地から土地へと移動し、定住することで時を経て都市が出現した（最終的に最も成功したのはローマである）。

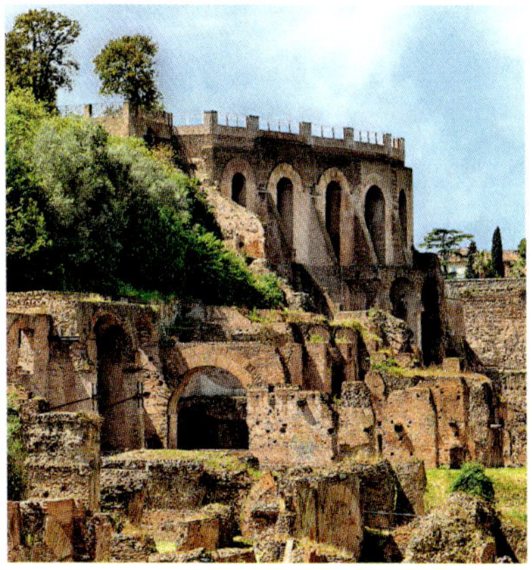
❶ ローマ最初の定住地、パラティヌスの丘

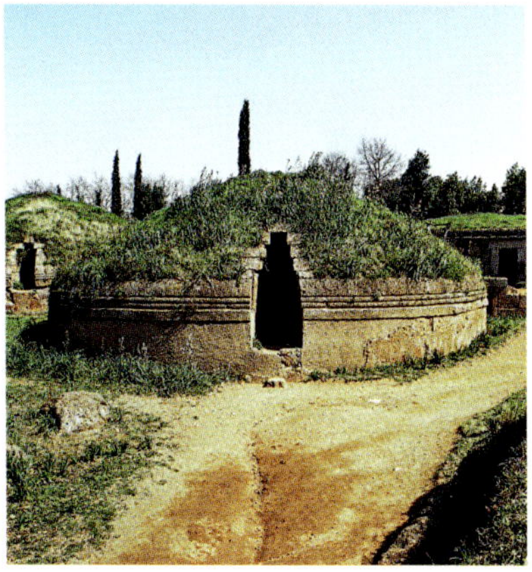
❷ カエレのネクロポリス
（現在のチェルヴェテリ）

❸ プラエネステのフォルトゥナ女神の聖所

前715年 ヌマ・ポンピリウスが2代目の王となる。

前672年 トゥッルス・ホスティリウスが3代目の王となる。

前640年 アンクス・マルキウスが4代目の王となる。

前616年 ルキウス・タルクィニウス・プリスクスが5代目の王となる。

前578年 セルウィウス・トゥッリウスが前国王を殺害し権力を握る。

前534年 ルキウス・タルクィニウス・スペルブスが王位を奪う。

前509年 ブルートゥスとコラティヌスがタルクィニウスを解任し、共和政を開始。

前495年 追放された最後のローマ王、ルキウス・タルクィニウス・スペルブスが死去。

イタリアの鉄器時代

ローマの起源、粗末な入植地から都市拠点に

初期ローマの起源は、小さな集落から都市拠点になるまで、安定した人口を維持せず文化の中心地でもなかった。しかしイタリア鉄器時代後期に、徐々にコミュニケーションと交易の重要な都市拠点となっていった。

△フィーブラ
前7世紀のこの青銅製のフィーブラ（留め具）は、通常、衣服を固定するために使用されていた。しばしば右肩に着用され、よく墓で発見される。

帝国が誕生する前、ローマはイタリア中部の多くのコミュニティの一つにすぎず、人口の増減は比較的、流動的だった。一部の家族や個人は、都市が成長した場所に永住したかもしれないが、コミュニティのほとんどの人は、おそらく出入りが激しかった。特に初期の時代には、自己完結型の安定した集落ではなく、交易の中心地だった。これに照らして、それを取り囲んだもっと広い地域の文脈で、初期ローマを見ることが重要である。

イタリアの鉄器時代

前900年頃、イタリア鉄器時代の開始時に、考古学的記録は「ヴィッラノーヴァ社会」の出現を示している（17頁コラムを参照）。この社会は、以前の青銅器時代の文化から出現し、エトルリア人やラテン人（ローマ人を含む）として知られる人々へと発展していく。ヴィッラノーヴァ人が自分たちを何と呼んだか、彼らが単一の文化または個別の文化として自覚していたかどうかは不明である。彼らは独特の遺物を残したが、しかし——最も顕著なのは特徴的な埋葬法で、小さな小屋の形をした壺に、火葬された死者の遺灰を入れたのである。ヴィッラノーヴァ人に関する証拠のほとんどは埋葬物から得られたものだが、時間の経過とともに、特にエトルリアでは都市拠点でゆるやかな発展があったことが見られる（20–21頁を参照）。初期のコミュニティは、地元の産業や農業の中心地として機能し、安定した埋葬地でもあったらしい小屋の、緩やかな集合体で構成されていた。少し後の時代の遺物によると、寺院の建設が始まったとき、これらの集落は宗教の中心地や市場としても機能した。しかし、それらは常に、都市圏外で多くの動きと活動が見られる、はるかに大きく変化する環境の中で存在していた。これは、市場や経済地区の活動と同等のダイナミックなものであり、広域から訪問者を惹きつけた。

ギリシア人と地中海広域

前8世紀までに、都市拠点は地中海全体で変化し、進化し続けていた。それらはますます実態をもって安定し、独自の永続性とアイデンティティを獲得し始めた。イタリアでは、入植地を中心に、より特徴的な地域文化が発展し始めた。これらは、エトルリア人やラテン人などの文化の台頭に関連している。

薄いブロンズ屋根で、叩き加工の装飾がある
遺灰はこの開閉可能なドアの後ろに置かれる

▷小屋形の壺
前8世紀にさかのぼる、この精巧なブロンズ製の小屋形の壺は、ウルキのもの。壺は、ヴィッラノーヴァ人が実際に住んでいた小屋についての手がかりを提供する。

角は、アスコスが雄牛の形であることを示している

戦士は兜を被り、背中に盾を背負っている

◁**ベナッキのアスコス**
このアスコス（酒器）は、ボローニャのベナッキ墓地遺跡で発見された。前8世紀の器で、雄牛のような形をしており、上に騎乗する戦士が取っ手になっている。

陶器と青銅器の両方に共通する彫刻装飾

先のヴィッラノーヴァ人のように、これらの文化はより広範囲で連続する発展の一部であり、それらは物質文化の変化によって区別される。これらの人々が何を考え、どのように自分自身を特定したかを示す文書による証拠が見つかるのはずっと後のことだろう。

この入植地と文化の変化は、イタリア南部のギリシア植民地でも見られることだ。前750年頃、ギリシア人はシチリア島だけでなく、海岸沿いにも入植地を作り始めた。

ギリシアの人々は常にイタリアと接触しており、その逆も青銅器時代からあった。しかし前750年頃、本土のギリシア人は都市に関して明確で具体的な共同体意識を発達させ始めた。これはこの時期にイタリアを旅行した人々がもたらした考えである。

これらの都市部は、独特の物質文化を維持し、東地中海とのつながりを強化する一方で、イタリアでの交流のハブ（中継地）としての役割も果たした。イタリア人は、他のギリシア人や地中海を越えた人々と同様に、それらを通って移動した。

地理的なハブ

鉄器時代の大半において、ローマは比較的小さく、さして重要でないコミュニティだったようだ。しかし、この地は北のエトルリアと南のラティウムの間の移動を制御するティベル川の重要な交差点に位置するため、交易網が進化するにつれて規模が大きくなり、注目度も高まった。地域的には、すべての道が本当にローマに通じていたため、ローマは自ずとイタリア中部の強力な社会的、政治的、経済的ネットワークの拠点として出現したのである。

ヴィッラノーヴァ文化の発見

1853年、ジョヴァンニ・ゴッツァディーニ伯爵は、イタリアの都市ボローニャ近くの自らの領地で、発掘調査を開始した。2年間で、彼は初期鉄器時代（前900－前700年）にさかのぼる、190以上の墓がある墓地を発掘した。火葬墓が含まれ、遺灰は小屋のような形をした壺に入れられ、さまざまな副葬品とともに穴に埋められていた。これが文化を定義する「標式遺跡」となり、近くのヴィッラノーヴァ村（現在のカステナーゾ）にちなんでヴィッラノーヴァ文化の名で知られるようになった。副葬品には、写真のクレスト付きヘルメット（右）などの武具が含まれる場合がある。

ヒョウの墓
前470－前450年頃にさかのぼるこの埋葬墓は、フレスコ画の上部で互いに向き合っている動物にちなんで名付けられた。1875年に、エトルリアの古代都市タルクイニイに近いモンテロッツィのネクロポリスで発見された。埋葬者の葬儀の饗宴らしき場面の他、音楽家や葬列の人々が描かれている。宴席の男女は月桂冠を被り、ある男性は一般的な再生のシンボルである卵を持っている。ヒョウ自体も同様に、古代世界では不滅を表す象徴として、芸術や彫刻にしばしば登場した。

エトルリア文明

ローマの北の隣人

エトルリア人は、現在トスカーナとして知られる地域に住んでいた。独特の言語、豪奢な墓、興味深い起源、印象的な都市など、彼らの文化は初期ローマ社会に強い影響を与えた。

△東方からの貴石
カエレ（現在のチェルヴェテリ）で発見されたこの前7世紀のエトルリアのネックレスに使用されている琥珀は、黒海地域から来たものだ。これは、地中海世界におけるエトルリアの貿易関係の範囲を示している。

中北部イタリアにあるエトルリア地域は、南にティベル川、北と東に大きく弧を描くアペニン山脈に囲まれ、歴史上「エトルリア人」として知られる人々の本拠地である。この名前は、ラテン語のTuscīまたはEtruscīからローマ人が付けた。これはおそらく、イタリア半島の西海岸に沿ってエトルリアに接するティレニア海を示すギリシア語、ティレノイから派生したものだ。エトルリア人は自らをラスナと呼んでいた。

エトルリア人の起源は、古代から議論の対象となってきた。歴史家ヘロドトスなどの一部の古代の著述家は、彼らがギリシアまたは現在のトルコから来たことを示唆している。現代でも、彼らの独特の言語と、芸術などの分野における東地中海文化との類似性を指摘する人々がこの議論を取り上げる。しかし他の古代の著述家は、彼らがイタリア半島にもともと住んでいたと示唆しており、現代の考古学とDNA配列調査法の発展は、これを支持している。エトルリアは、前900－前700年頃のイタリア中部の「ヴィッラノーヴァ」文化から発展したもののようだ（16-17頁を参照）。土着のものであれ、海外起源であれ、エトルリア人は文明が栄えた全期間を通じて、孤立してはいなかった。彼らは常に、イタリアを超えたより広い地中海世界とつながり、影響を受けていた。

エトルリアでの生と死

エトルリア社会は主に、ウェトゥロニア、タルクイニイ、ウェイイ、ウォルシニイ、カエレなどの入植地で、前900年頃にこの地域に出現し始めた都市拠点に基づいて生まれた。文明初期の都市は、地元の人々が経済、軍事、政治、宗教、その他の理由で集まるためのハブとして機能したが、これらの都市の定住者の数は不明だ。初期のエトルリアの都市の発掘調査では、家屋や小屋が「ヒョウ柄」パターンと呼ばれる配置で密集していることがわかる。

時が経つにつれ、エトルリアの都市は成長し、より洗練されたものになった。たとえば前6世紀までに、記念碑的な建築物、特に寺院が増加した。エトルリア人は宗教的献身と実践、特に後に占い師と呼ばれるもので、ローマ人から注目されていた。しかしエトルリアの神殿建築は、宗教的な意味合いだけではなく、政治権力と商業の中心地でもあった。エトルリアの都市にそれが存在する場合、その入植地が重要拠点であることを示していた。

都市の外に、エトルリア人はネクロポリス（文字通り「死者の都市」）を建設した。通常、この地域で一般的だった軟らかい火山石（トゥフォまたは凝灰岩）の切り石で造られたこれらの壮大な墓地は、隣の生者の都市よりも大きくなることがよくあった。ネクロポリスは今日の考古学者や歴史家にとって、エトルリア人に関する主要な情報源である。それらは通常、都市の遺跡よりもよく保存されており、豊かな芸術と、青銅と銀の鏡、水差し、壺、花瓶、装飾品など、さまざまな種類の魅力的な副葬品で満たされていた。

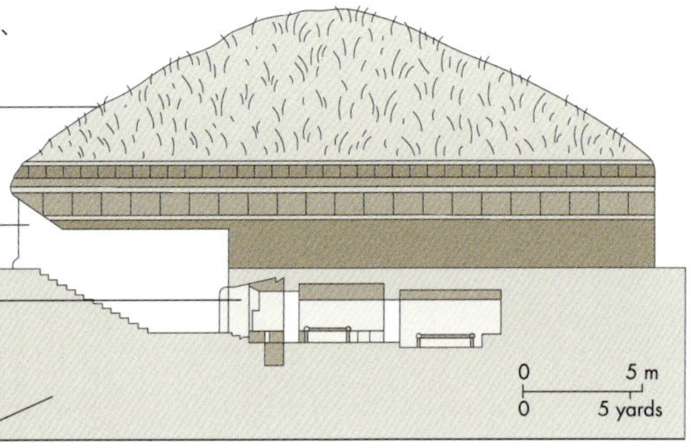

「トゥムルス墳」と呼ばれ、外面は草で覆われた塚になっている
単一の入り口が埋葬室に通じている
墓には複数の部屋があることが多く、おそらく当時の室内建築技術を反映していた
埋葬室は地下にある
0 5 m
0 5 yards

◁死者の家
墓のスタイルは、地域と、また時間の経過とともに変化した。この円形墓のタイプは、エトルリア南部で前7世紀に出現し、家族墓として造られたと考えられている。

地の利を得て

エトルリアとローマの間には接触があったが、その程度は明らかではない。エトルリアはまだ統一国家ではなく、むしろ都市国家の連合であり、エトルリア人は自分たちを単一民族とは見なしていなかったかもしれない。イタリア鉄器時代の人口は流動的で、人々は場所から場所へと自由に移動していた。「ローマ人」は、乗り物で1日で行ける新しい入植地に移動することで、「エトルリア人」になる可能性があった(彼らがそのように考えるならば)。イタリア中部では、このように所属が変化し続けた。またローマの最後の3人のレゲス、つまり王たちはエトルリアから来た人々だった(10–11頁を参照)。これが、エトルリアが早い段階でローマを支配したと考えられた理由の一つである。

この人口移動の時代、ローマはティベル川に面し、北はエトルリア、南と東はラティウムの間の位置にあって恩恵を受けた。政治的、宗教的、文化的、商業的な影響力があらゆる方向に及んだのであり、ローマの台頭の物語は、孤立した成長と拡大の物語ではない。ローマは最終的に、前3世紀までにイタリアで支配的な勢力になったが、あくまでも北の隣人を含むより広い社会的および文化的ネットワークの一部としてそうなったのである。

コレクターズ・アイテム

長い間、エトルリア人はギリシア系であると考えられてきたが、その理由の一つは、エトルリア人の墓で発見された多数のギリシアの壺だ。現在は、エトルリア人がギリシアの陶器を熱心に購入していたためである、と考えられている。前530年頃のアテナイ(アテネ)で作られたこの黒像式アンフォラ(右)は、フィレンツェとローマの中間の街、キウージの墓で発見された。エトルリア人が葬儀や埋葬で特にギリシアのアイテムを好んで使用した理由は正確にはわかっていないが、多くはそういう場所で発見されている。そのおかげで、今日、世界の美術館や個人のコレクションに所蔵されているギリシアの彩色陶器のほとんどはイタリア、それも多くの場合、エトルリア人の墓から出たものだ。

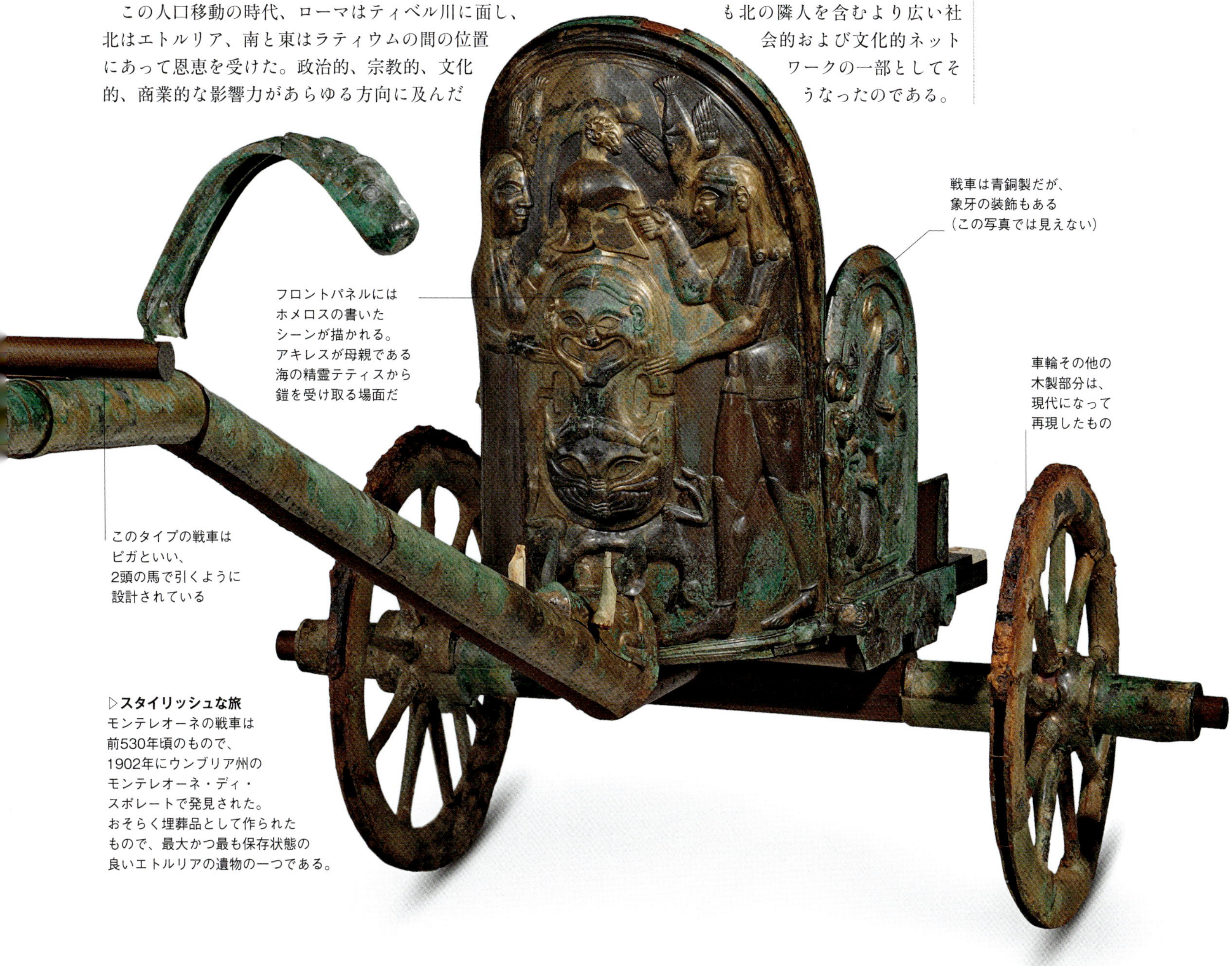

戦車は青銅製だが、象牙の装飾もある(この写真では見えない)

フロントパネルにはホメロスの書いたシーンが描かれる。アキレスが母親である海の精霊テティスから鎧を受け取る場面だ

車輪その他の木製部分は、現代になって再現したもの

このタイプの戦車はピガといい、2頭の馬で引くように設計されている

▷スタイリッシュな旅
モンテレオーネの戦車は前530年頃のもので、1902年にウンブリア州のモンテレオーネ・ディ・スポレートで発見された。おそらく埋葬品として作られたもので、最大かつ最も保存状態の良いエトルリアの遺物の一つである。

ローマの建国神話

アイネイアースからロムルスへ

ローマの建国物語は、実在の人物や出来事に基づいている可能性は低いが、ローマ人が自分たち自身について、また他のイタリアの人々や、より広い地中海との関係についてどのように考えていたかを明らかにするものである。

△**親孝行な息子**
この2世紀の皇帝アントニヌス・ピウスの黄金のアウレウス金貨は、アイネイアースが父のアンキーセースを背負い、息子のアスカニウスを連れてトロイアから脱出するシーンを示している。

ローマには伝統的に、アイネイアース（アエネイス）とロムルスという2人の神話上の創始者がおり、それぞれがローマの起源とアイデンティティの概念において重要な役割を果たした。

アイネイアースは、前8世紀頃のギリシアの詩人ホメロスの叙事詩に見られ、前6～前5世紀の古代イタリア芸術に登場する。しかし、彼がローマと関係を持っていたとする最初期の確固たる記述は比較的遅く（前3～前2世紀）、エンニウスやカトーなどのローマ初期の著述家が書いた歴史に由来している。

アイネイアースは地中海全域の英雄であり、地域全体で尊敬されていた。神話によると、このトロイアの王子は、ギリシアとの戦争の後、自分の都市の破壊を逃れ、父親のアンキーセースを背負って脱出した。彼はイタリアに到着する前にあちこちを旅したと考えられている（下コラムを参照）。彼はしばしばローマの創始者として描かれるが、ほとんどの物語では、アイネイアースはあくまでもローマの街とつながりがある、という程度である。ローマの詩人ウェルギリウスの『アエネイス』では、彼はイタリアの海岸線に先駆的な入植地を作った人物であり、ギリシア人入植者がすでに住んでいたローマの地を、1回訪れるだけだ。ローマ市を建設したのは、彼の子孫である双子の兄弟、ロムルスとレムスである。この一見して緩いつながりにもかかわらず、アイネイアースはローマとより広い地中海世界を結び付ける、ローマ人にとって非常に重要な人物だった。多くの古代都市やエリート家系、特にイタリアの氏族は、名声を高め、コミュニティを他の人々と結びつける方法として、さまざまなギリシアの英雄の子孫であると主張したものである。トロイアの英雄の家系であることで、ローマ人はギリシア人と関係を持ち、ライバルになることが可能になったし、彼の幅広い人気により、ローマ人は他のグループと英雄を共有することもできたのである。

△**サビニの女たちの仲裁（1799年の絵画）**
ロムルスと彼の部下はサビニ人の女性たちを誘拐して戦争を招き、彼女たち自身の仲裁によってこの紛争は解決した。
ジャック＝ルイ・ダヴィッドの作品。

ロムルスの神話

ロムルスはアイネイアースの子孫だが、もっと地域的な英雄だったといえる。前1世紀頃のリウィウスの物語によると、双子のロムルスとレムスは、ウェスタの処女（32–33頁を参照）だったレア・シルウィアの息子である。レアはアルバ・ロンガ（後のローマの位置から南にある街）の王ヌミトルの娘で、叔父のアム

ポエニ戦争の起源

アイネイアースは、トロイア（トロイ）を離れてイタリアに上陸する前に地中海を旅したことで有名で、特にシチリアと北アフリカには、彼に由来する多くの地元の神話がある。共和政後期までに、ローマ人はこれらの神話を利用して、カルタゴとの大きな紛争の起源を説明し始めた――ポエニ戦争（82-85頁を参照）である。ウェルギリウスの再話では、アイネイアースはカルタゴを訪れ、カルタゴの女王ディドと恋に落ちた後、彼女と別れてイタリアで自分の運命を追求した（右はグイド・レニ画、1630年頃）。この裏切りに打ちのめされたディドはアイネイアースを呪い、後の争いの土台を築いたのだという。

リウスが父親を追放した後、ウェスタの処女になることを余儀なくされた。それにもかかわらず、レアはおそらく軍神マルスによって妊娠し、ロムルスとレムスを産んだという。アムリウスは自分と王位を争う者の誕生を恐れて、赤ん坊をティベル川で溺死させるよう家臣たちに命じた。双子は川岸でバスケットに入れられ、流された。彼らが傷つけられる前に、雌の狼が2人を救って育て、やがて兄弟は羊飼いのファウストゥルスに発見された。大人になった双子は、狼が彼らを救った場所にローマを建設した。しかし彼らはすぐに仲違いし、ロムルスはレムスを殺害して、共同体における完全な支配権を得た。

アイネイアースの神話は、ローマ人がより広い地中海全域の中で、自分たちの立ち位置を宣言するのに役立ったが、ロムルスは地元の地域でローマのアイデンティティを形成するのに役立ったのである。

「ロムルスとレムスは都市を建設したいという願望にとらわれていた……」
リウィウス『ローマ史』

2人の羊飼は、
おそらくファウストゥルスと
弟のファウスティヌスである

ユピテルの
鷲が見守る

双子のロムルスとレムスに
乳を飲ませる雌狼

擬人化された
ティベル川

◁**マルスの祭壇**
マルス神を祀るこの祭壇は、後2世紀初頭のもので、ローマのオスティア港で発掘された。前面にはマルスと並んでウェヌスが描かれ、背面にはロムルスとレムスがファウストゥルスに発見された場面が描かれている。

ローマの王たち

哲人王と暴君

初期ローマの歴史は、記述されている出来事から数百年後に書かれたもので、前753年から前509年までの間、ローマ王国または「王政ローマ」と呼ばれる時代にローマを支配した7人のレゲス（reges）、つまり王たちがいたことを示唆している。

通常、単数形のレクス（rex）は英語で「王（king）」と訳されているが、これは複雑な制度を単純化しすぎている。ローマの制度には世襲による統治は含まれておらず、レクスの力は絶対的なものではなかった。ローマ人はおそらく王権を嫌っていたが、統治者を崇拝していたという事実は（暴君的な指導者ルキウス・タルクィニウス・スペルブスを除いて）、彼ら自身が王権と統治の違いを認識していたことを示唆している。レゲスは、神官長、最高裁判官、戦争指導者を兼ねていたようだ。彼らは元老院によって選ばれ、立法機関であるクリア民会の投票によって承認されたと考えられるが、その後は終身にわたり統治した。

初期の王たち

通常、王政ローマの歴史は、2つの部分で構成されていると見なされる。最初期の3人は、一般的に神話上の人物とされ、ロムルス（22–23頁を参照）、ヌマ・ポンピリウスおよびトゥッルス・ホスティリウスである。ロムルス（伝説では前753年から前715年の間、統治していたことになっている）はローマの指導者の原型であり、ヌマ・ポンピリウスはローマの宗教機関の多くを創設した哲人王として記憶される。トゥッルス・ホスティリウスは戦う王の典型である。一方、4

△ヌマ・ポンピリウス
前715年から前672年にかけて
統治したとされるヌマは、
比較的平和な時代を治め、暦の導入、
さまざまな宗教教団（32–33頁を参照）、
および最高神官の職を含む、
多くの宗教改革に関わった。

△トゥッルス・ホスティリウス
彼の治世（前672－前640年）は
戦争によって特徴づけられる。
この地域の古い権力の中心であり、
ロムルスとレムスの故郷と見なされていた
ローマ近郊の都市、アルバ・ロンガの征服を進めた。

△アンクス・マルキウス
前任の2人の統治者の担った両面を備えている
珍しい人物であり、治世（前640－前616年）
のほとんどは平穏だった。彼は、ローマで最も
古く、最も偉大な氏族の一つであるマルキウス
家の祖先として最もよく知られている。

「古代ローマ人は[……]自由の甘さをまだ味わっていなかったので、王を望んでいた」
リウィウス『ローマ史』

代目のアンクス・マルキウスは一種のハイブリッドな人物で、神話と歴史を橋渡しする指導者だが、歴史の中でいくつかの決定的な特徴が与えられている。

後期の王たち

最後の3人の統治者であるルキウス・タルクィニウス・プリスクス、セルウィウス・トゥッリウス、ルキウス・タルクィニウス・スペルブスは、より歴史的な人物と見なされている。彼らの物語はまだかなり脚色されているが、後期の支配者たちは、物語の中でより完全な人物像を持ち、前6世紀のローマの歴史的な台頭と関連を持つ。ルキウス・タルクィニウス・プリスクスとルキウス・タルクィニウス・スペルブスは偉大な建設者であり、エトルリアと関係があった（20–21頁を参照）。一方、セルウィウス・トゥッリウスは立法者だった。最後のレクス、ルキウス・タルクィニウス・スペルブスは暴君として記憶されており、その行き過ぎは最終的に有力氏族による反乱を招き、君主制の廃止と共和政の導入につながった。

この時代の神話と歴史を区別することは困難だ。フォルム・ロマヌム（中央広場）にある前6世紀の碑文には「レクス」という言葉が含まれており、レギア（王たちの伝統的な宮殿）が何らかの形で存在していたことを示唆している。それ以上は不明だが、ローマ人は常に伝統とモス・マイオルム（先祖の流儀）を振り返ることを好んだ。これらの王は実在したかどうかにかかわらず、ローマのアイデンティティと社会にとって非常に重要だった。

△ルキウス・タルクィニウス・プリスクス
最初の「エトルリア人の統治者」である彼の治世（前616－前578年）において、建設（キルクス・マクシムス競技場とクロアカ・マクシマ下水道を含む）、戦争、政治を通じローマの主要な拡大が図られた。彼はアンクス・マルキウスの息子たちによって殺害された。

△セルウィウス・トゥッリウス
セルウィウス・トゥッリウス（前578－前534年）の統治は、タルクィニウス・プリスクスの残酷な殺害に続いて始まった。改革者および統一者として記憶されるが（28–29頁を参照）、義理の息子であるルキウス・タルクィニウス・スペルブスによって殺害された。

△ルキウス・タルクィニウス・スペルブス
最後の王の治世（前534－前509年）の特徴は、専制政治と貴族の抑圧である。息子が貴族の女性ルクレティアをレイプし、その後、彼女が自殺した後、ルキウス・タルクィニウス・スペルブスは街から追い出され、君主制は終了した。

初期イタリアの人々

イタリア中部の多様な人々の移動と交流

古代の中部イタリアは、ローマ人やエトルリア人など、さまざまな文化グループの本拠地であり、多様で活動的な地域だった。これらの頻繁に移動する人々は、平和的あるいは敵対的な方法で相互作用し合ったのである。

ラティウムと南エトルリアの両方を含むローマ周辺地域の地理は独特である。東にはイタリア半島の中央を走るアペニン山脈があり、西にはティレニア海がある。広い海岸平野がその間にあり、数本の河川、特にティベル川によって分割されている。前8世紀までに、平坦な沿岸地域は、農業生産の中心地として機能する小さな都市拠点でいっぱいになり始めた。しかし山岳地帯には、牧畜（動物の飼育）に重点を置いていたらしい、もっと多くの移動する人々がいた。

◁**ブッケロのカンタロス**
この前7世紀のカンタロス（飲用容器）は、イタリア中部で発見されたブッケロ陶器の一例。ブッケロの焼き物は、酸素を使わずに焼成することで生み出される黒い色合いを持っている。

分割された人々

古代の情報源や、さらに現代の学者は、通常、イタリア中部の人々を2つのグループに分けている。沿岸の農民および都市居住者と、山岳民族である。沿岸平野部にはエトルリア人とラテン人がおり、さらに南にはマグナ・グラエキアのギリシア人コミュニティがあった。ローマ人はこのグループの一員だった。山にはアエクイ、ウォルスキ、ウンブリア人、さらに南にはサムニウム、ルカニア人がいた。サビニ人とヘルニキ人は他の多くの部族、マルシ人やシディキニ人などとの間で活動する部族グループだった。

これら2つの広範な集団は、多くの重要な要素によって分割されていた。彼らはしばしば独特の言語を持っていた。オスク語とウンブリア語が山岳地帯の支配的な言語グループであり、平野と沿岸地域ではラテン語、エトルリア語、ギリシア語が一般的だった。

文献によると、沿岸の人々は、高地の「野蛮人」グループによる襲撃から常に自分たちの領土を守っていたことが示唆されている。初期のローマは、その多くがヘルニキ、アエクイ、ウォルスキ、そして後にはサムニウム人との戦いの歴史である。しかしこれらの戦いにおいても、部族グループの正体はまったく不明瞭で、安定した国家や同盟ではなかった。

▽**馬の行列**
かつてのプラエネステで発見された前500年頃の寺院のフリーズ（小壁）には、戦車を伴う軍の行列が描かれている。翼のある馬は神聖な要素を示唆する。

動的な関係

相違があったにもかかわらず、初期のイタリアの人々は非常に密接につながっていた可能性がある。民族名や部族はかなり流動的で、人々はグループ間を簡単に移動できた。そのような例の一つが、前5世紀にローマから追放され、ウォルスキに加わったローマの貴族コリオラヌスである。

すべての移動と相互作用が暴力的であるとは限らない理由の一つは、山岳地帯と沿岸平野部のグループがおそらく相互に依存、関連していたからだ。高地の牧畜民は、冬になると平原に降り、夏には山に戻ったので、規則的なルートに沿って季節ごとに移動し、丘で家畜を養う人、その家族や集団のメンバーは、沿岸地域のコミュニティに滞在した可能性があるのだ。集団同士はおそらく定期的に交易を行い、

△**初期イタリア中部の人々**
エトルリア人とラテン人は、中央イタリアのティレニア海沿岸の都市拠点で定住したが、ウォルスキ人やアエクイ人などの他のグループは山に関わっていた。

山に住む人々は陶器やその他の材料を手に入れ、都市の人々は生贄や食料に必要な動物を手に入れた。

初期ローマの物語は、主に「他の人々」との対立によって特徴づけられる。後のローマの著述家は、沿岸平野部（エトルリア人やラテン人を含む）と高地（ウォルスキ人やサムニウム人など）の両方で、ローマ人をさまざまな集団と対比させた。これを行うことで、著述家たちは初期の時代の「ローマ人」が何者であったかを（しばしば神話的な用語で）定義したのである。

ゆるやかな相違

実際には、こういった区分はそれほど絶対的なものではないように思われる。それぞれの地域の文化や慣行は多様だが、互いの類似点やつながりの方がより重要かつ明白だったはずだ。各集団は、碑文や埋葬によって、特定の文化的特徴を強調したかもしれないが、多くの場合、文化的規範の中で、それはお互いに理解可能な方法で行われた。

初期のイタリア中部の人々は近接して生活し、平和的に、また戦争や襲撃も含めて、定期的に関わりがあった。初期のローマ神話に出てくる「サビニの女たち」の話（22頁を参照）に暗示されるように、彼らはしばしば異人種間で結婚したのであり、孤立した文化ではなく、より広いイタリア全体の一部だったのだ。

「ウォルスキとアエクイは……国境を越えてラテン人とヘルニキの土地を襲撃した」
リウィウス『ローマ史』

サテュロスとは男性の自然精霊のこと

マイナスとサテュロスが手を取り合って踊る

▷**神殿のアンテフィクス（屋根飾り）**
前490年頃のテラコッタの装飾。ローマの南、サトリクムにあるラテンの女神マテル・マトゥータを祀る寺院のもので、サテュロスとマイナス（ディオニュソスの女性信奉者）を示している。このようなギリシアの人物像は、初期のイタリアの寺院では一般的だった。

元老院議員の子供が父親に付き添う
箱にはおそらく生贄の捧げ物が入っている
この壁画彫刻は、議員が非公式に会話していることを示している
元老院議員が平和の象徴であるオリーブの枝を運ぶ

ローマの統治

主権、権力、そして影響力

ローマは何世紀にもわたって王、コンスル（執政官）、または皇帝によって導かれた。しかし、その歴史の大部分において、街の日々の運営は、元老院が監視する民会と、選出された政務官たちの仕事だった。

ロムルスがローマを設立したとき、彼はレクス（王）の宮殿と、コミュニティを統治するのに役立つ多くの機関との両方を作ったと言われているが、この王政初期の歴史は、数世紀後の共和政後期に書かれたものであり、ほぼ間違いなく不正確なものだ。この時代の統治については、いくつかの点において、ある程度は確実に知られているが、後の共和政や帝政時代のように多くが理解されているわけではない。

元老院

よく知られる伝説では、元老院はロムルスが諮問評議会として設立し、続く王政時代にも後任の王たちが同様に使用したという。元老院の構成は、ローマの初期には流動的だったようだ。ローマがイタリア中部で覇権を争ういくつかの入植地の一つにすぎなかった時期には、それを構成する有力者もこの地域を移動したためである（54–57頁を参照）。元老院の構成員は、より安定した機関への道を開くオウィニウム法が可決された前318年まで、毎年変更されていた可能性がある。しかし元老院議員が、ローマの偉大な氏族や家門の集合的権威を代表していたことはほぼ間違いない。

共和政の成立に伴い（36–37頁を参照）、元老院は民会によって毎年選出される2人のコンスルと協力した。コンスルは選出される役職の中でも最も強力で人気のあ

◁権力の扉
元老院の扉は1世紀にさかのぼり、現在はローマのサン・ジョバンニ・イン・ラテラノ大聖堂で使用されている。

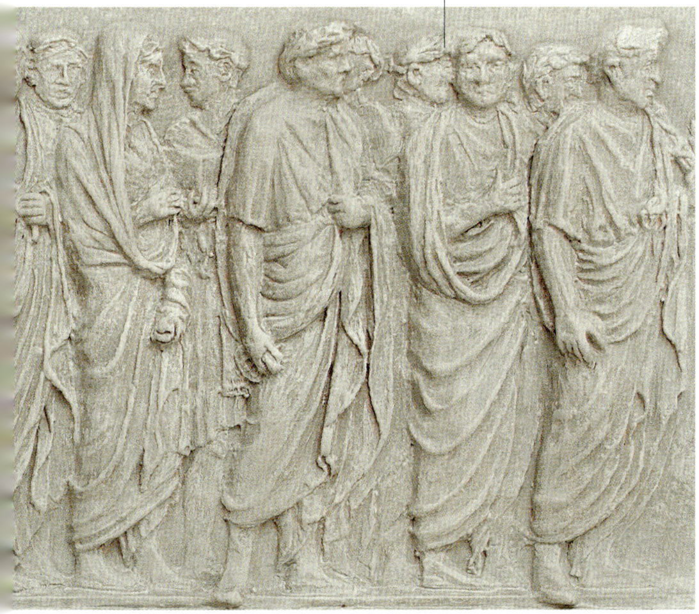

△**偉大なる者と善なる者**
ローマのアラ・パキスの北面にあるこのレリーフは、トガを身に着けて生贄を捧げる儀式に赴く元老院議員の列を描いている。帝政時代、元老院はその重要性の多くを皇帝に譲ったが、集まっての議論は続けた。

「ロムルスは100人の元老院議員を任命した……その地位にちなんで『パトレス（父たち）』と呼ばれていた」

リウィウス『ローマ史』

るもので（62–63頁を参照）、元老院は彼らに指導を委ねた。共和政が終わるまで、元老院はローマの選挙で選ばれ公務を遂行する政務官の主な諮問機関でもあった。一般に、元老院はローマのエリートの利益に有利な法律と行動を承認した。

帝政時代、元老院は（さまざまな程度の力を行使して）皇帝に反対し、行動を思いとどまらせた。忠誠心と引き換えに、元老院は組織としての力と威信を伸長させることが許された。

◁**機能するローマの民主主義**
前113–前112年のこのデナリウス銀貨は、投票する市民を示している。右側の人物が投票中で、左側の男性は係員（中央）から投票板を受け取るところだ。

民会の役割

ローマの権力は選出された政務官たちによって行使されたが、ポプルス・ロマヌス（ローマ市民団）も役割を果たした。これには女性は含まれなかった。王政時代には、「市民団」の影響力はクリア民会を通じて発揮されたようだが、その働きや責任については、ほとんど知られていない。共和政の出現により、市民団はより重要な役割を果たしたと考えられている。選出された政務官によって招集されたローマ市民は、翌年の政務官を選出し、法を可決する機関を形成した。王政時代のクリア民会は、財産に基づくケントゥリア民会に置き換えられ、より平等主義のトリブス民会によって補完された（50–51頁を参照）。ケントゥリア民会の主な責任は、ローマの2人のコンスルの年次選挙であり、他の重要な民政と軍事のポストも選出した。トリブス民会は下級政務官を選出し、そこでの当選は元老院入りに不可欠な要件だった。

これらの民会は、ローマ法が制定される手段として存在した。政務官は彼らの提案を示し、市民はそれらを承認または拒否した。これにより多くの権力が人々の手に委ねられたが、ローマのエリートたちは依然として多くの支配権を行使していた。政務官やその他の官僚は、審議が思い通りに進まない場合、悪い前兆がある、と宣言して決定を拒否したり、議決を無効にしたりすることができた。最も重要なことは、元老院が、厳密には諮問機関であるにもかかわらず、政務官が精査しないまま法案を提出することに、弊害があると認識させたことである。

共和政ローマの成立を助けた王

セルウィウス・トゥッリウスは、前578年頃にローマの6代目の王になった。彼はセルウィウス法として知られる広範な改革の導入に関わったとされる。彼はロムルスが設立した政治機関、特に元老院を維持し、ケントゥリア民会とトリブス民会の制度を作ったという。これらはローマの運営と、その後の共和政時代を通じて、どんな官職が任命されるかを決める重要な役割を果たした。彼はローマの王の一人だが、彼が導入した社会的および政治的革新は共和政への道を開いたと言われている。

△**18世紀に描かれたセルウィウス・トゥッリウス王の時代のローマ地図**

陶工の芸術

ローマ世界での陶器の使用

ローマ人は、陶器を使って食事をしたり、建物や室内を飾ったり、商品を輸送したりした。製造コストが安く、扱いやすく、用途が広く、実用的だった。こうした土器の発見は、ローマの歴史に関する見解の年代を測定し、つなぎ合わせるのに非常に役立つものである。

▷オイルランプ
1世紀の陶製オイルランプ。上部の穴にオリーブオイルを注ぎ、注ぎ口に芯を差し込む。多くのランプは象徴的なシーンの装飾が施される。

勝利の女神は、新年の幸せの願いが刻まれた盾を持っている

△蓮と棕櫚の飾り板
この前4世紀の初期のテラコッタの作品は、木造の寺院の外装を覆っていた。型を用いて作られ、もともとは鮮やかに塗装されており、今でも赤や青の塗料の跡が見られる。

精巧に彫られた髪が、この悲劇的な人物の顔を縁取っている

△演劇用の仮面
1世紀または2世紀の悲劇の仮面。俳優が舞台で着用したものと思われる。柔らかいテラコッタを使用することで、表情豊かな眉などのディテールを表現できた。

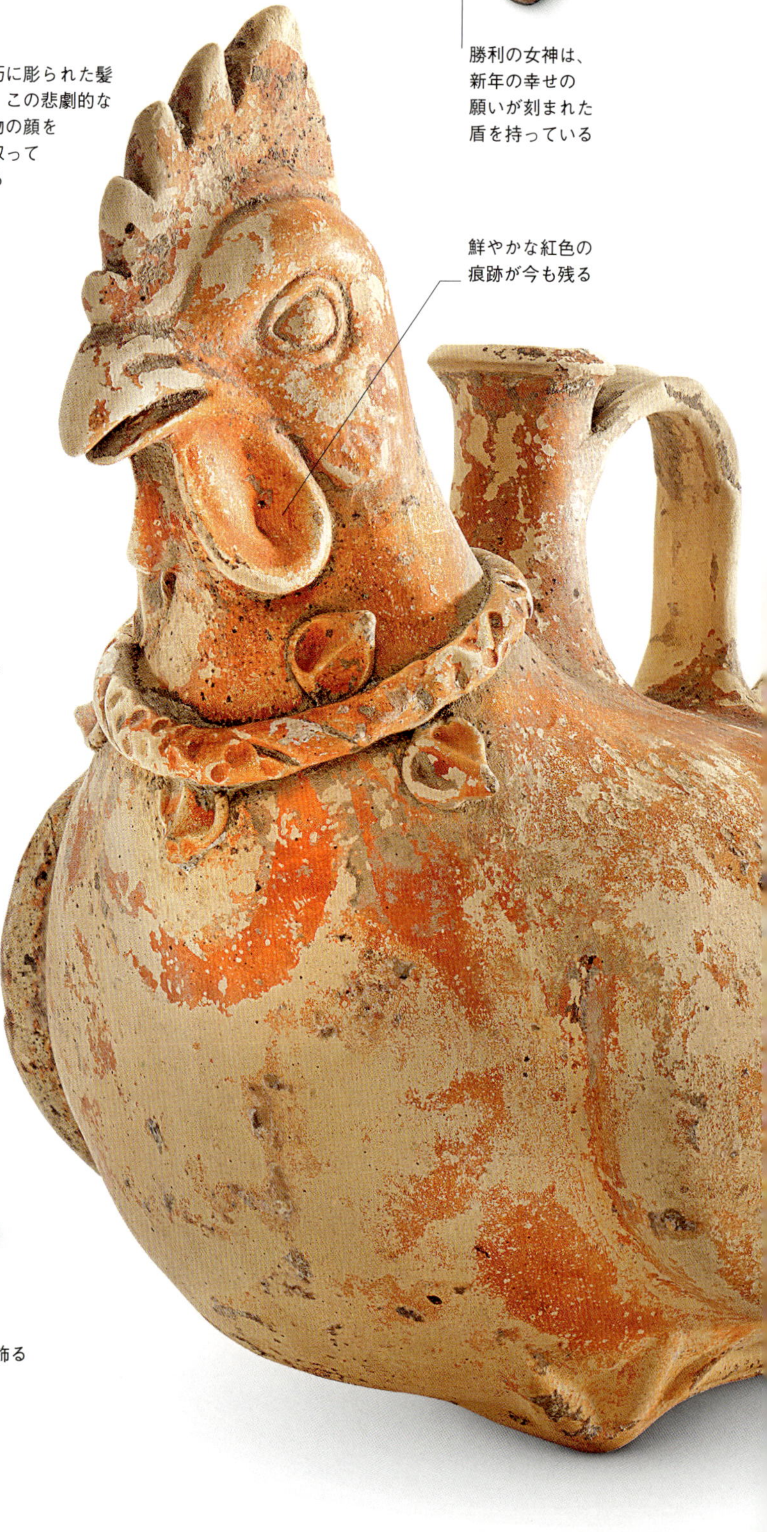

鮮やかな紅色の痕跡が今も残る

◁赤土のアンフォラ
3世紀のアンフォラ。ワインやオリーブオイルを船で輸送するために使用された。先のとがった壺は、輸送中に交互に積み重ねられた。

この仕上げは、ホイールリブと呼ばれる

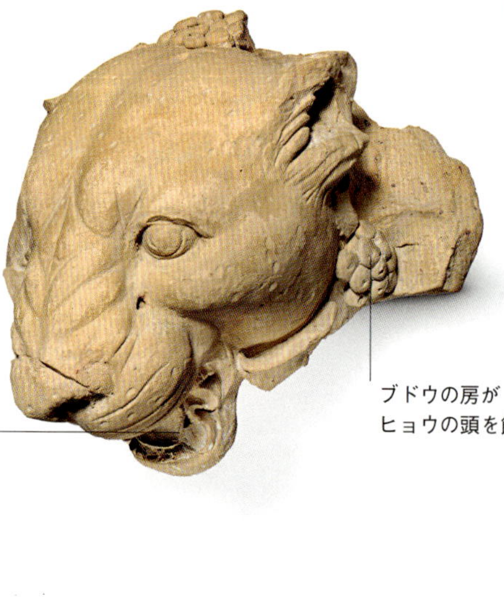

▽テラコッタのヒョウの頭形装飾
この1世紀のヒョウの頭は、おそらくローマの噴水を飾っていただろう。ヒョウは酒の神バックスと関係があり、共に芸術作品に登場した。

かつてヒョウの口から水が流れたのだろう

ブドウの房がヒョウの頭を飾る

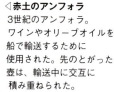

△**テラコッタのアンテフィクス**
アンテフィクスは、
屋根瓦の列を固定して保護する装飾品だ。
この塗装された前6世紀のエトルリアのアンテフィクスは、
おそらく寺院を飾っていた。

人物は、花の頭の
ような形をした
イヤリングと、
塗装された帯状
髪飾りの被り物を
身に着けている

テラ・シギラータは、
帝国で使用された最も象徴的な
陶器スタイルである

◁**陶器のコップ**
このような1世紀のローマのカップは、
取っ手が2つあるギリシアの容器、
スキフォイをモデルにしている。
花飾りと葉で飾られ、
緑色の釉薬で仕上げられている。

△**彩釉をかけたテラコッタ皿**
テラ・シギラータ、または
「封印された大地」の名で知られる
2世紀の陶器の皿。ガリアのものである
可能性があり、バルボティーヌという
柔らかく水っぽい粘土で成形され、
側面に描かれた図柄が特徴である。

◁**雄鶏のフラスコ**
ローマ人は、特に動物の形をした
珍しい形の器が好きだった。
この共和政後期の陶製の雄鶏は
ツタの首輪をつけ、
背中には注ぎ口と取っ手が
成形されている。
イタリア南部のカンパニアで作られ、
ギリシア中部で発見された。

色あせているが、
まだ彫刻と塗装が
施された羽の
ディテールを
見ることができる

鉛と銅の化合物を
使用した青緑色の
釉薬

湿った土に線や、
細かい模様を入
れた

△**観賞用アンフォラ**
輸送用アンフォラとは異なり、
家庭用に作られたものは底が平らだった。
これは2世紀のローマ時代のシリアの
ものだが、このようにしばしば
釉薬で装飾されていた。

△**女性の置物**
この1世紀の小像が
何に使われたかは不明である。
寺院のものかもしれないし、
より高価な青銅や大理石の像の
単純なコピーかもしれない。

オイノマオスは、
トロイア戦争で
ギリシア軍の
指導者だった
アガメムノンと
メネラオスの
先祖である

△**オイノマオス王の額**
後期共和政ローマでは、このような神話の
シーンを描いたテラコッタの額で、家、寺院、
公共の建物を飾った。

バックスはツタの
花輪に囲まれた
帽子を被っている

△**テラコッタのバックスのヘルマ**
ヘルマは頭の彫刻が施された角柱である。
この1世紀のヘルマには何らかの宗教的な
機能があった可能性があるが、
その使用に関する明確な情報は
現存していない。

初期の宗教

ローマ初の宗教施設

ローマ最初期の宗教的信念と制度は謎に包まれている。それらについての最初の説明は、都市が設立されてから700年後に書かれた。しかし都市の創建から、宗教がローマ人の生活に重要な役割を果たしたことは知られている。

ローマの歴史家の信じるところでは、ロムルスは鳥の飛行経路を調べることで神意を占う神官であり、予言者であった。伝説では、彼はこの能力で導かれた場所にローマを設立したともいう。彼はまた、市内の重要な宗教機関のほとんどを創立したと考えられていた。残りはほぼ、2代目の王ヌマ・ポンピリウス（24–25頁を参照）が創建したという。いくつかの異なる宗教機関が街の歴史の中で発展したが、最初期で最も重要なものの2つは、ウェスタの処女とその神殿である。

寺院の役割

ほとんどの寺院の建物は神への崇拝の中心であり、その教派の特定の神像が含まれていた。しかし、生贄や儀式用の供物を含むすべての礼拝は神殿の外で行われた。神像を除けば寺院の内部は、一般的に戦いで獲得した芸術品、戦利品、宝物を保管するために使用されていた。

ローマで最大かつ最も古い礼拝施設は、カピトリヌスの丘にあるユピテル・オプティムス・マクシムス神殿だった。5代目の伝説的な王、ルキウス・タルクィニウス・プリスクス（24–25頁を参照）が創建したとされるこの神殿は、ユピテル、ユノ、ミネルウァの三神の崇拝に捧げられた。前83年、後69年、後80年に焼失している（その都度、再建された）。ユピテル神殿は、ローマと帝国全体に建設された何千もの神殿の最初のものである。どの側からも近づくことができるギリシアの寺院とは異なり、ローマの寺院は正面のドアに続く階段があり、これに隣接して多くの柱が立つポーチがあった。ローマの現存する寺院遺跡はすべて石造りの建造物だが、都市の初期の時代には、おそらく木、粘土、わらで造られていただろう。

◁**ユピテルの神殿**
マルクス・アウレリウス帝が生贄を捧げる様子を示しているレリーフ（後2世紀）。後ろにユピテル・オプティムス・マクシムス神殿がある。

ウェスタの処女

ウェスタの処女（巫女）という制度はローマ自体よりも古い、という伝説がある。ロムルスとレムスの母、レア・シルウィアは、マルス神によって懐妊したウェスタの処女である、と言われてきた。他の情報源では、ヌマ・ポンピリウスが創設したと示唆される。

炉の女神ウェスタに身を捧げる6人の巫女、ウェスタの処女は、フォルムの中心にあるウェスタ神殿でローマの永遠の炎を燃やし続ける責任を負っていた。火が消えればローマは滅びると信じられていたのである。

火を消した怠慢な処女は厳しく罰せられたが、純潔の誓いを破った罰ほど厳しくはない。6歳から10歳

「今は青銅の屋根があるが、
遠い昔は茅葺き屋根だったことだろう」
オウィディウス「ローマの寺院の進化について」

ウェスタの処女の
精巧な頭飾りは、
ウール素材の長い
ループでできていた

◁**処女たちのリーダー**
3世紀のウェスタの処女団長、フラウィア・プブリキアの像は、独特の衣装を着た巫女の姿を示している。フラウィアを称える感動的な碑文がこの像に付随しており、彼女こそ「最も神聖で最も気高い」としている。

△**フォルムにあった神殿**
フォルム・ロマヌムには多くの神殿があった。ここにあるのはサトゥルヌス神殿（左）とカストルとポルックスの神殿の柱。

までの少女から選ばれたウェスタの処女は、最低30年間、純潔を維持する必要があり、その後は自由に神殿を離れることもできた。しかし、ほとんどは死ぬまでウェスタ神殿に留まり、奉仕した。

処女たちはいつでも不貞を告発される危険にさらされており、ローマにとって悪い事態が起こると、この誓いを破ったとして告発される人もいた。有罪判決を受けた場合、貞潔でない処女は生き埋めにされたが、無実を証明することは困難だった。前3世紀のウェスタの処女、トゥッキアも不貞を告発されたが、無実を証明するためにウェスタ女神に助けを求めた。彼女はティベル川から神殿まで、ふるいに入れた水をこぼすことなく奇跡的に運んでみせ、これに成功したとき、彼女に対する申し立ては取り下げられた。

そんな不安定さはあったが、ウェスタの処女はローマ社会で最も重要で特権的な女性の地位の一つだった。劇場では特別席を与えられ、財産を所有し、自分の遺言書を書くことができ、公共の場では、リクトルという要人警護官が進み出て、群衆を彼女たちから引き離した。帝政初期には、リウィアとオクタウィア（それぞれアウグストゥス帝の妻と妹）のような皇室の最重要な女性が、ウェスタの処女の特権と同等の待遇を許可されるという名誉を与えられた。このウェスタの処女の制度は、394年、テオドシウス1世の時代まで続いた。

ラテン語

ローマの言語の進化

ラテン語はローマ国家が使用する主な言語であり、その残した遺産は膨大である。ラテン語は他の言語の基礎であるだけでなく、法律、医学、宗教、科学の用語として今も実用されている。

ラテン語はラティウム地方で生まれたと思われるイタリアの言語である。当地は、北はティベル川、東はアペニン山脈、南はポンティヌス湿地とモンティ・レピーニの間にある平坦な海岸平野（ラティウムは「平らな土地」を意味する）だ。ラテン語は、もともとイタリアで使用されていた多くの言語の一つだが、ローマ国家との関連を通じて主要な言語となり、ローマの国家構造の一部として、地中海地域と北ヨーロッパの両方に輸出された。ラテン語は、イタリア語、スペイン語、フランス語など、多くの現代ヨーロッパ言語の形成にも貢献した。

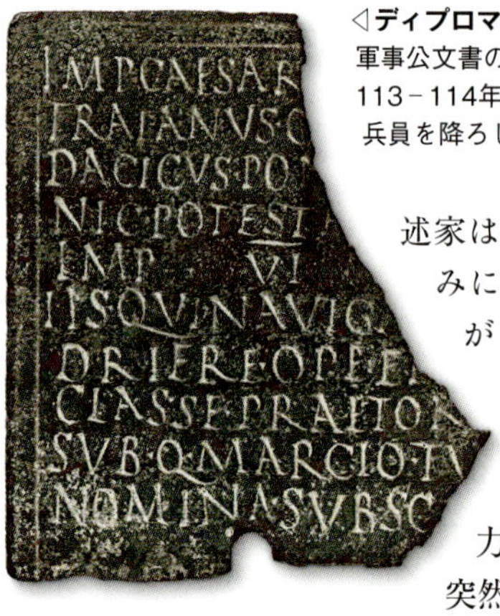

◁**ディプロマ**
軍事公文書の断片で、青銅製である。
113－114年頃、トラヤヌス帝がミセヌムの軍艦から兵員を降ろしたことをラテン語で記録している。

ラテン語の発展

前3世紀までのラテン語はほとんど知られていないが、少なくとも前8世紀から使用されていた可能性がある。初期の証拠はすべて、貿易の一環としてギリシア人、フェニキア人、エトルリア人との交流を通じて獲得されたと思われる、アルファベット文字を使用して書かれた短い碑文から来ている。初期にはもっと長い碑文、特に法律や条約が存在していたことがわかっているが、現存していない。ローマの著述家はしばしば、初期のラテン語は読みにくく、理解するのが難しい場合がある、と書き残した。前3世紀から前2世紀にかけて、ラテン語は新興国家ローマに関連する言語であったため、その国力の台頭に関連して、この言語が突然ブームになった。証拠はまだ断片的だが、この期間に長いテキストが作成されていたことがわかっている。

共和政後期までに、ラテン語はイタリア半島の公用語になった。この言葉を巧みに使用する者には、たとえローマの市壁から遠く離れた地で生まれた人々であろうと、キケロ（118–119頁を参照）のような雄弁家であろうと、ウェルギリウスのような詩人であろうと、隔てなく名声と幸運がもたらされたのである。

帝政時代、ラテン語は国語としてますます広く使われるようになったが、東部のエリートの間ではギリシア語と勢力を二分していた。ラテン語のスタイルは進化し続けたが、この時期のローマ人は、共和政後期をラテン語の「黄金時代」と見なしていた。

時が経つにつれて、ゆっくりと各地域の方言が発展した。帝国のさまざまな地域がつながりを失い始めると、これらの地域の方言化がより顕著になり、最終的にはロマンス諸語になった。ラテン語は後に、中世ラテン語やルネサンス・ラテン語といった学術

◁**墓石**
この墓石に彫られた前80年頃のラテン語の碑文は詩の形で書かれており、ルキウス・アウレリウス・ヘルミアと妻のアウレリア・フィレマティウムが奴隷身分から解放され、30年以上も連れ添ったことを説明している。

手紙は、植物のパピルスの髄から織られた、パピルス紙に書かれている

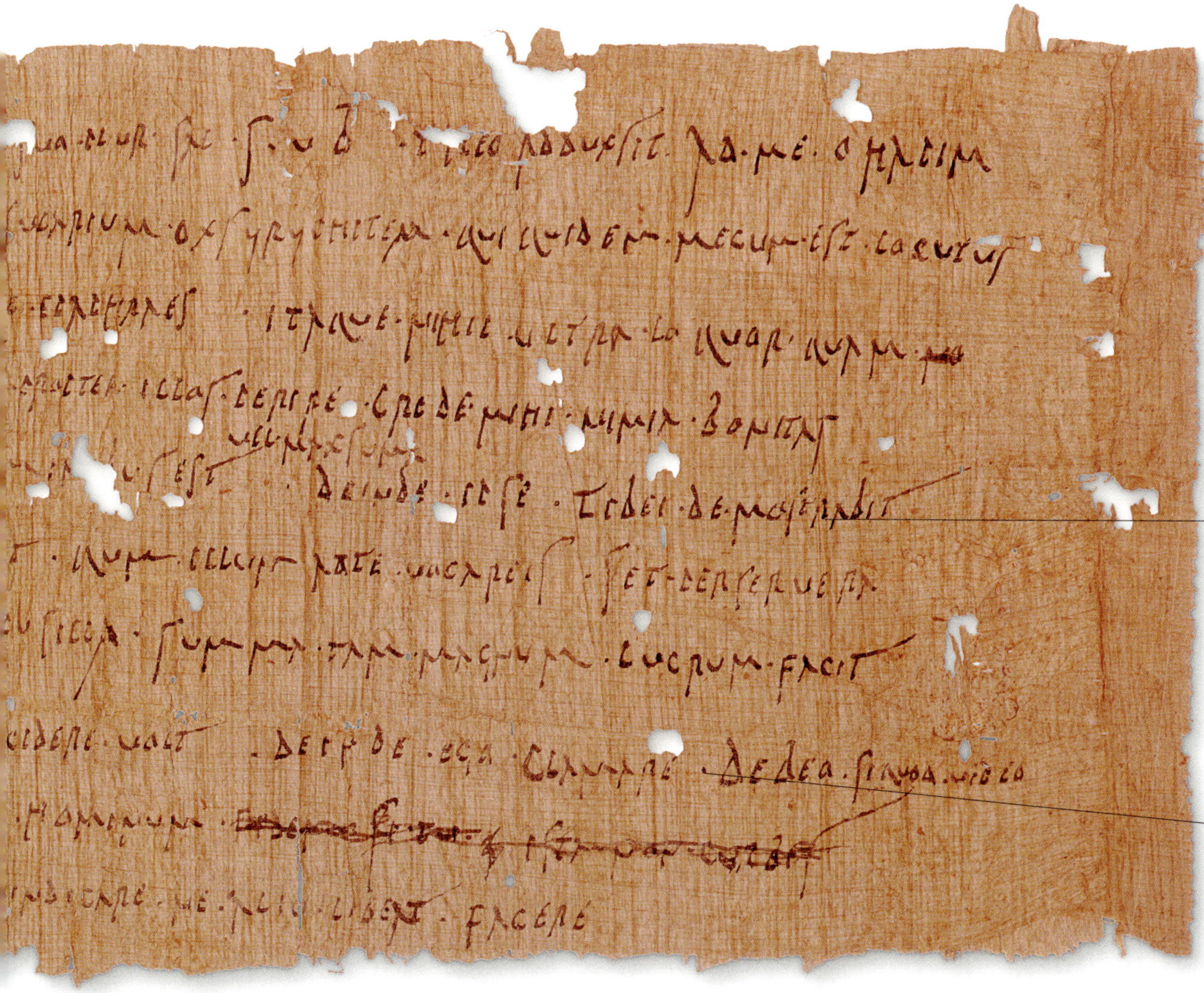

◁**オクシリンコス・パピルス**
この手紙は、アウグストゥス帝の治世中に、シネロスという男から「カエサルのキウス（奴隷）」に宛てて書かれたもの。前3－前1世紀に非公式な目的で使用された「大文字草書体」書法で書かれたラテン語書簡の中で、後世まで残った数少ないものの一つ。

テキストはおそらく筆記者によって書かれた

スペースを空ける代わりにドットで区切られた単語

的な形式に発展し、ヨーロッパ中の教育を受けたエリートの共通言語となった。

多言語主義

古代イタリアのラテン語は、他の多くの言語（特にギリシア語だけでなく、オスク語やその他のイタリアの方言など）が作り出す、非常に重要で豊かな言語環境の一部だった。古代世界のほとんどの人は、おそらく3つか4つ、またはそれ以上の複数の言語を話していた可能性がある。ラテン語で書くという選択は、おそらく社会的および文化的なものだった。興味深いことに、最も重要な初期のラテン語の著者はローマ出身ではない。最も注目すべき人物は、ギリシア系でギリシア語、ラテン語、オスク語を話した詩人エンニウス（前239頃－前169年）だ。こうした著者による作品の出版と普及は、言語の標準化に役立った。

イタリア最古の碑文

「デュエノスの碑文」は、ラテン語の最古の例の一つだが、正確な日付は不明だ。非常に長い碑文はケルノス、つまり3つがつながった花瓶にあり、右から左に（逆行して）3つの部分に分けて書かれている。この遺物は、19世紀にローマで労働者が建物の土台を掘っているときに発見された。文字はギリシア語のアルファベットのイタリア語版のようで、単語間の区切りがなく、翻訳が困難である。特定された単語の一つに duenos がある。これはラテン語の bonus の古い形であり、「良い」という意味だ。いくつかの解釈によれば、この花瓶のテキストは、結婚に言及している可能性があるという。

ケルノス花瓶の碑文

共和政の誕生

専制政治から寡頭政治へ

王政から共和政への移行は決定的な出来事だった。「公式の」話は真実かもしれないし、そうでないかもしれないが、権力に対するローマ人の態度について、多くを明らかにしている。

ローマの歴史家タキトゥスは、前2世紀初頭の視点から振り返って、前509年こそ、ローマが偉大さへの旅に乗り出した瞬間、と断定した。ローマがそのリベルタ、つまり自由を獲得したのである。これは最後のレクス（王）、タルクィニウス・スペルブスが解任され、共和政が始まった年だった。

◁**リベルタス銀貨**
マルクス・ユニウス・ブルートゥスは、自分と同名である共和政の創設者を称えるために、前54年にこのデナリウス貨を発行した。10年後、ブルートゥスは共和政を「救おう」としてユリウス・カエサルを殺害した。

タキトゥスが述べた自由と偉大さは、すべてのローマ人に当てはまるわけではない。都市の住民のほとんどにとって、指導者が1人の王から、数人の共和政治の指導者に取って代わることにほとんど意味はなく、彼らの生活は以前と同じように続いていた。しかし、ローマ社会の頂点に立つ人々にとっては、新システムは大きなチャンスをもたらした。

公式の物語

君主制の崩壊について語る伝統的な物語は、暴君に対する正義の蜂起である。王としてのタルクィニウスは、450年以上も後に書かれたリウィウスの『ローマ史』などの著作の中で、古典的な悪役として描かれた。彼は（義父でもあった）セルウィウス・トゥッリウス王を殺害することで王位に就き、ローマのエリートを抑圧することで全権を握った。そして彼の息子、セクストゥス・タルクィニウスが問題を表面化させた。彼はルキウス・コラティヌスという著名なローマ人の妻、ルクレティアをレイプしたのである。ルクレティアは夫とその友人たちに復讐を求め、自殺した。それに応じて、コラティヌスの親族であるルキウス・ユニウス・ブルートゥスはクーデターを主導し、王が留守の間にローマの支配権を掌握した。ブルートゥスは新しい政府形態をレス・プブリカ（文字通り「公的なもの」）と呼び、コラティヌスと共にその共同指導者に任命された。ルクレティアだけは明らかな例外だが、事実上、ローマの共和革命は無血だった。タルクィニウスは何年にもわたって権力を取り戻そうと試みたが、共和政は持ちこたえた。

この物語は相当に神話化されているが、生と死の両方を通じて形作られたローマの歴史において、影響力のあった女性たちの長い列の先頭の一人として、ルクレティアを挙げることは重要であろう。ローマ社会は非常に家父長的で男性優位だったが、女性はしばしば男性の作家たちによって、男性読者向けではあるものの、重要な出来事に積極的に関わったものとして説明された。君主制の崩壊におけるルクレティアの役割の描写は、ローマの名誉の概念に影響を与えただけでなく、都市の政治生活における家族と親族のネットワークの重要性をも強調した。

▽**権力の象徴**
このレリーフでは、リクトルという警護官がファスケスを運んでいる。この棒の束は、王、そして後にはコンスルによって行使される国家権力を象徴した。

同じようで違う

伝統的にコンスル（執政官）と呼ばれる2人の新しい指導者（当初はプラエトル［法務官］と呼ばれていた可能性がある）が、王の権限を分割したことを除けば、共和政初期と王政時代の政治システムには大きな違いはなかったようだ。元老院や民会など、ローマの主要な政治機関のすべて（28–29頁を参照）が、以前と同じように機能していたようである。その結果、指

導者交代の恩恵を最も受けたのはローマのエリート層であり、彼らは年次選挙で高い地位に就く機会が増えた。都市が成長するにつれて、新しいエリートがローマ社会に加わり、王の下よりも、ずっとダイナミックなシステムを育む中で、民会の力をゆっくりと高める権力闘争を生み出した。

神話と現実の分離

共和政の創設は、暴君的な王の支配、息子による犯罪行為、およびエリートの蜂起の結果であった可能性があるが、これはローマ人が自ら語った経緯であり、原点の物語としては、かなりありきたりなものだった。君主制の最後の世紀に、ローマは著しい変容を遂げた。これは考古学的記録にも見られるもので、前6世紀の入植地がいかに大きくなりすぎていたか、単一の家族がこれを制御するにはいかに重くなりすぎていたか、を示している。これは、王と主要氏族との間の対立につながり、君主制の廃止につながった可能性がある。権威主義的な支配は、元老院と民会が協力し、毎年選出される新しいコンスルの下で、エリートたちが結ぶ権力の分担協定に取って代わられた。エリート氏族の間で定期的な権力の交代をすることが、共和政の基礎となった。

ルクレティア、タルクィニウス、コラティヌス、ブルートゥスの物語は、特にエリート層にとって、ローマのアイデンティティの重要な部分を形成した。そして共和政の最後の数十年間、別のブルートゥスが別の「暴君」であるユリウス・カエサルを排除するために武器を取ったとき、この物語は新たな重要性を帯びたのである（128–129頁を参照）。

△ルクレティアの復讐
カスト・プラセンシアの「共和政ローマの起源」（1877年）は、ルクレティアの死後、ブルートゥスがナイフを高く掲げ、専制君主タルクィニウス・スペルブスからローマを解放することを誓う場面を描く。リウィウスの『ローマ史』に書かれた伝説的な瞬間だ。

「ユニウス・ブルートゥスは……タルクィンを追放することに最も断固たる態度を示した」
プルタルコス「ブルートゥス伝」

◁**青銅の音楽家**
ギリシアと関連付けられることが多い楽器、竪琴を持つ音楽家を表した前4世紀の装飾品。こういった物の使用は、当時、ローマがより広い地中海世界との接触を強めたことをおそらく反映している。

2

共和政ローマ

紀元前509 − 前133年

都市国家から超大国へ

君主制が打倒されると、ローマ人は今や自分たちが何者であるかを決定しなければならなかった。この時点のローマは、イタリア中部に多数あった控えめな都市国家の一つだった。シュラクサイ（シラクサ）やカプアなどの、南イタリアやシチリアに確立されたギリシア植民市ほど洗練されておらず、強力でもなく、将来の成功を約束されてもいなかった。しかし、前509年から前27年の共和政の間に、ローマはイタリア半島全体に広がり、西地中海全域を支配する大国家を築いた。問題は「どのようにして？」である。

紛争による解決

当初から、ローマ人の主な職業は兵士であった。エトルリア人、サムニウム人、ラテン人との苦闘を制して、ローマはイタリアで優位に立つことができた。その後、この都市は、遠く離れた地での戦争に加わることと引き換えに、近隣のコミュニティと条約を結び、自らの権利と市民権を拡大した。これらの中で最も重要なものは、カルタゴとの長期にわたるポエニ戦争だった。前202年のザマの戦いにおけるローマの決定的な勝利は、地中海での覇権を確立するものだった。

書かれた記録は共和政を理解するうえで重要な役割を果たすが、ローマ文学の情報源は、共和政設立から250年以上も後の前240年頃に書かれたものだ。後世の著者たちの説明は、共和政がいかに成立したかについて、ともすると彼ら自身の時代の出来事や関心事に彩られがちである。一貫するテーマは、貴族（王政以来のエリート氏族）と平民の間の衝突だ。平民は虐待に抗議し、政府でのより大きな役割を要求した。これに関連して、少数のエリートによる土地の独占化と兵役との兼ね合いについての問題もあった。兵役は国家にとって継続的な必要性があるが、当時は財産所有者でなければ務めることができなかった。

大帝国ができるまで

文化的には、共和政ローマは他の文明を征服しながら、それらの文化を大いに借用した。ローマの作家はギリシア文学と対話するように書いた。現存する最古のラテン文学は、ギリシア喜劇の翻訳として構成され、競技や音楽とともに宗教的な祭典で上演されるものだ。ギリシアのモデルは、ローマの法律、宗教、建築にも影響を与えた。ギリシアやその他の地中海の近隣諸国と同様に、ローマは、奴隷の数と経済への貢献度、および奴隷を所有する人口の割合において、奴隷社会だった。共和政ローマの革新やその成長速度は、特に公共の建物やインフラの成長速度を考慮した場合、これが奴隷労働によってのみ可能だったという事実を無視することはできない。

共和政中期から後期にかけてのローマのエリートの生活は、共和政の発足時には想像もできなかった贅沢の極みに達した。その壮麗さは、国家の成長への貢献に応じてローマ市民に報いる必要性の表れだったが、属州の人々に大きな代償をもたらすものでもあった。共和政ローマは市民にトウモロコシを配給し、税金を減額または廃止したため、ローマ軍とその同盟国によって征服された領土の住民は、新しい支配者の文明に彼らの資源の大部分が収奪されるのを見ることになった。

◁ローマで作られた
ギリシアの英雄ヘルクレスの像

前494年 身分闘争が始まる。平民が貴族の特権に抗議してローマを去る。

前450年 十二表法が発布され、ローマ法、権利、および責任が成文化される。

前390年 アッリアの戦いでローマ軍を破ったガリア人が、ローマで略奪を働く。

前321年 ローマ軍がカウディウムの戦いで屈辱的に降伏する。

前312年 アッピア街道とアッピア水道が開通。

前287年 身分闘争が終わる。平民と貴族が和解。

❶ アッピア街道沿いの遺構

❷ 破壊の後、ローマが再建したカルタゴ

❸ シラクサに残るローマ式闘技場

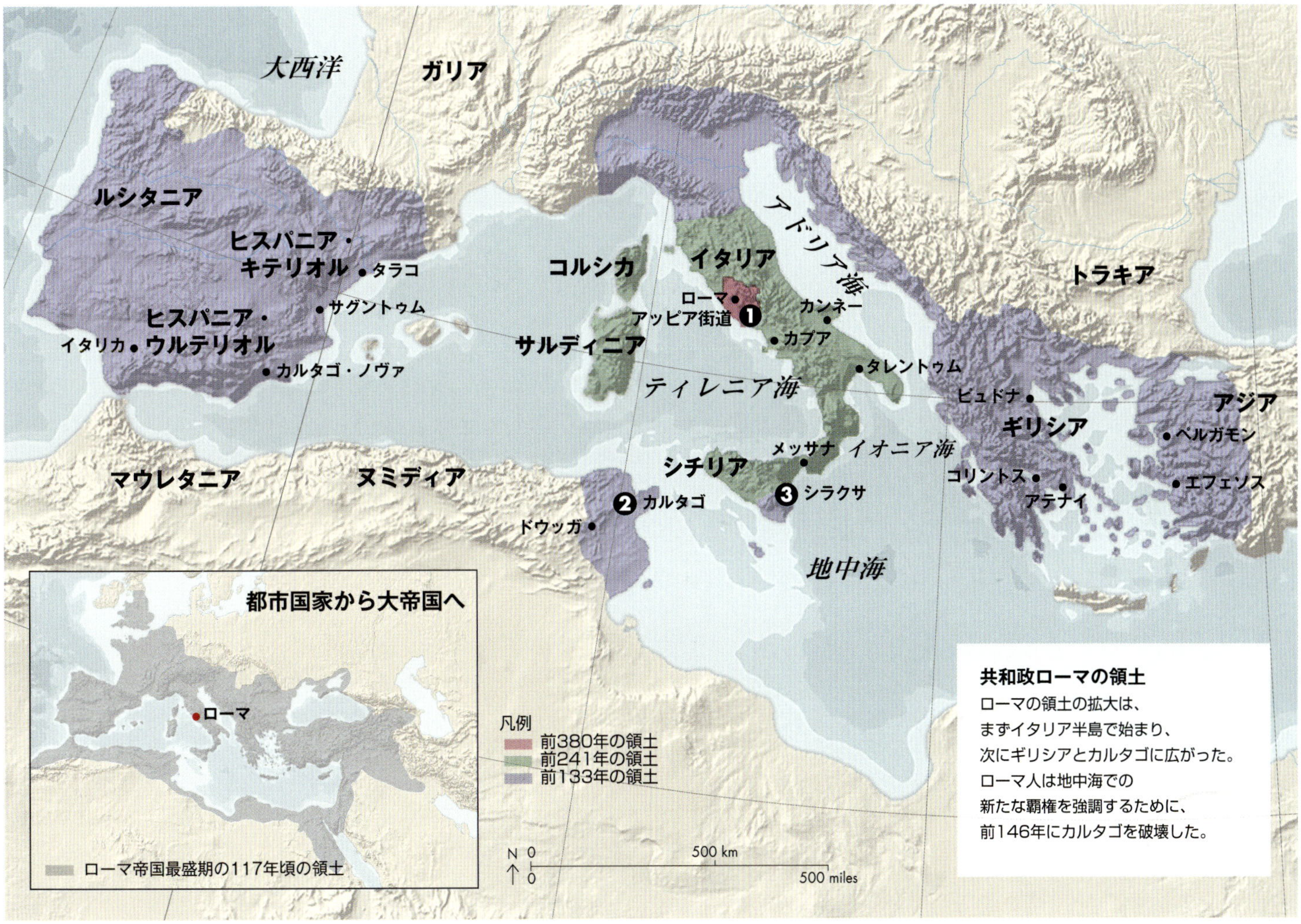

共和政ローマの領土
ローマの領土の拡大は、
まずイタリア半島で始まり、
次にギリシアとカルタゴに広がった。
ローマ人は地中海での
新たな覇権を強調するために、
前146年にカルタゴを破壊した。

前275年 エピロス王ピュロスは連戦連勝したが代償も大きく、イタリア半島のギリシア同盟都市はローマの支配下に入る。

前241年 第1次ポエニ戦争が終結。アエガテス諸島沖の海戦はローマ海軍の勝利に終わる。

前240年 リウィウス・アンドロニクスがローマにおいて、ギリシア語ではなくラテン語で最初の劇を上演する。

前216年 ハンニバルがカンネーの戦いでローマ軍を粉砕。

前206年 イタリカがスペインに設立される。イタリア半島外で最初のローマ人居留地。

前202年 第2次ポエニ戦争が終結。ザマの戦いでハンニバルがスキピオに敗れる。

前168年 ピュドナの戦い。ローマ軍がマケドニア王ペルセウスの軍に勝利しギリシアの覇権を握る。

前146年 ローマの地中海支配が完了。カルタゴとコリントスを略奪する。

貴族と平民

古代ローマの身分制度

誰もが共和政ローマの中で自分の居場所を知っていた。エリートの貴族たちは、ロムルスによって定められた立場を正当化したが、平民たちは、自らの権利、および征服の際の戦利品の分け前を確保するために、長く緩慢な戦いに乗り出した。

△与える女神
この1世紀のフレスコ画でバックス神と共に示されているケレースは、（リーベルやリーベラと共に）ローマの平民に人気のあった「アウェンティヌス三女神」の中の一人。アウェンティヌスの丘にある三女神神殿で、造営官（アエディリス）という官僚が平民への食糧配給などの任務を監督した。

共和政時代の大半において、社会的および政治的生活は、国家の2つの「階級」、つまり官僚機構を支配する貴族（パトリキ）と、下層階級を構成する平民（プレブス）の間の緊張と、時折の公然たる対立によって特徴づけられた。伝承によれば、貴族の起源は、ロムルスがローマの最初の元老院議員として任命した100人の男性にある。彼らはローマの主要な家系の長であり、それぞれがパテルファミリアス（家父長）、つまりパテル（父）であった。これがパトリキという言葉の由来である。このグループはローマの拡大に伴い成長したが、構成は常に排他的で、精選的で、世襲的だった。

平民はローマの一般市民だったが、彼らは「貧乏人」だったということではない。多くはそうだったが、比較的裕福な人もいた。貴族と平民の区別は、常にお金以上のものだった。

平民の権利のための戦い

ローマの領土が拡大するにつれて、貴族と平民の間の緊張が高まった。戦争と征服は貴族を豊かにしたが、ローマ軍の大部分を占めていたプレブスの農民たちはあまり恩恵を受けなかった。下層階級の兵士たちは、故郷を離れてローマの隣国との戦争に参加し、戦闘の矢面に立たされた。腹黒い貴族の将軍たちは、戦争の戦利品や、征服した領土の公平な分配をせず、彼らに報いることをしなかった。結果として、平民たちは経済的困窮に追い込まれ、苦境を乗り切るために負債を負ったが、債権者に返済できない場合、奴隷の仲間入りをするしかなかった。前494年、ローマの平民たちは街を出て、徒歩1時間のところにある聖山に向かった。彼らは、自分たちの利益を保護するための新しい官職が設立されるまで戻ることはなかった。これが平民から選ばれる護民官（トリブヌス）である。毎年選出される10人の護民官は、貴族が支配する元老院としばしば衝突し、後年には激しく対立した（104–105頁を参照）。貴族と平民の権利と義務は、前450年の十二表法でさらに明確にされた。新しい法律は、決して貴族の支配を脅かすものではなかったが、平民たちにとって最も差し迫った懸念のいくつかに対処するもので、債務による束縛を廃止し、財産権と司法手続きを確立した。この全期間は、後に「身分闘争」として知られるようになる。

政治組織化

しかし、より大きな平等への道はまだ険しいものだった。前81年には貴族の独裁者スラが護民官の最も基本的な権限を一時的に解除することに成功し、前64年には平民の共同体内で運営されていた商人ギルドであるコレギウムに禁止令を発し、下層階級の扱いはさらに悪化した。こうしたギルドは、クロディウスによって前58年に復活した。彼は護民官に選出されるために、貴族の地位を放棄して平民に転じた反逆的な人物である。市民の英雄にはありがちな末路だが、クロディウスは暴力的な死を迎えた。ライバルのミロによって殺害され、彼の体はアッピア街道の脇に投げ捨てられたのだ。この街道は、彼の祖先であるアッピウス・クラウディウス・カエクスがローマの歩兵のために建設した道である。

◁スブセリウム（護民官のベンチ）
この硬貨は、平民の護民官であるパリカヌスに敬意を表して前55年に鋳造された。論争を仲裁するために護民官が日中座っていたフォルムのベンチを示している。

▽働く穀物計量人
後2世紀のオスティアのモザイク。港の穀物供給を管理しているコレギウム（ギルド）の男性を示している。他の人物よりも小さく描かれている人物は、奴隷労働者であることを示す。

計量人は水準器を持っている

穀物の計量単位は約7kgだった

「平民たちが公職への道が閉ざされていることに気付いたのは、［貴族の］狡猾な誘導のためであった」
リウィウス『ローマ史』

監察官アッピウス・クラウディウス・カエクス

前312年、アッピウス・クラウディウス・カエクスは監察官（ケンソル）の重職に選出された（86-87頁を参照）。彼はローマ都市部の平民に投票権を与え、貴族たちを怒らせた。また、新たに市民権を獲得した平民に税金を課し、一部の人々を動揺させた。彼の改革は民主的な衝動によって推進されたのか、国民の間で支持を得るためなのか、収入を上げるためなのか、あるいは3つすべての組み合わせによるものなのか、議論が続いている。アッピウスは、ローマ初の水道橋や、最初の幹線道路であるアッピア街道を建設したことで有名だ。彼の名のカエクスは「盲目」を意味し、後世のローマ人は、目の見えないアッピウスを、公正で公平な道徳家の理想とした。チェーザレ・マッカニが1888年に描いた右の絵は、息子たちに導かれて登院する尊敬される高齢の政治家として描いている。

メドゥーサの頭はギリシアとローマで人気の高いモチーフで、アレクサンドロスの胸当てが目立つように描かれている

アレクサンドロスの勇気を強調するために兜は被っていない

アレクサンドロスの愛馬、ブケパロス。大王が飼いならすまで、人に馴れることはなかったという

アレクサンドロスは伝統的なマケドニアの6mもあるサリッサ（長槍）を振るう

△アレクサンドロス大王のモザイク
リウィウスは、壮大なローマ史を次のような問いかけで始めている。「アレクサンドロス大王が軍隊を東のペルシアに対してではなく、西のイタリアに向けていたらどうなっただろうか？」。イタリアの人々がギリシアのマケドニア王アレクサンドロスに抱く関心は、この巨大なポンペイの、前100年のモザイク画から明らかだ。約150万枚もの小さな彩色タイル（テッセラエ）から作られ、イッソスの戦い（前333年）でアレクサンドロスがペルシア軍と戦う様子が描かれている。

「捕らえられしギリシアは、猛き勝利者を捕らえたり。野卑なるラティウムに技芸をもたらせり」
ホラティウス（詩人、アウグストゥス帝の廷臣）

征服された征服者

ギリシア世界とローマの愛憎関係

ローマを含む地中海の芸術と文化は、古代ギリシアの都市国家が形成したものだ。ローマは、ギリシアの文化的優勢との縄張り争い（そして競争）と密接に関連しながら拡大した。

共和政後期以降のローマの作家たちは、彼らが生きる時代に堕落とみなされるものを説明するとき、しばしばローマによるギリシア征服（76–77頁を参照）や、その後にローマの街に輸入されたギリシア芸術のせいにした。実際、ローマはその初期の頃からギリシア文化と密接に関わっていた。

◁**ユニークなスタイル**
このリュトン（盃）は、イタリアに輸入されたギリシアの陶器とは異なり、南イタリアのアプリア（プーリア）に住むギリシア人が開発した花瓶の絵付けスタイルを示している。

文化の広がり

ローマがイタリアの大国として台頭する頃には、すでにギリシアの生活と文化に精通していた。前8世紀以来、南イタリアとシチリアにはギリシアの植民地があり、2つの文明の間で長期にわたる文化交流が行われてきた。ローマ人はギリシア人から、ギリシア語を話さない人々に使用される蔑称であるバルバロイ、つまり「野蛮人」というレッテルを概ね貼られないですんだが、それはこの長期的な関係が理由の一つである。ローマの建国神話のいくつか、特にアイネイアースがトロイアからラティウムに到着したという話（22–23頁を参照）はギリシア神話に埋め込まれたもので、2つの文化は、異なる名前ではあるが、ほとんど同じ神々を崇拝していた。前3世紀のローマの拡大により、すでにギリシア建築の恩恵を受けていた神殿は、地中海のギリシア都市から略奪された芸術で満たされた。これは、ギリシア文学のラテン語への翻訳・翻案という、ローマ特有の別の形式の文化的競争と並行して行われた。イタリアの劇場で演じる役者たちは、もともとギリシア演劇のために作られた仮面を被っていたが、ラテン語で聴衆に詩を朗誦するようになった。かつてのギリシアの影響力の範囲内で、これに取って代わったと主張できる地中海文化は他になかった。

権力と名声

ますます「ギリシア的」となるローマの公的生活だが、普遍的に支持されたわけではない。道徳家の大カトーは、公の場で機会をとらえては、仲間のローマ人が「ソフトな」ギリシアのやり方に堕ちたことをなにかと非難した。前1世紀の著者ルクルスは、歴史をギリシア語で書くというローマの伝統に従ったが、彼のローマ人としてのアイデンティティを示すために意図的に文法上の誤りを点在させた。一部のローマの将軍は、幼い頃からギリシア語で教育を受けていたが、征服したギリシア人にはラテン語で話しかけると主張し、通訳を介してのみ応答した。これらの行動や、ギリシア人を従順で欺瞞的で軟弱な追従者と見なすローマ人のステレオタイプな見方は、征服したはずの者に文化的負債を負っていることを認めるしかない征服者の不快感から生じるところがあった。

△**ギリシアの影響**
伝説では、ギリシアの半神半人、ヘルクレスが怪物カークスを殺してローマを居住可能にした。前2世紀頃からローマにあるこの神殿は、彼に捧げられたもので、古典的なギリシア様式（コリント式の柱を備えた円形構造）で建てられ、ギリシアの大理石で造られていた。

ハドリアヌス帝とアンティノウス

ハドリアヌス帝はギリシア（とギリシアに関連するもの）のすべてに大きな愛を抱き、ギリシア人の恋人アンティノウスとの関係で、文字通りそれを表現した。アンティノウスの存命中はもちろん、後130年に彼がナイル川で溺死した後も、ギリシアの文化様式で2人の関係を記念し続けた。文学、芸術、宗教において、彼は彼らの愛を、歴史上のアレクサンドロス大王と彼の将軍ヘファイスティオン、さらには神話上のアキレスとパトロクルスの間の愛になぞらえた。ハドリアヌスはギリシアの英雄崇拝（ローマの伝統とは異質）を模倣して、亡くなった恋人を崇拝する土地を設け、エジプトに彼の名前を冠する都市を設立した。

△**ハドリアヌス（左）とアンティノウスの大理石の像**

演劇、音楽、ダンス

公私にわたったパフォーマンス

ローマの劇場の中心にあったのは、美しい音楽と舞踊に対する洗練された知識であり、家庭生活にも宗教的な祭りや行列が浸透していた。これらすべての地域で、ギリシア語を話す世界との接触が、それらのパフォーマンスに影響を与えたが、結果として明らかにローマはローマのままであった。

音楽とダンス

ダンサーやミュージシャンは、宗教的な祭りや儀式、葬式、または私的な娯楽の一部として演奏した。ミュージシャンは、ハープのような竪琴やキターラ、ティービア（V字形の2本の笛）、打楽器、首の長いローマ式チューバや螺旋状のコルヌといった金管楽器など、さまざまな楽器を演奏した。

楽器については多くのことが知られているが、伝統的にローマの音楽は主として聴くことが中心だったため、どのような音楽だったかは不明である。現存する楽譜はないが、カルメンと呼ばれる一種の聖歌の歌詞が、古代ラテン語のテキストで発見されている。これらの詞には、祈り、詩の朗詠、幸運のための呪文など多くの目的があり、しばしばダンスを伴った。たとえば、サリイというマルス神の祭司たちは「跳躍」することで知られ、鎧を着てローマの通りを歩き回り、特定の場所で立ち止まり、聖歌を繰り返したり、神聖なダンスを披露したりした。サリイはエリートに属し、その振り付けは非常に形式的だったが、ローマのほとんどのダンスは娯楽のためのものであり、奴隷または下層階級のパフォーマーによって行われた。

△劇場の楽屋裏
このポンペイのモザイクでは、コレゴス（アテナイ人の劇団オーナー）が役者たちに一席ぶっている。ポンペイには2つの石造りの劇場があり、ローマに最初の常設劇場ができる数十年前に建設されていた。ポンペイの劇場に足を運んだ人々は、自分たちをアテナイ人の後継者と見なしていた可能性がある。

△観客の間近で
大劇場では、観客が登場人物をよりよく見ることができるように、また俳優が演劇で複数の役を演じることができるように、出演者はリネン、ワックス、木、素焼き、革製の誇張された大きな彩色仮面を着用した。仮面は中空構造で、俳優の声を増幅した。

△故人への舞
女性のグループによって行われる輪舞は、特にエトルリアの葬式の特徴だった。この前4世紀のフレスコ画は南イタリアのルーボのもので、この伝統が半島の他の地域でも知られており、おそらく実践されていたことを示している。

「しらふで踊るなど、正気の沙汰ではない」

キケロ「ムーレーナ弁護」

ローマの劇場

ローマで最初に記録された演芸芸術は、前364年のものである。それは音楽に合わせて演説と踊りを行うもので、スポーツと狩猟を含む宗教的な祭典、ルディ・ロマーニ（ローマの競技大会）の一部だった。確認できる最も初期の演劇（舞台で上演される劇）は、ディオニュソス神を称える祭りの一環として、前5世紀にアテナイ（アテネ）で始まったものだ。演劇はギリシアの入植者を通じてイタリアに紹介された。タレントゥム（イタリア南部のギリシアの植民都市）出身のリウィウス・アンドロニクスは、ホメロスのオデュッセイアをラテン語に翻訳し、前240年のルディ・ロマーニでギリシア劇の翻案として初演した。彼の演劇は、シチリア島にあるギリシア式の半円形の石造りの劇場をモデルにした仮設の木造建築物で上演された。

ローマ悲劇はほんの一部しか現存していない。それらからわかるのは、前2世紀のエンニウスなどの劇作家が、アイスキュロス、ソフォクレス、エウリピデスなどのギリシアの作家をお手本とした事実である。演劇の伝統を築くことで、ローマ人は他のイタリアの諸民族と自分たちは違う——自分たちの言語は偉大な文学作品に値するものである、という自信を持った。

劇場は主に男性の空間だった。台本を書くのも、演ずるのもほとんど男性だった。劇場の座席は性別によって分かれており、男性の観客にはよい席が与えられた。この結果の一つとして、女性や奴隷のキャラクターに対するしつこい性的暴行や暴力が描かれた。

△バッカナリアの踊り手
バッカナリアは、ワインの神を称えるローマの騒々しい祭りである。酒に酔って踊る大騒ぎで有名だったため、前186年に禁止された。この2世紀のモザイク画は、それにもかかわらず、人気がずっと持続したことを示している。

△旅回りの一座
仮面を被りタンバリンのような太鼓を持つこの男は、おそらく自分の芸を劇場に売り込み、大道芸人として旅をした一座の座員である。音楽と演劇は国全体で人気があったが、俳優、ミュージシャン、ダンサーは高く評価されておらず、通常は下層階級の出身だった。

△芸術の女神
ドラマ、音楽、ダンス、詩は、モザイク画で人気のある主題だった。アウグスタ・トレウェロルム（現在のドイツのトリーア）のこの作品では、ギリシアの抒情詩のミューズ、エラトーが竪琴を持っている。エラトーは、芸術のさまざまな側面を代表する9人のミューズの一人である。

神と女神たち

ローマのパンテオンの神々

ローマ社会は多神教で、さまざまな種類のさまざまな神々を崇拝していた。多くはメルクリウスなどのように、それに相当するギリシアの神がいた。時として彼らは、美徳や資質（名誉、自由など）を擬人化したり、人間、特に皇帝を神格化したりする存在だった。帝国全体で、人々は自分の神々を崇拝することも許されていた。

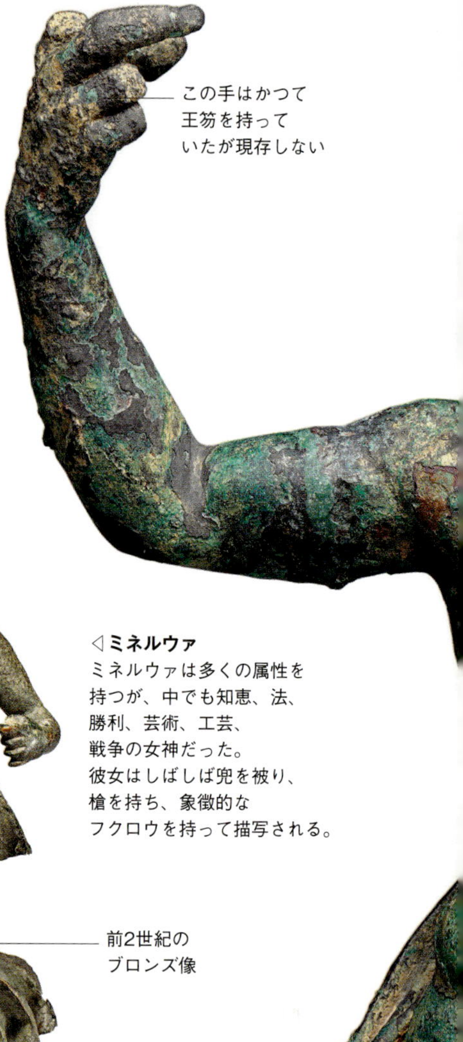

この手はかつて王笏を持っていたが現存しない

▷ユノ
主に女性に崇拝されたユノは、ローマとその帝国の保護者である。彼女の聖なるガチョウは、前4世紀にガリア人が都市への奇襲を試みたとき、警告を発して鳴いたと言われている（50頁を参照）。

ミネルウァの像は、ゴルゴンの頭を備える獣皮のアエギス、つまり胸当てを身に着けている

前2世紀のブロンズ像

◁ミネルウァ
ミネルウァは多くの属性を持つが、中でも知恵、法、勝利、芸術、工芸、戦争の女神だった。彼女はしばしば兜を被り、槍を持ち、象徴的なフクロウを持って描写される。

手にはもともと、槍を握っていた

征服を象徴するエキゾチックな兜、胸当て、サンダルを身に着けている

この像は完全軍装しており、マルス・ウルトル、つまり復讐者マルスという性格を示す

◁マルス
ローマは征服で成り立つ社会であり、伝説上はロムルスの父でもある軍神マルスは特に崇拝された。

翼のある帽子は、神々の伝令という、彼のもう一つの役割を表している

短いギリシア風のマント、クラミスをかけている

▷メルクリウス
トリックスターのメルクリウスは商売と経営者の神であり、しばしばお金の入った袋を持っている姿で描かれた。彼はまた、死者の魂を冥界に導くと信じられていた。

リンゴは、ウェヌスこそすべての女神の中で最も美しいとして、トロイアの王子パリスが献上したものである

▷ウェヌス
多くの場合、ウェヌスは裸だったり、下半身を隠したりする姿で、愛、欲望、豊穣を司る女神である。ユリウス・カエサルは彼女が自分の祖先だと主張した。

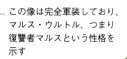

◁**ユピテル**
ユピテルは鷲を伴い、雷や王笏を手にする姿で描かれるローマの主神である。主要な決定はユピテルの「承認」がなければ下されず、宣誓は彼の名前で行われ、すべての軍事的勝利は彼の名に帰された。

後2世紀後半の銅像

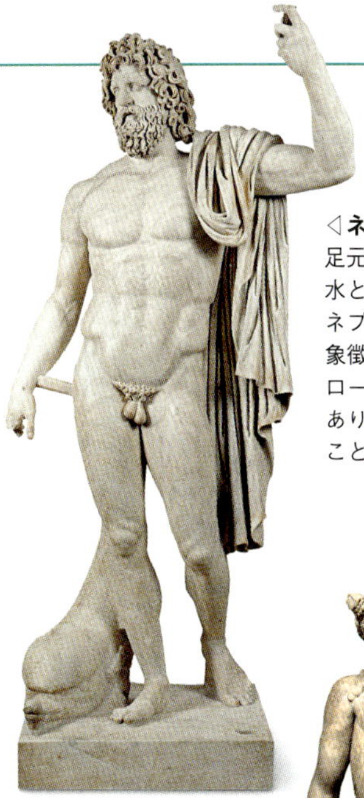

◁**ネプトゥーヌス**
足元のイルカは、水と海の守護者としてのネプトゥーヌスの役割を象徴している。彼の寺院はローマの競馬場の近くにあり、彼が馬の神でもあることを示していた。

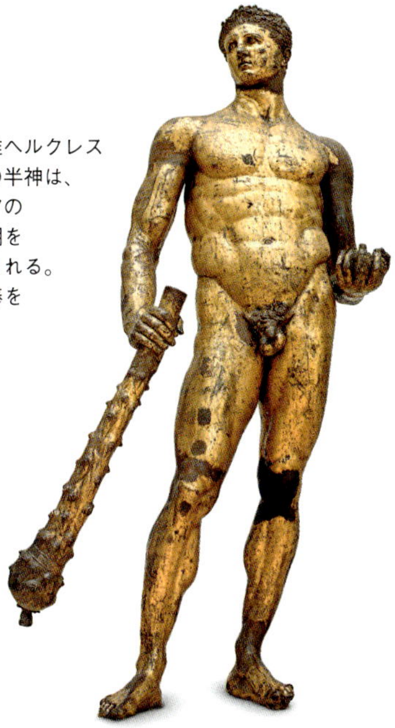

▷**ヘルクレス**
ギリシアの英雄ヘルクレスに相当するこの半神は、多くのイタリアの起源神話で文明をもたらしたとされる。こぶ付きの棍棒を持っている。

◁**バックス**
酒の神バックスは、ギリシアの神ディオニュソスと、ラティウムの人々が崇拝する神リベル・パテル（「自由の父」）の要素をともに含むものだった。

ヒョウはこの神の野性的で屈託のない性質を体現している

▽**ローマ**
ローマ市の擬人化で、ミネルウァと特徴を共有する勝利の女神だった。彼女は最も頻繁に、強力な軍国主義の女神として示された。

羽根飾り付きクレストを持つ兜

地球儀はローマの権力の象徴だった

槍は戦士としての資質を意味する

◁**エポナ**
ケルトの女神、エポナは馬の保護者だった。エポナはローマの騎兵の間で人気を博し、彼女への信仰もガリアからローマに持ち帰られた。

◁**マグナ・マーテル**
アナトリアにあるフリギアの女神だったマグナ・マーテル（「偉大な母」）は、ライオンが引く車に乗っている。司祭たちは自ら去勢し、荒々しく恍惚とした信仰を主導した。

市民と権力

初期ローマの法律と制度

ローマには成文憲法はなかったが、官職、法律、および慣習のシステムが厳密に守られた。これらのほとんどは裕福な地主や貴族に有利なもので、平民が権利を勝ち取るのは困難だった。

△カピトリヌスのブルートゥス
このブロンズの胸像は、ローマの最初の2人のコンスルのうちの一人、ブルートゥスのものと考えられている。カピトリヌスの丘で発見され、前4世紀から前1世紀の間のものとされる。

ローマの君主制が終わった後（36–37頁を参照）、以前は国王が保持していた権力は2人のコンスル（執政官）の間で分かち合うこととなった。一方で国王の諮問会議は元老院となり、政策について議論し、法律を制定したが、その法律は、ローマの主権機関であるポプルス・ロマヌス（ローマ市民団）の投票によって承認されなければならなかった。すべての市民が投票できたが、全員が投票したわけではない。各投票集会の開催はわずか3日前に公示され、遠隔地に住む人々（圧倒的に多数の貧しいローマ市民）が徒歩で移動した場合、間に合うように到着するには十分な時間ではなかった。女性と奴隷はまったく投票できなかった。

共和政ローマには2つの主要な議会があった。主要な決定や、名誉ある公職に関する高官の年次選挙（86–87頁を参照）はケントゥリア民会で行われた。それはローマの裕福な市民が支配する議会で、193の投票単位、つまり「百人組（ケントゥリア）」の過半数を富裕層が占めていた。重要度の低い法律や決定はトリブス民会で決議され、下級の公職が選出された。この機関はローマの35の「行政区（トリブス）」で構成されていた。このうち30地区は農村地帯だが、より裕福なローマ人が豪華な別荘を持っていた場所でもある。当然のことながら、両方の議会の決定は、市の貴族と金持ちのエリート層を支持することに重きを置いていた。さらに貴族たちは、市内の聖職者の団体のほとんどを管理していた。これは、悪い前兆がある、という神意の下に、彼らが好まない法律を拒否する力を与えた。

> **マンリウスと聖なるガチョウ**
>
> 前390年、ローマはガリア人によって略奪された。持ちこたえた都市の唯一の部分が、貴族のマルクス・マンリウスが指揮するカピトリヌスの丘の軍の駐屯地だった（伝説によれば、彼はユノ・モネータ神殿に飼われている神聖なガチョウの鳴き声で敵の奇襲を警告された）。市が略奪された後、ローマの平民は貴族から高利でお金を借りなければならなくなり、マンリウスは平民たちに代わってこれに介入した。しかし、マンリウスは王になりたいという野心を持っていると告発され、死刑に処せられた。ローマの貴族たちは、自分たちの利益と権力が脅かされていると感じた場合、身内の誰かを犠牲にすることを躊躇しなかった。
>
> 

十二表法

ローマの下層階級は、平民の護民官を通じて政治的代表権を享受したが（42–43頁を参照）、論争を解決するために直接行動を起こす必要がある場合もあった。前451年、ローマの平民の兵士たちは反乱を起こし、彼らが貴族たちの恣意的な権力濫用とみなすものから、自分たちを保護する成文法の制定を要求した。それに応じて元老院は、ローマの法制度を体系化するために、10人の貴族によるデケムウィ

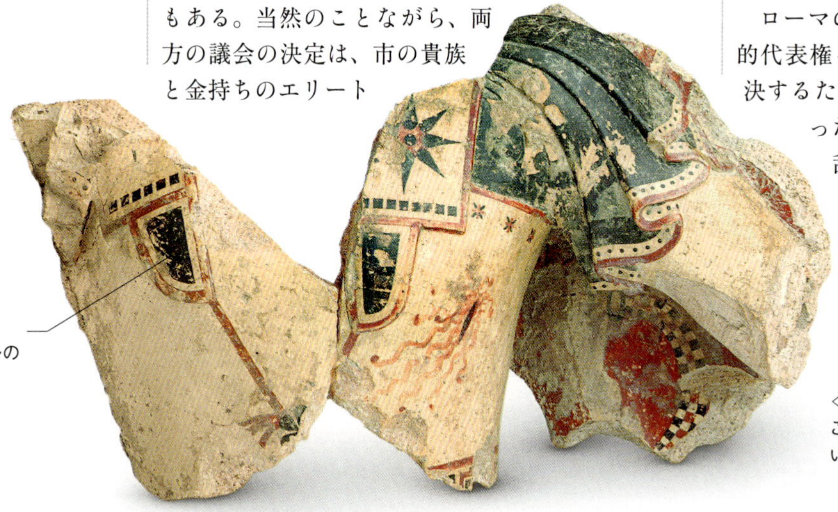

塗装は当時の職人技のレベルの高さを物語る

◁テラコッタの像の胴体
この断片は前5世紀の塑像のもの。立派な鎧を着ているので、おそらく非平民階級の負傷兵である。

武装していない戦士は、
敵のローマ人に降伏
しているようである
この人物は
トガを着て
いるので、
ローマ人で
あることを
示している
ようだ
サムニウムの
戦士たちは、
このような
クレスト付き
の独特の兜を
被っていた

▷ローマ最古の歴史画
エスクイリヌスの丘にある墓のフレスコ画で、前300年頃のもの。ローマの初期の敵の一つ、サムニウム人が元老院の貴族の代表者に降伏している図と考えられている。

リ（十人委員会）を任命した。まず十表法と呼ばれる一連の法律を作成した後、2代目のデケムウィリに交代したが、彼らは追加で二表法を起草した後、権力を掌握しようとして失敗した。このように出だしから問題があったにもかかわらず、十二表法は前450年に制定され、何世紀にもわたってローマ法の基礎となった。それらは完璧にはほど遠いものだったが、理論上は財産権、債務による束縛、結婚、相続などのすべてを扱い、適用される成文法だった。

ローマとその境界

ローマの制度と法律の基本を支えたのは、ローマ市とは何であり、どこを指すのか、という概念である。前390年にガリア人の部族長ブレンヌスがローマを略奪した後、近くの丘の上にあるウェイイの集落の方が安全に生活できる、と主張する人もいた。しかし市の指導者たちの信念は揺るがず、ローマはポメリウム（境界線）によって定義された神聖な空間であり、ロムルスが前753年に都市を建設したときにこの領域を画定したのだ、と主張した。ローマが拡大するにつれて、そのポメリウムも拡大し、時には高い防壁が築かれ、後にチッピという境界石が置かれた。それらはどこからどこまでがローマで、法律と制度が通用する場所かを象徴していた。

「我らの政治的自由を
奪おうとも、我らの妻や
子供たちに対する暴君の認可状を
あなた方に与えるものではない」
リウィウス『ローマ史』より、ローマ市民イキリウスのデケムウィリへの批判

ローマの軍隊

地元のギャング団から帝国軍へ

ローマの軍隊は、歴史上最も有名な組織であることは間違いない。少なくとも1000年間にわたって何らかの形で存在し、その活動は3大陸にまたがった。結果として、単一の「ローマ軍」は存在せず、その構成、戦術、および装備は、新しい地形、任務、および敵に対応するように調整されていった。

共和政の軍隊

王政期と初期の共和政時代の戦争は、裕福な市民による民兵が支配した。彼らはローマとその周辺、および近隣領土全体で、互いに争い、戦った。前5世紀から前4世紀にかけて、イタリア中部の勢力は敵を打倒した。ローマ周辺の氏族指導者たちは、拡大する都市内の勢力を統合することに同意し（または強制され）、合体した。ローマの初期の成功は、部分的には、十分な装備を持つ多数の新兵を、各氏族から補充する能力に負っていた。

次の3世紀は、ローマが地中海を越えて拡大するのを目の当たりにする時代である。領土の広大さに、ローマは軍事システムを適応させることを余儀なくされた。パートタイムの市民の軍隊は、長期の外征には不向きだったのだ。しかし、ローマ軍がどのように変質したかについては、文字での情報源の信頼性が低いため、軍の「職業軍人化」と、前2世紀後半のいわゆるマリウスの改革（106–107頁を参照）の影響の再評価について、熱い議論が続いている。しかし明らかなことは、軍隊の募集や組織化など、ローマ人の生活のあらゆる分野がこの時期に影響を受けたということだ。

△王政期
イタリア中部のウルキにある「フランソワの墓」のフレスコ画は、ローマの起源の物語の少なくとも一つのバージョンを示し、後にローマの6代目の王、セルウィウス・トゥッリウスになったとされる人物、マクスタルナ（中央）を描いている。もし彼が実在したとすれば、マクスタルナは地元のエトルリアの武将だった可能性が高い。

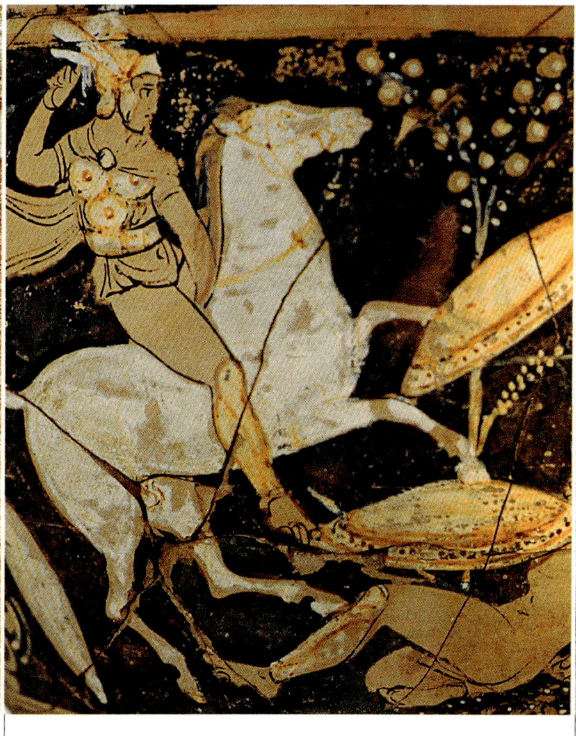

△共和政前期・中期
このクラテル（大型の酒器）の図柄は、イタリア中部の戦士の戦いを表している。前4世紀のもので、3枚の円盤をつないだキュイラス（80頁を参照）と羽根付き兜を身に着けたイタリアの兵士が騎乗している。その描写はかなり現実的で、この時代にしばしば関連付けられる、理想化された軍隊のイメージとは異なるものだ。

△共和政後期
ローマのドミティウス・アヘノバルブスの2世紀につくられた祭壇には、モンテフォルティーノ式兜を被り、ケルト起源の装備であるスクタ（盾）を運ぶ兵士が描かれている。これはおそらく、ポエニ戦争での兵士の姿であったと思われる（82–85頁を参照）。

「戦争での勝利は、数や単なる勇気だけに完全に依存するわけではない」

ウェゲティウス『軍事論』

△**単なるお金ではなく**
ローマ人は硬貨を使って情報を伝えた。この、前55年のデナリウス貨は、ガリアでの軍事的勝利を祝うものである。

たとえばローマ軍の兵力は、貧しい兵士たちと、帝国全体の従属同盟国から徴募されたより多くの補助部隊を統合して拡大したのである。

帝政期の軍事展開

ローマの有力氏族間の内戦期（128–129頁を参照）を経て、アウグストゥス帝は軍を改革し、彼の一族が最終的な支配権を持つことを保証するようにした。彼は軍団の数を減らし、給与を直接兵士に支給し、補助兵にローマ市民権を与えた。こうして兵士たちは、それぞれの将軍ではなく皇帝に忠誠を誓うようになった。しかし、地中海全体に広がるそのような多様な勢力を制御することは困難なことがわかってくる。たとえば後69年の「四皇帝の年」では、各軍団がガルバ、オト、ウィテッリウス、ウェスパシアヌスを立て続けに皇帝として推戴した。2世紀から3世紀にかけて、統治者たちは軍隊の力を利用しようとしたが、成功の度合いはまちまちだった。「3世紀の危機」（248–249頁を参照）と総称される帝国内の広範な戦争と反乱は、ディオクレティアヌス帝による帝国の分割と、彼が確立した四帝分治制（254–255頁を参照）によるローマの軍事力の4分割につながった。軍事システムは4世紀と5世紀にさらに細分化された。これは主に、皇帝よりも（多くの場合、非ローマ人だった）指揮官が権力を行使し始めたためである。最終的に、ローマの軍事的没落は人的資源の減少ではなく、それを利用する権力ネットワークが崩壊したために起きた。

△**帝政初期**
トラヤヌスの記念柱（上写真）などのモニュメントに理想的な軍隊の形を描写することは、皇帝が自分たちの権力と支配を宣伝する方法だった。実際の軍隊生活は、プロパガンダのイメージが示唆するほど組織化されてはいなかった。

△**2－3世紀**
ローマのマルクス・アウレリウスの記念柱にあるこの場面は、古代の戦闘の残忍さだけでなく、芸術における軍隊の描写方法の変化も示している。トラヤヌスの記念柱などの初期の描写は、軍隊を構造化された機械のような戦力として示していた。ここでは、個性化された人物が、もっと殺伐としてリアルな描写で表現されている。

△**4－5世紀**
ローマ軍は常にさまざまな人々と装備で構成されていたが、ローマの支配者は、秩序を暗示するために均一な戦力を提示したいと考えていた。対照的に、コンスタンティヌスの凱旋門（312年に建立）は多様性を示しており、彼が支配した領土と民族の広い範囲を示している。

イタリアの征服

ローマの地域支配への台頭

初期の数世紀を通じて、ローマはイタリア中部で生き残りをかけて、その地位を確立しようと奮闘するいくつかの入植地の一つに過ぎなかった。しかし前275年までに、征服と外交を通じて半島の支配権を獲得した。

△神殿の飾り
前510年頃のテラコッタのアンテフィクス（屋根飾り）。初期のローマの偉大な地域ライバル、ウェイイにあるポルトナッキオ神殿の屋根のものと考えられている。

ローマの台頭とイタリア征服の性質については、議論が定まらない。現代に伝わる文学的な情報源はなく、最初の記述は、何世紀も後の共和政後期と帝政初期に書かれたものである。これらの、当時とは非常に異なる社会的、政治的環境の下で生み出された作品の影響を受けて、現代的な解釈が生まれてきた。今日、特に考古学的な証拠により、ローマの発展に関するこれらの古い考え方に、歴史家たちは疑問を投げかけている。

初期ローマの拡大

ローマの初期、イタリア中部のほとんどの人々は、都市部に住んでいなかった。彼らはまた、場所から場所へと移動する傾向があり、共同体の構成員は一時的かつ流動的であり、個々人は特定の集落に結び付けられていなかったのである。初期のローマと近隣諸国との関係は、顧客や投資家を惹きつけるために競合する企業間の競争関係に似ていた可能性がある。土地の所有権は（あったとしても）柔軟なもので、戦争は可搬性のある富の略奪に集中していた。

これは、前6世紀から前5世紀にかけて変化した。ローマとその周辺のコミュニティ、およびそれらを支配するエリートたちは、近隣の土地の恒久的な支配権を主張し始め、その土地を使用したい人々との関係を固定化した。初期の征服には、ローマのすぐ近くの地域や、ヘルニキと呼ばれる人々の近隣の土地が含まれていた（26–27頁を参照）。かつて、ローマを襲撃する者はこの地に侵入し、欲しいものを奪って立ち去ったであろうが、今や、彼らは留まるようになった。これは前5世紀の終わりに生じた、土地の獲得、保持、定住に関する焦点の変化を反映している。考古学的な証拠はこれを裏付けており、イタリア中部で恒久的な農場や別荘の数が徐々に増加していることを明らかにしている。

前396年のウェイイの征服は、ローマの転機となった。ウェイイはローマから16km離れた、最も近いライバルである。ローマが長期にわたる包囲戦の後に占領したこの街は、地域でのコミュニケーションと交流のための唯一で大規模な拠点となった。ウェイイの征服中、ローマは市民に対し「戦争税」であるトリブトゥムを課し、兵士に支給される新しい手当として導入されたスティペンディウムの財源とした。これは、戦争が個人の戦いから、より地域社会に根ざした取り組みへと移行していたことを示すさらなる証拠である。

帰属意識の芽生え

都市の発展における重要な出来事の一つは、前390年のガリア人によるローマの略奪だった（55頁コラム、および50–51頁を参照）。この出来事はローマ人の考え方を変え、共同体をよりまとまりのあるグループに作り上げた。ローマはすぐに略奪の傷から回復したが、土地を奪取し続けるのではなく、自らを強化するための政治改革に関心が集まった。これには、コンスルにもっと大きな軍事的権限を与えて役割を強化することと、前367年にプラエトル（法務官）という新しい官職を創設することが含まれていた。2人のプラエトルはクルスス・ホノルム（名誉のキャリア）でコンスルの一段下の地位にあり

▷エトルリアの戦争のフリーズ
この、前3世紀のテラコッタの骨壺に描かれた戦闘が何を表しているのか不明だが、一家の記念品に含まれていることから、この時期の戦争の重要性を反映しているものだろう。ローマの北、エトルリアのキウージのもの。

(86–87頁を参照)、司法を管理し、軍隊を指揮することも許可されていた。

ローマとラテン人

ローマ共同体の重要性と団結の高まりは、ラティウムとして知られる周辺地域に緊張をもたらし、前340年頃の大ラテン戦争につながった。ローマと、地元のラテン人の同盟との間で起こった戦いである。ローマが戦争に勝利した後、一部のコミュニティの住民はローマ市民になった。一方、プラエネステやティブルなどの都市国家は、ある程度の独立性を維持することを許可され、同盟市(ソキイ)としてローマに属した。ローマが、敗北した敵を市民と同盟市に分けた理由や根拠は不明である。知られているのは、ローマ人が可能な限り征服されたコミュニティを統合しようとしたことである(同時に、土地と富を奪い、抵抗した人々を鎮圧した)。ローマのエリートにとってその目的は、彼らが作り上げた政治システムを積極的に拡大し、支配を維持することだった。このアプローチはうまくいったようだ。彼らの街は、征服した人々と比べて数では圧倒されていたにもかかわらず、ローマのエリートは繁栄し、ローマは成長を続けたのである。

△イタリアの武具
エトルリアのトーディにある戦士の埋葬地で発見された、銀の装飾付きの青銅の兜。前5世紀末のもの。

顔料の痕跡は、このフリーズがもともとは多色であったことを示している(125頁を参照)

敗北からの教訓

ローマも挫折を経験せずにイタリアを支配できたわけではない。前390年、ローマ人はアッリア川の戦いでガリア人の軍隊に敗れ、ローマは占領されて略奪された。ローマ人は、ガリアの指導者ブレンヌスに身代金を支払うことに同意し、彼は街から立ち去ることにした。しかし、ブレンヌスが不正な秤を使って金の重さを誤魔化した、と非難すると、ガリア人は剣を秤に投げつけ、「ウァエ・ウィクティス」(征服された者に災いあれ)と宣言した。この剣の分もよけいに支払え、という意味だ。ローマはこの敗北を決して忘れなかった。いくつかの点で、それは都市を将来の成功に向けて前進させるのに役立った。

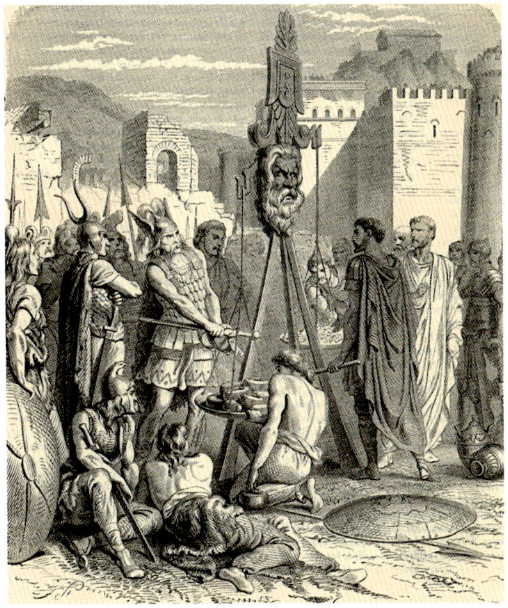

▷殺戮の装い
この絵は前4世紀のもので、イタリア南西部海岸にあるパエストゥムの墓にある。当時の典型的かつ精巧な青銅の甲冑を身に着けた一群の戦士が描かれている。

兵士たちは青銅のすね当てを着けている

この戦士はギリシア風のアスピス（円形の盾）を持っている。長方形の盾が一般的になるのは1世紀後のことだ

サムニウム戦争

ローマが近くのラティウム地域を征服し、ローマ市民と同盟者のネットワークが拡大したことで、この都市はより広い範囲の人々と衝突するようになった。特にサムニウム人であるが、「サムニウム人」が正確に何者だったかを知ることは困難だ。この名前は、ローマ人が南中央アペニン、現在のイタリアのカンパーニャ地域周辺に住むオスク語を話す人々を指すために使用された。しかしイタリア全土の中でも特にこの地域の人々は、所属が流動的だった。サムニウム人は、トウタ（拡張された氏族構造）に基づく広範な部族連合を組んだが、明確に民族的または政治的関連性を持っていたようには思われない。サムニウムという呼称は、おそらくある文脈の中でローマ人から与えられたものであるが、本来は、前5世紀にこの地域のいくつかの家族が使用した地元のサフィヌス（屋号）に関連していた可能性がある。

第1次サムニウム戦争（前343－前341年）は小規模な小競り合いで終始した。対照的に、第2次サムニウム戦争（前326－前304年）は、ローマにとって大きな試練となった。新興国家ローマは、カンパニアやイタリア南部のギリシア都市、特にカプアと直接交戦することになった。カプアは、サムニウムからの支援要請を受けてローマを紛争に引きずり込んだ。ローマの運命はこの戦争で浮き沈みし、前321年のカウディウム隘路の戦いで大敗を喫したものの、最終的に前304年

◁初期ローマの貨幣
前3世紀のもので、史上初のローマの硬貨の一つ。古代ギリシア語でΡΩΜΑΙΩΝ（ローマの）という文字が刻まれており、南イタリアで造られたと思われる。

に勝利を収めた。この紛争により、サムニウム人はイタリア中部および北部からやって来たエトルリア人、ガリア人の両方と同盟を結んだが、これは当時のイタリア社会の部族同士がつながる性質を反映している。

ローマのいつもの慣行として、第2次サムニウム戦争に勝利した後、征服地域の人々に市民権を与え、新たな同盟を結んだ。ローマはまた、征服されていない領土に前哨基地を得るとともに、親ローマ派の「中間地帯」を確立するために、サムニウム人の領土に新しいコロニアエ（植民地）を設けた。

第3次サムニウム戦争（前298－前290年）は短期間だったが、半島全体に広がり、再びエトルリア人とガリア人がサムニウム人と共闘して激しく敵対した。何が紛争の動機になったのかは完全に明らかではない——おそらくローマ人は新しい土地（とその富）を必要、または欲しており、ライバル国から同盟市を守る義務、またはその両方の組み合わせもあっただろう——そして、この戦争の終結で、ローマはイタリアの大部分を支配するようになった。15年後のピュロス戦争（76–77頁を参照）で勝利すると、ローマは半島の残りの部分も制圧した。前275年までに、ローマは「長靴」形半島の南端からアルプスの麓、北のポー川まで、イタリア全土の支配者となっていた。

ローマのイタリアの誕生

イタリアの征服の間、ローマ国家とローマ社会は絶えず進化していた。実際、この時期に独自のローマ文化が存在した、という考えには異議が唱えられている。ローマ市の人口は安定しておらず、市民団は常に拡大していた。初期に設立されたローマは、拡張主義国家として調整された行動をとった、というよりも、支店やフランチャイズを増やすビジネスのようなものだった。しかし前4世紀から前3世紀にかけての戦争と政治改革により、権力の大部分はエリート氏族の小グループの手中に収まり、最も長くその地位に留まっている人々が支配する、独特の「ローマ」システムが生み出された。同盟市または征服された共同体からの新参者も、このシステムに参加はできたが、ローマの伝統的な貴族幹部層の一部としてではなく、あくまでも平民階級のメンバーとして、ということだった。ローマがイタリア半島を征服するにつれて、平民階級には新しく有力、かつ影響力のあるメンバーが参入し、膨れ上がっていった。この結果の一つが、前5－前4世紀の間、平民たちがより大きな権利と貴族との平等を求めて続けていた「身分闘争」の終結だ（42–43頁を参照）。前3世紀に入ると、「ローマ」はもはや単なる都市ではなく、イタリア全土を支配するエリート、市民、および同盟市のネットワークの中心地であった。確かに暴力に裏打ちされた抑圧的なローマの支配に苛立った者もいたが、ローマの一部であることにより享受できる新しい機会をつかんだ者もいた——特に、そこにはローマの軍事力による保護と、成長し成功した国家の富の分け前をいくらかでも得られる可能性があったためである。

従順な家畜のように

ローマの最も屈辱的な敗北の一つ、前321年のカウディウム隘路の戦いは、ローマ軍の名にふさわしくないものだった。ローマ人は、狭い谷でサムニウム人に待ち伏せされ、戦うことなく降伏を余儀なくされた。その後、ローマ人は服従のしるしとして「ヨーク（くびき）の下を行進」させられたという。これは、敗北した兵士が勝者の前で頭を下げなければならない儀式的な罰の一形態で、おそらく交差した槍のアーチの下か、あるいは実際に牛馬などの家畜を鋤や荷車と接続する際のヨークの下を行進したのだろう。この19世紀のスイスの画家シャルル・グレールが想像したのは後者である。

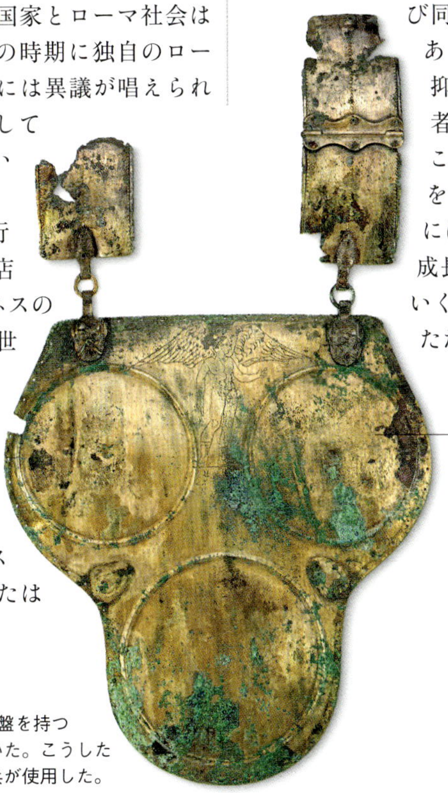

鎧は革で裏打ちされた鍛造青銅でできている

▷前4世紀のイタリアの鎧
サムニウム人の戦士は、しばしば3つの円盤を持つキュイラス、つまり胸当てを身に着けていた。こうした鎧はイタリア全土で一般的で、歩兵と騎兵が使用した。

> 「しかし、ローマ人は世界の一部ではなく、ほぼ全世界を彼らの支配下に服従させた」
> ポリビオス『歴史』

ローマ市民であること

安全、機会、および認識されたステータス

ローマ初期は、市民権は生得権だったが、国家が成長するにつれて変化した。ローマ市民（キウェス・ロマニ）、特に男性は、非市民や奴隷には許されない特定の社会的、法的、政治的特権を享受した。

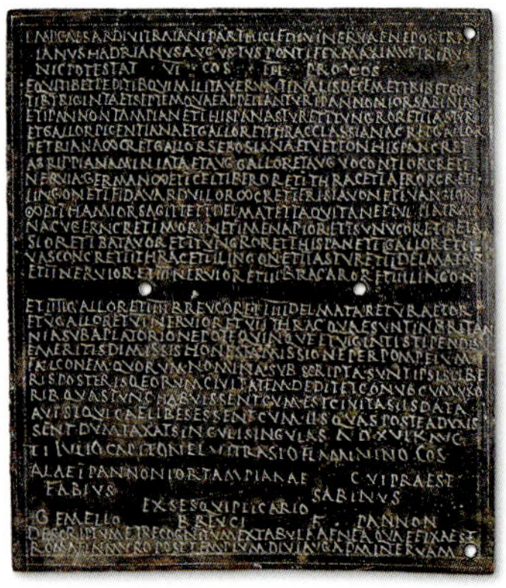

△ステータス・シンボル
この青銅のプレートには、補助隊員（外国生まれの兵士）であるゲメッルスに市民権が付与されたことが記録されている。彼は122年7月17日にローマ市民権を取得した。

ローマ市民の基本的な権利は選挙権、すなわち参政権であり、基本的な責任は、市民生活への参加だった。貧しいローマ市民でさえ、割り当てられたケントゥリア民会やトリブス民会で投票できた（50–51頁を参照）。しかし実際には、裕福な市民は、議会での投票の配分方法を操作し、元老院を支配して、自分たちの利益を優先することができた。市民権がある者には、公職に立候補する権利（イウス・ホノルム）と、公職の出世コースであるクルスス・ホノルムを上り、影響力と富を蓄積する機会ももたらされた（86–87頁を参照）。ローマの女性も市民と見なされたが、投票したり、公職に就いたりすることはできなかった。

その他の権利と責任

市民権のもう一つの重要な原則は、ローマ領の境界内のどこであっても市民に提供される安全と法的保護だった。彼らは奴隷にされたり、特定の体罰を受けたり、ローマでの裁判なしに処刑されたりすることはなく、地方の司法決定に不満な場合、ローマで上訴することができた。市民はローマ法を使用して紛争を解決することもでき、財産権が規定されていた（女性の法的権利は時代によって変化したが、一般的に家父長や男性の世帯主を持たない女性は、財産を所有し、相続することができた。70–71頁を参照）。すべての市民は合法的に結婚する権利があり、子供たちにも市民権が保障されていた（182–183頁を参照）。

市民権の経済的権利には、公有地で契約を結んで農業を営む権利、直接税の非課税（前167年から後3世紀まで市民への課税は廃止され、主に地方で徴収された）、公的支給による無料または補助金付きの穀物、また後にはパンを得る権利が含まれていた。ローマ市民は、課税、投票、および軍事目的のために、家族、所有物、および社会内で割り当てられたトリブスを評価する定期的な国勢調査に参加する義務があった。市民だけがローマの軍団に志願できたし、国家の歴史のある時点では、徴兵の対象にもなった。非市民は正規軍の補助任務に就いた。

▷見た目を維持する
前1世紀のこの墓碑には、模範的な市民であるローマ人夫婦が描かれている。男性にとってトガは、市民権を視覚的に示す目印だった。さまざまな服装が社会的地位を表していた（68–69頁を参照）。

テキストはギリシア語で書かれており、配布地域ごとに翻訳された

▷革命的な文書
帝国の周辺部まで市民権を拡大したカラカラ帝による「アントニヌス勅令」の、現存する唯一の写し

パピルスは破損しやすく、断片のみが後世まで残った

「かつて、我らの生まれながらの市民権は、私ら自身の親族の人々にとって十分なものだった」
タキトゥス『年代記』

市民権の拡大

市民権の対象は、何世紀にもわたって、自由人の両親のもとにローマ（後にはイタリア）で自由人として生まれた人に制限されていた。解放された（現在は自由人の）奴隷は自動的に市民となり、その子供たちは自由人として生まれたとみなされた（88–89頁を参照）。彼らのリベルトゥス（自由人）としての地位は、自由人として生まれたローマ人が持つ権利のすべてを保障するものではなかったが、一部が与えられた。元奴隷は監察官に解放された事実を宣言しなければならず、元主人が彼らの後援者になった。軍隊は市民権への道でもあり、25年間勤務した後、ローマ人以外の兵士にも市民権が付与された。

ローマの領土は前4－前3世紀にイタリア全土に拡大したため、ローマの支配下に入った一部のコミュニティの人々にも市民権が与えられた（ただし、すべての人がローマで投票する権利を持っているわけではなかった）。市民権を持たない同盟市（ソキイ）の市民になった人たちもいたが、彼らには軍団と共に働く補助隊員を補充する義務があった。

これらの関係は不平等であり、ここから引き起こされた緊張は、前1世紀、同盟市戦争につながった。平等な市民権と投票権を否定された多くのイタリアの同盟市が、ローマの支配に反抗した（104–105頁を参照）。反政府勢力を鎮圧するために、ローマは前90年にレクス・イウリア・デ・キウィターテ（市民権に関する法律）を可決し、イタリア中のすべてのコミュニティの適格なメンバーに市民権を与えた。

市民権の範囲は後212年に再び変更された。カラカラ帝が発布したアントニヌス勅令で、帝国内のすべての自由人として生まれた男性にローマ市民権が付与された（女性はローマの女性と同じ地位となった）。

市民の権利

聖書の使徒行伝22章22－29節には、こんな内容がある。後57年、聖パウロことタルソスのサウロは、イエスの教えを説いてソロモンの神殿を汚したとして、エルサレムで裁判にかけられていた（パウロは使徒として市内で多くの同胞のユダヤ人を怒らせ、自分の命が危険にさらされていることを知っていた）。そこでパウロは、ローマにおいて皇帝の前で裁かれる権利を行使して、「キウィス・ロマヌス・スム（私はローマ市民です）」と宣言したのである。その後、パウロはローマで2年間投獄された後、おそらくネロ帝の治世中に殉教して歴史から姿を消した。

聖パウロの1220年のローマのモザイク画

これらの男性は、
後世のためにイベントを
記録している役人かもしれない

軍装のマルス神が
儀式を見守っている

神官と宗教

ローマ人はどのように神々を崇拝したか

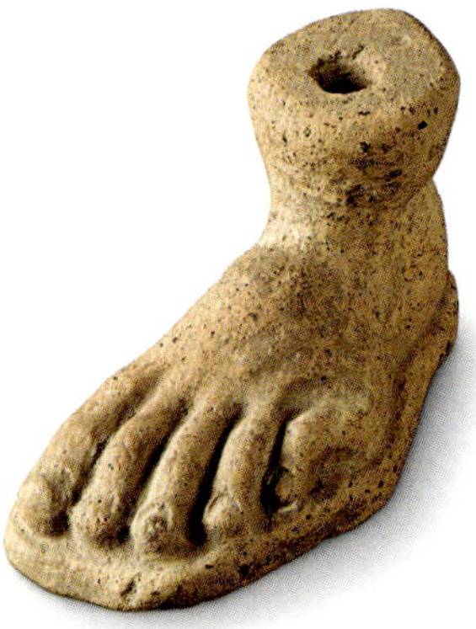

△**患部の奉納物**
病人や負傷者は、
アスクレピオスなどの癒しの
神々の神殿に、患部の
テラコッタ像を持ち込んだ。
神々がこれらの奉納物を
受け入れ、苦しんでいる部分を
治してくれるよう望んだ。

ローマ人は通常、信心深さを公に示し、パンテオン（万神殿）の多くの神々を崇拝した。これらの献身的な行為には、何よりも重要な目的が一つあった。それは神々を喜ばせることで、神々からの継続的な好意を保証することであった。

ローマ人は、敬虔な行為を行えば神々が喜び、彼らと国家を好意的に扱うと信じていた。彼らはまた、儀式のあらゆる細部まで、常に行われてきた方法で厳密に行わなければならない、と信じていた。前3世紀、クィントゥス・スルピキウス（ユピテル神殿のフラメン、つまり神官）が神に生贄を捧げていたときに、儀式用の被り物が頭から脱落した。ユピテルはこの手違いに立腹するかもしれないと、彼は辞任を余儀なくされた。

儀式の場

神々への崇拝は、主に公共の祭典（120–121頁を参照）の際に行われ、都市内にある神々の「家」である寺院の外の祭壇で生贄が捧げられた。これらの供儀には、香や酒の提供、または生きている動物（牛、羊、または豚）が含まれる場合がある。また崇拝の公的表現と、家内の神の崇拝（122–123頁を参照）に加えて、個人的に助けを求めることもできた。あらゆる社会的地位の男性と女性、解放奴隷や奴隷であっても、しばしば薄い鉛板に祈禱の言葉を書いて神助を請願したり、不当に扱った人々に対する呪いの言葉を記したりした。これらはまとめて寺院や神聖な場所に置かれ、選ばれた神が

◁**解釈のための道具**
臓卜師たちは、羊の肝臓をかたどった青銅製の宇宙図を使用して、動物の内臓から神意を読み取った。

雄牛、羊、豚が
祭壇に導かれる
供儀に参加する
兵士たち

読めるようにした。バシリアというローマ系ブリタンニア人の女性が書いたものには、彼女の指輪を盗んだ者の「血、目、手足」を神々が呪うか、「腸をすべて食べ尽くして」くださるように、とあった。

神官と職務

公的に崇拝を表明することは、名目上は元老院の責任だったが、実際には神官たちが神々を宥める責任を負っていた。歴代の主要な聖職者、すなわちポンティフェクス（大神官）、アウグル（鳥占官）、フラメン、「供儀の王」などの主要な祭司職は、エリートの元老院議員階層の男性ばかりだった。しかし一握りの聖職は女性のために確保されており、ウェスタの処女（32–33頁を参照）、フラミニカエ（女性神官）、および「供儀の女王」などがあった。いずれも人間と神々の間の関係を維持するための基本をなす仕事であった。

前兆と迷信

神々が定命の者たちの主題について考えたことを解釈するのは、訓練された占い師の仕事だった。重要な公の会合の間には、アウグルは空を見回し、頭上を奇妙に飛ぶ鳥や、突然の雷雨など、神々から送られた悪い前兆を探した。ローマの神聖なニワトリが餌を食べる様子を見て、神々が不快感を示す兆候を求めることもした。

元老院は、神の好意または不興を示す、特に重要、かつ複雑な兆候を解釈するべく、古代エトルリア以来、動物の内臓を読み解く技能の訓練を受けてきた聖なる男たち、すなわち臓卜《ぞうぼく》師を遣わした。神々の不興を示す何かが見つかった場合、新たに動物が犠牲にされた。血の雨、彫像の泣き声、しゃべる動物といった奇妙な出来事や驚異は、神々が不幸であり、宥める必要がある証拠として説明された。

△マルスへの生贄
ローマの宗教儀式にはしばしば生贄が含まれた。このフリーズは、豚（スス）、羊（オウィス）、および雄牛（タウルス）をマルス神に捧げる供儀（スオウェタウリリア）を示している。おそらく植民地や寺院を設立する際、土地を浄化する地鎮祭の模様である。

「金で角を覆われた牛が、
聖なる女神の犠牲に
捧げられた」
フラトレス・アルウァレス
（12人の祭司からなる組織）の儀式の記録

最高神官たるアウグストゥス

ローマ人男性は通常、複数の聖職を兼務することはできなかったが、皇帝たるアウグストゥスはすべての規則を破り、7つも兼務した。最も注目に値するのは、帝国のすべての宗教問題を支配するポンティフェクス・マクシムス、つまり「最高神官」の地位だった。その後のすべての皇帝は、4世紀後半までこの地位に就き続けた。この称号を最後に使用したのはグラティアヌス帝だ。キリスト教の台頭に伴い、その役割と名前はローマ教会に流用され、ポンティフとかポープ、つまり教皇として知られるようになった。この前1世紀のアウグストゥス帝の大理石の像（右）は、最高神官としての姿を描写している可能性が高い。頭を覆うトガのひだは、彼が祭司として生贄の儀式を行っている可能性があるとされる。

コンスルの役割

ローマの統合最高司令官

コンスル（執政官）は、ローマで選出された最高の政治的地位である。伝説によると、ローマの最後の王ルキウス・タルクィニウス・スペルブスが打倒された前509年に、共和政と共にこの官職が設立された。これはローマの有力氏族が、二度と国家を独占支配してはならないことを決定した瞬間だった。そのときから、毎年2人のコンスルが選出された。最初のコンスルはルキウス・ユニウス・ブルートゥスと、ルキウス・コラティヌスだった（36–37頁を参照）。

共同責任

コンスルの権限は、共和政の時代には広範だった。彼らは元老院を主宰し、民会を招集し、法律を投票にかけた。戦争でも軍隊を指揮し、共和政時代の後半には、任期を終えた後に地方の属州を統治した。コンスルは複数回の就任が可能であり、実際に多くの男性が複数回、これを務めた。2人のコンスルは毎年1月1日に就任し、月ごとに元老院の指導者を交代した。共和政ローマ時代は、その年の年号を数字で示す代わりに、12か月ごとにコンスルの名にちなんで名付けた。それほどの威信を持っていたのである。その月の首席コンスルは公の場でリクトル（先導警士）という警護官を伴い、斧を棒の束で囲んだファスケスを運ばせた。それはコンスルの権威が武力に基づくルーツを持つことの象徴（そして20世紀前半にイタリアのファシストによって流用されたイメージの一部）であった。コンスルは政府の安定を確保するために、後継者の選挙も主宰した。

△ルキウス・クィンクティウス・キンキンナートゥス
非常に有能な軍事指導者で、前460年にコンスルとなり、独裁官（ディクタトル）を務めて2度も辞任したとされているため、後の世代のローマ人から尊敬された。通常、危機の際に設けられる独裁官は、その者に絶対的な権力を与えた。

△ティトゥス・マンリウス・トルクァトゥス
コンスルを3回、独裁官を3回務めた。一騎打ちでガリア人を倒し、戦勝記念の戦利品としてトルクエ（金属製のネックレス）を主張したことから、「トルクァトゥス」という名が付けられた。前340年頃に、戦いで命令に逆らったとして自分の息子を公開処刑し、義務への献身の模範を示した。

△マルクス・アティリウス・レグルス
前256年にコンスルに選出されたレグルスは、翌年カルタゴ軍に捕らえられた。カルタゴ側は和平を講ずるという条件で、彼をローマに送ったが、彼は元老院に講和を拒否するよう促した。彼はカルタゴに戻って処刑され、ローマの英雄になった。

「私のすべての希望は私自身にかかっている。私は善行と誠実さによって、それを維持しなければならない」

サッルスティウス『ユグルタ戦記』に引用されたマリウスの言葉

各コンスルは、もう1人のコンスルの決定に拒否権を行使できた。選挙で改革を唱える貴族が当選しそうになると、元老院は通常、その貴族を抑制し続けることができそうな候補者を支持した。しかしこれは、平民派（ポプラレス）のユリウス・カエサルと、閥族派（オプティマテス）のカルプルニウス・ビブルスがコンスルとなった前59年にはうまく働かなかった。ビブルスは共同コンスルの改革を拒否しようとしたが、カエサルは彼を物理的に攻撃した。身の安全を恐れたビブルスは自邸に引きこもり、事実上カエサルは、その年の唯一人のコンスルとなった。したがってコンスル制度の最大の強みは、その最大の弱点となる可能性があった。

偉大なコンスルは英雄として称賛された。高貴な一族の邸宅のアトリウム（広間）には、高い地位を獲得した先祖の顔を蠟でかたどったマスク、もしくは想像で描かれた顔を飾った。

変化する立場

帝政期になっても、ローマにはまだ2人のコンスルがおり、元老院を主宰していたが、皇帝が真の権力を握っていた（86–87頁を参照）。アウグストゥス帝がローマに新しいフォルム（広場）を建設したとき、彼はそこにコンスルや街の歴史上の著名人の像を、108体置かせた。これらの人物の多くは皇帝の一族とのつながりを持っており、彼らを選ぶことはおそらく、アウグストゥスとローマの遺産とのつながりを強調する狙いがあった。

△ルキウス・オピミウス
この硬貨は前121年、戦車での勝利を描いたものだが、これを鋳造したコンスルのルキウス・オピミウスは、改革派の護民官、ガイウス・グラックスの支持者3000人を処刑した（104–105頁を参照）。

△ルキウス・ムンミウス・アカイクス
ムンミウスは、前146年のコリントス略奪の際の司令官だった。破壊を目の当たりにした歴史家ポリビオスは、ムンミウスが私腹を肥やそうとすればできたのに、自制したことを称賛した。

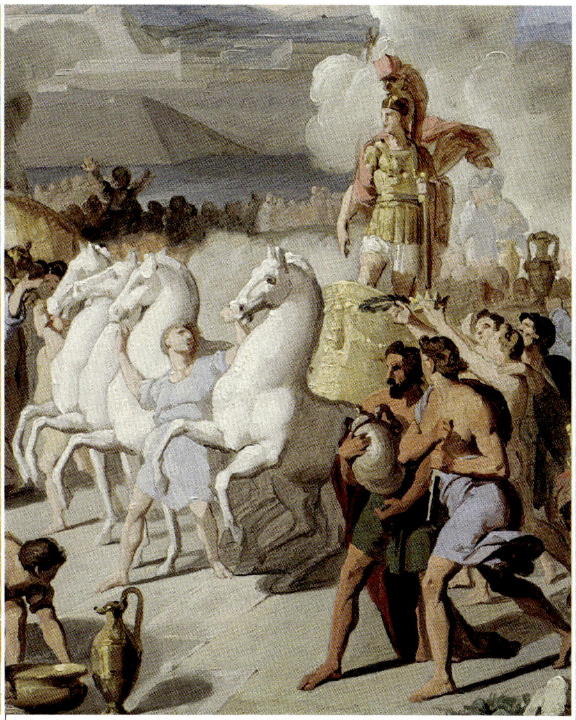

△マルクス・クラウディウス・マルケッルス
彼は白兵戦で敵のガリア人を打ち負かしたことで、ローマの最高の軍事賞であるスポリア・オピーマ（貴重な戦利品）を受賞した。前212年、彼は第2次ポエニ戦争でシラクサを征服した。4年後に戦いで亡くなり、敵将ハンニバルから個人的に名誉を与えられた。ハンニバルは彼の遺灰を銀の壺に入れてローマに送り返したという。

△ガイウス・マリウス
前107年にコンスルとして、マリウスはユグルタ戦争の終結に貢献した（106–107頁を参照）。彼はさらに6回もコンスルに再選され、ガリア人に対する軍事的成功を収めた。ローマの将軍スラとの対立は、何年にもわたる内戦と混乱につながった（108–109頁を参照）。

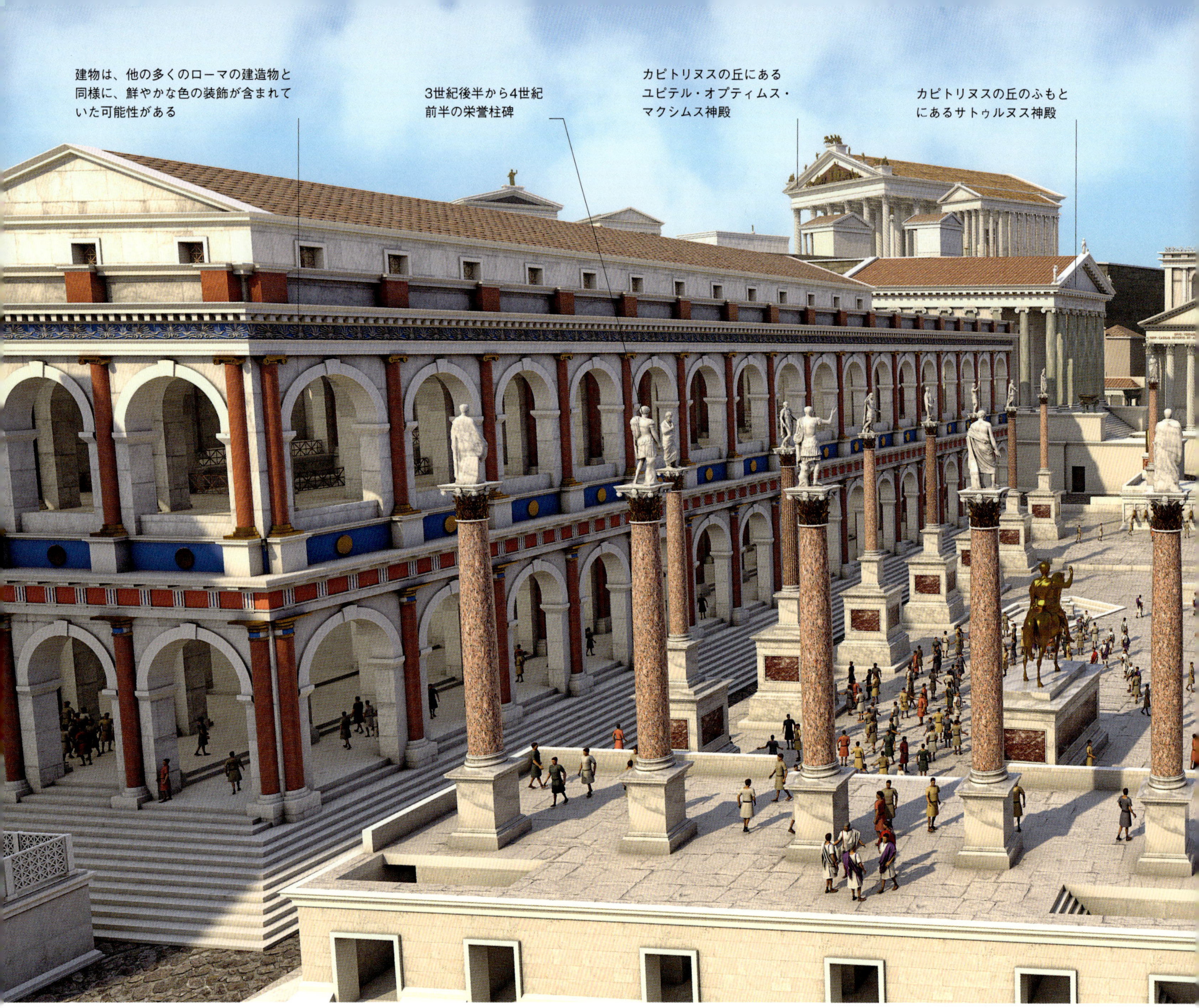

フォルム・ロマヌム

古代ローマの中心地

フォルム・ロマヌム（フォロ・ロマーノ。上の図は4世紀の状態）は、カピトリヌスの丘とパラティヌスの丘の間の湿地の谷にある。前7世紀にローマの王の下で、土地の排水と開発が行われ、共和政初期までには成長する都市国家の中心地となった。最初は、市民活動や立法活動、宗教儀式、商業、そしてお祭り騒ぎの活気に満ちた開放的な中央空間を、商店や貴族の邸宅が取り囲んでいた。ローマの政治もフォルムに集中し、元老院の会議はクリア（元老院議事堂）で、民会は野外広場であるコミティウム（カエサルの統治中に建てられた）で行われた。ギリシア東部の裕福な都市を征服した後（76–77頁を参照）、ローマの統治者はギリシアの王宮建築からインスピレーションを得て、家屋や店舗をバシリカ（神殿）や劇場などの壮大な公共の建物に置き換えた。新しい建造物のいくつかは、凱旋門や印象的な丸天井など、よりローマ風が際立ったものとなった。帝政期までに、フォルムは主に儀式的な目的の場所となった。

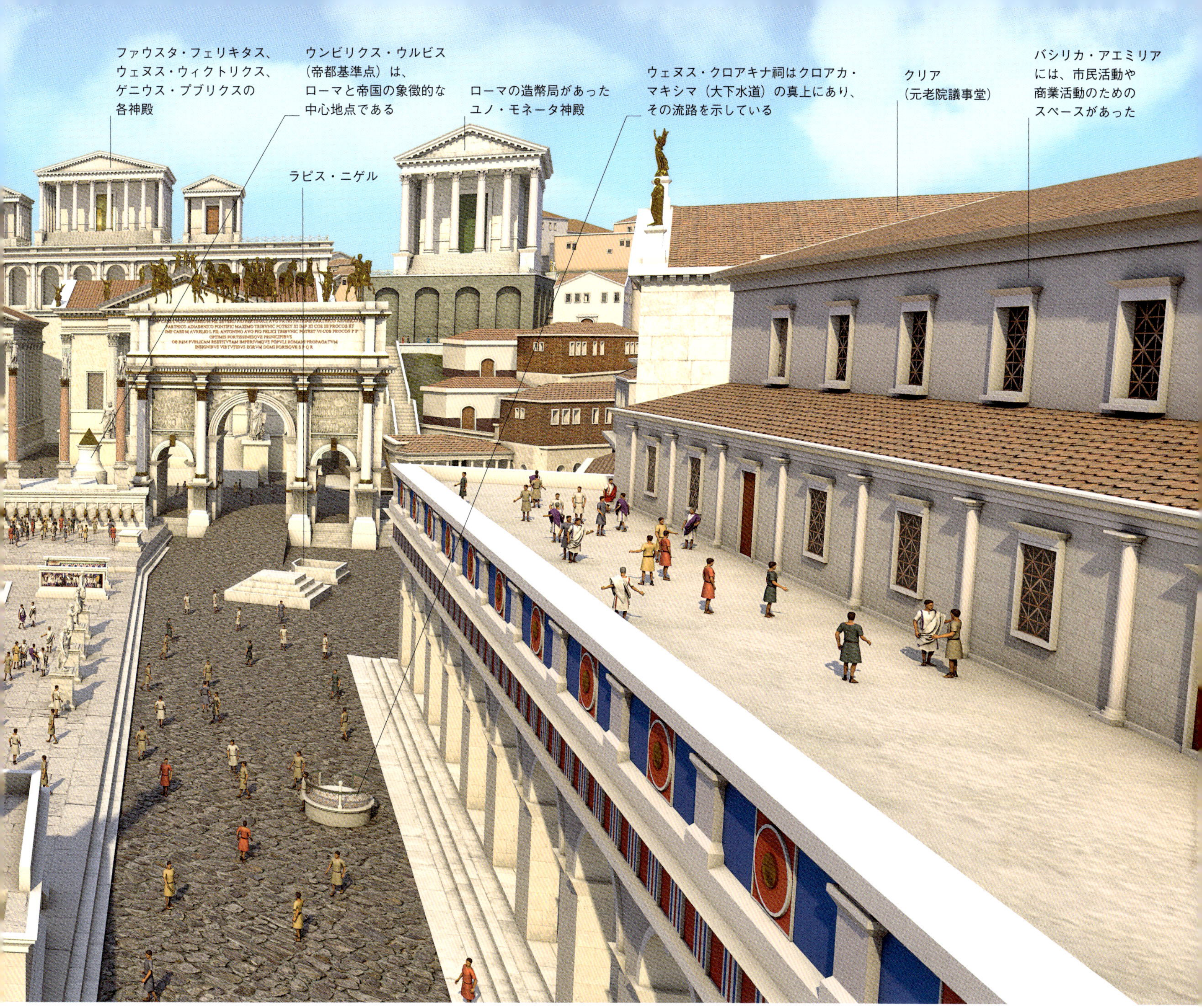

◁**フォルムの復元**
フォルムは8世紀から9世紀にかけて荒廃し、建材が奪われてしまった。徐々に土と瓦礫でいっぱいになったが、19世紀になって発掘が始まった。

▷**ラピス・ニゲル**
「黒い石」の意味。フォルムの下にある古代の聖地で、前6世紀に石灰華の碑が埋められた場所。その碑文は、宗教儀式の規則を示していたようである。

ビジュアル・ツアー

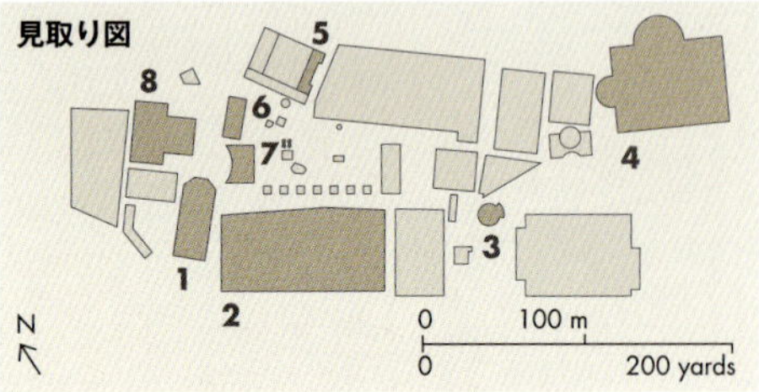

▷バシリカ・ユリア
ユリウス・カエサルが建てた壮大な大理石のバシリカは、前46年に建設された。アウグストゥス帝が火事の後に再建し、後12年に完成させた。3階建ての通路のあるホールは、法廷や金融機関として使用された。後283年の火事の後に再建された最終状態は、帝政末期のフォルムの重要な中心地となった。

▷サトゥルヌス神殿
フォルムでのサトゥルヌス崇拝は共和政初期にまでさかのぼるが、神殿自体はこの地区で最も新しい寺院の一つである。後380年頃（伝統的な神々を祀る寺院としては非常に遅い時期）の火災の後、他の建造物の花崗岩の柱を使用して再建された。

1

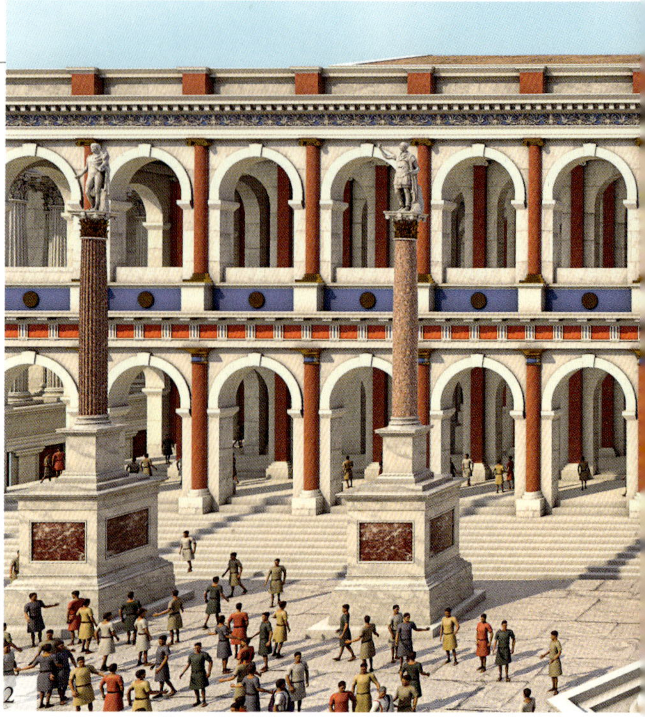
2

▷クリア
今も残る元老院の議事堂は後283年のもので、その後は教会に改築されてそのまま保存された。これの初代は、それ以前の元老院の建物に代わるものをユリウス・カエサルが計画し、アウグストゥスが前29年に完成した。

▽フォルムの発展年表
フォルムは1000年にわたって発展してきた。まず王家の空間として始まり、共和政時代には市民生活と社会の拠点として発展し、帝国の中心となった。その建物の多くが段階的に開発されていった。

5

6

△セプティミウス・セウェルスの凱旋門
この凱旋門（264-265頁を参照）は、後203年、セウェルス朝がパルティアでの勝利を祝うために建てた。東部戦役はセプティミウス・セウェルスが権力の座に就く契機となった内戦に関わるものだ。元老院のすぐ外に立つこの門は、一族の支配体制を想起させた。

7

◁ウェスタの処女像、前3世紀

前753年 ローマの伝説的な建国の年。

前8―前7世紀 ウェスタの処女が創設される。ローマの2代目の王ヌマ・ポンピリウスが主導したともいう。

前7世紀 レギア（ローマの王と大神官の宮殿）が建てられる。

前570年頃 石灰華の碑が建つ。後のラピス・ニゲルに残された。

前509年 ローマが共和政に。政治空間としてコミティウムとクリアが新たな重要性を獲得。

前497年 最古のサトゥルヌス神殿が創建。

前484年 最古のカストルとポルックスの神殿が建つ。

前338年 ラティウム戦争中のアンティウムの海戦の後、最初のロストラ（演壇）ができる。

前216年 初期のコンコルディア神殿が建つ。

前179年 フォルムの北側に沿って最初の大神殿（フルウィア）が建設される。

前169年 南側に沿ってバシリカ・セムプロニアが建つ（後にバシリカ・ユリアが建つ位置）。

▽**ウェスタ神殿**
ウェスタは家と暖炉の女神であり、
永遠の神聖な炎を守っていた。彼女の丸い寺院は、
鉄器時代の丸い家の形を反映しているかもしれない。
この大理石の建物は後2世紀後半から3世紀初頭に
かけてのもので、1930年に破片から再建された。
ウェスタの処女たちの家の隣に立っている
（32-33頁を参照）。

▽**マクセンティウスとコンスタンティヌスのバシリカ**
フォルムで最後の大きな建物は、
4世紀初頭のこのバシリカだった。
巨大なコンクリートの丸天井は、
ローマ工学の優れた技術と、浴場の建物などで
開発されたローマの建築様式の影響を示している
（236-237頁を参照）。

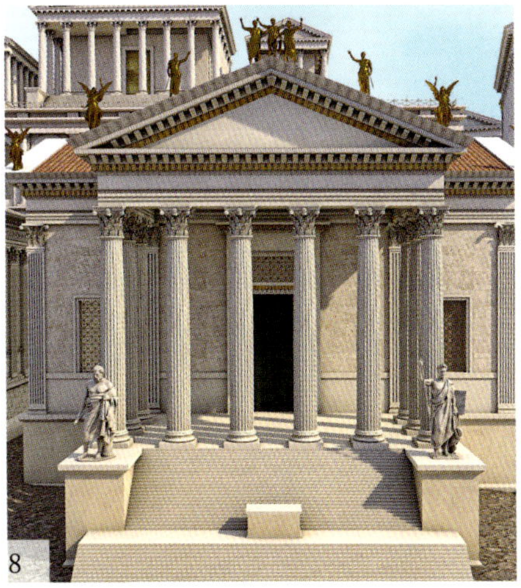

◁**コンコルディア神殿**
国家内の調和を神格化し、
その美徳を祀る寺院である。
当然のことながら、フォルムの中心にある
この建物の奉献は非常に政治的なものだった。
最初の神殿（前121年）は、
閥族派が平民派の改革を阻んだことを記念して
建てられた。ティベリウスによって
後10年に完成した後のバージョンは、
帝国の権力によって強化された「調和」を
思い起こさせるものとなった。

◁**ロストラ**
演説者のための演壇である。捕獲された敵船の
ロストラ（衝角）を打ち付けたためにこの名を得た。
もともとはコミティウム（民会のためのエリア）の
端に立っていたが、前46年にユリウス・カエサルに
よって移転され、アウグストゥスがさらに拡張した。

△**コンスタンティヌス帝の像、後4世紀**

前121年　新しいコンコルディア神殿が奉献される。

前52年　クリアがクロディウスの葬儀で発生した暴動により全焼。

前46年　ユリウス・カエサルの下でバシリカ・センプロニアの跡地にバシリカ・ユリアが建つ。

前29年　アウグストゥスが、カエサル火葬の地にディウウス・カエサル神殿を建立。

前14—前9年　大火災により、アウグストゥス帝がフォルムを再開発する機会が生まれる。

前10年　ティベリウスによってコンコルディア神殿が建てられる。

後141年　亡き皇后を偲んでアントニヌス・ピウス帝がファウスティナ神殿を建立。

後203年　セプティミウス・セウェルスの凱旋門が建つ。

後303年　ディオクレティアヌス帝時代にロストラに栄誉柱碑が建つ。

後313年頃　マクセンティウスとコンスタンティヌスのバシリカが完成。

トガ

ローマの民族衣装

ローマ人男性が着用する特徴的な衣服であるトガは、ローマ市民のステータス・シンボルとなり、この服装で非市民と区別された。彼らは成人式で最初のトガを贈られたものである。

△トガテ像
前135年のこのデナリウス硬貨は、トガテ像を描いている。左側の人物はパンの塊を持ち、右側はリトゥウス（占い師が使用する儀式用のトランペット）を保持している。

トガはウールの半円形の布で、男性が半袖の下着であるチュニック（トゥニカ）の上に着ていた。半分は左肩から垂らし、残りの半分は右肩の下、体の周り、左肩の上に巻いた。トガは最大で1.5m^2の生地でできており、ピンや留め具などで固定することはない。着るのが面倒で、適切なドレープを出すには最大4人もの介助者を必要とすることがよくあった。この面倒な日々の着付けにより、トガは着用者の高い地位を象徴するものと見なされた。トガはもともと男性と女性の両方が着用していたが、後の時代になるほど男性専用の衣服になっていった。

社会的差別

個人の外見、歩き方、身振りはすべて、ローマにおける社会的役割を示し、強要されたもので、服装も例外ではない。トガを着た男性を表す「トガテ」像は、最も際立った市民らしさを示す表現と考えられた。祭儀や生贄の供儀の間、トガは頭の上に掛けられた。トガにはいくつかの種類があり、種類によっては染色されたり、ステータスを表すカラフルなクラウィ（縦のライン）で飾られたりした。染色も装飾もされていないトガ・プッラはローマ市民なら誰でも着用でき、暗い色のトガ（トガ・プラ）は喪服であった。

官職の候補者は、白いチョークで明るくしたトガ・カンディダを身に着け、若者や政務官は、赤みがかった縁取りがあるトガ・プラエテクスタを身に着けていた。エリートが身に着けたトガ・トラベアには、紫またはサフラン色のラトゥス・クラウウス（幅広の縁取り）があり、勝利を収めた将軍のトガ・ピクタは無地の生地に金糸の装飾が施された。一部の人々は、たとえば自分や親戚が裁判にかけられている場合などに、抗議あるいは同情を呼び起こすために、故意にトガを汚した。

文化的意義

トガの半円形の形状は、ギリシアの衣服とは区別された。似たようなギリシアのヒマティオンは長方形だった。トガは白地だがギリシアのものはカラフルで、また、膝丈のギリシアのものよりトガは長かった。さらにトガには精神的な重みがあった。男子が成人したとき、父親は成人男性として最初の真っ白なトガ・ウィリリスを子供たちに贈った。亡命者はトガを着ることができなかった。トガはアウグストゥス帝の治世までに廃れていたが、帝はそれを復活させ、トガなしの市民はフォルムに入ってはならぬ、と布告した。

▽アイネイアース、ペナーテースに生贄を捧げる
神話上の英雄アイネイアース（右）は、トロイアから持ち出した家を守護する神々に生贄を捧げるため、頭の上にドレープをかけたトガを身に着けている。下にはトゥニカを着ていない。

この像はキケロと認識されているが、17世紀にイボが追加された可能性がある

左肩をカバーし、右腕を自由にして、ジェスチャーできるようにする

「ローマ人、世界の支配者、そしてトガを身に着けている者たち」

ウェルギリウス『アエネイス』より、神々の王ユピテルの言葉

◁トガテの政治家
この大理石のトガテ像は、前64年のコンスル選挙運動中に有名な「トガ・カンディダでの演説」を行ったキケロを示していると考えられている。オックスフォード大学アシュモレアン博物館が所蔵するギリシア大理石彫刻コレクションの一部。

巻物を手にしており、キケロは学者として表現されている

女性の服装

トガはユニセックスのマントだったエトルリアのテベンナから発展した。その後はほぼ男性専用の正装となった。トガに相当するものは、既婚女性が着用したストラだ（未婚の女性は軽いチュニックを着ていた）。ストラはさまざまな色のウールのドレスで、肩を留め金で結び、バストの下と腰の周りにリボンを結び、布のひだを誇張して着用した。通常、チュニックの上に着用された（下図参照）。社会的地位によってデザインが異なる。ストライプやその他の装飾、プリーツの多さは富を表していた。娼婦や、姦淫の罪で有罪判決を受けた女性はストラを着用することを禁じられた。家父長制の基準に入っていない──または拒否することの印として、トガを着用する女性もいた。

ローマのトガは床まで届く長さで、短いギリシアのヒマティオンとは異なる

古代ローマの女性たち

私生活と公共の影響力

古代アテナイ（アテネ）で、エリート階層の女性が隔離されたのとは対照的に、古代ローマは、公に彼女たちの存在を黙殺する意図などなく、ローマ法で女性たちは多くの権利を持っていた。しかしそれも、本質的には家父長制システムの一部としてであった。

▽**エウマキア**
ポンペイのフォルムで最大の建物は、エウマキアという女性が資金提供して建てられた。彼女は、家業のレンガ製造事業からの富で洗濯労働者のギルドを設立した。

ギリシアの女性とは異なり、ローマの女性は家に閉じ込められてはいなかった。しかし彼女たちは依然として、厳格に統制された家父長制社会に生きており、家父長（通常は父親）が家庭内の女性に対して生殺与奪の権を持ち、女性に関する重大な決定を下していた。

女の子が生まれると、家父長はまず赤ちゃんを育てるか、奴隷にするか、殺してしまうかを決定した。それ以後も、彼女に教育を施すかどうかを選択し、彼女の夫を選んだ──多くの場合、少女たちは10代前半で結婚させられ、相手はかなり年上の男性だった。この時点で、父親は後見人の務めを夫に移譲するか、そのまま保持するかを選べた。後者の場合、彼はいつでも娘の夫に離婚を要求でき、離婚させた娘を他の求婚者と再婚させて、自分の社会的地位を高めることもできた。

家父長の死後、女性は自分の権利として自由に財産を所有し、売買し、相続することができた。また奴隷を解放し、遺言書を作ることもできた。1世紀に新しい法律が制定され、女性は少なくとも3人の子供を産んだ場合に限り、後見人の「保護」から解放された。

「女性」の美徳

男性の作家たちも、ローマの女性がどのように振る舞うべきかの理想化されたイメージを描いてきたが、それは社会的現実を反映していない可能性がある。軍事的、政治的、公的生活に参加することが期待された男性とは対照的に、女性は夫に献身的で、子供を産み、美しく見え、家を守り、機織りをすることが期待されていた。プディキティア（「慎み深さ」または「純潔」）は、ローマの女性にとって重要な美徳であった。女性に対する姦淫の告発は厳罰につながった。女性の純潔はローマの安全のメタファーとしても使用され、高潔な貴婦人ルクレティアや、サビニの女たちの強奪など、初期の草創神話にも織り込まれていた（22頁、36–37頁を参照）。現実は厳しく、妊娠を防ぐ信頼できる方法はなかった。ほとんどの女性は何十年にもわたって、危険な出産や中絶方法に直面するしかなかった。

◁**素焼きの子宮**
出産は重大な生命の危険を伴うものであったため、ローマ人はしばしば素焼きの奉納物を神殿に置き、神々に助けを求めた。このローマの奉納品の波線は、子宮の収縮を表している可能性がある。

政治における女性

男性は法制度と政治制度を支配し、特権を確立するため規則を作成した。それにもかかわらず、一部

ゲーム用の駒はガラス製または木製の場合もあった

▷**ゲームをする女性**
このテラコッタの小像は、2人の女性がタリというゲームをしている様子を示している。プレイヤーは羊やヤギの骨から作ったサイコロを投げ、手の甲でバランスを取ろうとしたり、的に投げたりした。

金色のボタンがある
マトロナ、つまり既婚女性がパラ（ショール）を手に持っている。彼女はまだ完全に服を着ていない

◁身支度する女性のフレスコ画
ヘルクラネウムの浴場で発見されたフレスコ画（前3世紀または前2世紀）。使用人が上等なチュニックを着た少女の髪を整え、年配の女性と少女が見守っている。

のローマの女性は、統制に抵抗する方法を見出した。たとえば前215年、女性の富と所有物を法律的に制限することを目的としたオッピア法が制定されたとき、ローマの女性は、それに抗議して通りを封鎖し、後にこの法律を廃止に追い込んだ。すべての女性は選挙権がなく、立候補する被選挙権も持たなかったが、一部の女性は男性の親族とのつながりを通じて影響力をふるうことができた（右コラムを参照）。皇族女性は皇帝に接近して影響を与えることができた。アウグストゥス帝の妃リウィア（142–143頁を参照）のように、間接的に権力を行使した人々もいたが、後世の男性の歴史家はしばしばこれを軽蔑した。家族のつながりを介して反映された力を引き出すことができるエリート女性とは対照的に、下層階級や奴隷の女性は労働生活に耐えるしかなかった。これらの女性は、ウェイトレスから建設労働者、店主、助産師、洗濯労働者から娼婦に至るまで、多くの役割を果たした。

フルウィア

ローマの貴婦人フルウィアは、共和政後期の政治的混乱の間、強力な公的影響力で知られた。彼女は3人の強力な平民派政治家と順番に結婚した。プブリウス・クロディウス・プルケル、ガイウス・スクリボニウス・クリオ、そしてマルクス・アントニウスである。フルウィアはクロディウス殺害の裁判で証言し、亡夫の強力な政治的支持者の忠誠心を維持した。前40年、彼女はイタリアで8個軍団を招集し、アントニウスの権力獲得のために戦った。オクタウィアヌスは以後10年間にわたり、ライバルのアントニウスと慎重な和約を結び、フルウィアは亡命先で死去した。彼女は後に政治的混乱をもたらしたとして非難された。

ポンペイの「秘儀荘」のフレスコ画
印象的な赤い背景で、女性と少女たちのグループが謎の式典の準備をしている。この絵があるのはポンペイにある秘儀荘という、まさにこれにふさわしい名を持つ遺構だ。おそらくこのフレスコ画は別荘のダイニングルームの四囲の壁すべてを覆っており、前60－前80年頃のものである。画題の一般的な解釈は、右側に座っている若い女性が、ワインと豊饒のローマの神、バックスの教団に入信したことを示している、というものだ。別の解釈として、彼女は結婚式の準備をしているのではないか、という説もある。

都会と田舎

生活における対照的な経験

ローマの歴史を通して、住むのに最適な場所についての議論がずっと続いていた。すなわち「都会か田舎か？」である。ローマが国家としても帝国としても拡大している間、その議論は、どのように生きるべきか、という問題へと先鋭化していった。

△小屋形の壺
この骨壺は、他ならぬロムルス自身をはじめ、ローマ初期の入植者が住んだ簡素な小屋に似せて設計された。

ローマ人の心理には、都市生活と田舎生活の間に明確な区別があった。前者は、ローマであろうと他の都市であろうと、洗練されてはいるが、腐敗し、犯罪に満ち、刺激的なものとして想像され、後者は単純で、正直で、安全で、落ち着いているものとされた。

◁スタビアエのローマ時代の別荘
一部のローマ人は、このフレスコ画にある1世紀の邸宅のような豪華な（詩人ホラティウスの言葉では「不自然な」）カントリーハウスや別荘を建てて、富を誇示した。

都市生活の浮き沈み

ローマのパラティヌスの丘は、街の中で最も望ましい住所だった。それはフォルムに近い一等地であり、ローマのエリートは都市用邸宅や別荘を他の市民の家よりも上に置くことができた。対照的に、パラティヌスの丘のふもとにあるスブッラは、ローマで最も怪しげで、危険な地区と広く見なされていた。ほとんどの普通のローマ人は、この2つの極端な土地の間にあるインスラに住んでいた。それは火災が発生しやすい集合住宅（78–79頁を参照）で、裕福な居住者が下の階に住み、貧しい家族は上のより混雑した階に閉じ込められた。

そのすべての住民——金持ちか貧乏人か、生粋のローマ生まれか移住者かにかかわらず——にとって、ローマはどこよりも都会であり、すべての中心にある都市であり、そこに住む人々に機会と危険の両方を提供するところだった。

変わる田舎の運命

ウェルギリウスやホラティウスなどのローマの詩人は、自給自足の小規模農家こそが強さ、経済性、美徳を具現化した生き方であり、田舎を都市生活からの避難所として称賛した（144–145頁を参照）。しかし、田舎に住むすべての人が土地持ちだったわけではない。多くは地代を支払っており、他の者は奴隷労働者だった。ローマ帝国が成長するにつれて、小規模農家は国家の拡張戦争に従軍し、その間に土地を失った。これは社会的緊張を引き起こし、貧しく土地を持たない労働者が都市に流入し、最終的には小規模な農地が一握りの非常に裕福な者の地所に統合されていき、ラティフンディアという大土地所有制が生まれた（246–247頁を参照）。共和政の終わりに向かって、国家の支配を争うライバルの将軍たちが、自分たちへの支持の見返りとして軍団に領地を約束したが、それは常に利用できるとは限らない土地であり、地方部は一層、争いの起こりやすい空間となった。

◁ローマの都市計画
イタリア中部のアヴェッツァーノにあるこの年代不明のレリーフは、城壁に囲まれ、住居が格子状に密集するローマ時代の街を示しており、もともとは軍の野営地であったことを示唆している。

大カトー（前234―前149年）

比較的地味な出自から身を起こしたカトーは、軍人、元老院議員、歴史家、そして何より監察官として有名になった。厳格な保守主義、冷酷な実用主義、厳しい道徳主義で有名な彼は、倹約と節度という伝統的なローマの価値観の生きた手本であり、監察官として、私的利益のために公的資金を悪用したとして告発された人々を執拗に追跡した。前168年頃に彼が書いた『起源論』は、ラテン語で書かれた最初の歴史書で、農業に関する著作『農業論』は、地主たちの実用的なガイドブックとされた。カトーは、ローマ北部の丘陵地帯にある肥沃なサビニ地方に農場を持っていた。仲間の大農家へのアドバイスは、通常、妥協を許さないもので、奴隷労働者が病気になったら食料の配給を半分にするべきで、彼らが年を取りすぎたり、働けなくなったりしたら、売ってしまうべきである、といった具合だった。

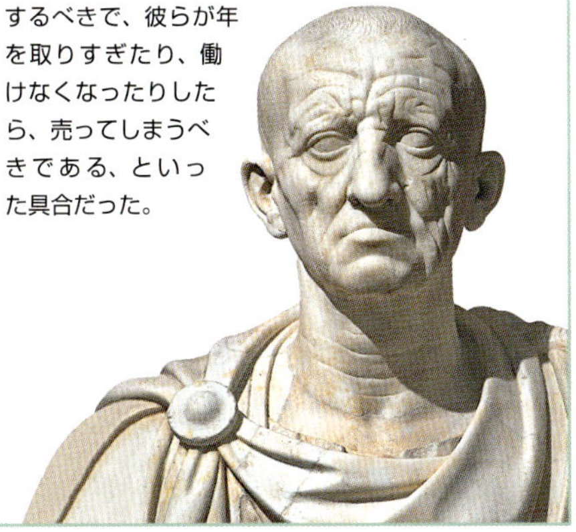

このような過酷な活動は、奴隷労働者か雇用労働者が行ったであろう

「おお、農夫たちよ、彼らが自分たちの恵みに気づいているなら、まことに幸運なことだ！」
ウェルギリウス『農耕詩』

△**ブドウの収穫**
ヒスパニア（現在のスペインとポルトガル）のこのモザイク画は、理想的な田舎の生活を示している。本図は後3世紀に制作されたが、この頃には、ワイン作りはこんなに「ロマンチック」ではなく、レバー操作式の圧搾器などもっと効率的な製造方法が開発されていた。

ブドウは足踏みで圧搾されている。伝統的な方法だ

ブドウ果汁を圧搾した後、素焼鉢で発酵させてワインを造る

ギリシアの征服

ヘレニズム世界へのローマの拡大

ローマは地中海のギリシア語圏の大部分を占領することに成功し、ギリシア人の歴史家ポリビオスは、これを「人類の歴史において比類のない成果」と呼んだ。その征服はイタリアで始まり、250年後にエジプトで終わったのである。

ローマは、前4世紀までにイタリア半島で勢力を拡大し（54–57頁を参照）、半島南部のギリシア勢力と直接接触し、そこから本国のギリシア人とも関わるようになった。その中には北ギリシアのマケドニアがある。ここはアレクサンドロス大王が前323年に亡くなるまで統治した国だ。アレクサンドロスの死により、ギリシアの大部分は自治的な都市国家の寄せ集めに戻った。

◁**「ギリシアの英雄」**
ギリシアのスタテル硬貨。クィンクティウス・フラミニヌスはギリシアで勝利を収め、地元発行の硬貨に存命中に肖像が刻された最初の人物になった。

▽**ロールモデル**
南イタリアのタレントゥムから出土したこの彫刻は、戦うピュロス王を描いていると考えられている。だが彼のマケドニア風のサンダルとキュイラスのゴルゴンの頭の描写は、アレクサンドロス大王をモデルにしていることを示唆している。

イタリアのギリシア人を倒す

南イタリアのギリシア植民地は、前3世紀初頭までは、ローマとの慎重な友好関係を確立していた。しかし前282年、ローマの船はタレントゥム湾を航行しない、という保証が（偶然または挑発によって）破られた。ギリシアの植民都市タレントゥムはローマの船を沈めることで対応し、ローマは宣戦布告した。タレントゥムは近くの同盟国エピロス（現在のギリシア北西部）のピュロス王に支援を求め、彼はローマ軍に対して連戦連勝する「ピュロスの勝利」を収めたが、それは割に合わないものだった。前275年のベネウェントゥムの戦いで敗北した後、ピュロスはイタリアを離れてエピロスに帰国し、ローマがイタリア全土を支配した。

マケドニアの支配の終わり

前217年、マケドニアのピリッポス5世は、第2次ポエニ戦争におけるカルタゴ軍の勝報を受け取った。ハンニバルがトラシメヌス湖畔の戦いでローマ軍と遭遇し、壊滅させたという（84–85頁を参照）。翌年、カンネー（カンナエ）でさらにカルタゴ軍が勝利すると、ピリッポスはカルタゴと同盟を結び、ギリシア語圏におけるローマの影響力の増大を終わらせようとたくらんだ。一方のローマは、マケドニアの地域支配に反対するギリシア諸都市が結ぶ、アエトリア同盟とよしみを通じることで報復した。

ピリッポスとアエトリア同盟との間の第1次マケドニア戦争（前214－前205年）は、ハンニバルにとっては同盟国の兵力を奪われる結果になり、カルタゴに対するローマの勝利を助けるものとなった。カルタゴとの紛争から解放されたローマは、前200年に第2次マケドニア戦争に介入し、その4年後に戦争はローマに有利な形で終結した。ローマ軍司令官のクィンクティウス・フラミニヌスは、ピリッポス5世を打倒したことで、ギリシアの都市国家は再び自由かつ自律的になったと宣言した。しかし、「ギリシア人の自由」を宣言したクィンクティウス・フラミニヌスは、領土の実効支配を示すために、かなりの数のローマ軍駐屯地をギリシアに残した。

ギリシアがローマに陥落

ピリッポス5世の息子ペルセウスは、他のギリシアの勢力と同盟を結び、関係を再構築することによって、マケドニアの覇権を回復しようとした。これにより、地域同盟とローマの間で緊張が高まり、ローマとの戦争に至った。マケドニア軍は前168年のピュドナの

戦いで、将軍アエミリウス・パウッルス率いるローマ軍に敗北し、ペルセウスはローマに連行された。

マケドニアの敗北により、ギリシア南部の諸都市が結ぶアカイア同盟が地域勢力として残った。これはローマと同盟関係にあったが、常に調和しているとは限らなかった。前146年、今度はローマとアカイア同盟との間の緊張が高まり、その後の戦争で、コリントスの街は破壊された（同年の第3次ポエニ戦争中のカルタゴと同様の憂き目である）。こうしてギリシア本土は初めてローマの直接支配下に置かれたのである。

東方での最後の抵抗

本土から離れたギリシアのいくつかの国家や王国が、しばらくは持ちこたえていた。ペルガモン王国（現在のトルコ）は前133年まで独立を維持することが許されていたが、アッタロス3世が遺言で国をローマに遺贈した。前88年、黒海の南岸にあるポントス王国のミトリダテス6世は、アナトリア（現在のトルコ）で推定8万人のローマ兵と市民を虐殺し、一夜にして占領者を小アジアから追い出すことを目論んだ。ミトリダテスは前63年まで抵抗し、最後はポンペイウス・マグヌスの軍に敗れた。南部のエジプトでは、アレクサンドロス大王の部将プトレマイオスの子孫であるマケドニア人の王家、プトレマイオス朝が支配し続けていたが、ローマが東方に拡大するにつれて領土を次々と喪失していった。前30年、プトレマイオス朝の最後の女王クレオパトラ7世は、後の皇帝アウグストゥス（134–135頁を参照）であるオクタウィアヌス率いるローマ軍と戦って敗れ、降伏することなく自殺した。

△完全なる勝利
カルル・ヴェルネ画
『アエミリウス・パウッルスの凱旋』（1789年）は、前168年のマケドニア敗北の後、ローマで行われた凱旋行進の様を描いている。マケドニア王ペルセウスとその家族は、将軍の黄金の馬車の後ろを歩いている。その後の彼の運命は不明である。

▷ローマ騎兵の突撃
ピュドナでのローマの勝利を記念して、ギリシアのデルフォイに建てられた記念碑を飾っていたフリーズ。戦闘のさまざまな段階が複数のパネルに描かれている。

アトリウムのある別荘

典型的なローマ時代の家

古代ローマの住居は、場所や時代、所有者の富や社会的地位、願望によってさまざまだった。最も一般的なタイプの住居は、ここに再現した例のようだった。アトリウムのある別荘のレイアウトは、前1世紀にローマの作家ウィトルウィウスによって記述され、保存状態の良い例がポンペイに残っている。この設計では、空に向かって開いた中央のアトリウムの周りに、仕事、睡眠、食事のための部屋が配置された。ローマの住宅所有者は豪華な装飾を高く評価し、列柱のある「ペリスタイル」の豪華な庭園を追加した人もいた（116–117頁を参照）。大都市の資力の低い人々は、インスラ（79頁コラムを参照）という高層集合住宅に住んでいた。

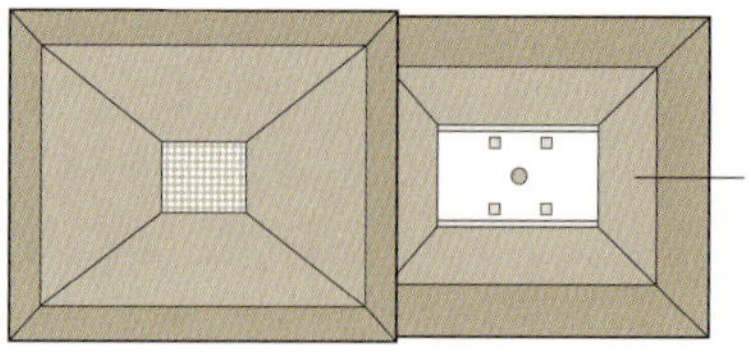
傾斜した屋根が
雨水を内部に
注ぎ込んだ

△俯瞰図
庭とアトリウムは露天となっていた。
雨水はアトリウムの下の水槽に集められ、
家庭で使用された。

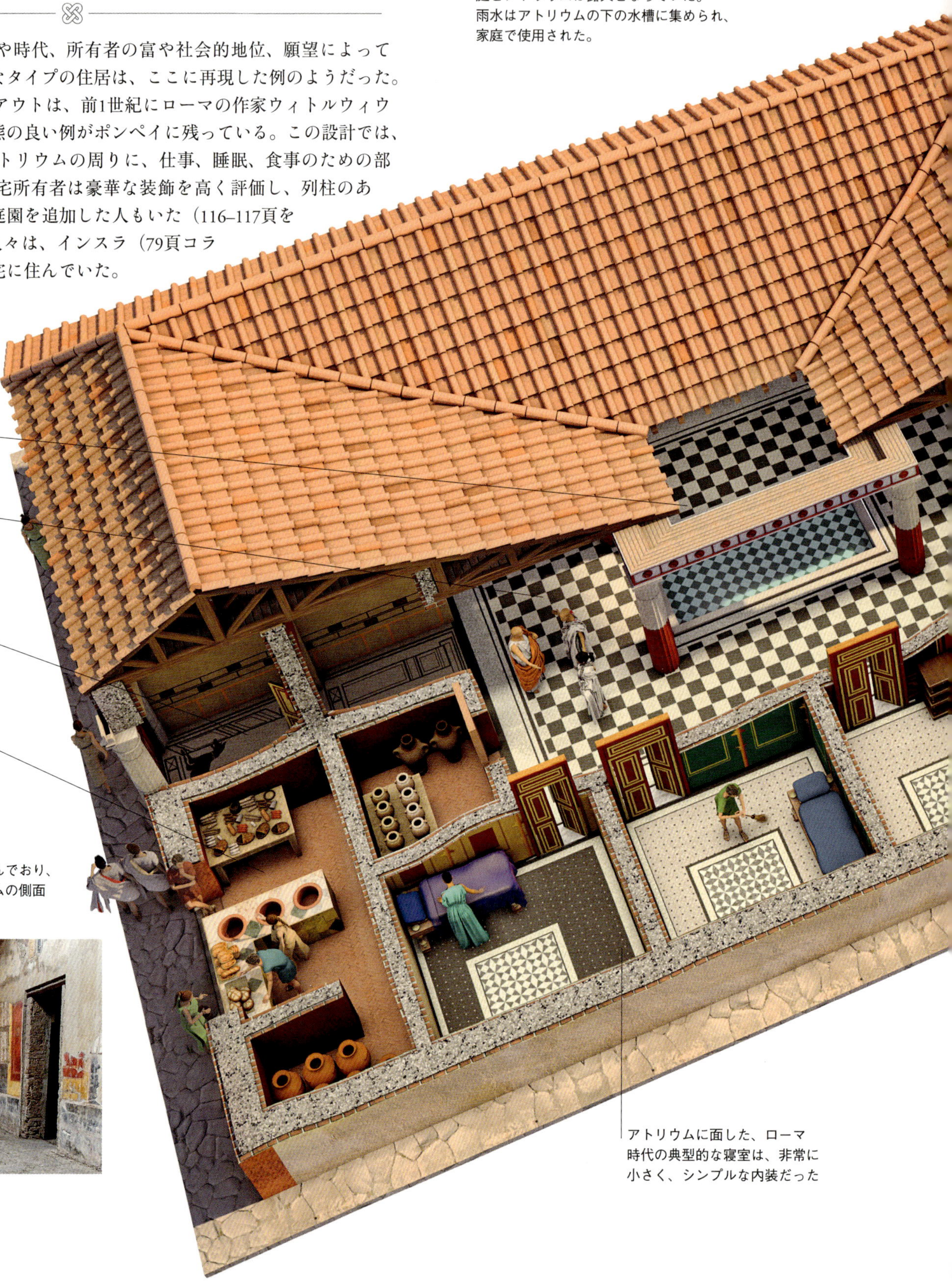
アトリウムの屋根の開口部から
新鮮な空気とともに
雨水が取り込まれ、
雨水はインプルウィウムと
呼ばれるプールに流れ込んだ
中央ホールは、家の公共の
顔というべきものだった
通りの入り口から続く狭い廊下
（ファウケス）には、
番犬のモザイク画がある。
泥棒に警告するためのものだ
一部の家屋は、通りに
面したファサードに
店舗を入れ、
追加収入を得た
アトリウムに面した、ローマ
時代の典型的な寝室は、非常に
小さく、シンプルな内装だった

▽メナンドロスの家のアトリウム
中央ホール、つまりアトリウムは、
訪問者の心を打つように設計された。
ポンペイにあるこの壮麗な邸宅では、
公共の建物にあるような精巧な柱が並んでおり、
主人が客を迎える部屋であるタブリヌムの側面
を飾った。

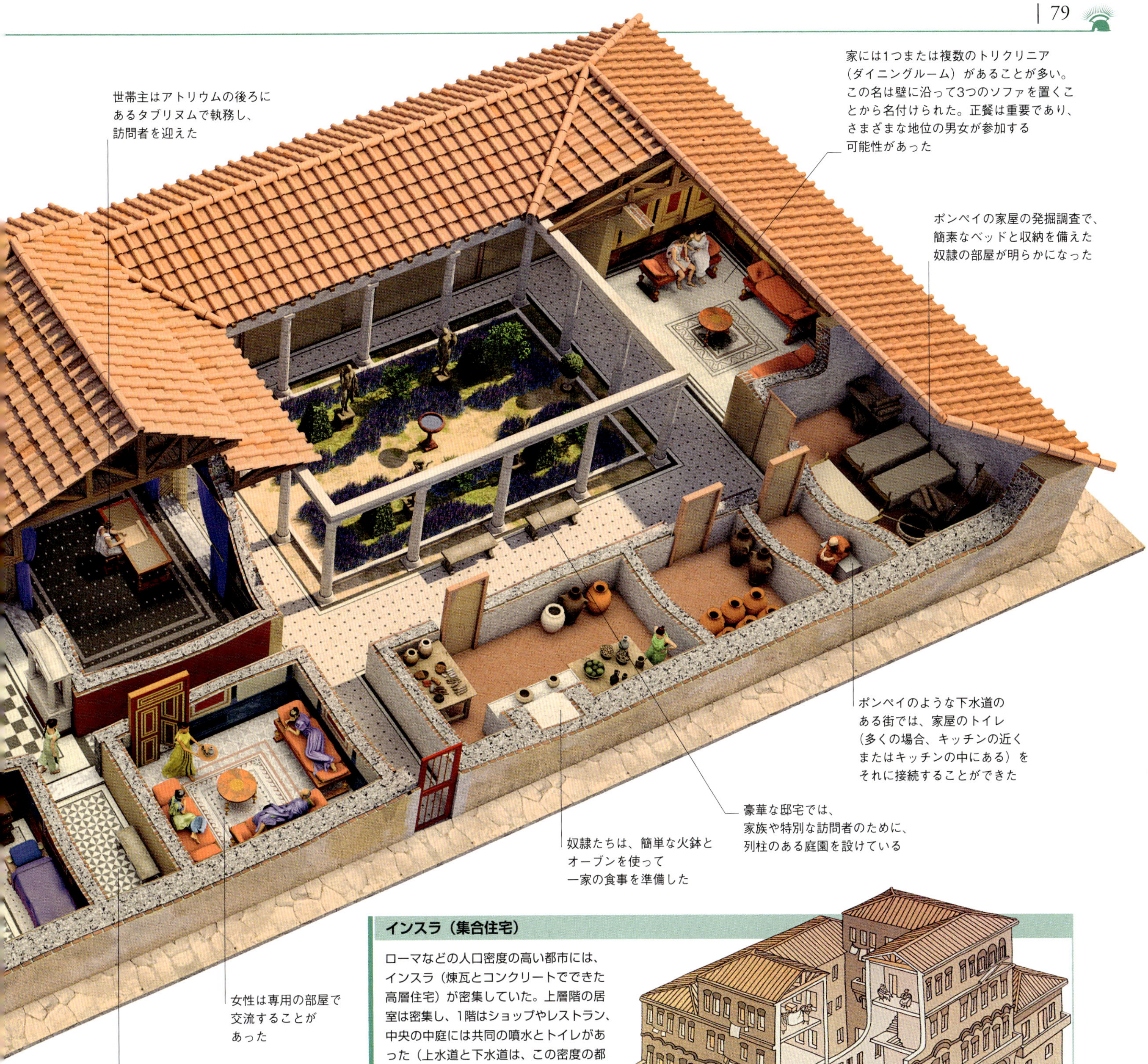

世帯主はアトリウムの後ろにあるタブリヌムで執務し、訪問者を迎えた

家には1つまたは複数のトリクリニア（ダイニングルーム）があることが多い。この名は壁に沿って3つのソファを置くことから名付けられた。正餐は重要であり、さまざまな地位の男女が参加する可能性があった

ポンペイの家屋の発掘調査で、簡素なベッドと収納を備えた奴隷の部屋が明らかになった

ポンペイのような下水道のある街では、家屋のトイレ（多くの場合、キッチンの近くまたはキッチンの中にある）をそれに接続することができた

豪華な邸宅では、家族や特別な訪問者のために、列柱のある庭園を設けている

奴隷たちは、簡単な火鉢とオーブンを使って一家の食事を準備した

女性は専用の部屋で交流することがあった

装飾されたモザイクの床は頑丈で、何千もの小さな石の立方体（テッセラエ）でできていた

△ローマの邸宅（再現）
部屋とスペースはさまざまな目的に合わせて調整され、フレスコ画とモザイクは裕福な印象を与えた。示されている例のように、住宅所有者は、家全体に眺望のよさと、強い対称性を設定することを好んだ。

インスラ（集合住宅）

ローマなどの人口密度の高い都市には、インスラ（煉瓦とコンクリートでできた高層住宅）が密集していた。上層階の居室は密集し、1階はショップやレストラン、中央の中庭には共同の噴水とトイレがあった（上水道と下水道は、この密度の都市生活に不可欠であった）。一般に高層階ほど家賃が安く、最上階は騒音と隙間風、それに火災の際には脱出できないことで有名だった。対照的に下層階の多目的ルームにはフレスコ画の装飾が施され、非常に快適な住み心地だった。

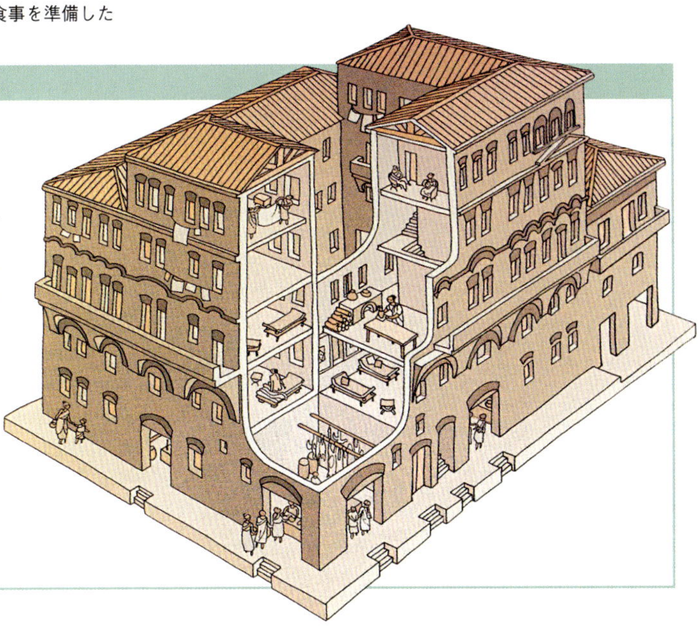

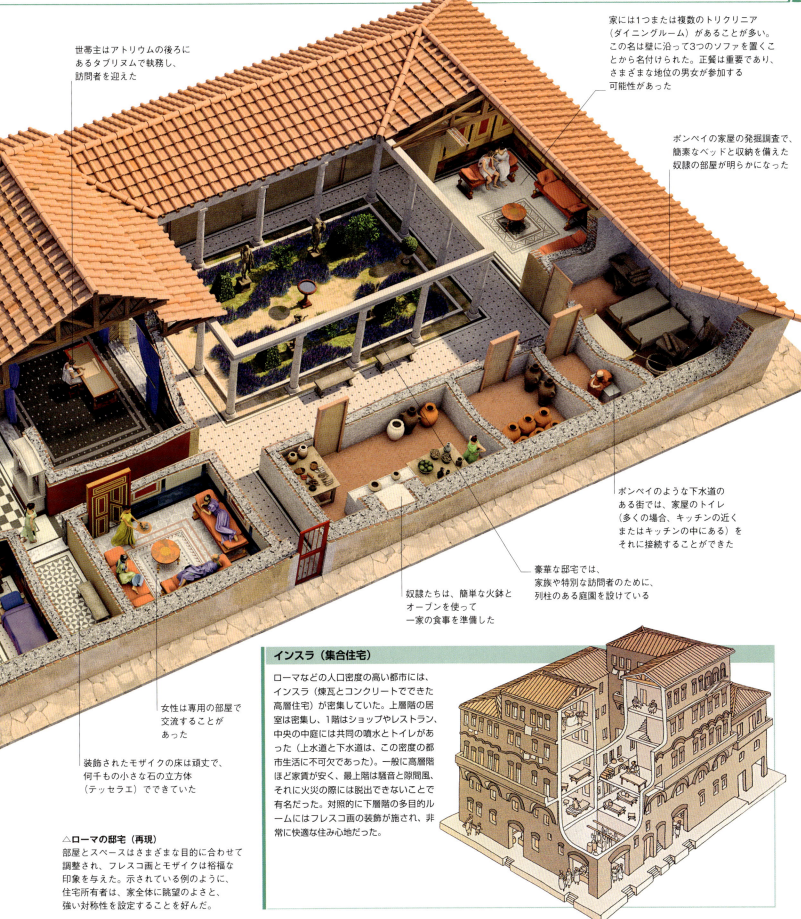

武器と防具

戦争のための道具

ローマ軍の軍事装備は非常に多様だった。1000年以上の歴史を持つローマ軍は、広大な領土内の兵士を統合し、他の文化の技術も自らの兵器庫に吸収し、装備を頻繁に変更した。帝政時代の装備は他の時代よりも標準化されていたが、依然として多様性が求められ、奨励もされていた。

△青銅のキュイラス
筋肉型の青銅のキュイラスは、古代の地中海で長い間、人気があった。多くの場合、ギリシア人と関連付けられているが、実際には、ほとんどの発掘例は、イタリアから出土している。

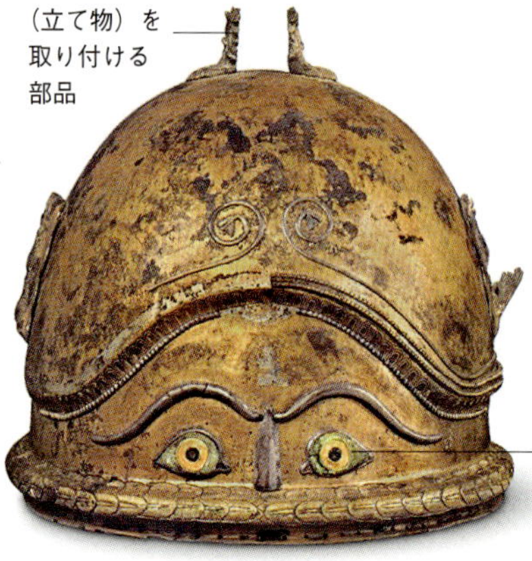
クレスト（立て物）を取り付ける部品
目の装飾は金、銀、ガラス製

△ラヌウィウムの兜
ローマ近郊のラヌウィウムにある裕福な戦士の墓から出土した、前500年頃の青銅製の兜。兜のデザインはユニークで、エトルリアとギリシアの両方のタイプの機能をもつ。

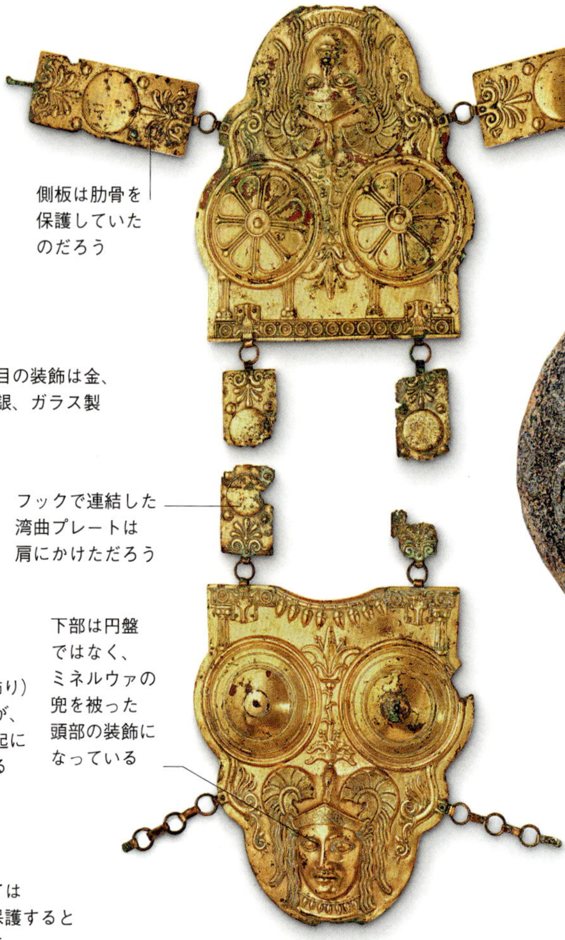
側板は肋骨を保護していたのだろう
フックで連結した湾曲プレートは肩にかけただろう
下部は円盤ではなく、ミネルウァの兜を被った頭部の装飾になっている

△クスール・エセフのキュイラス
これは前4世紀から前3世紀にかけてイタリアの兵士が着用した三重円盤型キュイラス（胸当て）の特殊な例だ。北アフリカで発見され、おそらくイタリアの傭兵によって使用された。

◁投石器用弾丸
ローマの兵器庫には、投石器を含むさまざまな飛び道具が含まれていた。投石兵は石と人工の弾丸の両方を使用した。弾丸の当たり所によっては、重装歩兵を倒すことさえできた。

プルーム（羽根飾り）またはクレストが、通常は上部の突起に取り付けられる
頰当ては顔を保護するとともに、ふんだんに装飾されることがあった

△モンテフォルティーノ式兜
ケルトの戦士によってイタリアに持ち込まれたモンテフォルティーノ式の兜は、前4世紀に人気を得た。それは、共和政中期の典型的なローマの兜だった。

△ピルム
おそらくケルトの戦士によって導入されたピルムは、前4世紀から前3世紀にかけてイタリア全土で使用された投げ槍である。敵の盾を貫通するように設計されており、スクトゥムと一緒に使用されることがよくあった。

△すね当て
ローマ時代を通して、何らかのタイプのすね当てが着用された。この青銅のすね当ては、前5世紀の兵士の埋葬品である。

△**プギオ**
プギオは帝政時代に使用された短剣で、
多くの場合、豪華な装飾が施されていた。
その用途は完全にはわかっていないが、
おそらく補助兵器として機能したのだろう。

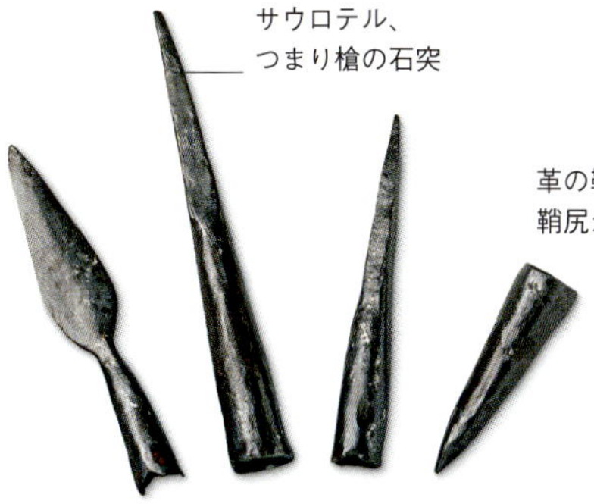
サウロテル、
つまり槍の石突

△**槍の穂先**
槍は古代の戦争で使用された最も一般的な
武器であり、このような穂先が、
ローマ時代を通じて柄に装着された。

英雄的な戦士の
姿を示す装飾的
な鞘の口金物
刃の下部には、
2つの名前の
かすかな銘文が
見られる
刃は刺突に
向くように
設計されている
革の鞘に金色の
鞘尻が付いていた

△**グラディウス**
共和政後期までに歩兵の主力兵器となったのが
グラディウスという短剣だ。この例は
最も一般的な「ポンペイ型」で、後1世紀のもの。

刃の茎（なかご）は
木製の柄（つか）で
覆われていただろう

△**スパタ**
スパタは歩兵剣グラディウスの長いバージョンであり、
もともとは騎兵隊と補助部隊によって使用されていた。
リーチが長いため、徐々にグラディウスに取って代わり、
中世初期の剣の基礎となった。

勝利を表す月桂樹の輪の間に、
翼を広げた鷲が置かれている

△**スクトゥム**
長方形のスクトゥムは、共和政中期にローマ軍の盾として、
円形のアスピスに取って代わった。この例は、
ドゥラ・エウロポス（現在のシリア）で出土し、
後3世紀のもの。最も保存状態の良いものの一つである。

△**鉄製軍団型兜**
ブリゲティオ（現在のハンガリー）で見つかった
この軍団型兜は、後1世紀のもの。共和政時代の
青銅のモンテフォルティーノ式兜の後継である
この厚い鉄の兜は、強力な防護力を示した。

△**アイアンリッジ（鉄畝）兜**
セルビアのベルカソヴォ村で発掘された
後4世紀のローマ時代の兜。
鉄の板を結合した隆起した畝からこう呼ばれる。
この例は、ガラスと銀で装飾されている。

△**熱血の神**
この珍しい遺物は、
カルタゴの主神である
バアル・ハモンの形をした
香炉だ。前2世紀半ば、
第2次ポエニ戦争と
第3次ポエニ戦争の間のもの。

ポエニ戦争

西方の覇権をめぐる大戦争

3次にわたったポエニ戦争は1世紀を超えて続き、ローマとカルタゴの社会を根本的に変えた。ローマは新興勢力として戦争を開始し、西地中海の支配者として戦争を終わらせた。一方のカルタゴは破壊されてしまった。

ローマとカルタゴの人々は、少なくとも前6世紀から接触していた。前500年頃の碑文は、カルタゴの商人がその頃からイタリアでよく見られたことを示唆しており、前509年と推定される国家間の条約の記録もある。前349年と前306年に更新された条約の一部には、潜在的な緊張も感じられるが、両国関係が古代世界の大紛争の一つに発展するような兆候はほとんどない。前280－前275年のピュロス戦争の間には、両国は同盟国でさえあった。ローマがイタリア南部に領土拡大し（56–57頁を参照）、地元の実力者たちと接触、あるい

◁**大量破壊兵器**
『象でアルプスを越えるハンニバル』はフランスの画家
ニコラ・プッサン（1594－1665年）の作品。
カルタゴの将軍ハンニバル・バルカの
第2次ポエニ戦争中の姿だが、象は最初、
ローマの兵士たちに恐れられた動物だった。
すべてのポエニの指導者の中で、
ハンニバルはローマの敗北に最も近付いた将軍である。

◁**地中海戦争**
ポエニ戦争は、地中海の西側全域で戦われた。最初の戦争の震源地はシチリア島だったが、紛争は拡大し、ローマが支配する領土の多くを取り囲む形となった。

は対立するようになった時期、カルタゴはシチリア島の支配権を巡ってピュロスと争っていたため、この戦争ではローマと同盟を結ぶことを選択した。

ローマは犠牲を払いつつも、ピュロスとの対決で成功を収めた。しかしローマの権力と影響力が地中海に向かって南に広がるにつれて、この地域の主要な拡張主義国家、すなわちカルタゴと対立する可能性がますます高まったのである。

第1次ポエニ戦争（前264－前241年）

ポエニ戦争はシチリア島で始まった（語源の「ポエニキア」という言葉は「フェニキア」に由来するが、最初のカルタゴ入植者が中東のフェニキア［現在のレバノン］から来たため）。前275年にピュロスが敗北した後、カルタゴはシチリアの覇権を握ったが、反対がなかったわけではない。シュラクサイ（シラクサ）やその他のギリシア人、およびシチリア先住民の共同体は、カルタゴの優勢に異議を唱えた。前264年にシチリア島北部の都市メッサナがカルタゴの「侵略」に対する支援をローマに求めたことで、第1次ポエニ戦争が始まった。ローマがメッサナの要請に応じた理由は明らかではないが、それまでのイタリア全土への勢力拡大が背景にあったことは間違いない。ローマは今や、保護する必要のある国家と衛星国の連邦の長の地位にあり、そこには新しい南部の市民や同盟者の利益も含まれたのである。

シチリアでの戦闘は急速に広がり、シュラクサイや他の入植地がカルタゴに抗するローマとの同盟に加わった。ローマ軍は陸戦ではうまくやったが、海では苦戦した。前2世紀のギリシア人の歴史家ポリビオスは、ローマ人が海洋戦の初心者だったことが原因である、と示唆したが、これはありそうもない話だ。ローマは前4世紀に小規模の海軍を創設した証拠があり、国家は地中海を横断する海運リンクを持っていた。しかし明らかなことは、少なくとも当初は、ローマ人がカルタゴと同じ規模で航海活動を行っていなかったということだ。第1次ポエニ戦争でのローマの重要な勝因は、急速な大海軍力の拡張であり、これにより、一連の重要な海戦においてカルタゴは打倒された。戦後、カルタゴはシチリア、コルシカ、サルディニアの支配権をローマに譲り、焦点は西のスペインに移った。両国間の敵対行為は終わった――今のところは。

海でのローマの勝利

アエガテス諸島の戦いは、前241年3月10日に行われた海戦である。数では劣っていたものの、ローマ艦隊はカルタゴ海軍を破り、第1次ポエニ戦争の終結に直接つながった。2000年代初頭に戦闘が行われた現場が発見され、2005年以降、海底から19基の青銅製のロストラ（衝角）、兜を含む軍事装備などが回収された（発掘は継続中）。ロストラは古代の船の船首に取り付けられ、喫水線のわずかに下にあり、敵の船に衝突して沈めることができた（134-135頁を参照）。

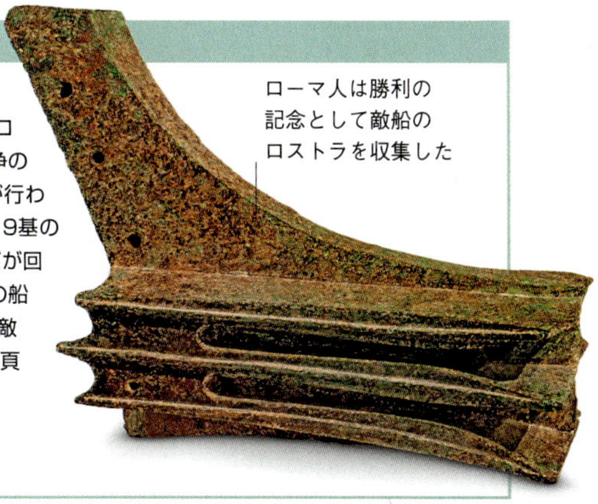

ローマ人は勝利の記念として敵船のロストラを収集した

前264年 ローマ軍がシチリアのメッサナに上陸し、第1次ポエニ戦争が始まる。

前241年 アエガテス諸島の海戦で第1次ポエニ戦争が終結。

前218年 ハンニバルがサグントゥムを包囲。第2次ポエニ戦争が始まる。

前216年 カンネーの戦いでハンニバルがローマ軍を破る。

前205年 スキピオ・アフリカヌスがスペインで勝利。

前202年 スキピオ・アフリカヌスが北アフリカのザマでハンニバルを破る。

前151年 ローマの同盟国ヌミディアがカルタゴに戦いを挑発し、第3次ポエニ戦争が始まる。

前146年 カルタゴが略奪され、破壊される。第3次ポエニ戦争が終わる。

▽『アイネイアースとディド』(1675年)
ウェルギリウスの『アエネイス』では、英雄アイネイアース(アエネイス)とカルタゴの女王ディドが恋に落ちる。彼がディドを捨てて去ると(クロード・ロランによるこの絵に示されている情景)、ディドは自ら命を絶つ。物語の中で、ディド(カルタゴを代表する)は情熱的で気まぐれであり、アイネイアースは(ローマの代表として)誠実で剛毅に描かれる。

第2次ポエニ戦争(前218－前201年)

スペインでも両国の国益は競合し、第2次ポエニ戦争につながった。前226年、ローマとカルタゴは、エブロ川をそれぞれの影響力の境界として認めることに同意する条約に調印した。しかしその後まもなく、ローマは、エブロ川の南のカルタゴ領と見なされていた場所にある、サグントゥムの街と同盟を結んだ。そして前218年、スペインのカルタゴ軍最高司令官であるハンニバル・バルカが率いる軍隊が、サグントゥムを攻撃。ローマは同盟国を守るために宣戦布告し、紛争は地中海の中央部と西部に急速に広がった。ハンニバルがローマ軍と戦い、さらにイタリアに侵攻したことは有名である。彼は2万の歩兵、6000の騎兵、および37頭の象を率いてアルプス山脈を越え、反対方向で待ち構えるローマ軍を避けた。イタリアに到着したハンニバルは、ローマとその同盟国に対する作戦を成功させ、北部のティキヌス、トレビア、トラシメヌス湖畔の戦いで勝利を収めた。この遠征は前216年に最高潮に達し、イタリア南東部のカンネー(カンナエ)で8万人のローマ軍を撃破した。

以後ローマ人はハンニバルとの直接交戦を避け、ゲリラ戦術を採用した。これにより、ハンニバルはイタリア中を自由に移動することができた。彼はローマ自体にも接近したが、その要塞は強力であり、街は攻撃しなかった。代わりにカルタゴ人は、ローマがイタリア全土に確立した同盟ネットワークを解体しようとし

たが、それは限られた成功しか収めなかった。カプアやタレントゥムなどはハンニバルに味方したが、ほとんどの共同体は、ローマがイタリア半島の征服中に合意した条約を尊重したのである。

ハンニバルがイタリアで勝利を重ねる間、ローマ軍はスペインで活動していた。その努力は決定的なものとはならなかったが、前210年にプブリウス・コルネリウス・スキピオがローマ軍の新しい指揮官となると一変した。若くて経験が浅い（まだ30歳に達していなかった）スキピオの任命は規則に反する異例のものだった。しかし、彼はローマで最も古く、最も輝かしい貴族の一族の出身であり、スペインには親族のつながりもあったので、彼の将軍職への就任が承認されたのである。スキピオの到着により、戦争はローマに有利に動いた。前205年までに、スペインの大部分はローマの勢力下に入った。翌年、スキピオは北アフリカのカルタゴの本拠地に侵入し、ハンニバルはイタリアを離れてカルタゴに戻ることを余儀なくされた。ハンニバルがまだ到着する前の前203年、カルタゴ近くのウティカでローマ軍の奇襲攻撃が行われ、彼の同胞は不意を突かれた。翌年、地元のヌミディア同盟国の支援を受けたスキピオの軍団と対決したハンニバルは、ザマの戦いで決定的な敗北を喫した（106–107頁を参照）。

戦後、カルタゴは海外領土のすべてと北アフリカの領土の一部を失った。陸海軍は形だけの軍隊に縮小され、ローマに1万タラントの銀で賠償金を支払うことを余儀なくされた。これは重量で250t以上に相当する。プブリウス・スキピオは勝利者として「アフリカヌス」という敬称を与えられた。

ハンニバルの遺産

戦争に突入したローマは、イタリアのエリート氏族とコミュニティの強力な連合となった。その経験を経て、ローマは求心力のある野心的な国家と社会に変貌した。この紛争により、前4世紀後半から前3世紀にかけて少しずつ出現していたローマの明確なアイデンティティと、市民権の理想が築かれた。戦争はイタリア人を団結させ、ローマに忠誠が集まったのである。一部には気が進まない者たちもいたが、たとえばカルタゴと同盟したカプアの市民は、政治的権利を剝奪される憂き目を見た。また、第2次ポエニ戦争では、新しいタイプのローマの指導者と官僚も登場した。彼らは、自分たちの国の方向性を信じ、成長するローマの帝国的拡大に熱狂した。第2次ポエニ戦争の後、ローマは地中海征服に乗り出し（76–77頁および90–91頁を参照）、同時に、独特の「ローマ」文化が栄え始めた。

▷**情報源**
ギリシアの歴史家ポリビオスの『歴史』は、前2世紀半ばに書かれたもので、ポエニ戦争に関する最古の情報源の一つである。

カルタゴの巨大な港

カルタゴ人は熟練した船乗りであり、カルタゴの巨大な港は、古代世界の主要な土木工学の成果の一つである。それは厳重に防御され、その規模は記念碑的でもあり、民間船用の外港と、おそらく220隻の軍艦が停泊できた円形の内港（コトン）があった。第2次ポエニ戦争の直前または直後に建設されたため、軍事力の継続を示す象徴とも、カルタゴの失われた栄光の記念碑とも見なすことができよう。

第3次ポエニ戦争（前149－前146年）

ローマはカルタゴを破ったものの、この敵を恐れ続けた。非常に保守的なローマの監察官で元老院議員の大カトー（75頁コラムを参照）は、カルタゴとそれがもたらすと信じる脅威に対して、ほぼ生涯にわたりキャンペーンを繰り広げた。彼はすべての演説を「カルターゴー・デーレンダ・エスト（カルタゴ滅ぶべし）」という言葉で締めくくり、最終的にその願いはかなえられた。前150年代、カルタゴはローマと同盟を結んでいたヌミディア王マシニッサと衝突。独自の軍隊を持つことを禁じられていたカルタゴは、ローマに助けを求めた。これが実現しないと知ったカルタゴは武器を取り、ローマはカルタゴに対して第3次ポエニ戦争を開始した。カルタゴは戦争の終わりに破壊されたが再建され、後3世紀にはローマ帝国で最大の都市の一つになった。

△**カルタゴの工芸品**
ガラス製造はカルタゴの重要な産業だった。これはカルタゴの職人の技が光る前4世紀または前3世紀の色ガラスのペンダント。

「敵対する軍隊と国境を越え、ハンニバルは国土を荒廃させたのである」
リウィウス『ローマ史』

騎乗像は、この場所が重要な公共スペース、おそらくフォルムであることを示している

通知の布告を聞くために「最高の」白いトガを身に着けている市民

読み上げられた後の通知が、彫像の一つに掲示されている可能性がある

△政治の芸術
このポンペイのフレスコ画は、公的な通知を聞くために市民が集まっている様子を表していると考えられている。市政は通常、ローマの芸術作品の主題ではなかったため、この例は珍しい。

クルスス・ホノルム

権力の階段を上る

元老院での快適なキャリアも、ローマの野心的な政治家にとっては十分ではなかった。しかし高い地位を求める人々は、コンスルとしてトップを極めたければ、まずランクを上げて、そこから一歩ずつ上昇するしかないのだと知っていた。

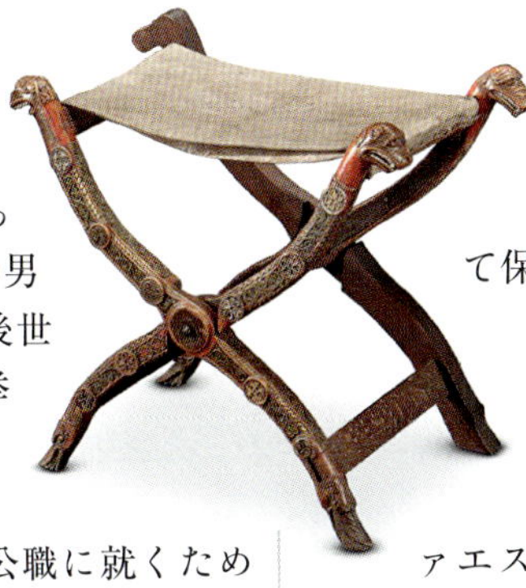

◁**権力の椅子**
青銅と布の折り畳み式の床几はいかにも控えめな外観だが、元老院の議長などの上級政務官の役割を象徴するものとされた。

ローマで政治キャリアに関心のある男性（男性のみ）は、公職の序列であるクルスス・ホノルム（名誉のコース）を通過しなければならなかった。高い地位を達成することは、その男性の氏族の名を高め、本人の記録が後世に残ることも保証される。公職は選挙で選出され、1年間、保持された。候補者は氏族のネットワークを利用し、公営競技のスポンサーになるなど、公職に就くために多額の資金を費やした。キケロのために、弟のクィントゥスが書いたと思われる選挙備忘録には、候補者は公的な知名度を維持し、できるだけ多くの利益団体に約束をしなければならない、とある。また政敵を攻撃する際には、自らの美徳を称えながらしなければならない。

このシステムはローマのエリート層には有利に働いたが、より地味な背景を持つ有能な「新人」、つまりキケロのような者が入り込むこともできた。実際、彼はこれを美徳とし、4つの主な名誉ある官職をすべて保持したことがある。

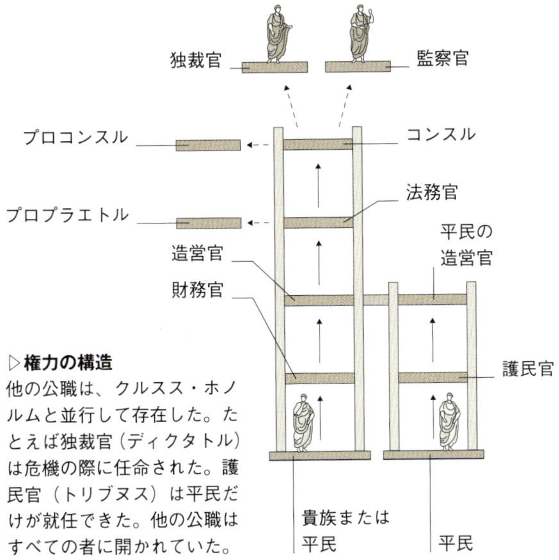

▷**権力の構造**
他の公職は、クルスス・ホノルムと並行して存在した。たとえば独裁官（ディクタトル）は危機の際に任命された。護民官（トリブヌス）は平民だけが就任できた。他の公職はすべての者に開かれていた。

名誉の階段を上る

クルスス・ホノルムの階梯の最下段は、ローマの財政を管理する財務官（クァエストル）で、少なくとも30歳に達している20人が任命された。ここから後の競争は熾烈になる。次の公職は、ローマの祭礼を監督し、公共秩序を監督し、都市の建物を維持する4人の造営官（アエディリス）だ。このうち2人分は平民のための席とされ、最低年齢は35歳だった。その上には8人の法務官（プラエトル）がおり、行政と司法のあらゆる問題を扱う権限を持ち、本質的にローマの運営を維持していた。前180年のウィッリウス法（レクス・ウィッリア・アンナリス）により、その年齢は40歳以上と指定された。

クルスス・ホノルムの最高位はコンスル（執政官）である。毎年、この地位に達した2人は軍隊を率い、元老院を主宰した（62–63頁を参照）。2人のコンスルがローマにいる場合、月番制で権力を交代させた。共和政期の大部分において、1人は属州の訪問や、軍事作戦のために不在であることが多かった。コンスルになるには42歳以上である必要があった。

クルスス・ホノルムは共和政での成功の王道であったし、それはまた、プロコンスル（元執政官）またはプロプラエトル（元法務官）として属州や植民地の総督となるために必要なステップでもあった。帝政期のコンスル職も依然として権威があったが、候補者は皇帝の好意で指名され、時には解放奴隷さえも就任が可能になった。

▽**建築認可**
このラレース（守護神）の祠（後2世紀頃）は、下級政務官（ウィコマギストリ）が建立した。帝政時代のこうした下級官吏はしばしば解放奴隷で、ローマの各地域の守護神を祀る祠を建て、管理した。

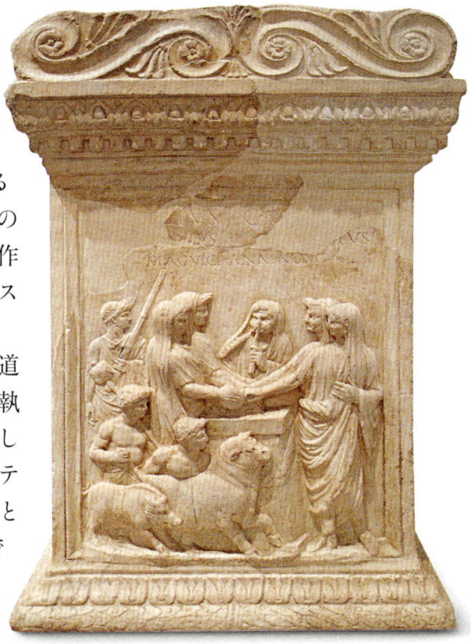

奴隷制

ローマの全家庭における依存と虐待

ローマ社会は奴隷制度に依存しており、奴隷の人々に対する非人道的な暴力を当然視していた。しかし奴隷の多くは苦難に耐えながら、尊厳を維持し、抗議し、生き残り、場合によっては繁栄さえしたのである。

△奴隷の首輪
この首輪には、逃亡奴隷が帰還した場合、金で報酬を提供します、とある。この着用者は保護する価値のある高い能力を持つか、以前に脱走を試みたことがあるか、またはその両方であったことを示唆している。

ローマは奴隷制によって定義される社会だった。地方の奴隷は、人々を養う農場で働いた。都市の奴隷は料理人、家政職、職人などだった。彼らがいなければ、事業は失敗し、家庭は混乱したに違いない。しかし多くのローマ人にとって、奴隷は人間ですらなく、前1世紀の学者マルクス・テレンティウス・ヴァッロによれば、奴隷は単に「話すことができる道具」であった。

△食料の補給
後1世紀のこのフレスコ画では、2人の男性が饗宴のための動物を準備している。ローマのキッチンは、大抵暑くて混雑した場所だったが、そこで働く奴隷にとっては、毎日の配給に加えた、食料の供給源でもあった。

個人の財産としての人

ローマ史で最も有名な主人と奴隷の関係は、キケロとティロの主従だろう。2人の間で交わされた手紙は愛情深い（恋愛感情さえある）関係を示唆し、ティロを解放することで最高潮に達した。あまり知られていないのはディオニシウスだ。ティロと同様、彼も奴隷にされたキケロの秘書の一人である。ティロとは異なり、ディオニシウスはキケロの家での生活が耐え難いものであることに気づき、拷問、身体毀損、死の危険を冒してまでローマを逃れ、バルカン半島の凍える荒野にいた反抗的な部族に救いを求めた。キケロの代理人たちはディオニシウスを何年も追跡したが、彼の運命は不明である。奴隷にされた2人の男性のうち、ティロの話は典型例とは言えない。奴隷にされたほとんどの人にとって、彼らと主人の間の力の不均衡は明らかだった。奴隷は主人の所有物であり、自律性はなかった。性的暴行の脅威は常に存在し、何らかの理由で殴打される可能性があった。奴隷にされた人が脱走を試みた場合、足枷をつけられ、烙印を押され、十字架にかけられる可能性があった。

◁ローマ軍による過酷な扱い
トラヤヌスの記念柱に彫られたこの情景は、兵士がダキア（現在のルーマニア）で捕虜とした敵の戦士を厳しく扱っているところを示す。こうした捕虜の多くは奴隷にされた。

捕獲と反乱

奴隷制の主な要因は外征であった。捕らえられた男性、女性、子供たちは、フォルムとカンプス・マルティウス（公共地区）の民会投票所であるサエプタで公に売買された。ローマの存続は、彼らの経済的な活力注入にかかっていた。彼らの数はローマ市民を上回り、彼らにある種の力も与えた。奴隷たちは過度に虐げられた場合、人間性と尊厳を主張することがあり、奴隷戦争として知られる3回の大規模な反乱が起きた。第1次奴隷戦争（前135－前132年）は、シチリア島で残忍な主人に対する抵抗行為として始まり、キリキア（現在のトルコ）出身のシリア人、エウヌスとクレオンが主導した。第2次奴隷戦争（前104－前101年）は、シチリア島のプランテーション奴隷の多くを解放する命令が取り消された後に発生した。第3次奴隷戦争（前73－前71年）は、当初、トラキアのスパルタクス

(110–111頁を参照)が率いる奴隷剣闘士(剣奴)の反乱だった。鎮圧されたとはいえ、3つの蜂起はいずれもローマ人の精神に深い傷を残した。

解放奴隷

一部の主人たちは、通常は自らの意思で奴隷を解放した。奴隷にされた人も、自分たちの自由を買うことができた。しかし解放された後でも、元奴隷は元主人に対して多くの義務を負っていた。彼らの権利も縮小されたものだった。たとえば、解放奴隷は公職に就くことができなかった。彼らの子供たちは完全な市民権を享受したが、解放された人々とその子孫に関連する社会的不名誉はずっとつきまとった。そこにあるのは差別意識と嫉妬である。多くの解放された人々は、特に奴隷の間に交易や読み書きなどのスキルを習得していた場合、大抵のローマ市民よりも裕福だった。実際、帝政時代になると、解放奴隷は皇帝の側近集団の支配的な勢力となった。ギリシア人の解放奴隷パラスは、クラウディウス帝とネロ帝の治世における重要な帝国の秘書官だった。この権力の移行は、貴族のエリート層を激怒させた。彼ら自身の影響力が低下した結果でもあるからである。脇に追いやられた欲求不満の貴族たちは、自分の家で小さい帝国を作ろうとした——そこで犠牲になったのは、もちろん奴隷たちであった。

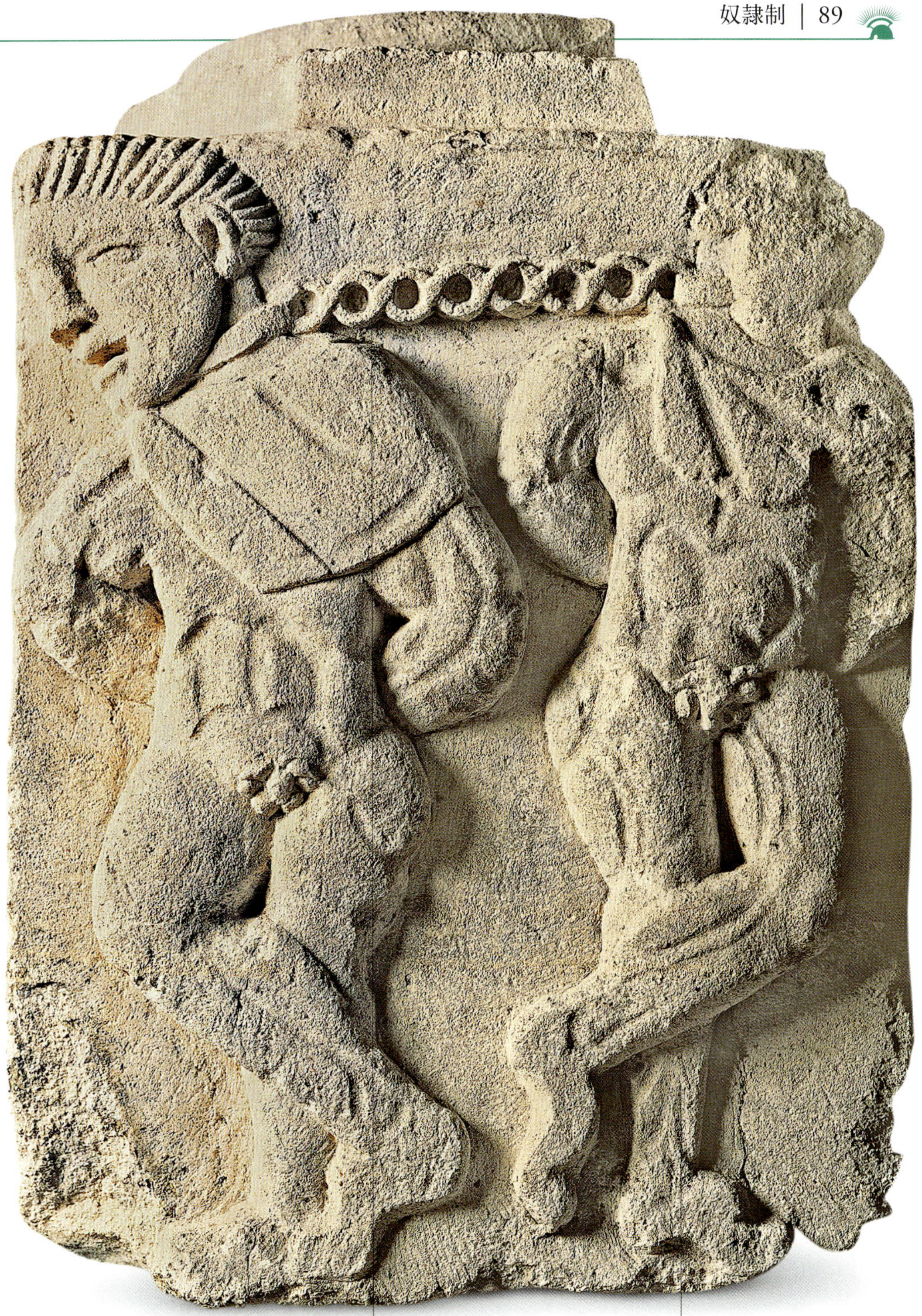

▷**鎖につながれた捕虜**
モゴンティアクム(現在のドイツのマインツ)のローマ軍の兵営の門にあった年代不明のレリーフ。処刑など序の口で、捕虜たちを待ち受ける過酷な運命を生々しく描いている。このレリーフがあった門は、奴隷によって建てられたもの。

太くて重い鎖が、2人の捕虜の首を縛り付けている

ゲルマンの戦士たちは小さなマントだけを肩にかけ、ほとんど裸で戦った

「イウクンドゥスはタウリ家の奴隷にして、生ある限り、己自身と他の人々のために立ち上がりし男なり」
スタティリイ・タウリ家のコルンバリウム(納骨堂)より、ある奴隷の墓碑銘。一家に仕える仲間の奴隷が書いたもの

ヒスパニア征服

カルタゴからカエサルまで

ローマ人が、ヒスパニアとして知られるイベリア半島を征服したとき、何世紀にもわたる植民地化によって形成された、豊かな文化を持つ領土を手に入れた。やがて、ローマ人もその土地に足跡を残すことになる。

ローマによる征服の何世紀も前から、イベリア半島（現在のスペインとポルトガル）は、地中海世界の他の植民者の関心を集めていた。これにはフェニキア人とギリシア人が含まれ、半島の南海岸と東海岸を探検し、ガディール（現在のカディス）、マラカ（マラガ）、アイヴィーサ（イビサ）に植民地を設立した。彼らがイベリアの海岸を植民地化したのとほぼ同時期に、フェニキア人は現在のチュニジアに、古代世界で最も重要な都市の一つ、カルタゴも設立した。イベリア半島がローマの関心を集めたのは、ここにカルタゴの植民地が存在したからだ。

ヒスパニアのハンニバル

第1次ポエニ戦争（前264－前241年）でローマに敗北した後、カルタゴ帝国はシチリアの領土を放棄せざるを得なくなった（82–83頁を参照）。カルタゴ人は、銀が豊富であると知られているイベリア半島で領土を拡大することで、貿易帝国を再建しようとした。この作戦は、ハンニバルの父であるハミルカル・バルカが率いていた。前229年頃までに、カルタゴ人は半島の約半分（南と東海岸）を支配していた。これにより前226年に条約が結ばれ、当地での両勢力の拡大が制限された。しかしハンニバルは、ローマの友人になることは決してない、と誓っていた。前219－前218年、彼は、ローマと同盟を結んで繁栄するサグントゥム（バレンシア近郊。現在のサグント）を征服し、第2次ポエニ戦争を開始した（84–85頁を参照）。

ハンニバルがイタリアに侵攻するために（アルプス越えを含む）陸路を行軍する間、プブリウス・コルネリウス・スキピオのローマ軍はヒスパニアでカルタゴ軍を打ち負かしていた。そして前208－前207年の重要な戦いで勝利を収めた後、スキピオの軍隊はこの地域からカルタゴの勢力を追い出し、スキピオ自身は前206年にローマに凱旋した（彼は後にヒスパニアでの成功をそれだけに留めず、カルタゴのある北アフリカ侵攻の拠点として使用し、第2次ポエニ戦争におけるローマの最終的な勝利につなげた）。

△イベリアの宝飾
青銅と銀で作られたこのベルトの留め金は、おそらくケルティベリアの兵士が着用していたと思われる。ヒスパニアの銀鉱山は古代の帝国を魅了するものだった。

ヒスパニアの初期の入植

ローマ人より前に、イベリア半島には主要な地中海の海洋民族の文化が到達していた。特にフェニキア人とギリシア人は文化的な足跡を残した。エルチェ（スペイン南東部、バレンシア近郊）で出土したこのイベリアの像は、前4世紀のもの。この貴婦人は、カルタゴの主要な女神、タニトであると考えられている。主題はフェニキアのもので、頭飾りや宝飾品も同様だが、彫像のスタイルはギリシアの芸術的影響を明確に受けており、古代世界全体で行われた文化的相互作用を示している。かつては鮮やかな色で、胸像ではなく座像の一部なのかもしれない。

エルチェの貴婦人

▷ラ・オルメダの別荘のモザイク画
ヒスパニアには、ローマ時代の際立ったいくつかのモザイク画がある。このウェナティオ、つまり闘獣のシーンは、スペインのパレンシアにある、後4世紀のローマ時代の別荘で発見された。訓練を受けた闘獣士が、競技としてさまざまな動物と戦う様子を示しており、それは人気のある見世物だった。

その後の数世紀で、ローマは半島の支配を拡大したが、決して楽ではなかった。現地のケルティベリア人の激しい抵抗に遭遇し、費用のかかる複数の長期戦を戦った（そして勝利した）。ローマ人とイベリア人の間の紛争は、前1世紀後半まで続いた。

ローマの属州として

ローマのイベリア半島征服の最終段階であるカンタブリア戦争（前29－前19年）は、ヒスパニア北部で繰り広げられた。アウグストゥス帝がカンタブリ・ケルティベリア人を破ったことで、ローマに対するイベリア人の抵抗が終わり、3つの州が帝国に追加された。ヒスパニア・キテリオル（近いスペイン）、ヒスパニア・ウルテリオル（遠いスペイン）、そしてルシタニアである。やがてヒスパニアは、帝国で最も安全で重要な地域の一つになった。トラヤヌス帝とハドリアヌス帝はどちらもヒスパニア出身者で、2世紀にイタリカ（現在のセビリアの近く）で生まれた。マルティアリス、ルカヌス、セネカなどの尊敬される詩人や哲学者も、ヒスパニアから来た人物たちだ（272–273頁を参照）。

△**大劇場**
アウグストゥス帝の腹心であるマルクス・アグリッパの命令により、前15年頃にエメリタ・アウグスタに建設されたローマ式劇場。これは後の皇帝によって復元されたもの。

ローマの征服前と同様に、ローマ人の下のヒスパニアも、さまざまな豊かな文化の坩堝であった。当地での考古学的発見は、ローマと古い文化の両方の影響を示しているが、明らかにローマ人の多くの生活様式が採用されていた。タッラコ（タラゴナ）、エメリタ・アウグスタ（メリダ）、カエサルアウグスタ（サラゴサ）などの新しい都市には、劇場や水道橋などの壮大なローマ式建造物が建設された。

エキゾチックな動物は帝国の遠く離れた場所から持ち込まれた

このような自然環境は作られたセットであり、イベントはローマの劇場で行われた

獲物に倒されたベスティアリウス（闘獣士）

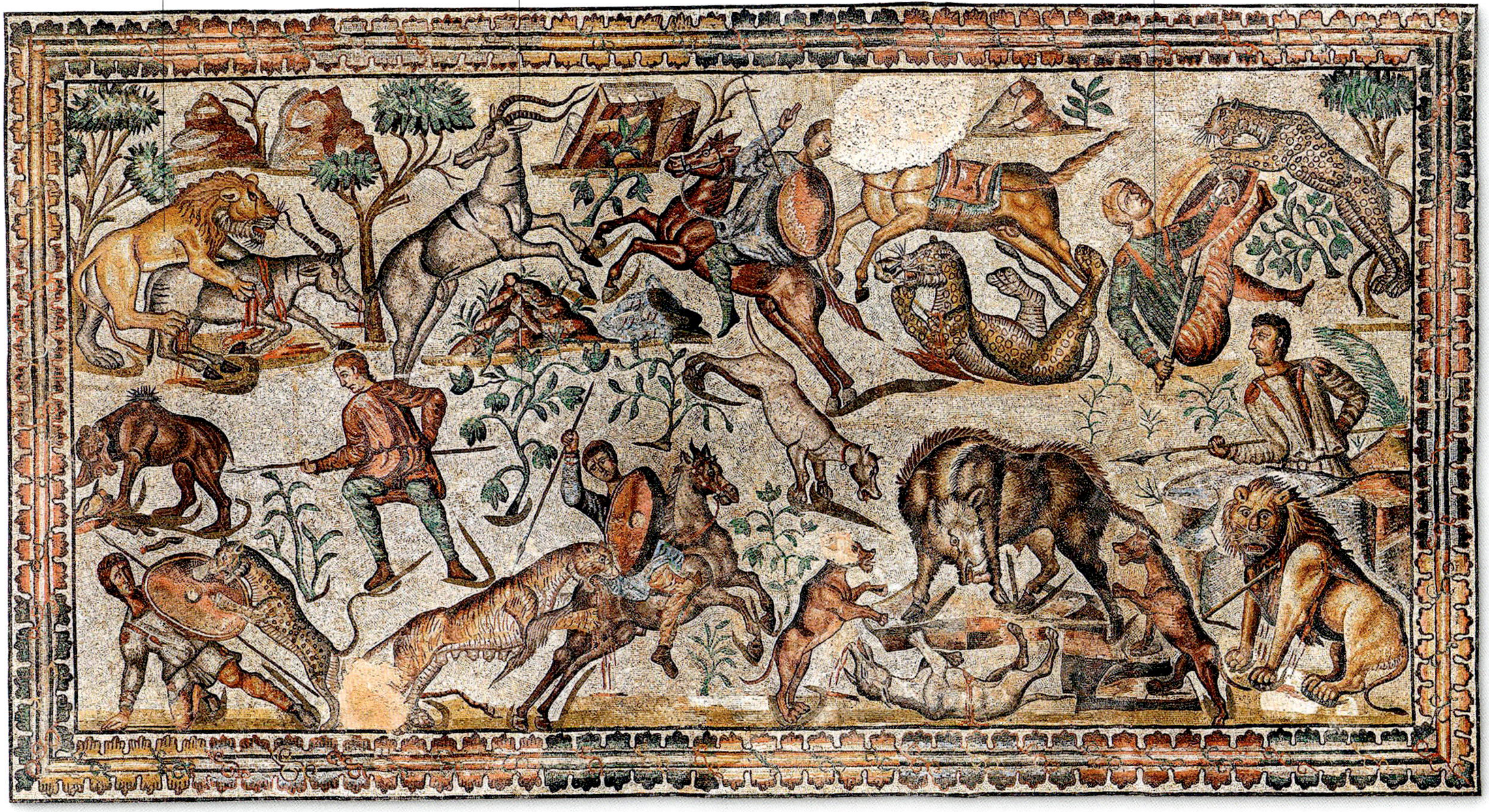

属州の統治

帝国の支配とアクセス

大帝国の基本的な構成要素は属州だった。これらの地域は、共和政期には総督によって統治され、後には皇帝自身によって統治された。やがて、通信と交換の複雑なネットワークがそれらの間に確立された。

イタリア以外のローマ帝国は、属州（プロウィンキアエ）と呼ばれる行政単位に分割されていた。この制度は共和政時代にローマの国力が拡大したときに導入され、帝政期を通じて継続的に改革と改定を経ながら存続した。属州は、ローマ帝国の広大な領土を統治するための、管理上の枠組みを提供するものであった。時間が経つにつれて、各地のアクセスは密になり、商品、人、およびアイデアの移動が容易になっていった。

◁**帝国の建設**
トラヤヌスの記念柱（214-215頁を参照）に刻まれた道路建設の図。それは帝国を建設する労働であり、美徳として称賛された。

管理と権限

属州とは、ローマ本国によって支配される領土と定義される。属州制度は、共和政時代にローマの勢力がイタリア半島の外に拡大するのに合わせて導入された。これは前241年の第1次ポエニ戦争で、ローマがカルタゴ帝国に勝利した後に始まった（82–85頁を参照）。この結果、シキリア（シチリア）が最初の属州となり、前237年にはサルディニア（サルデーニャ）とコルシカがすぐ後に続いた。

各州は、元老院からインペリウム、つまり軍隊を指揮し、地域を監督する権限を与えられた総督によって管理された。この政務官は元老院によって任命され、財務官およびレガトゥス、つまり司法と軍務を扱う高級幕僚がこれを補佐した。ローマからの距離と元老院が付与した権限により、総督はしばしば自由に行動することができた。その結果、前2世紀から前1世紀にかけてローマが急拡大した数十年の間、総督が権力を乱用し、担当する属州から富を搾取した、という記録が多くなる。実際、前70年に腐敗した元総督を告発したことで、キケロ（118–119頁を参照）は初めて名を上げた。シキリア元総督のガイウス・ウェッレスを非難する彼の演説は、「ウェッレス弾劾（イン・ウェッレム）」というテキストに登場する。

▽**ローマの支配**
後117年、トラヤヌス帝の死の時点での勢力を示す地図。帝国属州と主要な道路網が、地理的な最大版図を示していることがわかる。

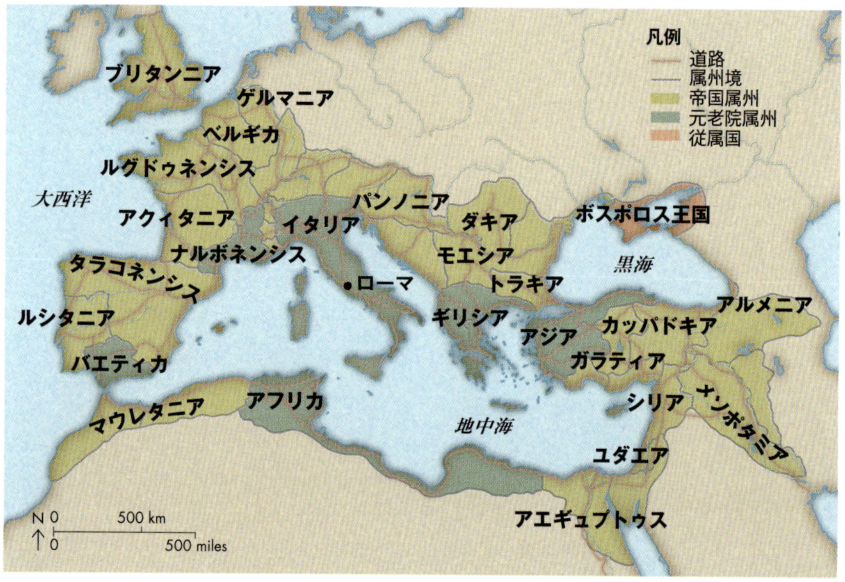

帝政時代

属州は依然として帝国行政の基本単位であったが、皇帝の権力の台頭により、その組織は変化した。属州を2種類にし、元老院が任命した政務官が管理する元老院属州と、皇帝自身が代理人を通じて統治する帝国属州に分けたことが重要な点だ。前27年、アウグストゥス帝は、いくつかの戦略的に重要な属州を皇帝自身、または公式な代理人が直轄する、と布告した。アエギュプトゥス（エジプト）は、ローマを養う穀物の多く

を担う、格別に重要な帝国属州であり、元老院議員より下の階級である裕福な地主層、つまり騎士階級の中から指名されたプラエフェクトゥス（州長官）が管理した。帝政時代、属州の数は増加し続けたが、やがてそのペースは鈍くなった。クラウディウス帝がブリタンニア（現在のイングランドとウェールズ）を追加し、トラヤヌス帝はダキア（現在のルーマニア）を加えた。ボスポロス（ボスフォラス）王国のような従属王国も周辺に設立された。これらの地域は正式な帝国の一部ではなかったが、ローマ人は統治者に影響を与えることで、実質的に支配した。

陸と海のアクセス

属州は、非常に複雑かつ、よく整備された多数の輸送ルートで結ばれていた。陸上では、広大な道路網が州内外の都市を結んでいた。道路建設は前312年のアッピア街道の建設から始まったもので（220–221頁を参照）、帝国の建設と密接に関連していた。ローマとブルンディシウム（現在のイタリア、ブリンディジ）を結ぶこの道路の大部分は、今日でも見ることができる。皇帝やその他の属州の管理者が道路を管理し、帝国の住民が旅行や貿易を行えるように維持することが、とりわけ重要だった。

帝国はまた、海路によっても結ばれていた。ローマの街にはオスティアとポルトゥスという2つの主要な港があった（216–217頁を参照）。帝国領土の周辺で、船は海岸、川、運河を航行し、カルタゴやエフェソスなどの地方の港に到着した。ローマの商人は海路と陸路の両方を使用してヨーロッパを越え、遠くインドや中国の古代文明と交易を行っていた、という証拠がある。こうした東への道があったために、シリア属州のパルミラなどの都市が、重要な交易の中心地になったのである。

黄金の里程標

ローマ帝国の街道では里程標（マイルストーン）がよく見られた。帝国の都市中心部を起点とし、都市間の距離を測定するものだ。道路整備は皇帝が担う重責で、里程標はそうした皇帝の道路への尽力（クラ・ウィアルム）を記念するものでもある。アウグストゥス帝は前20年、フォルムに黄金の里程標（ミッリアリウム・アウレウム）を建てた。これは象徴的な里程標で、まさに有名な「すべての道はローマに通じる」という帝国の道路網全体の起点であった。

ミッリアリウム・アウレウム

△商品の積載
このフレスコ画は後3世紀初頭、ローマの港湾都市オスティアのもの。RES（レス＝物）とあるのは食料品で、輸送の準備が整った川船（イシス・ゲミニアナ）に積載する様子が描かれている。

日々のパン

古代ローマのパン作り

ローマの食事で最も重要な食べ物は質素なパンであり、それは帝国の安全の象徴であった。しかし同時に、富裕層と最貧層の市民の間の大きな不平等の象徴でもあった。

◁**パン屋の墓**
前1世紀頃のローマの解放奴隷で、商業パン屋であったエウリュサケスの墓のフリーズ。職人がパンを焼くプロセスを描いており、この図ではパン焼き窯が稼働している。

パンはローマ帝国全体の主食だった。象徴的には、それは家庭の囲炉裏で調理されるものとされたが、実際は、大きな家では、奴隷労働者の居住区内に別のパン工房を持っていた。これは通常、奴隷たちが献身的に管理していた家庭用の祭壇（122–123頁を参照）の近くにあった。家庭のパンは、キビまたは大麦の粉で作った練り粉（パン種）で作った。冷蔵庫がなかったので、パン種は平たいかたまりとして焼き、後で水分を足した。

集合住宅であるインスラ（79頁を参照）での窯の使用は火災の危険性があったため、住民は穀物を商業パン屋に持ち込んだ。穀物からパンを焼く前にスタンプを押して、誰の物か識別した。国家機関への供給を請け負っている官営パン工房も、説明責任のためにパン生地にスタンプを押した。

パン屋はもともと製粉所と組み合わされていた。パン焼きはほとんどが奴隷の仕事であり、最も過酷な労働形態の一つでもあった。パン屋の経営者は、奴隷労働者を粗末に扱い、厳しい罰を与えた。官営パン工房では盗難を防ぐために、生産されたパンと、配送された穀物の量を当局が比較してチェックした。

穀物は力なり

ローマ帝国が拡大するにつれて、すべての市民が確実に国富の一部から受益できるように、国家による穀物配給が制度化された。貧しいローマ人は穀物配給に大きく依存しており、彼らの歓心を買おうと政治家が個人的に配給することも多かった。

クラ・アンノナエ（穀物供給への配慮）は、シキリアなどの属州からローマに輸送された穀物への依存度が高まるにつれて、重要さが増していった。将軍で政治家のポンペイウス（126–127頁を参照）が得た名声の多くは、ローマの輸入ルートを脅かす海賊を打倒したことによる。息子のセクストゥスは、このことで父から大いに学び、オクタウィアヌス（後のアウグストゥス帝）と対立した際、ローマの穀物供給を遮断するため、シチリア島を根拠地としたのである。

△**所有者の印**
この印（「クィンティニウス・アクィラ」百人隊）は、ウェールズで見つかった軍のパン用印章のもの。兵士は軍団の「百人隊」ごとに独自の印章を押し、共同窯からパンを受領した。

テルモポリウム

インスラの住人は外食する傾向にあったので、外食業者が地元の料理店で食事を提供した。テルモポリウム（温かい食事を出す店）は、現代のファストフード店の前身である。これらの店は通常、すぐに食べられる食事に質素なパンを添えて販売していた。多くは旅館に併設され、運営者には男性も女性もいた。ローマ社会は清潔志向が強く、裕福な人々は自宅で食事をしたり、もてなしたりすることを好んだ。下の写真のテルモポリウムは、2019–20年にポンペイで発掘されたもの。店そのものを描いたフレスコ画があるのが特徴で、食事を販売していたドリア（石造りの瓶）が描かれている。

この人物は旅行者らしく、短いマントをかけている

独特の形をしたパニス・クゥアドラトゥス（分割されたパン）

白いトガを着たこの人物は、彼が選挙の候補者であることを示している

▽パンの配布
ポンペイの家のタブリヌム（書斎）の壁面に描かれたこのフレスコ画は、政治運動の一環としてパンの配布をする情景を描いている。ここに示されているパンは、ポンペイで実際に見つかったものと一致する（136-137頁を参照）。

ローマのシンボル

権力と個性の象徴

ローマの支配が地中海世界全体に広がるにつれて、征服者たちはシンボルを使用し、自分たちの優位性を伝えるようになった。これらのいくつかは現代に至るまで、政治と文化における強力なアイコンとして使用されている。

△ファスケスを掲げる
斧の周りに木製の棒を束ねたファスケスは、リクトル（先導警士）によって政務官の前に運ばれた。ファスケスはローマの政治的権威の象徴だった。

ローマは表象の帝国で、さまざまなアイデアを表現するために数多くのアイコンやシンボルが使用されたが、多くの場合、権力、文化、およびアイデンティティに関するものだった。ローマで生まれた多くのシンボルは、すぐに帝国の属州全体に広がり、地中海世界から、さらにそれを超えたところまで広がった。これらのシンボルが広く存在したことは、ローマ人にとって、それらがいかに重要であったかを示している。シンボルはローマの力を共有して理解し、支配を宣言し、異なるコミュニティを結びつける方法だった。

アイデンティティのアイコン

イメージには、広大な帝国全体に存在する言語的および文化的な相違を横断する可能性があった。地方の征服された人々に、より広いローマ世界における彼らの立ち位置を知らせるものでもあった。双子のロムルスとレムスに乳を与える雌狼のイメージは、ローマのシンボルとして一般的に使用された。ローマ女神は、ローマ固有のアイデンティティを表すためにもよく使われ、女神の神殿が帝国周辺の各地に建てられた。この女神はさまざまな形で描かれた。山積みされた武器の上に座る姿で硬貨によく描かれたが、これこそ、ローマのアイデンティティと軍事力との関係を想起させるものだった。ローマの政界において、シンボルは階級と権威を表した。たとえばファスケス（斧を囲む棒の束）は公権力を表し、ローマの政務官たちを護衛する警士、リクトルが持ち運んだ。警護対象の人物の重要性は、取り巻くリクトルの数に比例した。束ねた棒は団結による強さを表し、斧は政務官の持つ権力（インペリウム）と、従わない者を罰する権限を象徴した。棒と斧の束を組み合わせることで、権力と政治秩序、正義を伝える要素もあった。

花輪は威信のもう一つの強力な象徴だった。コロナエ（冠）と呼ばれるさまざまな種類の花輪が、個人の功績に応じて授与された。これはオークや銀梅花などの葉で作られたが、特に月桂樹の花冠は、偉大な軍事的勝利を祝うローマの将軍に授与され、何人かの皇帝は月桂冠を被った自分自身の肖像を描かせた。花輪はローマ帝国の権力の象徴となり、帝国の芸術に使用された。名誉と勝利との関連は後世になっても存続し、月桂樹の花輪のイメージは、今日でも軍の勲章やスポーツ賞、学術賞のデザインによく使用されている。

征服の象徴

戦利品もまた、ローマの図像の一部として使用された。船のロストラ（衝角）がローマのフォルム（64–

SENATUS POPULUSQUE ROMANUS —— SPQR

「SPQR」という4文字が古代からよく使用された。「セナトゥス・ポプルスクェ・ロマヌス SENATUS POPULUSQUE ROMANUS」すなわち「ローマの元老院および人民」を表すものだ。この略語はローマ共和政の権威を意味し、古代国家の権力の源を指し示していた。硬貨、碑文、モニュメントの献辞によく見られ、政治家のキケロや歴史家のリウィウスの作品にも登場する。ローマの市民生活や政治のアイデンティティに関わるこの4文字略語の最も古い例は、前80年の碑文にまで遡る。それは何世紀にもわたって使用され続け、現代でもローマの建物やマンホールの蓋で見ることができるほどだ。また、この表記は世界中の他のコミュニティで流用され、4番目の文字Rを、自分の都市名のイニシャルに置き換える例がある。

ローマ女神の隣に座るアウグストゥスは、頭の横にある円い山羊座のサインで識別される
帝笏は支配権を象徴する
アウグストゥスの下に座る鷲は、ユピテルとの密接なつながりを示す
ローマ軍の兵士たちは、敗北したダルマティアの兵士の上に、捕獲した武器や鎧で組んだトロパエウムを立てている

◁**ゲンマ・アウグステア**
アラビアン・オニキスから切り出されたこのカメオは、象徴性に富んでいる。上段はユピテル神に擬したアウグストゥス帝を表し、下段は後継者であるティベリウス帝の軍事的成功を祝う図柄である。

67頁を参照）の中心にある大きな演壇を飾っており、この演壇自体も6つの青銅のロストラにちなんで呼ばれた。これらはローマ海軍が前338年のアンティウムの海戦で勝利した後、敵船の船首から接収したものだ。ロストラは硬貨にも描かれ、ローマの輝かしい過去を強調し、権力のメッセージを広めた。

数世紀後の前29年、アウグストゥスはフォルムのカエサル神殿の前に2番目のロストラを建設した。演壇は、アクティウムの海戦（134–135頁を参照）で彼の艦隊が敵船から奪ったロストラで装飾された。この海戦はアントニウス、クレオパトラとの戦いだったが、アウグストゥスはこの勝利に続いて皇帝になった。彼は新しい演壇を使用して自らの力を示すとともに、ローマの伝統への敬意を証明した。

帝国周辺ではトロパエウム（トロフィー）がローマの強さの一般的な象徴だった。それは本来、敗北した敵から奪った武器と鎧を積み上げ、戦場に展示するものである。これらのイメージは、硬貨、彫刻、および記念碑的な建築物にも表れた。さらにまた鷲（アクィラ）がローマの軍事力を象徴した。各軍団は、神々の王ユピテル神の聖なる守護を表す鷲を頂部に付けた軍旗を掲げた。また、支配者の神格化を示唆するために、皇帝の葬儀では、薪の上から鷲が放たれることもあった。

鷲はローマと神々の関係を表す

▷**アウグストゥス時代の葬祭碑**
トロパエウムの頂上にいる鷲は、かつてマルクス・ウァレリウス・メッサッラ・コルウィヌス将軍の遺灰を入れていた大理石の遺灰壺の一部とされる。

ローマの壁画

別の世界への窓

古代ローマ人は木や象牙など、さまざまな素材に絵を描いたが、何千年もの間を生き残った絵画は、永続的な媒体、つまり湿った石膏に描かれたフレスコ画である。

ローマの絵画は、利用可能なスペースを最大限に活用し、鑑賞者を新しい風景に引き込むための技法だった。市民はギリシア神話の劇的なシーンで家を装飾したり、屋外の緑豊かな庭園を理想化したりした。

ローマ人は神殿、墓、彫像、公共の建物にも絵を描いたが、その色彩は何世紀も経つうちにほとんど消えてしまった。しかし、ポンペイに保存された家々では、フレスコ画は鮮やかな顔料を保持しており、ローマの建物の明るい室内を垣間見ることができる。

◁リアルな植生
多くのローマ時代のフレスコ画では、植物や植生を注意深く観察して描写している(116–117頁を参照)。左は、ローマのリウィアの別荘のダイニングルームの壁を飾っていた庭園画の一部。

画家と顔料

大プリニウスの『博物誌』は、ローマ世界の絵画について詳しく説明している。フレスコ画は石膏の上に描かれたが、それが湿っている間に絵の具を塗るため、顔料の色が吸着する。ほとんどの顔料は天然鉱物だが、青は特に合成して作られた。エジプシャン・ブルーは砂、炭酸水素ナトリウム、銅の混合物を加熱して作られたものである。絵の具は、乾燥した顔料を乳鉢と乳棒で粉砕して混合し、水と蜂蜜で溶解して作った。顔料の価格はさまざまで、黄土色が最も安く、赤鉛が最も貴重だった。画家は豚毛の筆のほか、デザインをレイアウトするためのツールを必要とし、直線をスケッチするためにコンパス、重り、紐、先のとがった道具が使用された。

画家には、背景ブロックの色を描く人(パリエタリイ)と人物を描く人(イマジナリイ)の2種類があった。さまざまな建物で同様のモチーフが見られるため、発注者が選択できる見本帳があったのかもしれず、あるいは同じ芸術工房に属する画家が、それぞれ独自のデザインをしたのかもしれない。

他の芸術形式と同様に、ローマ人はしばしばギリシア世界の芸術家を雇った。前1世紀にローマに住んだキュジコスのイアイアのように、成功する女性の画家もいた。イアイアは同時代の男性よりも仕事が速く、請求する制作費は高額だったといわれている。彼女は独身を貫いたが、その技量ゆえに、まれに見る独立性の高い生き方ができたと思われる。

▽色と形
ローマのファルネジーナ荘の象徴的な壁のデザインは、さまざまな様式がからみ合う、その最良の例の一つで、人物や塗装されたパネルがある色ブロックが点在している(250–251頁を参照)。

「これらの色を重ねるとき、目に鮮やかな外観を与える」
ウィトルウィウス『建築について』

とがった耳が特徴的な
バックスの家庭教師
シレノス

サテュロスは
パイプを演奏し、
子ヤギに餌をやる

隣の壁の横たわる
バックスを見つめる女性

バックスはツタに
覆われた杖、
テュルソスを持つ

女神の膝の上に
横たわるバックス

絵画のスタイル

ポンペイで発見されたフレスコ画は、大まかに4つの時期と「スタイル」に分類されている。最も古いものは前150年頃のもので、大理石を模した色のブロックで石積みを強調している。さらに成形したスタッコ（化粧漆喰）で素材を盛り上げ、陰影が作られた。

前90年頃から見られた2番目のスタイルは遠近法を使用し、建築物を描くことで空間を強調していた。柱が突出したり後退したりするようにも見え、重なる建物の輪郭が遠くに見えるように描かれた。

前31年にアウグストゥスが権力を握った時期、第3の絵画様式が見られたが、これはローマの壮大な公共建築物を模写したもので、植物や神話のシーンがちりばめられていた。さらに建物を守護する意図で、神々と英雄の描写もあったようだ。

後1世紀からの4番目のスタイルは、これまでのすべてのスタイルを組み合わせたものである。複雑な建築要素に囲まれ、鳥、動物、植生、人々で満たされた鮮やかな色の背景が、外界への窓のように機能した。

パネルに描かれた物語の主な主題はギリシア神話であり、所有者の教育と好みを反映していた。裕福な人々はオティウム（余暇）の「良い生活」を示す手法として、インテリアデザインを取り入れた。多くの情景は、劇的なシーンを一望できるようなものだったが、神殿での生贄のイメージなど、より絵画のもつ機能に即したものもあった。

△バックスの儀式
ポンペイの秘儀荘の
メインルームの情景は、
おそらくバックスの密儀という
壮大な物語を描いている
（72–73頁を参照）。
それは女性の成長のメタファー
だったのかもしれない。

◁風景と視点
これは、アグリッパ・
ポストゥムスの別荘の絵画で、
左に述べた3番目のスタイルの
もの。噴水の前に旅行者がいる
のどかな風景で、
ローマの遠近法技術の向上が
見て取れる。

◁ガラスの傑作
ローマの装飾芸術は激動の時代にも栄えた。この色とりどりのガラスのボウルには、花輪の模様がある。共和政が内戦と危機に巻き込まれた前1世紀後半のもの。

3

共和政の危機

紀元前133－前27年

独裁への道

前133年以降、ローマの共和政は一連の危機に巻き込まれ、何世紀にもわたって国家を治めてきた統治機構が不安定化した。

社会的不満

前2世紀後半までに、大帝国の版図全体から、富がイタリア半島に流入したが、恩恵にあずかれるのはローマ市民、特に都市のエリート氏族がほとんどだった。富裕層と貧困層の間の格差、ローマ市民と他のイタリア半島人の間の不平等の拡大に対し、長年の不満が鬱積し、この時期に限界点に達した。ローマの無産市民の生活を改善しようとする平民派（ポプラレス）の改革は、一定以上の公有地を所有する人々の土地を返還させ、それで賄おうとするものだった。一方、裕福な人々は自分たちの富と特権の保持に固執し、この結果、ローマの街頭で血なまぐさい暴力が起こり、さらに遠隔地では反乱が起こった。

政治的手段としての暴力がエスカレートし、ティベリウスとガイウスのグラックス兄弟は、前133年と前121年に、それぞれ命を落とした。3度の奴隷の反乱が何世代にもわたって続き、国家を激しく揺るがした剣闘士スパルタクスの反乱で終結したが、これはイタリア内の同盟市が不平等な地位に抗議して立ち上がった同盟市戦争へと続いた。ローマはこうした紛争から抜け出し、半島を強固な支配下に置いたものの、多大な犠牲を払うことになった。

共和政のライバルたち

その後の数年間は、軍事的勝利を収めた将軍たちが富と栄光を手中にした。彼らは権力をめぐってライバルと競争しながら、共和政憲法の枠組みを回避し、自分たちの権利と支配を拡大しようとした。最初に激突した中心人物は、マリウスとスラだった。彼らの争いはローマを内戦と独裁状態に陥れた。その後、共和政はクラッスス、カエサル、ポンペイウスの3人の支配下に置かれた。彼らの同盟による三頭政治は、しばらくの間、不安定な状況を継続させた。

前53年にクラッススが死ぬと、この権力分担の取り決めは終わりを告げ、カエサルとポンペイウスは帝国の単独支配をめぐって争い、新たなる苛烈な内戦が始まった。ポンペイウスはエジプトで暗殺され、カエサルがローマで唯一の権威者となり、最終的に終身独裁官に任命された。

帝政の夜明け

若き元老院の陰謀者たちがユリウス・カエサルを暗殺し、新たな三頭政治が始まった。中でも有力だったのは、偉大なるカエサルの甥、オクタウィアヌスと、カエサルの腹心だったマルクス・アントニウスで、最終的には両者の戦争に行き着いた。

オクタウィアヌスは、前31年のアクティウムの海戦でアントニウスとクレオパトラ7世の艦隊を破った後、海戦が行われた地に新しい都市を建設して勝利を祝った。すなわちニコポリス（勝利の街）である。そしてローマ帝国の唯一の支配者として浮上したオクタウィアヌスは、アウグストゥス（尊厳者）の称号を得た。彼の権力掌握への残忍さは、内戦後の浄化として再構成され、複雑な国家的プロパガンダ計画によって昇華された。こうして彼は、自らをローマ帝国の初代皇帝に変貌させたのである。リウィアとの結婚を通じて、彼は何世代にもわたって権力を維持するユリウス゠クラウディウス朝を開始した。アウグストゥスの下でのローマの変革は、その後のローマ国家の政治体制を、共和政から帝政へと大きく変えることになった。

◁前44年のユリウス・カエサルの硬貨

前133年 土地改革で物議をかもした護民官、ティベリウス・グラックスが殺される。

前112年 ユグルタ戦争がヌミディアで始まる。

前91年 イタリアの同盟市が同盟市戦争で立ち上がる。

前82年 スラがマリウスとの内戦の後、独裁官となる。

前73年 第3次奴隷戦争が始まる。

前62年 ポンペイウスがローマ領をシリアに拡大し、ミトリダテス戦争が終結。

❶ アレシアのガリア人の司令官ウェルキンゲトリクス

❷ スパルタクスの反乱が始まったカプア

❸ アクティウム近くのニコポリスにある
ローマ式の劇場

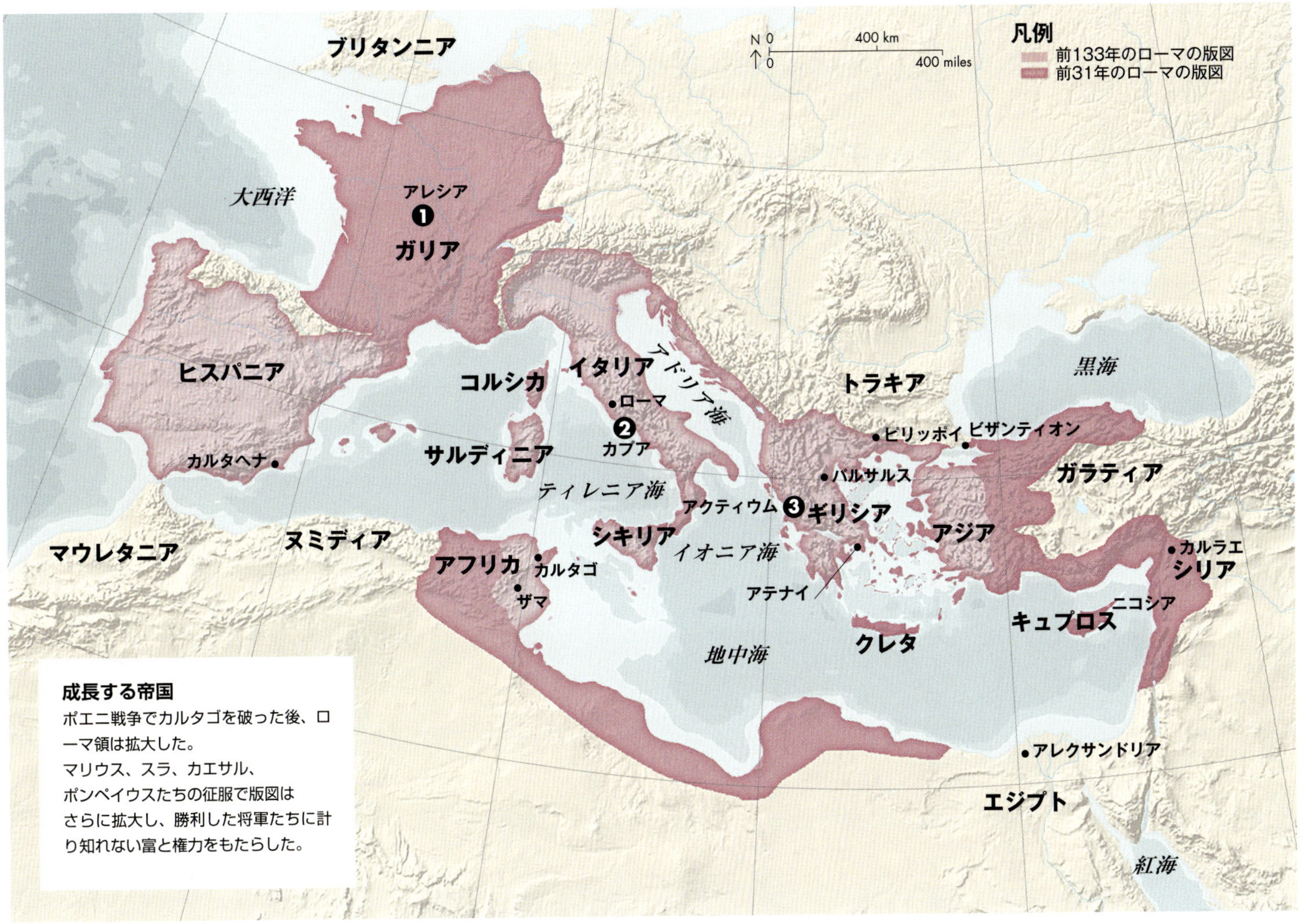

成長する帝国

ポエニ戦争でカルタゴを破った後、ローマ領は拡大した。
マリウス、スラ、カエサル、ポンペイウスたちの征服で版図はさらに拡大し、勝利した将軍たちに計り知れない富と権力をもたらした。

前59年 カエサル、クラッスス、ポンペイウスのいわゆる第2回三頭政治が始まる。

前53年 クラッススがカルラエの戦いでパルティア人に殺される。

前52年 カエサルがアレシアの戦いでガリア人を破る。

前49年 カエサルが北イタリアのルビコン川を渡る。内戦勃発。

前48年 パルサルス（ファルサルス）の戦いの後、ポンペイウスが暗殺される。

前44年 ユリウス・カエサルが、ブルートゥスとカッシウスの率いる元老院議員たちに暗殺される。

前31年 オクタウィアヌスがアクティウムの海戦でアントニウスとクレオパトラ7世に勝利。

前27年 オクタウィアヌスがアウグストゥスの称号を受ける。

内乱

ローマとその領土における不満

カルタゴとギリシアに対する重要な勝利の後、ローマは前146年までに、地中海の支配勢力として確立された。しかし、これらの外征でもたらされた富と権力は、国内問題を引き起こすことになる。

伝統的なローマ軍は農民で構成されていた。彼らは一年の大半を農地で働き、居住地の近くでの戦いや作戦の際に招集された。しかし、ローマが海外で数年間も続く遠征を開始すると、多くの兵士は農場を売却しなければならず、兵役から戻ると土地を失ってしまった。

その間、公有地（アゲル・プブリクス）も脅威にさらされていた。それはイタリアの肥沃な土地であり、ローマ国家が収公したうえで小区画に分割し、すべてのローマ市民が賃貸できるようにした土地である。ローマの征服戦争は、戦利品と新しい属州に課せられた厳しい徴税という形で、ローマ本国に莫大な富をもたらした。富が増加するにつれて、エリートの地主は貧しい農民を農地から追い出し、公有地を独占し始めたため、貧富の差が広がった。

◁**同盟市戦争の反乱地域**
同盟市戦争でローマに反抗したイタリア半島の地域と人々、および忠実であり続けた人々を示す。

グラックスの改革

前133年、ティベリウス・グラックスは10人の平民の護民官（トリブヌス・プレビス）の一人として選出された。護民官は、政務官たちや元老院のエリートの利益をチェックする機能を果たすことを意図し、法案を提出するほか、政務官たちの行動と元老院の法令に拒否権を行使することができた。ティベリウスはプレブス民会での投票を通じて、センプロニウス法という土地改革法を可決した。この法律は公有地のあり方について、エリート層だけでなく、すべての市民が享受すべき共通利益として再確認するものだった。この改革の狙いは、失業と貧困を緩和し、農業の奴隷労働への依存度を下げることにあった。改革を実施すべく、ティベリウスは彼自身と義父、弟のガイウスの土地分配3人委員会を設置した。

元老院に代表される最も裕福なローマの地主層は、これらの改革に強く反対した。プレブス民会で法案の可決を阻止できなかった元老院は、それを施行するために必要な予算措置を拒否した。ティベリウスは、自分の政策が故意に挫折させられ、任期が終わりに近づいていることを悟った。そこで彼は、ローマに遺贈された巨額の財産を適切に処理するべく、護民官としての権限を行使した。それは、当時亡くなったペルガモン王アッタロス3世からローマに贈られたものであった。さらに彼は前例を破り、護民官の再選を目指して立候補すると発表し、元老院議員の一団が公然と暴動を扇動し、ティベリウスは専制政治を熱望している、と主張した。ティベリウスと彼の支持者は殴殺され、死体はティベル川に投げ込まれた。

グラックス兄弟

ティベリウスとガイウスのグラックス兄弟は、軍務を経て政界入りした。どちらも平民として護民官になったが、本来、グラックス家は貴族である。兄弟の父ティベリウス・センプロニウス・グラックスは前177年にコンスルを務め、母コルネリアは第2次ポエニ戦争でハンニバルに勝利したスキピオ・アフリカヌスの娘であった。姉のセンプロニアは、政治家のスキピオ・アエミリアヌスと結婚していたが、彼こそ兄弟を死に追いやった暴徒を組織した人物かもしれないとされる。グラックス兄弟が開始した漸進的な改革と、それに対抗する体制側の動きは、政治的暴力が増加したローマの市民生活に新たな時期をもたらした。

△**ラティフンディウム**
大規模農地、つまり
ラティフンディウムを示す
ローマ時代のモザイク画。
グラックス兄弟は、金持ちが
土地のない市民を犠牲にして
農業を独占しないように、
このようなラティフンディア
（大土地所有制）を解体
したがっていた。

この前133年の、公選された政治家の殺害事件は、後世の歴史家から共和政の衰退の始まりと解釈されている。10年後、弟のガイウス・グラックスが護民官となり、より広範な改革を導入しようとしたときも、兄と同じ運命をたどった。グラックス兄弟は、護民官制度が大衆の力の源としていかに重要かを示すとともに、エリートたちが、自分たちの支配権を維持するためにいかに手段を選ばないかを示した。

ローマに対する反乱

不満と暴力はローマだけに蔓延していたわけではない。イタリア半島はいくつかの地域で構成されており、それぞれが独自の言語と文化を持っていた。多くは何世紀にもわたってローマの忠実な同盟市としてふるまってきたが、その住民たちは、依然としてローマ市民と同等の立場にあることを否定されていた。彼らは地位、影響力、および投票権などの市民権の恩恵から締め出されたままだったのである。前91年、ついにマルシ人とサムニウム人が反乱を起こし、ローマとは別のイタリカという連邦国家を作る、と宣言した。マルシ人とサムニウム人は、同盟市を集めて独自の硬貨を鋳造したが、ローマに抗する地域を団結させることはできなかった。

同盟市戦争として知られる紛争は4年にわたった。この勃発時にローマは、武器を置いたすべてのイタリカの人々に市民権を提供する、と約束した。最終的に前87年、反乱は鎮圧され、ラテン語が半島全体の公用語になった。

▷**サムニウム戦士の像**
ローマに対抗したサムニウム人の敵意は、
少なくとも前321年のカウディウムの戦いで
ローマ軍を破ったときまで遡る。
その後も両勢力の関係は不安定であった。

「ティベリウスは、新たな法律によって大勢の支持を得ようとした」
プルタルコス「ティベリウス・グラックス伝」

ユグルタ戦争

共和政ローマに横行した賄賂

北アフリカ地域のヌミディアは、前203年、指導者マシニッサがスキピオ・アフリカヌスと同盟を結び、カルタゴを倒して自分の王国を切り開いて以来、ローマとの緊密な関係を築いてきた。だがその後、すべてが変わることになる。

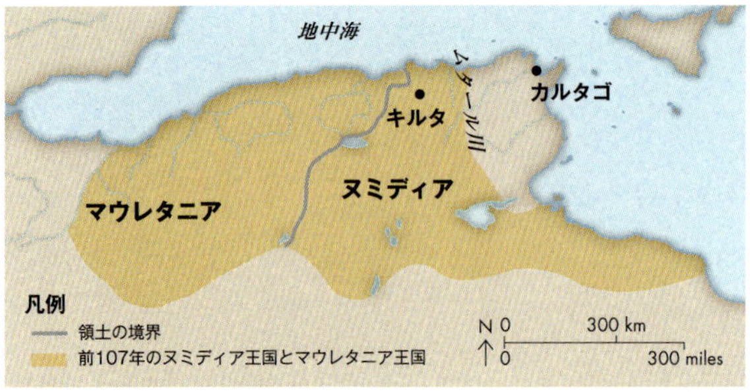

△ユグルタ戦争時のヌミディア
ポエニ戦争でのローマの勝利は、北アフリカの勢力バランスを変えた。この地図は、ローマとの決戦が始まる2年前、前107年のヌミディアとマウレタニアの両王国の範囲を示している。

ヌミディアは騎兵で有名であり、前202年のザマの戦いでは、ハンニバルを倒すのに重要な役割を果たした騎兵分遣隊をローマに提供した。これが第2次ポエニ戦争を終結させる決定打となった。現地の指導者マシニッサは、彼が築いた王国を54年間統治し、最後まで兵馬の権を維持したまま、前148年に90歳で亡くなった。彼の死後、マシニッサの王国は3人の息子に分割された。

戦争への成り行き

前118年、マシニッサの孫であるヒエムプサルおよびアドヘルバルと、彼らの義理の兄弟に当たるユグルタの間で論争が勃発した。この3人の王子は、協力して3つの王国を統治することになっていたが、ユグルタは、自らの手で領土を単一国家に統合したいと考えていた。この目的のために、まずヒエムプサルを殺害し、残るアドヘルバルに照準を合わせた。アドヘルバルはローマに助けを求めたが、ユグルタはすでに十分な数の元老院議員に賄賂を渡しており、ローマからの介入がないことは確実であった。前112年、フリーハンドを与えられたユグルタは、アドヘルバルが避難していたキルタの街を包囲した。ここでユグルタはアドヘルバルを殺し、キルタの住民を虐殺した。しかし、その多くはローマ市民であり、これによりユグルタは、ローマと直接、対立することになった。

ローマ軍がユグルタの王国に進軍したとき、ヌミディアの名高い騎兵隊はその価値を証明し、侵攻軍を寄せ付けず、大きな損失を回避した。この軍事的な行き詰まりから平和条約が結ばれたが、これはユグルタにとって非常に有利な内容だった。ユグルタは再びローマの元老院議員を買収した、という非難がなされ、公聴会で証言するためにローマに連れて行かれた。しかしここでもユグルタは、2人の護民官に賄賂を渡して手続きを停止させた。それだけでなく、ローマ市内にいる間、ヌミディアの王位を争ういとこのマッシヴァ

▷英雄として凱旋するマリウス
16世紀の画家フリードリヒ・ススリトスの絵画。ユグルタ戦争で勝利したマリウスが、アフリカでの戦勝を祝ってローマに向かう凱旋行列を示している。マリウスの戦車の後ろには、捕虜や象などのエキゾチックな動物が見える。

「わずかな者［元老院議員］だけが、金よりも名誉を尊んでいた」
サッルスティウス『ユグルタ戦記』

▷**アフリカの文化の交差点、ヌミディア**
ゴルファ（現在のチュニジア）にあるこの奉納石碑（1または2世紀）は、ヌミディア、ベルベル、ポエニ、ローマ、ギリシアの宗教的および文化的象徴主義の要素を融合させたものだ。

ポエニの三日月形のシンボルが、カルタゴの母神タニトの上に置かれている

これらの人物はローマの神バックス（左）とクピド（キューピッド＝右）を象徴している

暗殺を謀った。ユグルタはローマから追放され、間もなく戦争が再開された。

紛争は膠着し、前107年まで続いた。この年に選出されたコンスルのガイウス・マリウスは、戦いに終止符を打つことを決め、ローマ軍の軍制改革を実施して活性化を図った。軍隊に無産平民を参加させ、軍団の構造を改変し、マニプルという小さなユニットを、コホートというより規模の大きい効果的な編成に置き換えた。ユグルタ戦争は、マリウスの軍制改革がうまく機能するかどうかを試す絶好の機会であった。

裏切られたユグルタ

最終的には、戦場での専門的知識と賄賂（今回はユグルタ陣営に対して使用されたわけだが）の組み合わせにより、マリウスはライバルに勝利することができた。マリウス軍の猛攻に直面したユグルタは、隣国マウレタニアの王ボックス1世（義父でもあった）と同盟を結んだ。しかし、いくつかの軍事的逆転の後、前105年になってボックスは、マリウスの副官ルキウス・コルネリウス・スラと密会し、自国の領土をヌミディアに拡大することと引き換えに、ユグルタを引き渡すことに同意したのである。捕らえられて鎖でつながれたユグルタは、ローマに連行されて通りを引き回され、カピトリヌスの丘のトゥッリアヌム牢獄に収監された。看守たちは、ユグルタの金のイヤリングを欲しがり、彼の耳たぶを引きちぎった。彼は6日の間、食事を与えられず飢えた後、絞首された。一方、ボックスはカピトリヌスの丘に記念碑を建て、ローマの勝利に彼が果たした貢献を銘記することを許可された。

後1世紀になって、ローマの歴史家サッルスティウスは『ユグルタ戦記』を書いた。その記述を通じて、ユグルタ戦争は共和政後期のローマを苦しめた道徳的腐敗の例として取り上げられた。そして、マリウスやスラは、よく訓練された忠実な軍隊がローマにとって、そして彼ら自身にとって非常に重要であることを示したのである。

鉄の意志
この大理石の胸像は、一般的にスラのものと考えられているが、彼の死後の多くの遺産と同様に、損傷を受けている。おそらく彼自身が考案したとされる墓碑銘通り、「味方にとって彼ほど恩に報いる友はなく、敵にとって彼ほど仇なす者はなし」なのだろう。

スラ

血まみれの改革者

**1世紀以上ぶりに就任したローマの独裁官であり、
ローマに対して初めて軍隊を進軍させた将軍がスラだった。
彼は危機の時に権力を掌握し、剣による改革を余儀なくされた。**

ルキウス・コルネリウス・スラ（スッラ）は、弱小貴族の家に生まれた。当時、ローマで最も偉大な将軍だったマリウスに付き従うことで自分の地位を高めようとし、その下で北アフリカ作戦や、北イタリアを脅かすゲルマン人に対する軍事行動に参加し、際立った功績を残した。彼の最大の戦功は前105年のものである。マウレタニア王ボックスを説得してヌミディア王ユグルタを裏切らせ、長い戦争に終止符を打った。スラの評判は上がり、東部でも重要な指揮官を務め、同盟市戦争におけるローマの勝利に重要な役割を果たした。

◁**敵の支配者**
この大理石の胸像はミトリダテス6世のもの。
スラは彼を破ったがとどめは刺せず、ほどなく復権したミトリダテスは、最終的には前63年に敗北した。

無慈悲な流血

マリウスはコンスルに昇進したスラに反発した。ギリシアのポントス王ミトリダテス6世が反乱を起こした際、スラはこれを討伐する任務を負ったが、マリウスはこの間にスラの指揮権を剥奪し、代わりに自分が戦争を指導することにした。これに対抗したスラは軍隊をローマに進軍させ、マリウスと彼の支持者たちを敗走させた。続いてスラがミトリダテスの軍を黒海に押し戻す間、マリウスは再びローマの支配権を掌握した。スラの反応は迅速かつ残忍なものだった。イタリアに上陸した彼は、敵の名前のリストを公開して財産を没収し、それらを殺した者には報酬を支払う、と告知した。1年以内にマリウスは死没し、そのイタリア内の同盟者も打倒された。コッリナ門の戦いでの勝利の後、スラは戦争の女神ベッローナの神殿に元老院議員を集め、全権掌握を宣言した。彼が演説を始めると、周辺に集められていた投降者を虐殺するよう合図が出された。敵たちの断末魔の悲鳴が響く中、元老院議員たちは、彼らの新しい支配者を承認した。

無制限の権力

スラは独裁官（ディクタトル）に任命されたが、この職は本来、有事の際の緊急大権であり、平時において この職名を得た最初の人物となった。この力を使って、彼はローマ憲法を根本的に変更した。これは彼自身の昇格を可能にしたような混乱の再発を防ぐ目的で実施されたが、まず護民官の権限を縮小した。彼らが法案を提出する権利を剥奪し、より高い地位に昇進することも禁じた。元老院と将軍に対する支配も強化した。忠誠心を確保するために、兵士たちを敵対勢力から没収した土地に定住させた。こうした法律が可決された後、彼は自発的に引退し、数年後に一人の民間人として亡くなった。彼の憲法は長くは続かなかった。彼は多くの立法はできたが、彼自身を模範とするような者は生み出せなかった。彼の後、成功者たちは私的な栄光に走り、スラの目指した精神は解体されてしまった。

▽**無血の勝利**
ユグルタ戦争の終結を記念したコイン。
ボックスが勝利者スラにオリーブの枝を渡し、敗北したユグルタが右側にひざまずいている。

前138年　由緒はあるが有力ではないローマの貴族の家に生まれる。

前107年　マリウスの下、ユグルタ戦争で活躍。

前89年　南イタリアで将軍として指揮を執り、同盟市戦争でローマの勝利を確実にする。

前88年　ミトリダテス討伐の指揮権を回復するためにローマに進軍。

前85年　ミトリダテスをギリシアから追い出し、和平を結んでイタリアに戻る。

前82年　コッリナ門の戦いで勝利し、内戦を終わらせる。

前81年　独裁官に就任。多くの法律を可決する。

前78年　公務から引退した後、自然死する。

第3次奴隷戦争

再び蜂起したイタリアの奴隷たち

ローマ経済は、地中海を横断する人身売買、膨大な人数の奴隷に依存していた。奴隷化は常に、敗戦した場合に起こりうる結果だった。ローマが拡大するにつれて、奴隷の数も増えていった。

前135年に第1次奴隷戦争、前105年に第2次奴隷戦争が起こり、鎮圧までに何年もかかった。ローマの統治者たちは、増大する奴隷人口が反乱を起こすことに不安を抱いていた。それにもかかわらず、イタリア南部で新たな反乱が発生したとき、ローマの指導者たちの対応は後手に回った。

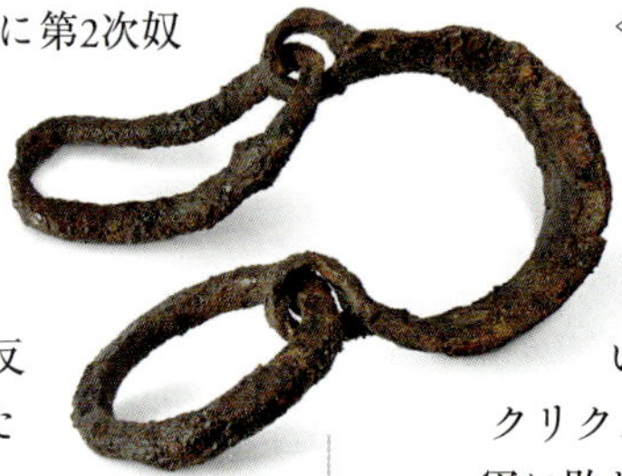

◁**金属製の枷**
このような束縛具が奴隷の手首や足首に巻き付けられ、鍵をかけて固定された。

スパルタクスの乱

スパルタクスは、ローマ軍がトラキア（バルカン半島南東部）侵攻中に捕らえた戦士である。彼は南イタリアのカプアにある剣闘士養成所に送られ、前73年に仲間の奴隷剣闘士78人を率いて脱走した。スパルタクスと仲間のガリア人、クリクススとオエノマウスはまずウェスウィウス山の斜面に逃げ、イタリアの田園地帯を横切って部下を導き、多くの逃亡者を仲間にした。彼らの軍隊は10万人以上に膨れ上がった。反政府勢力の目的は、国家転覆ではなく、ローマの支配下にない地域で自由を勝ち取ることだった。

クリクススが率いる3万人の部下は、前72年にローマ軍に敗れたが、スパルタクスと残りの反乱軍は、さらに1年間持ちこたえた。スパルタクスは優れた指揮官であり、おそらく剣闘士としての経験によって、その能力がさらに強化されたのだろう。また、彼の部下の多くは前91－前87年の同盟市戦争（104–105頁を参照）で戦った元兵士たちであり、依然として強い反ローマ感情を抱いていたことも助けになった。

反乱の鎮圧

このまま反乱が成功し、第1次と第2次の奴隷戦争の現場であったシキリア（シチリア）に広がることを恐れた元老院は、マルクス・リキニウス・クラッススに、スパルタクスと彼の軍隊の討伐を命じた。最終的に反乱軍は、前71年のシラリウス川の戦いで敗北し、その間にスパルタクス自身も死亡したと考えられている。戦場から逃れようとした6000人の反乱者は、ポンペイウス（126–127頁を参照）が指揮するローマ軍団に捕らえられた。その後、さらなる反乱が起きないよう、クラッススは6000人の反乱軍の生存者を十字架にかけ、カプアからローマまでのアッピア街道沿いに並べて見せしめとした。

▽**剣闘士の闘技場**
前31年以降に建設されたカプアの巨大な円形闘技場。これを超える規模はローマのコロッセウムだけだった。敷地内にあった剣闘士養成所は闘技場よりも前から存在し、ここでスパルタクスも訓練を受けた。

「彼は偉大な精神と素晴らしい体力を持っていた」
プルタルコスのスパルタクスに関する記述

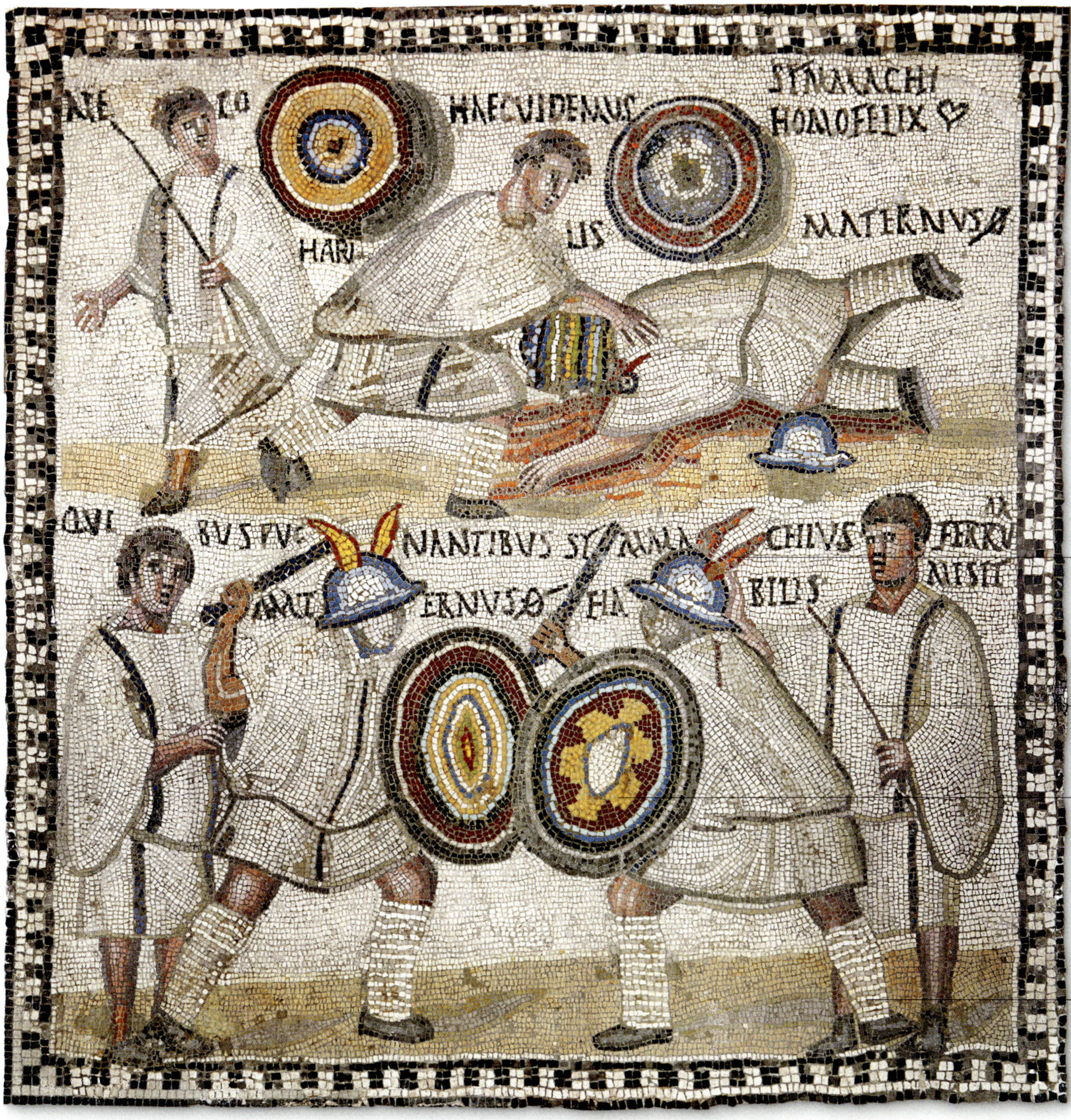

◁**トラキア剣闘士**
トラキア剣闘士を訓練するローマの剣闘士養成所を描いた、4世紀のモザイク画。トラキア人のスパルタクスも、こうしたタイプの武具を着用していたことだろう。

トラキア剣闘士は、翼の付いたつば付き兜で識別できる

訓練士は杖で剣闘士に指示を与えた

トラキア剣闘士は、パルムラという小さな円盾を使用した

すね当ては、脚をある程度は保護してくれた

しかしクラッススは、第3次奴隷戦争での勝利をポンペイウスと分かち合わなければならなくなったことに立腹した。ポンペイウスは2つの戦勝の栄誉を認められ、年齢的には42歳未満であり、いまだクルスス・ホノルムのキャリアの中で、他の資格要件を満たしていなかったにもかかわらず、コンスル選挙に立候補することが認められた。前70年、クラッススとポンペイウスの両者がコンスルに選出された。これは、共和政が今や、おのれの利益のために憲法を操作することも恐れない、莫大な個人的権力と富を握った男たちに支配されるようになったことを示す、さらなる証拠といえる。

富と影響力を持つ男

マルクス・リキニウス・クラッススは、ローマで最も裕福な人物だった。彼の巨万の富は、奴隷の人身売買、銀の採掘、および第1次内戦中にスラの軍隊に属した際、殺害した政敵から没収した不動産などで築いたものだ。彼はユリウス・カエサルおよびポンペイウスと前60年に同盟を結んだ。ローマ支配のため3人のライバルが、一時的にお互いの相違点を度外視したのである。この提携は、前53年のカルラエの戦いにおいてクラッススが死亡したことで終了した。パルティアの将軍スレナスはクラッススを破り、2万人以上の兵士を殺した。伝説によると、スレナスはクラッススの富への執着を嘲笑し、溶かした金を口に注いで殺したという。

△ガリア撃破
リオネル・ロワイエが1899年に描いた『カエサルの軍門に下り、勝利者の足元に武器を投げ捨ててみせるウェルキンゲトリクス』。ガリアの首長がローマの将軍に降伏し、アレシアの包囲を終わらせた瞬間の情景を想像したものだ。

ガリアの征服

ウェルキンゲトリクスの、カエサルに対する最後の抵抗

ガリアの人々は、ローマを支持する勢力と、それに反対するグループに分かれて反目していた。そしてユリウス・カエサルの帝国拡大の野望を阻止するべく、統合軍を形成しようと決意したのがウェルキンゲトリクスであった。

△黄金のトルク
ガリア人の有力者たちは、首にトルク（首飾り）を着けていた。このような黄金のトルクの重さは最大1kgにもなった。

前390年、ガリア人が初めてローマ市街に侵入して略奪を働いて以来、ローマ人はガリア人を恐れていた。ほぼ200年後の第2次ポエニ戦争（82–83頁を参照）の終盤、ローマは復讐の機会を得た。カルタゴの将軍ハンニバルと同盟を結んだガリア・キサルピナ（「アルプスのこちら側のガリア」）の人々を打ち負かしたのだ。前121年、ローマ人はこの地域でさらに多くの領土をアッロブロゲス族から奪い、ガリア・トランサルピナ（「アルプスの向こう側のガリア」）を占領した。

カエサルのガリア戦争

ユリウス・カエサルは、前58年にガリア・トランサルピナの総督（プロコンスル）に任命された。この地域は部族間の紛争が発生しやすく、彼はここで征服者としての評判を得る絶好の機会を見出した。やがて彼の評判は、同盟者ポンペイウス・マグヌスを上回るほどになった。前58－前57年に、30万人以上のヘルウェティイ族の男性、女性、子供たちが、飛び地のガリア領に移住すべくローマ領を通過したいと要求した。カ

第1回三頭政治

前60年、ユリウス・カエサルは裕福かつ有力な将軍であるポンペイウスとクラッススに会い、2人が翌年のコンスル選挙でカエサルを支持してくれるなら、自分の在職中に2人が望むどんな法律でも通過させる、という提案をした。ポンペイウスとクラッススの資金と支援により、カエサルはコンスルに選出され、やがて3人が協力して非公式に帝国全体を統治した。この同盟は、後に第1回三頭政治として知られるようになる。46歳だったポンペイウスは、新しい同盟者と接近するべく、カエサルの16歳の娘ユリアと結婚し、固く結びついた。しかし、3人は常に気脈を通じていたわけではなく、お互いの成功に嫉妬していた。カエサルのガリアでの功績は、ポンペイウスとの最終的な決裂をもたらし、内戦に至ることになる（128-129頁を参照）。

◁拡大する領土
ユリウス・カエサルがガリアに到着する前、ローマの領土は、今日のイタリア北部とフランスの地中海沿岸部のみで構成されていた。この地図は、カエサルが当地を去るまでのローマ領の拡大を示している。

エサルはこれを口実として、国境の「前方防御」を主張し、彼らを攻撃して数千人を虐殺した後、さらに北方へ進撃を続けた。

だが、ガリア人は手ごわい敵で、彼らの長剣は戦闘で効果的であり、彼らの騎兵部隊はローマ人よりも優れていた。しかし最終的に、彼らはローマ軍の武器、プロフェッショナリズム、および戦術的な洞察力に屈した。カエサルはさらに北に前進するとともにローマに急使を送って功績を誇り、彼の富と名声、権力は急拡大した。この一部には、ガリア戦争について彼自身が記した、多分に利己的な書簡による説明の効果も相当にある。

前55年、コンスルのポンペイウスとクラッススは、カエサルの総督職を、さらに5年間延長した。その年の8月、カエサルはイギリス海峡を越える遠征を率いた。翌年にはさらに大規模な侵攻軍を派遣したが、ガリアが不安定になったため、イギリス諸島征服計画をキャンセルした。1世紀後、当地はブリタンニア（英語名ブリタニア）属州となった（174–175頁を参照）。

ガリア人の団結

ウェルキンゲトリクスはアルウェルニ族の首長であり、前52年に少なくとも15の他のガリア人部族と同盟を結び、ガリアからローマ人を完全に追い払った。当初ガリア人は、規律あるローマ軍との交戦を避け、代わりに兵站線を攻撃して成功を収めた。ゲルゴウィアの戦いでウェルキンゲトリクスが勝利したことで、それまでローマに忠実だったアエドゥィ族を含め、より多くの部族が彼の大義の下に結集した。

しかしゲルゴウィアの勝利は、ウェルキンゲトリクスのローマ人に対する最後の成功となってしまう。彼は前52年7月のウィンゲアンネ（ヴァンジャンヌ）の戦いで敗北した。カエサルのゲルマン人傭兵の騎兵部隊が決定的な役割を果たしたためである。ウェルキンゲトリクスは8万人の軍隊を率いてアレシアの要塞に撤退して包囲戦となり、籠城した多くの者が餓死するのを見て、カエサルに降伏した。生存者は奴隷にされ、ウェルキンゲトリクス自身もローマに連れて行かれた。カピトリヌスの丘の地下にあるトゥッリアヌム牢獄で数年間を過ごした後、前46年に、カエサルの4重の勝利を祝う凱旋行進に引き出され、最後は絞殺された。

カエサルは、ガリアの長年の不安定を巧みに利用した。この領土は5世紀にわたってローマの支配下に置かれ、ナルボネンシス、ルグドゥネンシス、アクィタニア、ベルギカの4つの属州に分割された。

△ガリア硬貨
前52年頃、アルウェルニ族が鋳造した金貨。表面の肖像はウェルキンゲトリクスの可能性もあるが、おそらく神である可能性の方が高い。

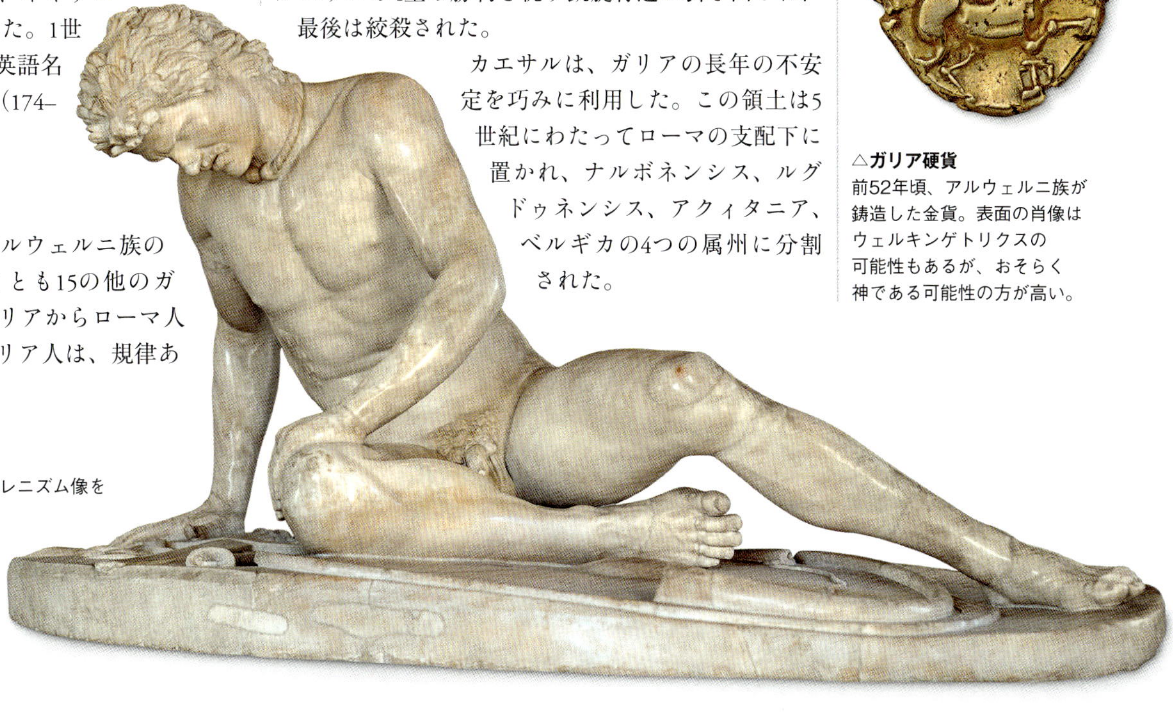

▷瀕死のガリア人
これは失われたペルガモンの青銅製ヘレニズム像をローマで復刻したものである。口ひげとトルクから、この人物はガリア人を含むケルト系であるとわかる。カエサルの遠征後、征服されたガリア人を扱う作品がローマで人気を博した。

ローマのストリートライフ

古代都市の昼と夜

上流階級が住むパラティヌスの丘の大通りから、フォルムの舗装された歩道、そして下層階級が住むスブッラ（暗黒街）の粗い石畳まで、ローマや他の都市の通りは、日中は活気にあふれたが、暗くなると危険に満ちていた。

△社交の場所
無料の新鮮な水道水が、ローマの街や都市の通りの噴水に供給されていた（このポンペイの噴水のように、豊穣の女神の装飾があることが多い）。噴水は、人々がニュースやゴシップを交換する社交の場でもあった。

ローマの都市住民は、外で仕事をし、買い物をし、商売をし、食事をし、社交をし、見たり見られたりし、あるいは単にフォルムをうろつくなどして、多くの時間を過ごした。

◁基本的で実用的
酒場や居酒屋の客は、簡素なテラコッタの器から酒を飲んでいた。高価な金属製やガラス製の容器とは異なり、安価に製造でき、交換も簡単だった。

日中の生活

毎朝、街路に面して立ち並ぶ店が戸口を開けて商品を並べた。インスラという集合住宅の1階に入っている貸店舗（78–79頁を参照）である。ポンペイでの発掘調査では、店頭を飾る塗装された看板やフレスコ画のほか、ニュース、「ストロンニウスの馬鹿」といった中傷、あるいは「宿屋の主人、サルスティウス・カピトを造営官にしよう」といった政治的な選挙運動、それにゴシップなどの落書きが見られた。

ローマの大通りはあまりに混雑したため、前44年頃、ユリウス・カエサルは馬車などの日中の路上走行を禁止し、ドミティアヌス帝の時代には、商店が商品で歩道を塞ぐのをやめるようお触れが出た。ポンペイを含む一部の街では、道路の交通を規制するべく一方通行を導入した。しかし、ローマ人は混雑に不平を言い続け、後2世紀の詩人ユウェナリスは、街を横断しながら、「終わりのない渋滞」と「狭い曲がりくねった通り、そして座り込んでいる牛への罵倒」を風刺した。「四方八方からでかい足がいつまでも強く踏みにじってくるし、兵士の鋲爪のついたブーツが私のつま先を突き刺す」ことを嘆いたのだ。ユウェナリスが生き生きと伝えてくれる人々の多くは、長い一日の仕事の後、居酒屋に食事に行ったかもしれない。多くのローマの家には調理設備がなく、安価な食事はテルモポリウムで購入できた。これは今でいう「ファストフード」カフェで、食べ物を入れるドリウム（壺）をはめ込むための石造りのカウンターがあった（191頁を参照）。

◁運試し
このフレスコ画には、酒場で人気の娯楽だったサイコロを使ったギャンブルをする男性たちが描かれている。これは、ポンペイのカウポナ（酒場）の壁に描かれた13景ある同様の情景の一つ。

夜の街

日没後、街並みは一変する。公共の照明はなく、夜の通りは暗い立ち入り禁止地区であった。公共のモニュメントが特別なイベントのためにライトアップされるとか、饗宴を開く邸宅が暗闇の中で松明に照らされるといったこともあるが、それらは稀だった。フォルムに近い悪名高いスブッラなどの怪しげな地区には、酒場や売春宿があった。その他の店舗は夜間はすべて店じまいした。

暗い通りや日陰の角は、強盗や悪党の巣窟だった。裕福な人は松明を掲げたボディガードを伴って外出したが、多くの市民には、そのような安全対策を講じる余裕はなかった。その他、手に負えない酔っぱらいや、建物の上層階から、便器を空にしようと降り注ぐ汚物などの危険もあった。

火事は夜間に多く発生し、大抵はランプや松明の落下が原因だった。アウグストゥス帝は後6年にウィギレスという準軍事的な夜警組織を設置し、消防用具を配備したが、後代の皇帝の中には、権力に対する脅威として、夜を徹した活動を制限した者もいる。

◁**居酒屋の情景**
後2世紀、ローマ統治下のガリアの葬儀用レリーフ。座っている客、器、棚、樽があり、ガチョウやアヒルが吊るされる酒場の場面が描かれている。下半分は、おそらく居酒屋に配達する牛車である。

客は自分のテーブルで待っている

低いアーチは、配達人が仕事で直面する都市の障害の一つにすぎない

この牛車はおそらく、居酒屋に供給するワインの樽を運んでいる

重い荷物の運送には、馬ではなく牛が使われた

▽理想化された幻の庭園
後1世紀の庭園を描いたこの驚くべきフレスコ画は、
ポンペイの「黄金の腕輪の家」という遺跡にある。
鳥、贅沢な植栽、胸像、噴水を描いており、
庭を実際よりも大きく見せるのに役立った。
それはまた、所有者の富と趣味を示していた。

「庭のある書斎があれば、必要なものはすべて揃っている」
キケロ『家人宛て書簡集』

植栽には、夾竹桃、月桂樹、プラタナス、ヤシ、ツタが含まれる

このキジバトのほか、鳩、雀、燕、カササギ、ツグミなどの鳥が、緑豊かな庭園に生息している

水が流れる泉は富の象徴だ

花には、スミレ、バラ、カモミール、ポピー、ユリが含まれる

地上の楽園

実用的で楽しい庭園

庭園はローマの生活の重要な特徴だった。皇帝や貴族の壮大な娯楽施設から、ポンペイなどのより質素な家庭用庭園まで、さまざまな機能と意味があった。

こうしたパネル画により、情景に焦点を加えることもできた

ローマ世界の庭園は、家と同じように、所有者のライフスタイル、願望、個人的な好みを反映していた。庭は、食物の栽培、レジャー、富や社会的地位の誇示、家を大きく見せる効果など、さまざまな目的を持っていた。

園芸、すなわち庭で植物を栽培する技術は、より大きな農地運営と農業事業の一部でもあった。庭園は、花、新鮮な野菜や果物、ハーブ、魚や鳥などの珍味の重要な供給源だった。多くの都市や田舎の家には実用的なホルトゥス（庭）があり、ローマの著述家は、家庭の利益や収入源として農産物を栽培し、使用する方法についてアドバイスを与えていた。

◁観賞用の噴水像
このカバの噴水装飾は後1世紀のもので、輸入された赤大理石で作られている。ローマの庭園には、このような彫像や装飾品がよくあった。

観賞用の柱廊庭園

より多くの富、ものを飾ることへの関心、そしてギリシア語圏の世界との接触により、ローマ人は装飾庭園をより重視するようになった。都市としては、貴族や皇帝が、彫像、木立、プール、植栽を備えた豪華な庭園を街周辺に建設した。エリート層は田舎の邸宅や沿岸の別荘に、中庭、噴水、鳥小屋、歩道、彫刻のコレクション、エキゾチックな植栽などを加えた。ティボリにあるハドリアヌス帝の別荘の遺跡と、ローマにあるネロ帝のドムス・アウレア（黄金宮殿）の記述（186–187頁を参照）は、これらの巨大で管理された景観を垣間見せてくれる。

一般的なローマ人も、このような贅沢を熱望し、再現しようとした。ポンペイのより大きな家の多くは、「柱廊」のある庭園にかなりのスペースをさいていた。その長方形の区画は列柱で囲まれ、日差しと雨から守られていた。これらの庭園は、社交、運動、食事のための場を備えており、「アトリウム」邸宅の、公的なエリアの奥にあるプライベート空間として使用できた（78–79頁を参照）。植栽はしばしば非常に形式的だった。流れる水は、自然を意のままに管理しているという感覚をもたらし、彫像や列柱、部屋のフレスコ画は話のタネにもなった。

内部と外部の空間の境界は非常に流動的だった。部屋は、理想的、または幻想的な庭園の情景で装飾された。建物のフレスコ画が、家の規模と壮大さを増幅、誇張したように、庭を描くフレスコ画は、所有者が自分の庭にどのような希望を持っているかを示していたのだろう。キケロやプリニウスのような影響力のあるローマ人が、自分たちの庭園を愛情深く描写していることは、これらの空間がいかに高く評価されたかを確かに示している。

▷一般の家の柱廊庭園
修復されたポンペイのウェッティイ家の庭園。列柱、端整な植栽、噴水、彫像などの装飾庭園の重要な特徴が見られる。

額の皺は、キケロが
年配であり、深く
物思いにふけって
いることを
示している
キケロは自分自身を
ドゥクス・トガトゥス
（民間人のトガを着た将軍）
と表現した
キケロという姓は、
鼻がひよこ豆
（ラテン語でキケル）に
似ていると言われた
先祖に由来するものらしい

◁**キケロの胸像**
このキケロ像は、前43年の彼の死から1世紀後に制作され、ローマのカピトリーノ美術館に収蔵されている。それは経年劣化しているが輝いており、いまだ戦う気迫に満ちている。

マルクス・トゥッリウス・キケロ

「ロムルスの子たちの中で最も雄弁」と呼ばれた男

ローマから遠く離れた地に生まれ、元老院議員の家の出身者でなかったキケロは、有能な演説家、弁護士、政治家であり、その雄弁によってローマ共和政の頂点に上り詰めた。しかしそのエゴの強さゆえに、どん底に落とされることになる。

キケロの雄弁な大義のレトリックは大衆的な支持を受け、法律で認められた最も若い年齢で、クルスス・ホノルム（86–87頁を参照）のすべての公職に就き、前63年にコンスル（執政官。共和政の最高政務官）に選出された。これはノウス・ホモ（ローマ政界の新参者で、家系的にも偉大な将軍や政務官がいない男性）としては並外れた業績だった。

飢饉と借金がイタリアを荒廃させる中、裕福なエリート層は、土地を貧しい人々に再分配することによって国庫を空にする恐れのある平民派の立法を恐れ、キケロの権力掌握をしぶしぶ助けた。キケロがそのような法を首尾よく廃案にした後、破産貴族のカティリナは、大衆の絶望に乗じて、支持者とともに政府転覆計画を立てた。キケロは一連の有名な弾劾演説でカティリナの陰謀を暴露し、ローマの貧しい人々とエリートを結びつけた。キケロは元老院の支持を得て、5人の共謀貴族を裁判なしで処刑することを承認した。

運命の輪

キケロの勝利は短命なもので、ユリウス・カエサルの台頭で終わることになる。改革派の護民官ティベリウス・グラックス（104–105頁を参照）の殺害以来、ローマ市民の処刑は激しい論争の的となっていた。カエサルは、カティリナ事件で血なまぐさい解決を図ったキケロを糾弾する護民官クロディウスを支持し、キケロの追放を許可した。18か月後に、キケロは恩赦を受けて復権したが、第2次内戦とカエサルの独裁、その後のカエサル暗殺には、ほとんど関与することはなかった（128–129頁を参照）。

カエサルが亡くなった後、キケロは自称カエサルの後継者であるマルクス・アントニウスに暴言を吐いた。これにより彼は、独裁的なローマの将軍と戦う自由共和政の具現者となったのである。それに応じてアントニウスは、カエサル暗殺犯のリストにキケロの名前を追加し、ついにキケロは殺された。彼の頭と手は演壇に釘付けにされて晒されたが、彼の作品は生き残り、後世に影響を与えることになる。

△**キストポルス銀貨**
キケロは一時的にキリキア州（現在のトルコ）を統治した。この硬貨には彼の名前とインペラトル（命令権保持者）の称号が記されており、反逆者のグループに対する彼の勝利を称えている。

▷**『キケロの頭を持つフルウィア』（1898年の絵画）**
キケロの殺害後、アントニウスの妻フルウィアは彼の頭部を渡された。パーヴェル・スヴェドムスキーが描いたこの絵では、彼女はいつも敵を攻撃したキケロの舌にピンを突き刺している。

前106年 ローマの南東120kmの丘の街、アルピヌムに生まれる。

前80年 最初の公開裁判で雄弁家としての腕前を証明する。

前70年 属州の腐敗行為についてウェッレス総督の有罪判決を勝ち取る。

前66年 ポンペイウスがミトリダテス戦争を指揮することを支持する。

前63年 元老院議員の経歴なしにコンスルに選出される。

前58年 裁判なしで市民を処刑したとしてイタリアから追放される。

前52年 宿敵クロディウスを殺した友人のミロを弁護し、共謀者として告発される。

前45年 ギリシア語のテキストをラテン語に翻訳し始める。

前43年 マルクス・アントニウスに対する演説の報復として殺される。

「街中で笛、打ち鳴らされるシンバル、太鼓の連打が聞こえた」

アテナイオスが記したローマのパリリア祭の模様

ルペルキの鞭に打たれると、豊穣がもたらされると考えられていた

ルペルキは山羊革の鞭を持っている

血まみれの動物の生贄が神々に捧げられる

△ルペルカーリア祭
この17世紀の絵画は、ルペルカーリア祭の混沌たる性質を想起させる。香、ワイン、山羊の生贄が神々に捧げられ、半裸のルペルキ（若い信徒）が、集まった見物人を鞭打った。

神々の祝祭

ローマの祭りと行事

ローマ人は毎年、何百もの祝祭行事で神々を崇拝した。これらの祭礼は、元老院議員、エリート女性、市民、奴隷など、社会のさまざまな階層と信仰を結びつけたのである。

ルペルキは山羊の皮を身にまとい、それ以外はほとんど何も着ない

祭りは大規模な人の集まりだ。ごちそうや生贄を伴い、多くは祝日に催される。特定の神、または複数の神々を崇拝することが行事の中心だった。神殿の壁に掲げられた大カレンダー（132–133頁を参照）には、何百もの祭りがリストアップされていた。たとえば、4月25日のロビガリア祭では、作物を病気から守るために犬が生贄として捧げられた。その数日後に祝われるフローラリア祭は、平民だけが参加する豊饒祭だ。3月17日のリベラリア祭は成人式で、少年たちはこの場でトガを着始めた。そして最も興味深い3大祭が、サトゥルナリア祭、ルペルカーリア祭、パリリア祭だった。

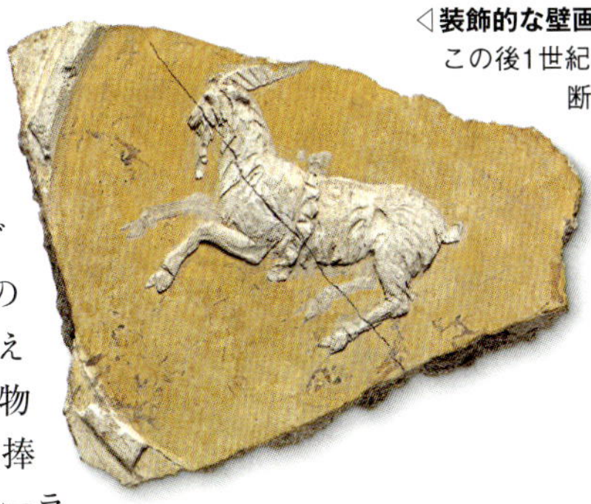

◁**装飾的な壁画**
この後1世紀の塗装されたスタッコ（化粧漆喰）の断片は、墓またはローマの別荘にあったものらしく、ルペルカーリア祭の情景の一部だった可能性がある。

サトゥルナリア祭

12月17日から23日に開催されたこの祭りでは、フォルムのサトゥルヌス神殿での供儀、公共の祝宴と晩餐会、友人や家族の間での贈り物の交換などが行われた。サトゥルナリア祭の間、公然でのサイコロ遊びやギャンブルなど、さまざまな社会的制限が緩和され、家事使用人は平等に扱われ、奴隷たちも食事の時間に主人と同席できた。

ルペルカーリア祭

ルペルカーリア祭では、社会規範がさらに覆された。この祭りは2月15日に祝われ、ロムルスとレムスが雌狼に助けられたとされる聖地ルペルカルで、若い男性のルペルキ（狼の兄弟の意味）が山羊と若い犬を生贄にした。殺した山羊の皮は、主にルペルキの衣服の一部や、鞭を作るために使用された。その後、ルペルキは群衆に山羊革の鞭をふるい、ほとんど半裸、半陶酔の状態で街を駆け抜けた。特に女性たちは鞭打たれることを望んで前に進み出た。鞭打たれたことで、自分自身とローマに豊饒をもたらすとされた。

パリリア祭

4月21日に祝われたパリリア祭は、羊と羊飼いの守護神であるパレス神に捧げられた。この祭では、牛の胎児を焼いた灰（4月15日のフォルディキディア豊饒祭で生贄にされ、焼かれたもの）と馬の血（前年のエクウス・オクトーベル祭で生贄にされたもの）を混ぜたものを、ウェスタの処女たちが盛大なたき火に投じる珍しい儀式があった。そして羊飼いと羊が、火の中を3回通過するか、飛び越えて、浄化の儀式を行った。帝政時代、パリリア祭の日付はローマの正式な「建国記念日」として採用された。

△**サトゥルヌス神**
サトゥルナリア祭はサトゥルヌスに捧げられた。この図は、トガのひだを頭にかぶせ、湾曲した生贄用ナイフを持っており、宗教儀式に参加するサトゥルヌスと思われる。

家の神々

ローマの家庭での儀式と礼拝

ローマ社会は、何よりもまず家族単位に基づいていた。家の神々を宥めることが、一家の繁栄を確保し、人生の重要イベントで祝福されるために不可欠である、と信じられていた。

△ペナテス神の像
このペナテス神の小像は、ララリウムに祀られていたものだろう。コルヌコピア（豊穣の角）と供儀用の皿を手にしている。

パンテオン（万神殿）の神々と女神に対する公的な崇拝（48–49頁を参照）と並んで、各家庭もまた、ローマの日常生活に欠かせない儀式活動の中心であった。一家の信仰は、家族の中で最も年長の男性であるパテルファミリアス（家父長）が管理した。ローマにおいてファミリア（家族）という概念は、夫婦と子供を超えて拡張され、一家が所有する奴隷、解放奴隷、および世帯内の扶養家族を組み込んだものだ。大規模農地では「家族」（奴隷を含む）の全員が集まって、豊作と畑の清めを祈った。家族の生活の多くの段階は、結婚、出産、葬式などの宗教儀式によって特徴づけられた。

> 「妻よ、私たちの住まいがより良く、祝福され、幸せで、成功するように祈ってほしい」
> プラウトゥス『三文銭』から、カリクレスの台詞

家庭の祠と家族の神々

多くの神々を崇拝するローマの家庭では、一家の安全と繁栄を守るために、食べ物と香を供え、礼拝をした。家族全員がラレース・ファミリアレス（家族の守護精霊）、ペナテス（貯蔵庫の神々）、および家父長のゲニウス（守護精霊）を崇拝した。男性を守るゲニウスに対し、家父長の妻を見守るのはユノであるが、その崇拝についてはほとんど知られていない。炉の女神ウェスタは家庭内でも信仰されていた。家父長が儀式を行う一方、女性たちは、供儀に必要な物を管理する責任があった。

これらの儀式の中心となるのは、通常、ローマの家のアトリウム（玄関ホール）にある精霊を祀る祠、ララリウムである。これらはさまざまなサイズがあり、壮大な大理石の構造物から、小さな木製のキャビネット、さらには棚まであった。

▷墓碑銘
ローマの墓の碑文には、「亡き魂へ」を意味するDis Manibus または Diis Manibという献辞がよく含まれている。

出産のお祝いと死の記念

家庭内での礼拝は、重要な出来事や通過儀礼を意味することがよくあった。子供が生まれると、家族はドアの周りに花輪を掛け、祭壇に火をつけた。神々を宥めるために、儀式用のソファと食事もアトリウムに置かれた。新生児が家族に受け入れられるのは、生後8−9日が経過してから行われるディエス・ルストリクス（清めの日）となる。それは新生児が正式に人となり、名前を与えられる日のことで、新生児を浄化する儀式が行われ、「穢れ」が取り除かれた。人生の終焉では、葬式や埋葬にも式典と礼拝が必要だった。特に逝去の直後、家族は故人の霊魂マーネースを宥める必要がある、と信じられていた。

雄牛の頭蓋骨は、
死に直面したときの
死と勇気を象徴している
ファスティギウムと
呼ばれる三角形の上部は、
神聖な建物であることを
示す
花輪を被る
ラレース。
それぞれ角の
酒器と手桶を
持っている
家父長の
ゲニウスは
供儀の道具を
手にしている
2人のラレースが、
家を外部の脅威から
守っている
蛇は家族の守護の
象徴であり、
しばしば祠に描かれた

△ポンペイのウェッティイ家のララリウム
これは寺院のように設計されたララリウムで、
表面に家の神々が描かれている。
家の神々の小さなブロンズ像を置く場合もあった。

彫刻作品

ローマの装飾的で実用的な彫刻

ローマの彫刻は、エトルリアとギリシアの芸術的な流行の影響を受けたが、時とともに独自に発展した。彫刻はローマのいたるところにあり、私邸や庭園を埋め尽くし、フォルムなどの公共スペースに賑わいをもたらした。それは富と権力を祝い、人生を記念し、神々を称え、建物を美しくし、人々が楽しむための心地よい場を形作ったのである。

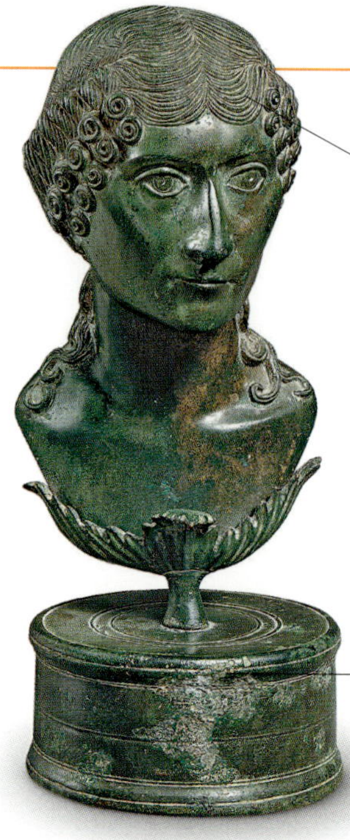
アウグストゥスの孫娘、
大アグリッピナも
このような髪型をしていた
彫刻の高さは24.1cm

◁ローマの貴婦人
蠟またはテラコッタの型からブロンズ像を鋳造する場合、石や大理石に直に彫刻するよりも細かいディテールを刻むことが可能になった。

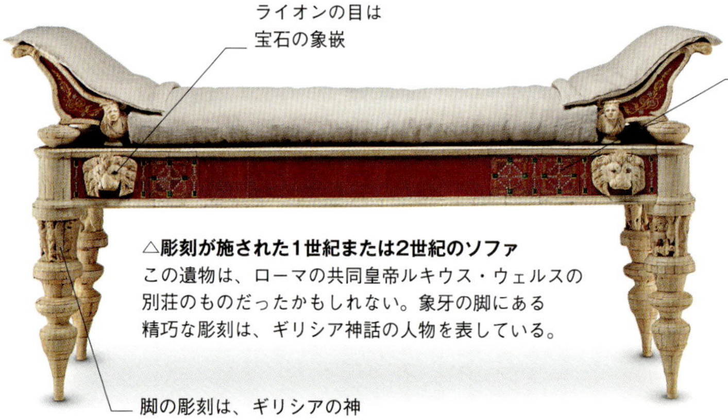
ライオンの目は
宝石の象嵌
幾何学模様に、
細かいコントラストの
ガラスの象嵌がある
脚の彫刻は、ギリシアの神
ゼウスに誘拐されたトロイアの
若者、ガニメデを描いている

△彫刻が施された1世紀または2世紀のソファ
この遺物は、ローマの共同皇帝ルキウス・ウェルスの別荘のものだったかもしれない。象牙の脚にある精巧な彫刻は、ギリシア神話の人物を表している。

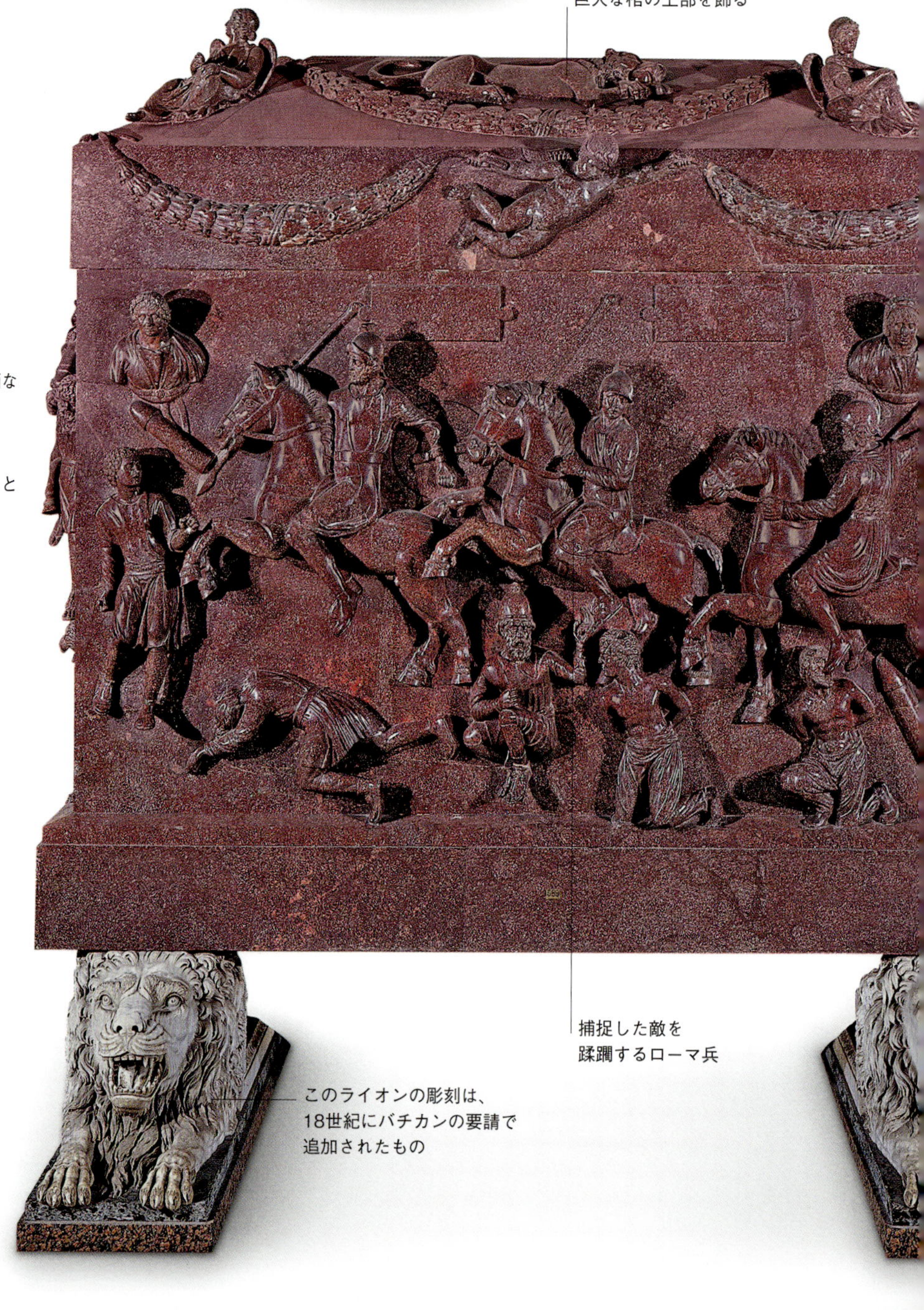
ライオンとクピドが、
巨大な棺の上部を飾る
捕捉した敵を
蹂躙するローマ兵
このライオンの彫刻は、
18世紀にバチカンの要請で
追加されたもの

▷堂々たる墓
詳細な彫刻が、この巨大で高価な赤い斑岩の石棺を覆っている。後330年頃に亡くなったコンスタンティヌス大帝の母ヘレナの遺体が安置されていたと考えられている。

目、そして
おそらく頭全体は、
かつて塗装されて
いただろう

△様式化された彫刻
胸像の様式は自然な表現から、古代後期になると、長く誇張することが標準的特徴になる。この印象的な人物は哲学者かもしれない。

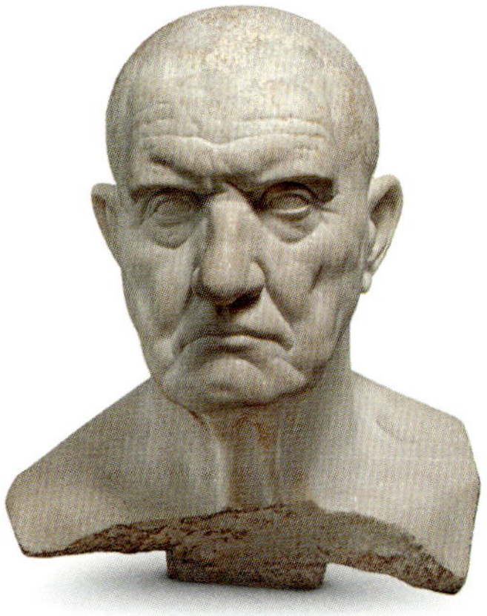

△実物大の胸像
共和政時代の著名な男性に好まれた「ヴェリズム様式」は、年齢と信頼性を強調するために、人物の法令線、たるんだ肌、眉間のしわを刻んだ。

複雑なケープと
トゥニカのひだも
表現されている

△**象牙の彫刻**
象牙は希少で高価であり、さまざまな身の回りの高級品に使われ、彫刻された。これは後3世紀または4世紀の横たわる女性像で、額に植物の冠を着けている。

コリント式の柱頭
彫刻には、アカン
サスの葉の巻き柄
がよく見られる

△**彫刻のある柱頭**
ローマ時代の大理石の装飾柱や列柱の柱頭は、特に豪華な公共の建物に使用される、華やかなコリント式の彫刻で飾られていることが多かった。

△**モロシアンハウンドの像**
ローマ人は、古代ギリシアやギリシア語圏の彫像を模倣することを好んだ。この後2世紀頃の犬の像は、オリジナルの青銅像を大理石で複製したものである。

◁**驚くべき小品**
紅縞瑪瑙から彫られた小さなカメオの直径は、わずか3.2cm しかない。ギリシアの海神トリートーンが、海の精霊ネーレーイスを背負っている情景だ。このような見事な作品は、非常に裕福な人だけが所有できた。

このミニチュアサイズでの
筋肉の描写は、
技術の高さの証しである

▷**ブロンズ製の付属品**
裕福なローマ人は、なんにでも装飾することを好んだ。この見事なサテュロス（酒神バックスの仲間）のブロンズ彫刻は、ワインバケツの持ち手の付属品だった。

アルゴナウタ
イのヒュラー
スがニンフに
誘拐されてい
る

△**彫刻のある坑口**
後2世紀の井戸の坑口（プテアル）のレリーフは、イアーソーンとアルゴナウタイ、ナルキッソスとエーコーのギリシア・ローマ神話からのエピソードの図柄。

コミニアの固い巻き毛は、
ドリル技法で
再現されている

ラテン語の碑文は、
コミニアの生涯を
説明している

◁**葬儀の彫刻**
故人の姿を忠実に表す彫刻は、ローマの葬儀のモニュメントで一般的によく見られた。これは27歳で亡くなったコミニア・ティケの肖像で、後90から100年頃のもの。

多色の彫刻

今日、現存する古代世界の建物や彫刻の遺跡は圧倒的に白いものが多いが、当時の人々が見ていたものとは非常に異なっていただろう。（すべてではないにしても）ほとんどの彫刻、多くの建物や建造物は塗装されており、彫刻の場合、髪、目、肌の色合い、衣服の彩色が含まれる。多くの場合、元の色を推測することしかできないが、顔料の痕跡が残っていることがある。これらは、ローマ人が作品を装飾するためにしばしば非常に明るい色、さらには派手な色を使用したことを示唆している。また、スキャン技術を駆使して肉眼では見えなくなった色や層の痕跡を識別することもできる。右はポンペイにある狩猟の女神ディアーナ像の色を科学的手法で再現したもの。ローマ人が見た多色の世界を現代の目で垣間見ることができる。

大理石の肖像
このポンペイウスの胸像は、共和政後期に人気のあった「ヴェリズム」様式で表現されている。将軍の顔はやつれているが、経験の深さを示す。彼は「偉大なる」という異名にちなみ、アレクサンドロス大王風の髪型をしている。

偉大なるポンペイウス

共和政後期の指揮官にして征服者

グナエウス・ポンペイウス（英語名ポンペイ）は、軍事的栄光と政治的権力を享受した。前1世紀半ばの激動の時代に、ローマの共和政を擁護すると同時に弱体化させ、その後の帝政への道を開いた人物である。

ポンペイウスは、前106年にイタリアの東海岸にあるピケヌムで生まれた。地方に住む野心的なノウス・ホモ（元老院議員ではない家の「新しい人」）だった父親は、刻苦勉励を重ねて前89年にコンスルに就任した。わずか20歳にして、父が持っていた3個軍団の指揮権を継承したポンペイウスは、権力を得るために父とは違う道を歩んだ。当時、ローマは内戦で引き裂かれていたが、スラ将軍（108–109頁を参照）の側についた彼は血なまぐさい仕事ぶりでこれを支えた。スラはポンペイウスにアドゥレスケントゥルス・カルニフェクス（若き処刑人）という異名を与えた。他の人は彼をポンペイウス・マグヌス（偉大なるポンペイウス）と呼んだ。

ポンペイウスは北アフリカ、シキリア（シチリア）、ヒスパニア（スペインとポルトガル）、ネアポリス（ナポリ）の反乱を鎮定したことで自信を持ち、影響力も増大した。彼は（元老院議員でないため）本来は資格のない戦勝の凱旋を要求し、前71年には、それ以前に公職選挙に立候補したことがなかったにもかかわらず、翌年のコンスルに選出された。

ローマの権力闘争

前60年、ポンペイウスはクラッスス、ユリウス・カエサルとともに、いわゆる第1回三頭政治（113頁コラムを参照）の同盟を組み、3人でローマとその領土を統治した。この関係は前53年にクラッススが亡くなるまで続いた。翌年、ローマの政情不安により、ポンペイウスは元老院から唯一のコンスルに任命され、共和政を「救う」ことになった。ポンペイウスの昇格を自身の政治権力に対する脅威と見なしたカエサルは、前49年に軍を率いてルビコン川を渡り、ポンペイウスと元老院に対して苛烈な内戦をしかけた（128–129頁を参照）。1年後、カエサルに味方するエジプトのファラオ、プトレマイオス13世の命令により、ポンペイウスはその地で暗殺された。

◁ポンペイウス暗殺
ジョヴァンニ・アントーニオ・ペッレグリーニの18世紀初頭の絵画『カエサルに差し出されたポンペイウスの首』。カエサルは、かつての友人ポンペイウスの首を見せられたとき、嫌悪感を示したという。

△ミトリダテス6世
このテトラドラクマ硬貨には、ポントスとビテュニアの王、ミトリダテス6世が描かれている。彼が3次にわたったミトリダテス戦争の最後、前65年にポンペイウスに敗北したことで、ローマは地中海東部を確実に支配することになる。

前106年 イタリア東部のピケヌムに生まれる。

前83年 内戦でスラを支援。

前71年 第3次奴隷戦争の終結に貢献。

前70年 元老院を武力で脅迫した後、コンスルに選ばれる。

前65年 ポントスとビテュニアの王、ミトリダテス6世を破る。

前60年 ポンペイウス、クラッスス、カエサルが同盟を結ぶ。

前52年 元老院はローマの政治的闘争を終わらせるべく、ポンペイウスを唯一のコンスルにする。

前49年 カエサルがルビコン川を渡り、ポンペイウスと元老院はローマから逃亡。

前48年 パルサルス（ファルサルス）の戦いで敗北し、エジプトで暗殺される。

カエサルの内戦

最高権力を握るためにすべてを危険にさらす

前54年、カエサルの娘ユリアがポンペイウスの子供を産んで亡くなったとき、いわゆる第1回三頭政治が崩壊し始めた。翌年、クラッススが死に、ローマで最も強力な2人の対決が避けられなくなった。

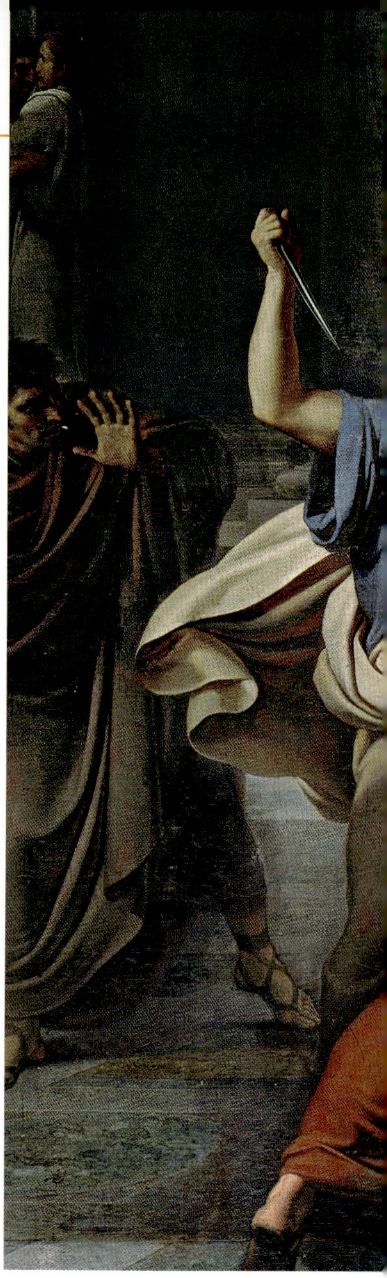

政治的ライバルだったププリウス・クロディウス・プルケルとティトゥス・アンニウス・ミロの関係が悪化し、ローマの路上での暴力がエスカレートしたのは前57年である。以来、組織的な暴動と街頭での乱闘に、閥族派（オプティマテス。元老院議員を中心とするエリート層で、ポンペイウスを含む）と平民派（ポプラレス。護民官と都市の貧困層を拠り所とし、カエサルなどを含む）の両方の支持者が加わった。争いは激化し、クロディウスは前52年に殺害された。彼の妻フルウィアは、怒ったクロディウス支持者とともに、元老院の建物の中で夫の遺体を火葬し、その結果、議事堂は焼失した。都市は混乱状態に陥ったため、元老院はポンペイウスに「共和政を復活させる」よう求め、ただ一人のコンスルとした。

前58年頃からガリアで遠征中だったカエサル（112–113頁を参照）は、ローマでのこうした展開に不安を感じていた。彼はポンペイウスよりも多くの富と栄光を手にしており、第1回三頭政治が崩壊した今、もはや同盟者のふりをし続ける必要はない、と確信した。彼はまた、前50年に自分のガリア総督の任期が切れた後を心配していた。

◁**デナリウス銀貨**
ユリウス・カエサルは、存命中のローマ人として初めて硬貨に自分の肖像を描いた人物である。これは、彼が君主になることを目指していた可能性があることを示している。

ルビコン川を渡る

ローマ法では、元老院から特別に招待されない限り、将軍は軍隊を率いてイタリアに入ることができなかった。国家に対する反逆行為と見なされたのだ。しかしカエサルは、前49年1月10日に指揮下の軍団を率いて、イタリア北東部のルビコン川を渡り、この禁を破った。ローマの政敵たちが、ガリアでの無許可の征服を理由にカエサルを起訴することはわかっていたので、自らの身を守る動機もそこにはあっただろう。一方でカエサルは、彼に忠実な護民官たちに対して元老院がふるう専横こそ、ローマの主権者たるポプルス・ロマヌス（ローマ市民団）に対する専制的な脅威である、と本当に信じていたのかもしれない。「賽は投げられた」。彼はルビコン川を渡ってイタリアに入る際に、そう言ったという。こうして内戦が始まった。

カエサルがローマに向かうと、ポンペイウスと大部分の政務官たち、閥族派の元老院議員たちは、最初に南イタリアに、次にギリシアに撤退した。

▽**カエサル時代のローマ領**
この地図は、ガリアを含む、前1世紀の共和政ローマの版図と属国を示している。

▷**ユリウス・カエサル記念柱**
イタリア北東岸のリミニにあるこの記念柱は、近くのルビコン川を渡った後、カエサルが軍隊に演説した場所を示している。

ハイル・カエサル

前48年8月9日のパルサルス（ファルサルス）の戦いで、カエサル軍はポンペイウス軍を破った。ポンペイウスはエジプトのアレクサンドリアに逃げたが、カエサルの支持を得ようとしたファラオ、プトレマイオス13世の命令により、到着するとともに殺害された。カエサルはアレクサンドリアに到着したが、ライバルの残酷な運命を知って激怒した。カエサルはプトレマイオスを追放し、姉のクレオパトラ7世を支配者に据えた。しかしアレクサンドリアの市民が動揺し、政情不安が起こったため、ローマの援軍が到着するまで、カエサルとクレオパトラは王宮に閉じ込められた。クレオパトラは彼の子供を妊娠し、2人の間に生まれた子供はカエサリオンと名付けられた。

北アフリカとスペインの抵抗を鎮圧した後、前46年にローマに帰還したカエサルは法律を可決し、元老院議員と政務官の任命を監督した。独自のフォルムを建設し、自らを半神とし、美の女神ウェヌス（ヴィーナス）の子孫である、と主張した。

軍部と市民が彼を熱狂的に支持するのを見て恐れた元老院は、カエサルを称賛し、名誉を与えた。しかし閥族派の残党もおり、カエサルが前44年に「終身独裁官」と宣言されると、共和政の理想が脅威にさらされていると見なす人々の間で、さらなる反対者も現れた。カエサルは、王になる考えはない、と述べたが、これを信じない元老院議員のグループは、その年のイードゥース・マルティアエ（3月15日）にカエサルを暗殺したのだった。

△元老院の殺人
ヴィンチェンツォ・カムッチーニの1806年の絵画『ユリウス・カエサルの死』。ブルートゥス、カッシウスが率いる最大60人ほどの元老院議員の一団が、カエサルの偉大なライバル、ポンペイウスの像の足元で、彼を23回以上も刺した瞬間をドラマチックに描写している。

「武力をもって戦うほか、何も残されておらぬ」
スエトニウス『皇帝伝』

いろいろなコイン

通貨、政治、文化

世界初の硬貨（コイン）は前6世紀頃に製造された。以来、硬貨はアイデンティティの構築とイデオロギーの伝達に重要な役割を果たしてきた。政府や支配者は、硬貨の図柄に肖像画だけでなく、文化的および政治的シンボルを用い、権力を示してきたのである。

△初期共和政の硬貨
2つの顔を持つヤヌス神は、前225－前217年のポエニ戦争の勝利に続くローマの力の増大をほのめかす。裏面の船の衝角が海戦の勝利を象徴している。

△ローマのデナリウス銀貨
共和政時代の前1世紀のデナリウス貨を、ガリアで模造したもの。ローマの擬人化であるローマ女神の頭を示す。裏側にはビガ、つまり2頭立ての馬車が描かれる。

△合金の銅貨
金貨や銀貨とは異なり、ローマの銅貨は公称値通りの金属成分を完全に配合することはなかった。貨幣価値は元老院の法令で定め、セナトゥス・コンスルト（元老院認可）を示す「SC」が刻まれた。

△イードゥース・マルティアエ
この硬貨は前44年3月15日のユリウス・カエサルの暗殺をテーマとしたもので、帽子と2本の短剣が描かれている。

息子のネロの後ろにアグリッピナがいる

△ネロとアグリッピナ
小アグリッピナは、ユリウス＝クラウディウス朝（帝政初期の5人の皇帝）の時代で最も著名な女性の一人であり、息子のネロのために帝位を確保した。

△ローマ最大の神殿
ウェスパシアヌス帝（後69－79年）の治世に作られた合金の銅貨。カピトリヌスの丘にあるユピテル・オプティムス・マクシムス神殿が描かれている。

▽ローマへの挑戦
前91－前87年の同盟市戦争の間、イタリア半島全体がローマの優位性を認めるか否かで揺れ動いた。イタリカ人を象徴する雄牛が、ローマを擬した雌狼を攻撃している図柄である。

この文字はイタリアの古い言語、オスカン語で書かれている

エイレーネーは、はじめ皇后として、後797－802年には女帝として統治した

◁ビザンツ硬貨
西ローマ帝国の崩壊後、東ローマ帝国、またはビザンツ帝国は、さらに1000年間にわたって繁栄した。その財力を示す金貨は有名だった。

プラウティッラは帝政期の女性の精巧なヘアスタイルである

△プラウティッラ皇后の胸像
プラウティッラはカラカラ帝（在位：後198－217年）の皇后として、大きな影響力を行使できたが、政略結婚は不幸であり、彼女は最終的に処刑されてしまった。

銅の合金が酸化して緑青が出ている

△ XP（キー・ロー）
表は後4世紀に君臨したマグネンティウス帝の肖像。裏面には、キリスト教のシンボル XP（キー・ロー）がある。「ΧΡΙΣΤΟΣ」つまりクリストス（キリスト）を表すギリシア文字である。

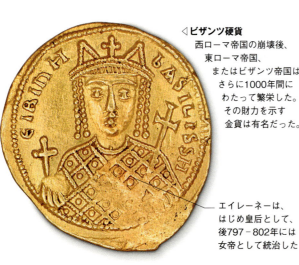

オークの花輪は、彼がローマを「救った」ことを示すシンボルである

△カエサル・アウグストゥス
ローマの初代皇帝は自己宣伝に長けていた。彼の胸像と、前27年に元老院から与えられた新しい名前が示される。「オクタウィアヌス」の内戦の時代を拭い去り、「アウグストゥス」の名で新しい安定期、「ローマの平和」パクス・ロマーナの幕が開けた、というのだ。

△東方の従属王国
勢力を拡大するローマは、直接支配地を限定しつつ貢納を得るため、従属王国を活用した。サウロマテス2世は、最も長く命脈を保ったボスポロス（ボスフォラス）王国の君主だ。

愛称は「アウグストゥルス」で、帝位に就いたときは10代の少年だった

△西ローマ帝国最後の硬貨
西方帝国の最後の硬貨は、ラスト・エンペラーであるロムルス・アウグストゥス帝の図柄である。彼は後476年、ゲルマン人の将軍オドアケルによって追放された。

傷つけられたネロの肖像

△歴史から抹消
ネロ帝の治世に発行された硬貨は、彼の失脚後、肖像に傷がつけられた。公共の場に出回ったネロの肖像を削除するキャンペーンの一環である。

4人の皇帝が忠誠を誓う

△四帝分治
表面のディオクレティアヌス帝は、後284年に帝位に就くと、4人の統治者による新しい形の四帝分治制（テトラルキア）を定めた。硬貨の裏面には、国家に忠誠を誓う4人の正帝と副帝が描かれている。

銘文にはAEGYPTO CAPTA（アエギュプト＝エジプトは捕らえられた）とある

△エジプト占領
この硬貨にはワニが描かれている。前31年のアクティウムの海戦でクレオパトラ7世とマルクス・アントニウスが敗北した後、エジプトが帝国の一部となったという明確なメッセージが示されたものだ。

△帝政後期の硬貨
このソリドゥス金貨は、ホノリウス帝が捕虜を足蹴にしている図柄だ。実際は西ゴート族が後410年にローマ略奪を働き、帝国の首都を一時的にラウェンナに移す必要があった時期のもので、彼の治世で西ローマ帝国が衰退したという史実に反している。

ローマの硬貨製造

ローマの硬貨はすべて手で打たれて製作された。まず冷たい金属板を切断するか、または熱した金属を円形の型に流し込んで、小さな円形の金属盤を作る。その後、硬貨を「金型」に入れ、平らな金属片に詳細な文様を打刻した。帝国の最も一般的な硬貨はデナリウス銀貨で、後476年に西ローマ帝国が崩壊した後も、ローマの硬貨は依然として広く普及していた。このため、中世の諸王国やイスラム帝国でもモデルとして使用され、その通貨はディナールと呼ばれた。

テラコッタに残された硬貨の刻印（後308－320年）

◁カリグラの三姉妹
伝統的なローマの女神、セクリタス、コンコルディア、フォルトゥナを模倣しているが、これはカリグラ帝の3人の姉妹、リウィア、ドルシッラ、アグリッピナである。彼女たちはユリウス＝クラウディウス朝の存続に重要な役割を果たした。

姉妹の名前は、それぞれの姿を囲むように配置されている

△アウグストゥスの後継者
アウグストゥス帝の孫であるガイウスとルキウスが描かれている。いずれも権力を継承する前に10代前半で死ぬことになる。

ローマ暦

古代ローマの時間管理

古代ギリシア人、エジプト人、バビロニア人と同様、ローマ人も天体の動きによって時間を計り、太陽と月のサイクルに基づいてカレンダーを作成した。このシステムは、今日に至ってもほとんど変更されていない。

ローマ暦は徐々に発展した。最古のローマ暦の1年は10か月で、304日しかなかったため、すぐに月が実際の季節に合わなくなった。共和政時代に1年が12か月に延長され、最高神官（ポンティフェクス・マクシムス）は時折、太陰暦と太陽暦を再調整するために追加の月を布告した。ユリウス・カエサルは、年を規則化し、月を季節に合わせるために、暦を改革した。1年を365日とし、4−5年ごとに2月を閏月として1日追加したのである。

1年は祝祭行事（120–121頁を参照）で区切られ、神殿の壁に大きなカレンダーが描かれるか、刻まれるかして掲示された。ネファスティ（禁忌日）も示され、政治集会と裁判の開廷は禁止された。

◁**ローマ時代の携帯式日時計**
当時の旅行者は、ローマ帝国内の緯度が記されたこの青銅製の携帯式日時計（後3世紀）で時間を把握できた。

月の命名

初期ローマ暦は1年が10か月で、最初の4か月は神々にちなんで名付けられた。たとえば4番目の月はユニウス（Junius: 英語の June）で、ユノ（Juno）女神からきている。後半の6か月は順番で呼ばれた。セプテンベルは7番目（セプテム）、オクトーベルは8番目（オクトー）という具合だ。後に暦が12か月に延長され、月名と実際の順番がずれてしまったが、これらの数字からきた月名はそのままとなった。だから今でも、10番目（デケム）を示す名であるのに、英語の12月はDecemberである。各月には、カレンダエ（1日目）、ノーナエ（5日目または7日目）、イードゥース（13日目または15日目）という3つの基準日があり、ほかの日はこれらの基準日のいずれかから遡及して呼んだ。1月3日は「1月のノーナエの3日前」、7月25日は「8月のカレンダエの6日前」である。

ローマ時代にはおおむね、1週間は8日間で、曜日は神の名前で呼んだ。たとえばディエース・ルーナエ（月曜日）はルーナ（月の女神）の日で、ディエース・ウェネリス（金曜日）はウェヌス（愛の女神）の日だ。ローマ人には週末はなく、次の祭りの日まで労働した。

年は政治家で決まる

ローマ人は、その年の2人のコンスルにちなんで年を呼んだ（62–63頁を参照）。たとえば前63年は「執政官マルクス・トゥッリウス・キケロとガイウス・アントニウス・ヒュブリダの年」である。アウグストゥス帝はフォルム・ロマヌムに歴代コンスルたちの一覧を置き、年を正確に表記できるようにした。

△**火星の月**
マルティウス（今の3月）は軍事作戦の始まる月で、軍神マルスにちなんで名付けられた。これはローマン・ブリテン時代のマルス像。

ローマ暦と現代暦

クィンクティリス（5の月）はユリウス・カエサルにちなんでユリウスに、セクスティリス（6の月）はアウグストゥス帝にちなんでアウグストゥスに改名された。それぞれ現在の英語のJuly（7月）とAugust（8月）の由来である。カエサル暦は、1年を365日とし、4年ごとに閏日が追加される今日のグレゴリオ暦の基本となった。多くのヨーロッパの言語では、月の名前は依然としてローマ由来のものを使っている。この北アフリカのモザイク（後3世紀）にあるように、ローマの年は今の3月に始まり、2月に終わった。それぞれのイラストは、5月にメルクリウスに捧げる生贄など月ごとの行事を示している。

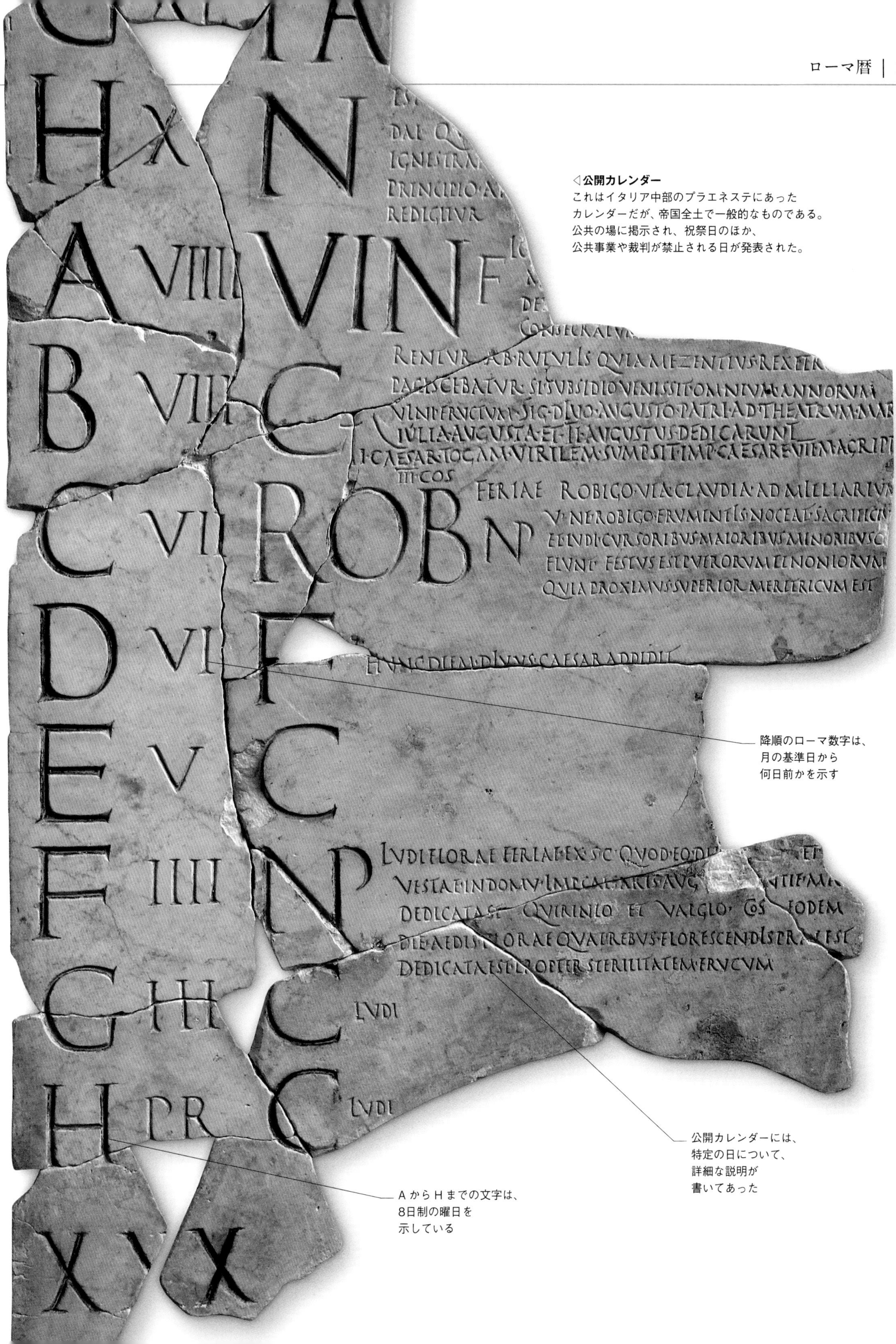

◁**公開カレンダー**
これはイタリア中部のプラエネステにあった
カレンダーだが、帝国全土で一般的なものである。
公共の場に掲示され、祝祭日のほか、
公共事業や裁判が禁止される日が発表された。

降順のローマ数字は、
月の基準日から
何日前かを示す

公開カレンダーには、
特定の日について、
詳細な説明が
書いてあった

AからHまでの文字は、
8日制の曜日を
示している

アクティウムの海戦

オクタウィアヌスとエジプト王国の対決

18歳のオクタウィアヌスは大叔父のユリウス・カエサルから後継者として指名された。だが、後継候補と言っても、オクタウィアヌスには軍歴や政治キャリアがなかったため、前44年にカエサルが暗殺された際、権力を継承できる見込みなどなかった。

△**マルクス・アントニウス**
マルクス・アントニウスの肖像があるアウレウス金貨。アントニウスとオクタウィアヌス、レピドゥスの第2回三頭政治が崩壊し始める2年前の、前38年に作られた。

オクタウィアヌスとは対照的に、マルクス・アントニウスはすでに熟練した将軍だった。内戦中のカエサルの不在時にローマを統治し、前44年にはコンスルも務めていた。カエサルの葬儀で彼が行った演説は、暗殺者に反対する世論を喚起した。カエサルの親密な同盟者マルクス・アエミリウス・レピドゥスも重要な有力者だった。

当初は反目したオクタウィアヌス、アントニウス、レピドゥスの3人は、崩壊した共和政を再建する任務を負い、第2回三頭政治を形成した。ユリウス・カエサルを裏切った殺人者たちを排除する、という彼らの所期の目的は、前42年、マケドニアのフィリッピ（ピリッポイ）の戦いで達成された。ここでブルートゥスとカッシウスが死んだのである。

同盟の崩壊

ポンペイウスの息子セクストゥス・ポンペイウスは、前36年まで、シキリア属州で一派を率いていたが、レピドゥスは対処に失敗し、オクタウィアヌスがこれを鎮圧した。レピドゥスは権力を剥奪された。

一方、マルクス・アントニウスはエジプトのクレオパトラに接近し、彼女との間に3人の子供をもうけた。さらに妻のオクタウィア（オクタウィアヌスの姉）をローマに送り返したため、クレオパトラはローマで中傷の的となった。オクタウィアヌスはアントニウスを批判し、ローマ人の流儀に反している、とした。彼はアントニウスの遺言状を公開し、アントニウスがクレオパトラと子供たちにローマの東方領土を与えて王国とするつもりだ、と主張した。前32年、元老院はアントニウスのコンスルとしての権限を抹消し、

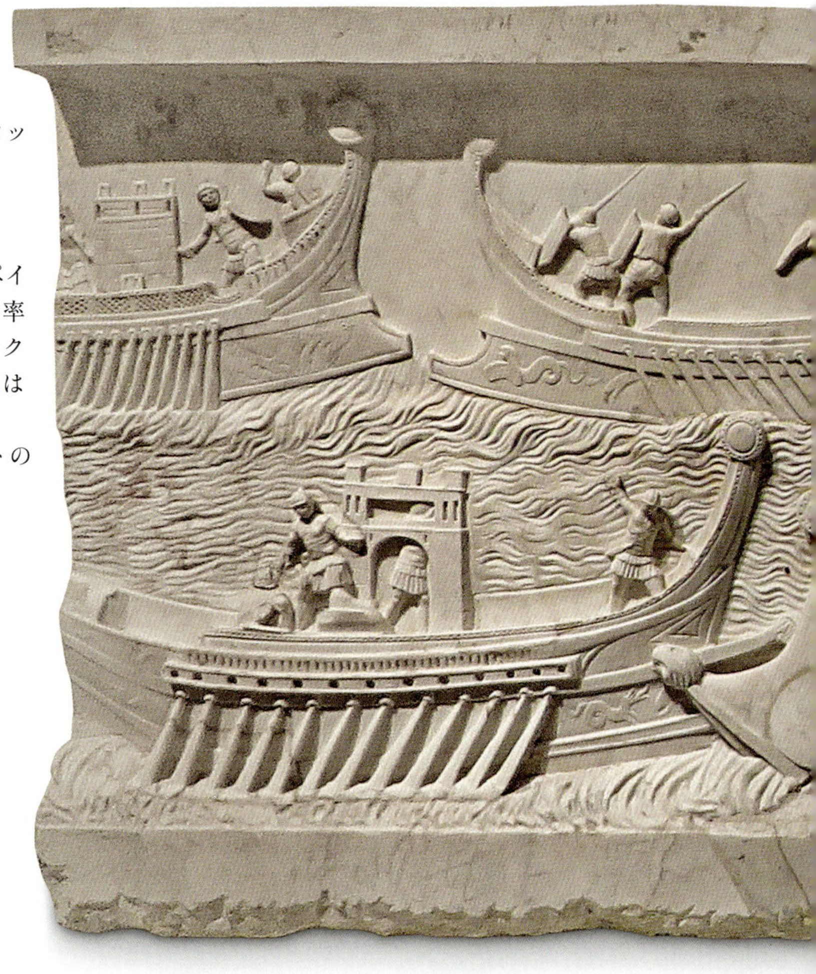

エジプトのクレオパトラ7世

女王クレオパトラは、プトレマイオス朝の最後の君主である。10代で権力の座についた彼女は、兄弟に対しては内部クーデターを実行し、外部の脅威も巧みに排除した。前48年、ユリウス・カエサルがポンペイウスを追ってエジプトに上陸したとき、彼女はカエサルを潜在的な同盟者と見て、彼との間に息子をもうけた。息子のカエサリオンが後継者として認められるために、前46年にローマを訪れ、2年間、滞在した。カエサル暗殺の後、カエサルの遺言にカエサリオンの名前が指定されていなかったため、彼女はアレクサンドリアに逃亡した。その後、マルクス・アントニウスと同盟を結んだクレオパトラは、より多くの子供を産んだ。だがアクティウムの敗戦で、彼女の野心も潰えた。

クレオパトラに宣戦布告した。

海の覇者オクタウィアヌス

前31年9月、アントニウスはギリシア西岸のアクティウムで500隻の軍船からなる艦隊を編成したが、イタリアに進出せず、ギリシアに軍の拠点を置いた。オクタウィアヌスと、腹心のマルクス・ウィプサニウス・アグリッパは物資を遮断。食糧不足の中、病気が蔓延し、それが数か月も続いた後、アントニウスは海上封鎖を突破することを決意した。クレオパトラは60隻の船を率いてアレクサンドリアに逃れ、アントニウスもその後を追った。兵士たちが潰走するのを見たマルクス・アントニウスは、剣で自分自身を刺して死んだ。クレオパトラはローマで処刑されることを嫌い、毒蛇にわが身を咬ませて自殺したとされている。

オクタウィアヌスはカエサリオンを殺害し、アントニウスを支持した残りの者もすべて殺すよう命じた。クレオパトラの死により、エジプトはローマに併合されアエギュプトゥス属州となった。オクタウィアヌスは今や、地中海の支配者となったのである。

△ニコポリス遺跡
オクタウィアヌスは、前29年にニコポリスを建設した。
守護神アポロ（ギリシア名アポロン）を称える記念碑には、
アントニウスとクレオパトラから鹵獲した船の衝角を飾った。

▽アクティウムの海戦
この大理石のフリーズは、
近接戦闘の多かった海戦を
記念したものだ。
敵船を粉砕するために
金属製の衝角が使用された。
敵船に乗り込み、甲板上で
白兵戦を行う歩兵が
活躍している。

ローマ人のように食べる

帝国全体の食べ物と飲み物

食生活は、ローマ世界全体の中における地理的な場所と、その人の所得に応じて、大きく異なった。考古学的な証拠によれば、裕福な家庭では、しばしば豪華な食材が財力の誇示として使われたようである。

帝国の周辺地域の風土は、地元の食生活の維持に重要な役割を果たした。食品は帝国全体で流通し、気候上、入手できない高級食材を遠くの州から輸入することもできた。

ローマ人はまた、帝国のいくつかの地域に新しい農産物を導入した。たとえばキュウリ、リンゴ、ニラなど50種類以上の食品がブリタンニアに持ち込まれ、魚介類が豊富なスペインは、ローマ人が好んだ調味料、ガルム（魚醤）の重要な供給地に変貌した。

◁**日々のパン**
火山噴火の高温で炭化したポンペイの円パン。ローマのパンの典型的な形を示している。

裕福なローマ人には、多様な食事をする余裕があった。エキゾチックな動物の肉を並べ、ごちそうで財力を示した。貧しい人々も珍味を買うことはできたが、頻度は少なく、奴隷にされた人々は、出されたものしか食べることができなかった。

▽**テラコッタのアンフォラ**
食品は、このような高さ約30cmの壺に保管され、輸送されていた。最大クラスのアンフォラは高さ1.5mに達した。

ローマの主食

ローマ人の食事は主に穀物と穀粒を材料とし、パン（94–95頁を参照）、お粥、ケーキなどを作った。これらの食料は非常に基本的なものと考えられていたため、ローマは毎月、市民に穀物配給（アンノナ）を行った。ひよこ豆、大豆、レンズ豆などのマメ類も重要であり、考古学的な証拠は乏しいものの、ローマ人がタマネギ、アーティチョーク、ビート、キャベツなどの野菜を食べていたという文献的な証拠もある。

帝政時代の地中海周辺では、イチジク、ナシ、ザクロ、メロンが豊富に育ち、北アフリカからはナツメヤシが輸出された。クルミ、ヘーゼルナッツ、ピスタチオなどのナッツ類も食され、ハーブやスパイスは味付けに使用された。

オリーブオイルは、照明の燃料、入浴剤としてだけでなく、料理にも欠かせないものだった。肉は高価で、主に羊、山羊、豚、牛などの家畜から得られた。北部の州では、主に卵を採取するためにニワトリを飼うのが一般的だった。ローマ人はカキ、その他の貝類を食べたほか、特に沿岸の集落では多くの淡水魚と海水魚を食べた。温暖な気候の下、牛乳はソフトチーズやハードチーズとして保存された。

ほとんどのローマ人は、ワインを水と混ぜて飲んだ。コス島、ロードス島、クレタ島といった地中海の島々は価値のあるヴィンテージワインを生産したが、北部の州ではビールが一般的だった。さらに水道橋から流れる水は、通常、安全に飲むことができた。

家で食べるか外食するか

外食が普通だったインスラ（78–79頁を参照）とは異なり、大きな家には専用のキッチンがあり、食べ物は火鉢で調理されたり、他の場所で調理、購入されたりした。パン屋も数多くあり、温かい食べ物はテルモポリウム（調理設備を備えた店舗）で販売されていた（その遺構の一部はポンペイやヘルクラネウムに残っている）。

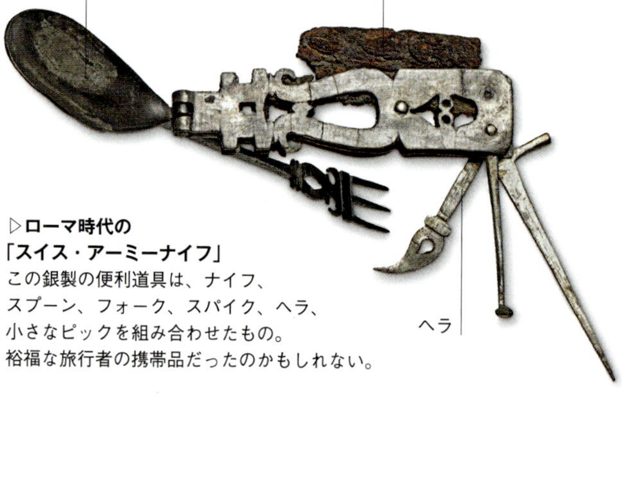

一方の端にスプーン、
もう一方の端にフォークが
付いている

▷**ローマ時代の「スイス・アーミーナイフ」**
この銀製の便利道具は、ナイフ、スプーン、フォーク、スパイク、ヘラ、小さなピックを組み合わせたもの。裕福な旅行者の携帯品だったのかもしれない。

△日常の食材
ローマの室内装飾には、
よく食べられる食材が描かれている。
このモザイク画は、魚、家禽、甲殻類、
ナツメヤシ、野菜などの静物を写している。
ローマのトール・マランチアにある
後2世紀の別荘のもの。

ガルム

ガルムは帝国中で広く流通した発酵魚醤の一種だ。魚を丸ごと、または魚の一部を塩と混ぜ合わせ、その混合物を太陽の下で1－3か月の間、発酵させると、桶に液体（透明な上澄み液）ができる。家庭でも作られた可能性があるが、考古学者たちは、帝国全体の塩田で工業生産されていた場所も発見している。一部には高級品もあったが、低グレードのガルムは手頃な価格だった。ポンペイでは、裕福な家庭でも貧しい家庭でも、ガルム入れの容器が広く普及していた。エジプトのパピルスに残る買い物リストや在庫目録には、頻繁にガルムという品目が登場する。

パクス・ロマーナ

アウグストゥスの宣伝戦略

前31年のアクティウムの海戦での勝利と、その後の敵に対する残忍な処分の後、オクタウィアヌスは一大プロパガンダ・キャンペーンに乗り出した。平和と安定をもたらすという名目で、権力を強化し拡大するためである。

大叔父のユリウス・カエサルが、独裁者として統治しようとして殺された事実を、オクタウィアヌスは決して忘れなかった。ローマ共和政の伝統を尊重する必要がある、と考えたのである。

彼は、ローマの歴代の王たちが身に着けたような、全身が紫色のトガや王冠など、君主制の罠となりうる装身具を慎重に避けた。異例の人事を避け、元老院の定例的な人事や褒賞に基づき、それが与えられたときにのみ受け取った。たとえば、オクタウィアヌスは前31年から前23年にかけて、正しく毎年、コンスル選挙で選出された。彼はまた、地方や国境で起きる蜂起を鎮圧するために使用される軍事力の大権、インペリウム・マイウスを元老院から与えられた。そしてオクタウィアヌスは、ローマの政治エリートの共謀により、権力の掌握を強めた。前27年までに、元老院は彼をローマのプリンケプス（市民の中の第一人者）として認めた。硬貨に登場する彼は、カエサル・ディウィ・フィリウス（神の子カエサル［ローマ皇帝］）であった。

◁アウグストゥスのアウレウス金貨
この硬貨は、アウグストゥスが元老院に「法を回復し、返還する」ことを示している。謙遜しながら、実はおのれの力を巧みに強調するものだ。

▽アウグストゥスの凱旋門
アウグストゥス帝が地方にもたらした平和の象徴として、フランスのオランジュにあるこの凱旋門と同様のものが、帝国中に建てられた。そこに刻まれた戦争と征服の描写は、ローマの権力を人々に想起させる役割も果たした。

新しい世界秩序

最も重要なことは、彼が正式にアウグストゥス（尊厳者）と名乗るようになったことだ。オクタウィアヌスという古い名前を捨て、アウグストゥスとして、平和と安全の新しい時代、「ローマの平和（パクス・ロマーナ）」を象徴的に先導したのである。

前13年にアウグストゥスは最高神官（ポンティフェクス・マクシムス）となり、ローマの宗教的、政治的指導者となった。彼は自分自身を究極の道徳的権威、他の人が従うべき最良のロールモデル、後の「皇帝崇拝」につながる正式な神格化が認められるべき者、と喧伝した。彼は新しい専制政治を作っているという事実を覆い隠すために、伝統回帰を強調した。多くの者が彼の後援と好意に頼っていたため、その力は比類のないものとなった。

ストーリーの形成

アウグストゥスはまさに、宣伝戦と「政治的詭弁」の最初期の達人だ。アウグストゥスは、共和政の憲法を解体したとしても、公式的なストーリーとしては、ステータス・クオ（現状維持）の擁護者として確実に自身を提示した。レス・ゲスタエ（業績録）という碑文は、アウグストゥスがいかにして「全世界をローマ人の主権の下に置いたか」を説き、その利益から全市民のために「国家が費やした金額」を詳述している。碑文に描かれた自画像は謙虚で、共和政

上げられた腕は、
兵士たちにアドロクティオ
（訓示）する姿で、
彼の権威を示している
肩当てにあるスフィンクス
の装飾は、前31年の
アクティウムの海戦で
アントニウスと
クレオパトラに対して
勝利した記念である
アウグストゥス
は、前53年に
クラッススが敗戦
して失った軍旗を
取り返した
コルヌコピア
（豊穣の角）は、
パクス・ロマーナ
によって
もたらされた富を
表している
クピドは、彼の
家系が神々の
子孫である
というカエサル
以来の主張を
意味するものだ
イルカは、
大叔父ユリウス・
カエサルが
先祖と主張した
ウェヌス女神の
象徴である
彼の足は、神や
英雄のように
裸足である

△**アウグストゥス廟**
2019年に部分復元されたアウグストゥス廟。かつては皇帝の記念碑的なブロンズ像が上にあり、外観も大理石の壮大な建造物だった、と一部の考古学者は考えている。

の忠実な公僕そのものである。アウグストゥスの死後、この巨大な碑文は彼の霊廟に掲げられた。皮肉なのは、アウグストゥスのパクス・ロマーナという思想だ。ローマの支配は、確かに征服地域に平和と相対的な安定をもたらしたが、重税、資源収奪、軍事的占領を意味するものでもあった。それはまた、より多くの帝国主義的抑圧と、それに伴う反乱、戦争につながった。ローマは常に新しい領土を奪い、そこからより多くの富を搾取することを求めたからである。こうして搾取した資源の一部は、ローマの美化にあてられた。歴史家スエトニウスによれば、アウグストゥスは「私はローマを煉瓦の街として引き継ぎ、大理石の都として残すのだ」と述べたという。アラ・パキス（140–141頁を参照）などの新しい建物の多くは、アウグストゥスを国家そのものとして記念するものだった。

アウグストゥスは共和政の保護者としてのイメージに沿って、後継者の指名を元老院に任せ、元老院は後13年、義理の息子のティベリウスを選んだ。翌年、死の床に就いた75歳のアウグストゥスの最期の言葉は、「この芝居がお気に召したのなら、どうか拍手喝采を」だったという。

◁**象徴的な像**
これは「プリマポルタのアウグストゥス」である。ローマ初代皇帝の最も有名な彫刻で、1863年に彼の妻、リウィアの別荘で発見された。通常は控えめなアウグストゥスを、英雄的で神のような描写で称えている。

「予は元老院の許しを得て、アウグストゥスと名付けられしものなり……」
アウグストゥス「業績録」碑文

▷**行進のフリーズ**
祭壇にある行進を描いたフリーズには、官吏や市民と歩くアウグストゥス帝とその家族が描かれている。帝の義理の息子アグリッパ（左端、頭を覆っている）と一緒に立つ女性（やはり頭を覆っている）はおそらく、皇后リウィアか、娘の皇女ユリアだろう。

アラ・パキス

記念すべき平和の祭壇

アラ・パキス（平和の祭壇）は、壮大な彫刻装飾によってローマの神話的な建国の起源を表し、パクス・アウグスタ（アウグストゥスの平和）の安定と繁栄を祈念する大理石の祭壇である。ローマ元老院は、ヒスパニア（スペインとポルトガル）とガリアでの遠征から凱旋した皇帝の勝利を祝うために、前13年にその建立を許可した。

祭壇は前9年に竣工し、平和の女神パクスに捧げられた。アウグストゥスを権力の座につけた内戦を含む戦争の終結を記念するものだ（134–135頁を参照）。名目上は元老院が建てたものだが、その計画は、ほぼ確実にアウグストゥス自身の意思で開始されたもので、アウグストゥス政権への評価と優越性を示すものにほかならなかった。帝国のイデオロギーを強化しつつ、伝統的な神々と神話上の英雄を称える意図を持ち、慎重に計算された芸術および建築プログラムの一部だった。また実用上は、神々への供儀を行う場であった。

重要な場所

祭壇は露天で、ローマ郊外のカンプス・マルティウス（マルスの野）に建てられた。ここはティベル川の氾濫原で、本来は軍事教練や軍の隊長選挙で使用された公共地である。アウグストゥス帝の時代、この地区には娯楽や宗教関連の建物が点在していた。周囲には旧パンテオン、アウグストゥス自身の広大な霊廟、子午線を示す巨大な日時計などがあった。時計のグノモン（指柱）は、エジプトから鹵獲されたオベリスクだった。祭壇内奥は伝統的なU字形で、古いイタリアの祭壇を想起させた。よりシンプルだった過去の様式を参照したものである。豪華な彫刻も初期の祭壇装飾を反映しており、内側にフリーズが配された。外部下段のフリーズにはアカンサスの葉などの植物の果実と花があり、アウグストゥスの新時代の豊かさを象徴している。

複雑な画像

祭壇の両側面には行進のフリーズがある。ローマの指導者、神官、人々に交じって、皇帝とその家族が描かれる。前面入り口の両脇は、彫刻が施されたパネルになっており、ローマ神話の過去の人物やシーン、神々が描かれている。パネルは断片的かつイメージも複雑で、何通りもの解釈が可能だが、学者たちは双子のロムルスとレムス（22–23頁を参照）と、彼らに乳を飲ませた雌狼の図柄を特定した。他の人物像は、ローマ人の遠祖アイネイアース（アエネイス）、豊穣と繁栄の女神などではないか、と思われる。

アラ・パキスの破片は徐々に発掘されて修復され、20世紀になって、現在のローマ中心部に展示された。

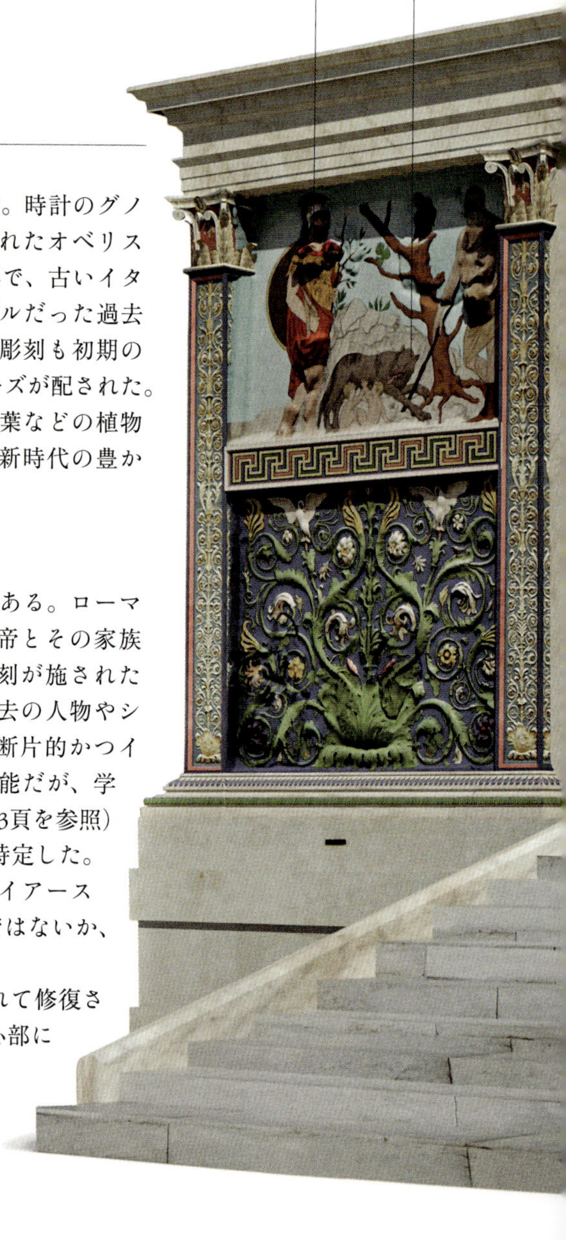

「元老院は予の凱旋を記念して、アウグストゥスの平和を寿ぐ祭壇の奉献を決議せり」

アウグストゥス「業績録」碑文

▽アーティストによるアラ・パキスの復元
祭壇の大理石の破片は16世紀から発見され始めたが、1930年代後半になるまで、本格的な修復は行われなかった。ここで示唆されているように、大理石のレリーフは本来、明るい彩色があったもので、他の多くのローマの彫刻と同様である。

小麦の茎が彼女の冠に
織り込まれ、中央には
ケシの花が飾られている

リウィアは理想化された
美貌で描かれている

パラ（ショール）で
衣服を覆っている。
謙虚さを示し、
既婚者であることも
意味する

▷ケレス女神に擬されたリウィア・ドルシッラの胸像
後42年、ティベリウス帝の拒否をクラウディウス帝が撤回し、リウィアは正式に神格化された。以後は彼女を穀物と豊穣の地母神ケレスに擬した彫像や胸像が製作された。これにより、リウィアの公的イメージは、養育的で不動の母性的な人物像として固定化した。

「あなたに何が起ころうと、私は平等に分かち合います……だから私も統治に参加します」
カッシウス・ディオ『ローマ史』より、リウィアの言葉

リウィア・ドルシッラ

ユリウス＝クラウディウス朝の女家長

ローマの初代皇帝の妃であり、2代皇帝の母であり、次の世代の祖母であったリウィア・ドルシッラ。彼女は究極の権力の源に近いところにおり、帝政初期において最も影響力のある女性になった。

リウィアの家族はポンペイウスに近く、第1回三頭政治（113頁コラムを参照）の崩壊を目の当たりにした。一家はその後、ユリウス・カエサルの暗殺以後の内戦に巻き込まれ、シチリア島、ギリシアへと亡命した。リウィアと3歳の息子ティベリウスは、オクタウィアヌスが恩赦を出したため、ローマに戻った。

◁**悲しみに暮れる妻**
このカメオのリウィアは、アウグストゥスの胸像を抱いている。これは彼の死の時期に製作されたものだ。彼女の威厳ある女家長という人物像は、夫が創設したユリウス＝クラウディウス朝の正統化に役立った。

仇敵から夫へ

妊娠中のリウィアはオクタウィアヌス（後のアウグストゥス帝）に紹介された。オクタウィアヌスは彼女の美貌の虜になり、リウィアの夫に離婚を迫ったと言われている。オクタウィアヌスは、娘のユリアが生まれた日に妻のスクリボニアと離婚した。彼とリウィアは前38年1月17日に結婚した。

リウィアは夫が最も信頼する最愛の妻となった。後世の作家は、しばしば彼女を過度に猛烈な妻として描写し、アウグストゥス帝を毒殺した、という噂を広めた。ただし、リウィアの人生に関する情報源はすべて、彼女の影響力の大きさに憤慨した男性の作家たちの手になるもので、注意が必要だ。共和政の下では、女性は正式に権力から排除されていたが、リウィアは帝政の下で、女性が権威を行使できることを示した。男性の作家たちはそれが気に入らないのである。

アウグストゥス帝は前18年に新しい道徳法を導入した。リウィアは理想的な妻、母親として提示された。現実は過酷で、この新法は姦淫を犯罪化し、男性が妻を殺害または国外追放することを許可するもので、離婚または死別した女性は再婚が強制された。

リウィアは、亡き夫を尊び、公的な記憶の継承者として、2代皇帝ティベリウスの母親として、帝国の支配と王朝継承の正統性を維持することに努力した。ティベリウスの苛立ちは募るばかりだったが、リウィアは残りの人生を通じて宮廷の重要人物であり続けた。今日、彼女は帝政ローマの紛れもない創始者の一人として記憶されている。

△**大ユリア**
アウグストゥスはリウィアを、女性の美徳の具現化として絶賛した。彼の先妻の娘である大ユリアは、父親の示す厳格な道徳法を無視したために、前2年に追放された——10年後には、彼女の娘、小ユリアも同じ目に遭った。

▷**裕福な女性**
このレリーフは、エジプトのパピルス農園を示している。リウィアも同様の農園を所有していた。近東にあったヤシ農園とともに、リウィアの財力の源であった。

前59年 ローマで生まれる。

前42年 父親がフィリッピの戦いに敗れ、自害する。長男ティベリウス誕生。

前40年 逮捕を逃れるためにシチリア島に逃亡。ポンペイウスの息子セクストゥス・ポンペイウスと合流する。

前38年 オクタウィアヌスと結婚。次男ドルスス誕生（前9年に死去）。

前27年 オクタウィアヌスがアウグストゥスになる。

後14年 アウグストゥス帝が逝去。批判者たちはリウィアが毒殺した、と唱える。ティベリウスが皇帝になる。

後29年 86歳で死去。ティベリウス帝は母の葬儀に出席せず、元老院がリウィアに与えた栄誉を拒否した。

後42年 孫のクラウディウス帝によって神格化され、ディウァ・アウグスタの神号を与えられた。

ウェルギリウス、ホラティウス、オウィディウス ラテン語文学最高峰の詩人たち

アウグストゥス帝の時代、皇帝とその側近が培った文学への関心が高まった。基本は詩であり、ローマ人のアイデンティティ形成と国民的物語の発展に貢献した。

アウグストゥス帝の治世、現在では世界文学の規範の一部となっているような作品が生み出された。これらは2000年以上にわたって読まれ、研究され、大切にされてきた。この時代の文芸の繁栄を助けた人物の一人が、アウグストゥスの友人で政治顧問のマエケナスだ。彼がパトロンとなったのがウェルギリウスとホラティウスで、サークルの外にいたのがオウィディウスだ。

◁**詩を朗読するホラティウス**
アーダルベルト・フォン・レースラーの19世紀後半の油彩画である。詩人は公の場で自作を朗読している。様式化されているが、帝政初期のローマのエリートたちが詩に魅了された史実を反映した作品である。

▽**アポロンとダフネ（1625年頃）**
オウィディウスの作品を題材とする、ジャン・ロレンツォ・ベルニーニ作の大理石像。恋焦がれるアポロンを避け、ダフネが月桂樹に変身する瞬間を捉えている。

ローマ神話の作者：ウェルギリウス

プブリウス・ウェルギリウス・マロ（英語名ヴァージル。前70－前19年）の主な作品は、田園的でのどかな『牧歌』（Eclogues）と『農耕詩』（Georgics）、そして『アエネイス』（Aeneid）である。ホメロスの『イリアス』と『オデュッセイア』に基づく『アエネイス』は、トロイアの英雄アイネイアースがイタリアに旅し、ラウィニウム市を建設し、それがローマ建国につながるまでを描く12巻の叙事詩だ。ウェルギリウスは死の床にあって、この作品の未完原稿を焼却するよう望んだようだが、アウグストゥスは出版を強く主張した。彼の詩は、新時代のローマの将来の栄光を祝福するものだった。

黄金時代の詩人：ホラティウス

クィントゥス・ホラティウス・フラックス（英語名ホレス。前65－前8年）は解放奴隷の息子として生まれた。初期作品の『風刺詩』（Satires）と『エポデス』（Epodes）は、内戦中のローマ社会の崩壊を描いたものであり、成熟した『叙情詩集』（Carmina）は、ギリシア抒情詩の韻律を使用し、アウグストゥスの治世を寿ぐものだ。彼のキャリアの頂点は前17年、アウグストゥスの黄金時代を開始するために設定された演劇、スポーツ、供儀の祭典の目玉、カルメン・サエクラーレ（時代の賛歌）の作詞を依頼されたときであろう。

神話と道徳：オウィディウス

プブリウス・オウィディウス・ナソ（英語名オヴィド。前43－後18年頃）は、おなじみの物語に新しい視点を持ち込んだ。神話のヒロインを取り上げ、若者の好色な冒険を扱う『恋の技法』（Ars Amatoria）などの問題作を手掛けた。彼の作品は、グレコ＝ローマン神話の「アポロンとダフネ」の有名な物語など「変身」をテーマにした15編の叙事詩『転身譜』（Metamorphoses）で最高潮に達した。後8年、オウィディウスはアウグストゥスの命で黒海沿岸のトミスに追放された。彼はそれから死ぬ日まで詩を書き、自分の運命を嘆き、自分の苦境を「詩と誤解」のせいにした。彼は二度とローマを見ることはなかった。

▷**クリオ、メルポメネーとウェルギリウス**
チュニジアのこのモザイク画の人物は、ウェルギリウスと特定されている。『アエネイス』の叙事詩を書く彼は、2人の偉大なインスピレーションのムーサ（芸術の女神）に囲まれている。歴史のムーサであるクリオ、悲劇のムーサであるメルポメネーである。

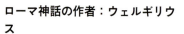

「より大きな一連の出来事が始まり、より大きな仕事が私を待っている」

『アエネイス』後半の執筆を前にしたウェルギリウスの言葉

メルポメネーは悲劇の
舞台仮面を持ち、
左のクリオは歴史を象徴する
巻物を手にしている

パラティヌスの丘とキルクス・マクシムス

ローマ最古の地にして皇帝のお膝元

ローマの伝説では、パラティヌスの丘こそ雌狼が双子のロムルスとレムスに乳を飲ませた場所である。パラティヌスはこの地域の自然の丘の一つで、ローマの著述家たちの考えによれば、都市で最も古い居住地域であるという。初期には防衛拠点として機能し、その後、麓のフォルムに近いことから、共和政期には流行の一等地となった。アウグストゥス以降、歴代のローマ皇帝がここに住み、時間の経過とともに丘全体が宮殿建造物の複合体に変貌していった。英語の「Palace（パレス＝宮殿）」という言葉は「パラティヌス」に由来する。ここにあったアウグストゥスの邸宅はかなり控えめなものだったが、カリグラ、ネロ、ドミティアヌスなどの暴君的な皇帝ではもっと贅沢だった。この再現図には、3世紀にわたってさまざまな王により追加された施設も含まれている。

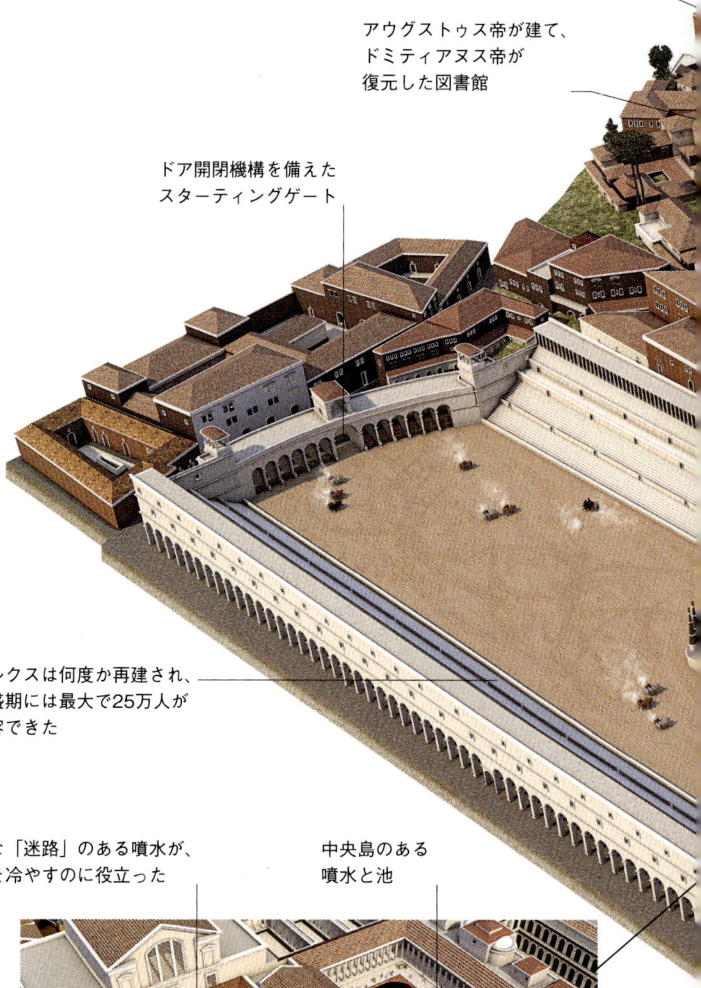

▷パラティヌスの丘とキルクス・マクシムス
平民が住むアウェンティヌスの丘から谷で隔てられたパラティヌスでは、ローマの初期の時代から競馬が行われており、やがてキルクス・マクシムス（大戦車競技場）になった。ここで皇帝は、楕円形の競技場に着席した25万人の臣民の前に姿を現したのである。

拡張され続ける丘

アウグストゥスの治世以来、パラティヌスの丘は皇帝の専有地となった。段階的に拡張が続き、丘の中腹には煉瓦とコンクリートのテラスがいっぱいに並び、謁見堂、中庭、図書館、寺院、食堂、皇室とその廷臣のための宿泊施設が整備された。しかし、ネロ帝のドムス・アウレア（黄金宮殿。186-187頁を参照）のように、壮麗さと奇抜すぎる建物の間の、微妙な一線を踏み越えてしまう皇帝もいた。

パラティヌスのアーチ形テラスの遺構

▷噴水のある中庭
専用の給水管が丘の頂上に豊富な水道水を届けた。皇帝の建築家はこれを利用して噴水のある中庭を造り、幾何学的な滝や池を備えた複雑なレイアウトを作った。ローマ人は水のある生活を好み、ポンペイの小さな家にも同様の趣向が見られる。

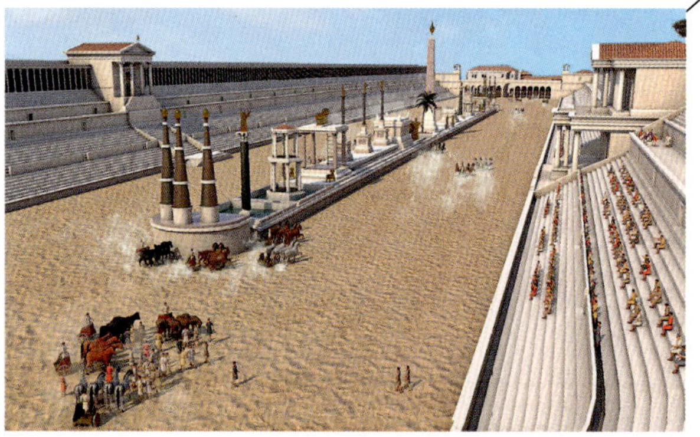

▷キルクス・マクシムス
この復元画像はトレーニングの日の状態だが、戦車競走のある日には、4頭立ての戦車がカルケレス（スターティングゲート）から発走し、スピナ（中央障壁）の周りを7周した。トラック内はラップカウンターのほか、さまざまなもので飾られた。噴水や彫像、征服者アウグストゥスがエジプトから持ち込んだオベリスクなどだ。

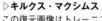

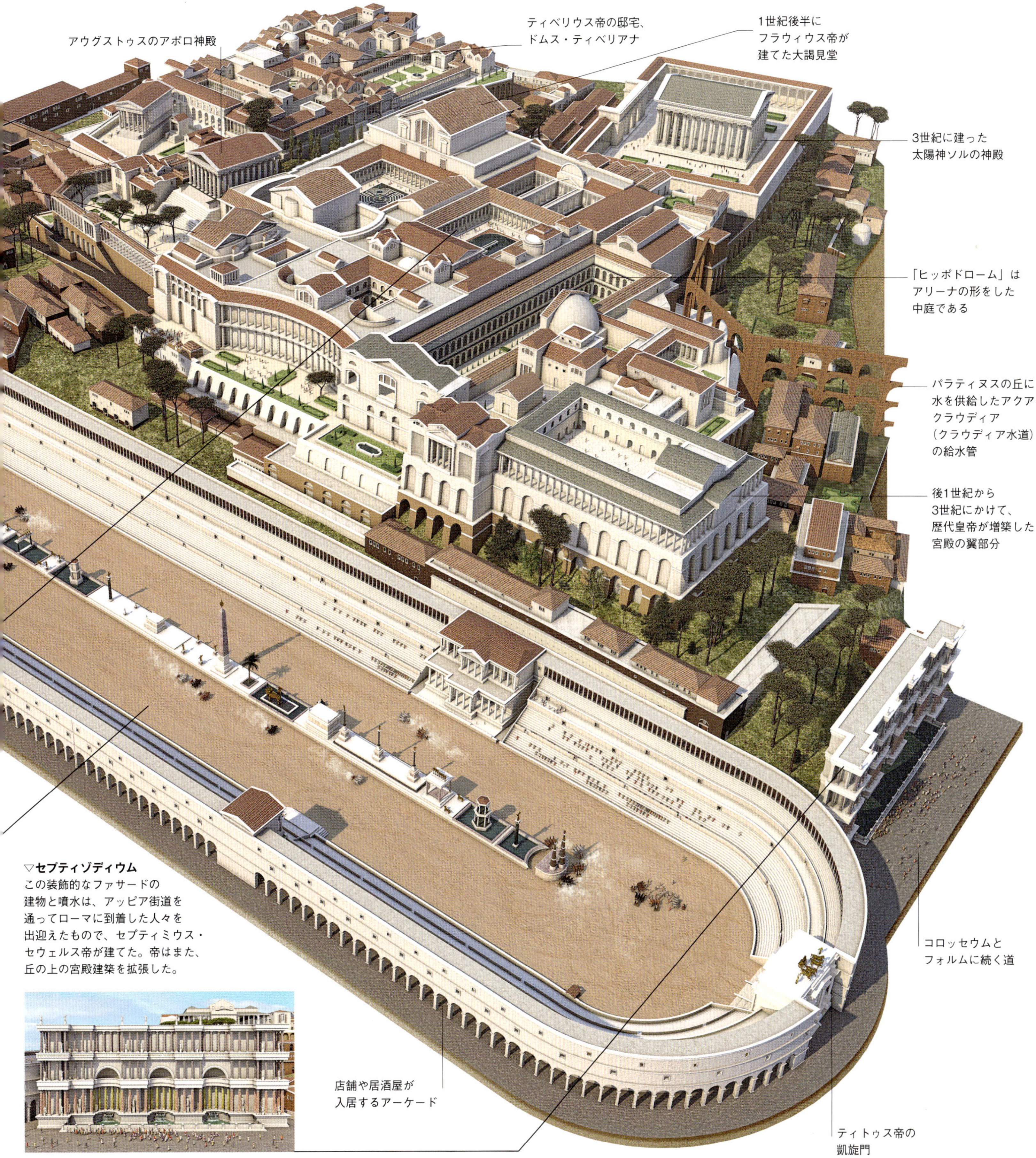

▽**セプティゾディウム**
この装飾的なファサードの建物と噴水は、アッピア街道を通ってローマに到着した人々を出迎えたもので、セプティミウス・セウェルス帝が建てた。帝はまた、丘の上の宮殿建築を拡張した。

医学

ローマの健康と癒し

ローマ医学は、ギリシアの医学者ヒポクラテス以来の伝統に従い、それを土台として構築された。医師たちは影響力を持つテキストを多く残した。ローマ人はまた、清潔な水と衛生設備で公衆衛生を向上させた。

ローマの医学は、薬草療法などの伝統的な実践法と、古代ギリシアの遺産を受け継ぎ、より科学的なアプローチの組み合わせで構築発展した。ローマ人は一般的な衛生習慣、きれいな飲料水、都市部での組織的衛生などの公衆衛生対策を最初に実施した集団の一つである。また、適切な食事と運動にも重点が置かれていた。ローマにはさまざまな医療の神々がおり、こうした神々に訴え、救いを求めることも治療行為に含まれた。

薬草療法と手術

ローマ人は、治癒のために幅広く薬草を用い、他の治療法とも併用した。ローマの家にはしばしばハーブ園があり、フェンネル、ミント、タイム、パセリ、ニンニクなど、今日でも一般的に使用されている多くの薬草が育てられていた。それらの植物は食用や、アロエ湿布のように塗布するなど、傷を癒すのにも使われた。古代ローマ時代、戦争は日常茶飯事であり、医師は戦傷を治療するために最善を尽くした。ただしリスクを伴う手術は、やむを得ない場合にのみ行われた。外科医たちは、目から白内障を除去する手術、胆石の摘出、扁桃腺の除去など、さまざまな手術を行った。メスやスパタ（薬を混合するために使用される）などの古代の手術器具は、ローマ帝国領の全土で発見されている。

医師ガレノス

後129年にペルガモン（現在のトルコ）で生まれたガレノス（ラテン語でガレヌス）は、ローマ帝国時代の医学の最高権威である。彼はエジプトのアレクサンドリア大図書館で学び、ヒポクラテスや他のギリシアの医師の業績を基に研究を進めた。彼の動物の解剖は数多くの発見につながり、人体解剖学、病気の原因、症状、治療法に関する彼の教えは、1300年以上にわたって医学の中核として存続した。ガレノスは多作な著述家でもあり、何百ものテキストを書き残したが、その多くは時間の経過とともに失われてしまった。

13世紀のフレスコ画に描かれたガレノス（左）とヒポクラテス。

出産と女性の健康

助産師は、古代ローマでは大きな敬意を払われる職業だった。医療機器のリストには、三日月形の開口部を備えた分娩台、鉗子、子宮頸管拡張器など、さまざまな出産関連器具が含まれていた。出産には感染や合併症の可能性がつきまとい、妊娠関連死は当時の主要な死亡原因となった。子供の数を制限したいと考えていたローマの女性たちは、さまざまな治療法に頼った。これに使用された古代ローマで最も有名な薬草の一つは、北アフリカのキュレナイカ（英語名キレナイカ。現在のリビア）でのみ育つフェンネルに似た植物、シルフィウムである。それは妊娠を予防するとともに、中絶を促すとされた。この薬草はローマなどに大量に輸出されたが、すぐに採りつくされて絶滅してしまった。

△ローマの手術器具
ポンペイから出土した手術器具（後1世紀）には、頭蓋骨の断片を除去するためのメスと骨鉗子が含まれていた。

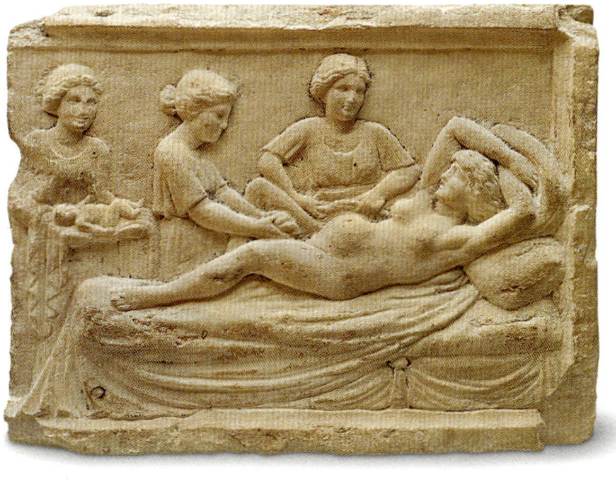

▷出産の場面
イタリアのオスティアにあるこの大理石の銘板は、出産したばかりの女性が横になっている様子を示している。助産師たちが世話をしており、左側の助産師が新生児を抱え、中央の助産師が胎児の分娩を助けているようである。

治癒の神イアーピュクスが
アイネイアースの手術を
行っている

矢尻などの摘出は、
メスまたは鉗子の
いずれかで行われる

△戦傷の治療
この後1世紀のローマのフレスコ画は、ウェルギリウス作『アエネイス』の情景を描く。負傷したアイネイアース（アエネイス）が槍にすがり、太ももに刺さった矢尻を抜かせている。古代ローマにおいてこの手術は、痛みをほとんど和らげることもなく行われただろう。

△**ローマの納骨堂**
ローマの南部の城壁のすぐ外側に位置するこの大きなコルンバリウム（納骨堂）は、後1世紀初頭に建設された。その後、同じ世紀にグナエウス・ポンポニウス・ヒラースとその妻のために増築された。彼らの遺灰壺は中央の安置スペースを占めていた。

側面には、「より小さな」家族の遺灰が保管されていた

「彼の息子は、故人の美徳と偉業を称えた……彼がなしたことどもを」
ギリシア人著述家ポリビオスが、元老院議員の葬儀について書いた一節

死と埋葬

古代ローマで死者を偲ぶ

**ローマ人は死者を称え、記念すべく、緻密な祭祀と葬儀を行った。
葬儀に関するすべての慣習の基本的な目的は、
故人の業績と美徳を不朽のものにすることだった。**

ローマ人が死者を偲び埋葬する方法は、故人の社会的地位や、家族が利用できる経済的手段に応じて、大きく異なった。

葬儀と市民の参加

最も豪華な葬儀は皇帝のために用意され、元老院議員と家族の葬式も同様に盛大だった。ギリシア人の著述家ポリビオス（前2世紀）は、著書『歴史』第6巻で、ローマ元老院議員の葬儀の光景に驚嘆した。故人の遺体は市街地を通ってフォルムに運ばれ、そこで男性の親族が群衆に演説し（お金を払って集まってもらった人もいたかもしれない）、一族の業績と故人の美徳、偉業について話した。最後に、故人の顔を蠟で型取りしてイマーゴ（デスマスク）が作られ、その後の葬列の間、ずっと家族が運んだ。このように街全体が公的な儀礼と私的な追悼を組み合わせて、死者を弔ったのである。

埋葬と火葬

ローマ人の葬儀の慣行として、埋葬あるいは火葬が好まれた時期があり、それは時とともに変化した。いくつかの墓には遺体を保持する石棺があるが、納骨堂などには、遺灰で満たされた壺を保管するための部屋もあった。都市の城壁内に死者を埋葬することは禁じられていたため、すべての墓と葬祭モニュメントは都市の外にあった。このためにローマやポンペイに至る道沿いは埋葬地、つまりネクロポリス（文字通り「死者の街」）ばかりとなり、そのいくつかは今も残っている。

ステータスシンボルとしての墓

裕福なローマ人は、精巧かつ斬新な墓所を作るために競い合った。たとえばローマのガイウス・ケスティウス・エプロの墓は、大きな白いピラミッドである。しかし皇帝の墓より壮大な墓はなく、アウグストゥス帝の円形の霊廟は豪華で、彫像で飾られていた。対照的に、ローマの貧しい人々はいわゆる「葬儀互助会」に加入して会費を払うことが多く、亡くなった際には尊厳をもって納骨堂に入れるようにした。思い出を刻む最後の行為として、ほとんどのローマの墓には、現代人が読んでも心を打たれるような感動的な碑文がよく書かれている。

△プロの誇り
ローマにある前1世紀の大きな墓は、解放奴隷マルクス・ウェルギリウス・エウリサケスのもの。パン職人としての彼のキャリアを称えており、壁面の円は、おそらく生地をこねる器具を表している。

▽アッピア街道沿いにあるスキピオ家の石棺
スキピオ家は最も輝かしい氏族の一つである。これは前298年のコンスルの一人、ルキウス・コルネリウス・スキピオ・バルバトゥスの石棺で、それにふさわしい華麗なものである。

▷先祖を崇拝するローマ人
『トガトゥス・バルベリーニ』の名で知られる後1世紀の彫像。人物（おそらく元老院議員）が、亡き先祖たちのイマーギネース（蠟で型を取ったデスマスク）を手にしている。

この壺は1845年に誤って
破損されてしまった。
修理の跡がまだ残っている

◁ポートランドの壺
この象徴的な作品は、技法的にはアンフォラの一種である。首が狭く、2つの取っ手を持つ水差しだ。歴代の所有者の中で直前の人物、ポートランド公爵夫人にちなんでこの名で呼ばれる。何世紀にもわたり芸術家たちを震撼させ、特に偉大な英国の陶芸家、ジョサイア・ウェッジウッドに多大な影響を与えた。

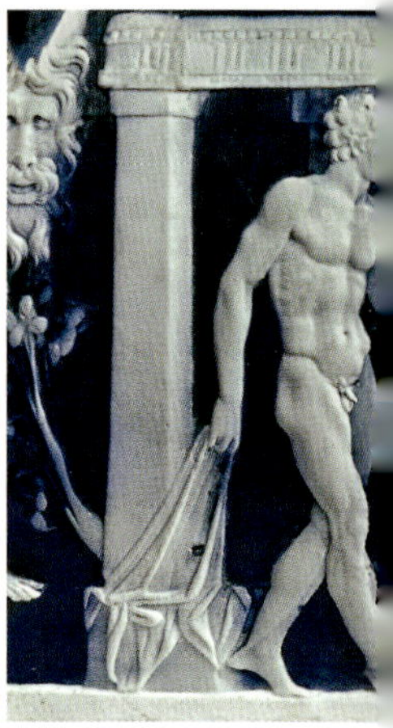

壺の内側から光を
当てると、コバルト
色が濃くなる

複雑なディテールは、
おそらく
ディアトレタリウス、
つまり熟練した宝石の
カット職人によって
製作された

△影響力のある女性
この人物は、ローマで最も重要な女性の一人、オクタウィアかもしれない。皇帝カリグラ、クラウディウス、ネロはすべて彼女の直系の子孫である。

◁**壺の人物たち**
壺の図柄を平面図にしたもの。花瓶の両面を表示しており、取っ手の下にある人物の顔（ひげと角がある）で区切られている。イメージの間に統一的なストーリーがあるかどうかは、鑑賞者がどんな解釈を受け入れるかにかかっている。

翼のあるクピド（キューピッド）は、これが愛の物語であることを示している

白いガラスのレリーフは厚さわずか3mmである

ポートランドの壺

ガラスに描かれた美と欲望の謎めいた表現

ポートランドの壺は、これまでに発見されたローマ時代の遺物の中で最も注目に値する一品であり、謎めいたものでもある。歴史上、最初の記録は1600年に書かれている。長い間、後3世紀のセウェルス・アレクサンデル帝の遺灰を納めるために作られたものと考えられていたが、それは間違いで、現在では、この作品は後1世紀に作られたものと見られている。だが、なぜ作られたのか、何を描いているのかは謎のままだ。

完全なガラス製で、暗い半透明のコバルトブルーの地の上に、薄く白いカメオの層がある。彫刻はおそらく、ディップ・オーバーレイ技法を駆使して製作された。吹きガラス製の青い下層の上に、溶かした不透明な白いガラスをかけて完全にコーティングし、乾燥後に彫刻し、レリーフを作っている。

座っている3人

壺の片面に3人の座っている人物像がある。この場面の解釈はいくつかあるが、中央の人物はオクタウィアで、夫のマルクス・アントニウスに捨てられたばかり、という説がある。左は兄のアウグストゥス、右は一族の祖先である母神ウェヌス（ウェヌス・ゲネトリクス）である。

別の解釈では、中央にいるのはクレタの王女アリアドネである。彼女はクノッソスの迷宮を案内し、ギリシアの英雄テセウスのミノタウロス退治を助けたことで知られる。さらに異説では、これはトロイア戦争のものだという。中央にいるのはトロイアのヘレンで、パリス（左側の人物）が誘拐または駆け落ちしたことが、戦争の引き金となった。この場合、右側の女性はギリシアの愛の女神アフロディーテとなる。

解釈に関するその他の疑問

壺の反対側の図柄は、海の妖精テティスとペーレウスと見られる。海神が2人の結婚式を主催しているようだ。だが異説として、アポロ神によって蛇の形で産まれたアウグストゥス帝の伝説を表現している、というものもある。さらにまた、女性像はエジプトのファラオ、クレオパトラであると信じる人もいる。彼女の中傷を目的としたイメージで、ローマの将軍マルクス・アントニウスを「誘惑」しているステレオタイプの図柄だというのである。

「古代のモニュメントだとは信じられません……とても偉大な芸術家によって作られたもので……」
1782年、サー・ウィリアム・ハミルトンがジョサイア・ウェッジウッドに書いた手紙

ゲルマニアのローマ人

北部の征服と抵抗

ローマ人がゲルマニアと呼んだ土地は、天然資源が豊富で繁栄していたが、武力侵攻と暴動に悩まされ、不安定な地域でもあった。それを征服しようとするローマの試みはさまざまな結果をもたらし、時によっては完全な大惨事に終わったこともある。

◁**ガラスのボウル**
交易は、ローマ辺境地の生活において重要な側面だった。このボウル（後1世紀）はナイメーヘンで発見された。ローマ領内で作られたか、国境を越えて大ゲルマニアとの取引でもたらされた物かもしれない。

ゲルマニアは、現在のドイツ、スカンジナビア諸国、スイス、ベルギー、ポーランド、スロヴァキア、チェコ、ハンガリー、オーストリアの一部を含む地域で、ケルスキ族、マルシ族、アレマン二族などが住んでいた。今日、彼らについて知られていることは、ほとんどがローマの情報源によるものだ。彼らはしばしば未開人として描かれているが、一方でタキトゥスなどの著述家は、ゲルマニアの人々を非常にロマンチックな言葉で描写し、強さと高潔な素朴さを称えた。それは他のローマ人が描いた柔弱さ、道徳的な怠惰とは対照的なものである。

帝国の拡大

ユリウス・カエサルは、ガリア遠征中にゲルマニアにも進出したが、最初にライン川を越えてローマ国境を拡大しようと試みたのはアウグストゥス帝である。彼の義理の息子ドルスス、その後にドルススの兄ティベリウスがある程度の成功を収めたが、後9年のトイトブルク森の戦いが、初期の成功を帳消しにしてしまう。この戦いでプブリウス・クィンクティリウス・ウァルスが指揮するローマの3個軍団が、ゲルマン人同盟軍によって完膚なきまでに撃滅されたのだ。ウァルスの部下の将校アルミニウスは、ケルスキ族の族長の息子であり、ゲルマン人の伏兵が待つトイトブルク森にローマ軍を誘導した。長い間、アルミニウスは故郷からローマ人を追い払うことを計画しており、諸部族と密かに同盟関係を築いていた。トイトブルクでの彼の勝利はローマ人にトラウマを与え、敗北の報を聞いて取り乱したアウグストゥスは「ウァルス、私の軍団を返してくれ！」と叫んだことで有名である。

トイトブルク森の戦いの後、アウグストゥスはこの地域をさらに征服する計画を断念した。ティベリウスが皇帝になったとき、彼とその養子のゲルマニクスは、ローマ支配地域を拡大するよりも強化することに重点を置いた。しかしゲルマニクスは、トイトブルクで敵に捕獲されたローマ軍団の軍旗を取り戻すことができた。彼はまた、アルミニウスの妊娠中の妻トゥスネルダを拉致し、後17年の凱旋パレードで彼女を見世物として引き回した。

▽**ローマ帝国と大ゲルマニア**
ローマの最善の努力にもかかわらず、ゲルマニアで獲得できた領土は比較的小さく、大ゲルマニアの大部分は多くの地元部族が支配した。

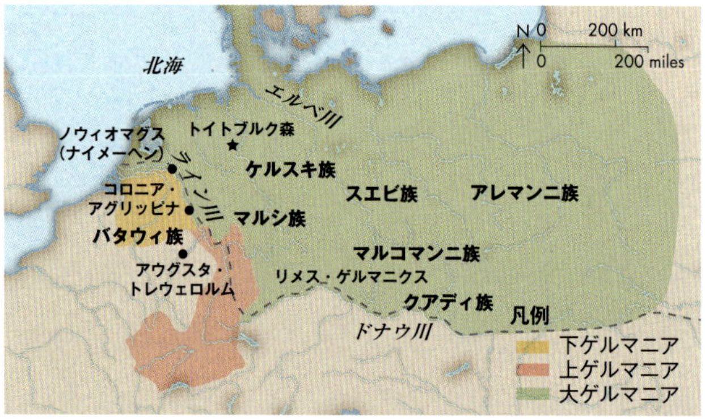

激動のフロンティア

ゲルマニアでの混乱にもかかわらず、ローマは征服地を維持するためにかなりの資源を投入した。ライン川は後80年代にローマ領の境界となり、上ゲルマニア（ゲルマニア・スペリオル）と下ゲルマニア（ゲルマニア・インフェリオル）の2つの属州が帝国内に組み込まれた。ライン川に沿って550kmにわたるリメス・ゲルマニクス（ゲルマン国境）の外は、

△**騎兵兜**
ドイツで発見されたこの騎兵のパレード用兜は、ローマとゲルマニアとのつながりを想起させる。多くの軍団兵士が、退役後に当地に定住したのである。

△**帝国の誕生**
ドイツ帝国が建国してから4年後の1875年、ヘルマンスデンクマール（アルミニウス記念碑）がドイツ北部に完成した。トイトブルク森でのアルミニウス（ドイツ名ヘルマン）の勝利と、近代ドイツ国家のアイデンティティの両方を表すものである。

ローマの支配外である大ゲルマニア（マグナ・ゲルマニア）に区分された。この国境線は、少なくとも60の防御砦、900の監視塔、および数千人の軍隊で厳重に警備された。

ローマはまた、辺境に近い場所にアウグスタ・トレウェロルム（後のトリーア）やコロニア・アグリッピナ（後のケルン）などの入植地を開拓した。これらの都市には、ローマ市民、退役軍人、ローマと和睦した地元の人々が住んだ。後にマルクス・アウレリウス帝がマルコマンニ族を征服しようと、国境を越えて新たな侵攻を試みるが、それはリメス・ゲルマニクスの要塞線ができてから50年後のこととなる。

ゲルマン人の抵抗

ローマのゲルマニア支配は4世紀にわたったが、争いは続き、ずっと困難を極めていた。トイトブルク森の戦いは最も顕著なものだったが、ほかにも後1世紀半ばのバタウィ族の反乱では、いくつかのローマ軍団が壊滅する前に降伏し、後3世紀にはアレマンニ族とフランク族が継続的にローマン・ゲルマニア地域を襲撃した。ローマは後5世紀初頭にようやくこの地域から撤退した。

◁**ポルタ・ニグラ**
後1世紀にアウグスタ・トレウェロルムの要塞線に築かれたポルタ・ニグラ（黒い門）は、ローマ人がゲルマニアで強固な防御を必要としていたことを示している。

◁**成功のための建造物**
この1世紀の大理石の柱頭（柱の上部）は、巻き付く蔓植物、蓮の花、アカンサスの葉が特徴の、装飾的なコリント様式の典型例で、ローマ帝国の建物でよく使用された。

4

帝国の最盛期

紀元前27－紀元後192年

ローマ帝国の拡大

共和政末期の最後の年月は、大混乱と市民生活の不安によって特徴づけられた。前27年から後192年までも決して平穏無事とは言えず、皇帝間の権力移譲が完全にスムーズに進むことはめったになかった。にもかかわらず、それがローマ国家の運営を混乱させることもあまりなかった。アウグストゥスは皇帝として統治を開始し、自分は対等な市民の中の第一人者である、と主張したが、彼が40年にわたって権力を握るうちに、1人の元首による帝国支配がローマの政体に組み込まれるのに十分な時間が確保された。アウグストゥスが亡くなったとき、すでに問題は彼の後に別の皇帝が続くかどうかではなく、彼の後継者がどのような皇帝になるか、であった。

権力構造の変化

この時期には、正式な統治構造としての帝政が出現し、皇帝の政府の一部として、政務管理のために多くの解放奴隷が起用されるなどの変化も見られた。元首制がローマの政治体制に加えられたことは、広範囲にわたる社会的および文化的影響をもたらした。特に、毎年のように複数のコンスルが入れ替わり、政局が変化するのではなく、1人の個人に公的権力が集中したことは重要だった。これにより、ローマ国家における権力の移譲方法が変化し、特に元老院は、なんらの変化も起こせなくなった。一方、軍隊は依然として重要な権限を保持しており、権力闘争は共和政期にもまして危険なものとなった。皇帝に抵抗したり挑戦したりすることを選ぶか、またはそうするしかない、と覚悟した人々は、自らの責任でそのリスクを冒した。

皇帝の権威が確立されると、それに伴って新たな「ソフトパワー」が出現した。皇室の女性、特に皇后は、統治者個人に影響を与えることができるようになった。それは共和政の政治構造の下では不可能だった手法である。

征服と交流

帝政初期の段階では、西ヨーロッパの大部分、および北アフリカの大部分で、地中海全域におけるローマ帝国の覇権は疑う余地がなかった。政治情勢が比較的安定していたため、軍隊はローマの権威を拡大し、強化することができた。この時期の重要な仕事は、ネットワークの構築であった。この世界に住まうすべての人々を、皇帝とその宮廷が中心に位置する保護と義務の関係に織り込んだのである。布告、裁定、恩恵が、このシステムの動脈を通って中心から周縁へと流れた。一方、嘆願や税金、賛辞は反対方向に流れた。このシステムは、帝国のすべての住民に対し、社会の安定性に自ら寄与する機会を与えるとともに、将来の潜在的な脅威と見なされる者に対して行われる暴力を受容するよう促すものでもあった。

この時期は、文学、哲学、法学、医学、建築、芸術など、さまざまな分野での進歩と成果が顕著に見られた。どうしても、この時代をひとつの黄金時代と見なしたい、という誘惑にかられてしまうが、制度化された暴力が、ローマの社会政治システムに深く根ざしていたことを忘れてはならない。暗殺された皇帝のおびただしい数が、それを明確に想起させる。

△エメラルド色のガラスボウル（後1世紀）

後4年 アウグストゥス帝がティベリウスを養子にする。

14年 アウグストゥスが死に、ティベリウスが2代皇帝になる。

37年 ティベリウス帝が死去し、カリグラが後を継ぐ。

41年 カリグラ帝の暗殺後、クラウディウスが皇帝に即位。

54年 ネロがクラウディウス帝の後を継いで5代皇帝になる。

69年 「四皇帝の年」。ウェスパシアヌスが次期皇帝として浮上。

79年 ウェスパシアヌス帝の死後、息子のティトゥスが皇帝となる。

❶ ドゥッガの保存状態の良い遺跡

❷ エフェソスのハドリアヌス神殿

❸ 帝国の最南端、デンデラ

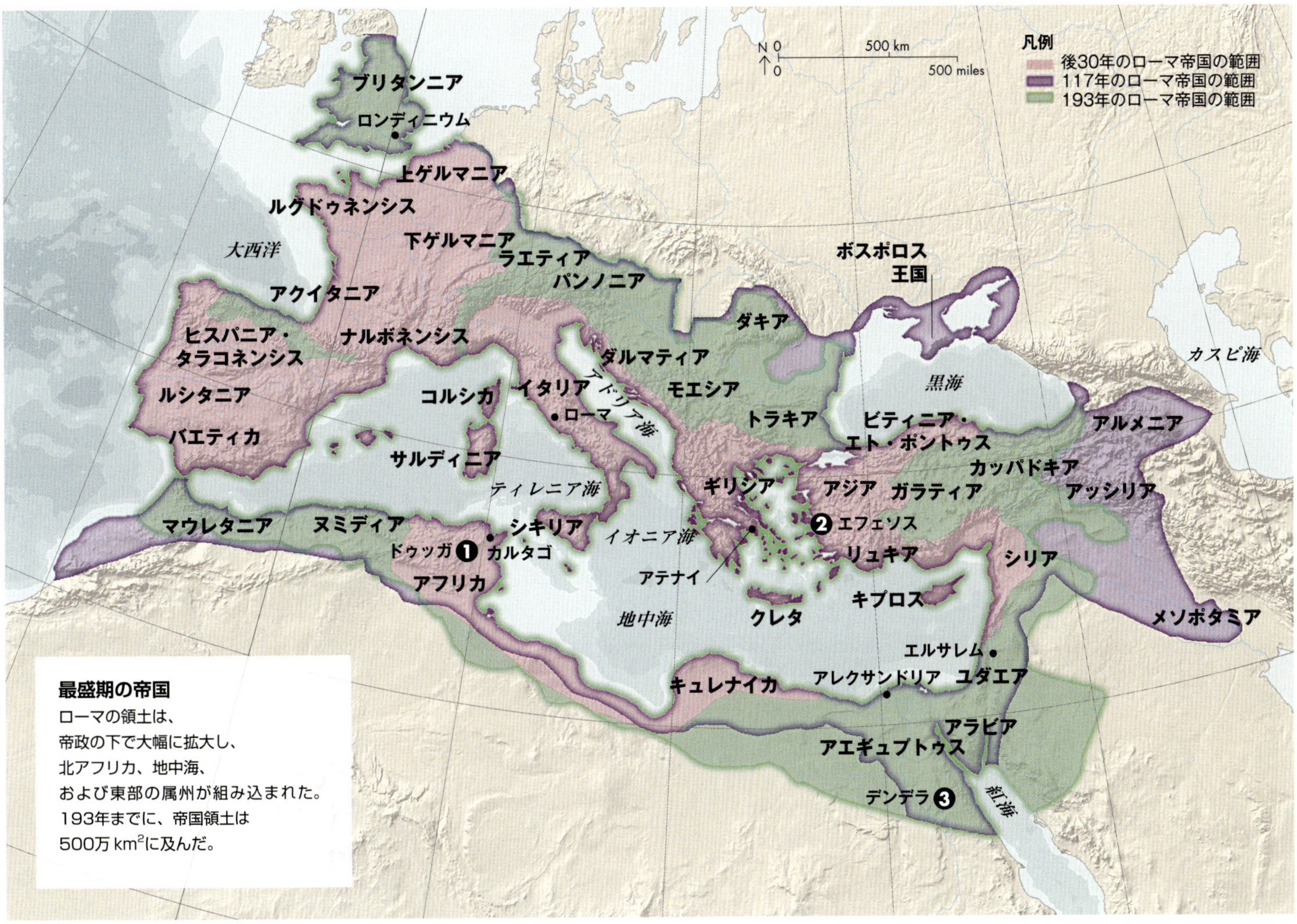

最盛期の帝国
ローマの領土は、
帝政の下で大幅に拡大し、
北アフリカ、地中海、
および東部の属州が組み込まれた。
193年までに、帝国領土は
500万 km^2に及んだ。

81年 ティトゥス帝が熱病で死亡。弟のドミティアヌスが皇帝になる。

96年 ドミティアヌス帝が暗殺される。元老院がネルウァの即位を宣言。

98年 トラヤヌスが養父ネルウァ帝の後を継いで皇帝になる。

117年 トラヤヌス帝の死後、ハドリアヌスが即位。

138年 アントニヌス・ピウスが皇帝になる。

161年 マルクス・アウレリウスがアントニヌス・ピウス帝の後を継ぎ、当初はルキウス・ウェルスと共同で統治する。

180年 マルクス・アウレリウス帝が死去し、コンモドゥスが皇帝に即位。

192年 コンモドゥス帝が暗殺される。

成長する帝国

ローマの支配の強化と拡大

帝国の拡大は、戦略的というよりもダイナミックなもので、特定の状況や圧力への対応としてもたらされた。ローマはアウグストゥス帝の下で、征服と協力を組み合わせ、それを通じて他の国家に影響力を行使する方法を見つけたのである。

アウグストゥス帝が帝国を率いた40年間に、その版図は地中海と北ヨーロッパの地域を超えて、主にエジプトとスペインの一部、中央ヨーロッパ、近東、アフリカにまで拡大した。彼は拡大の性質と方向性について多くの決定を下さなければならなかった。計画的で戦略的なものもあれば、事後対応的なものもあった。何よりも、彼は軍事力と資源の限界を考慮して、帝国をどちらに拡大させるか、それを実行するかどうか、柔軟に対応する必要があった。彼はまた、帝国の直接支配下にある属州と、ローマに忠誠を誓った従属国王が支配する国の、複雑な組み合わせを管理しなければならなかった。従属王国は、ローマの影響をあまり受け入れない他の属州と帝国の関係を和らげるクッションとなった。アウグストゥスは継続性を好む傾向があり、王国を帝国に同化させるよりも、可能であれば地元の支配者と協力することを選んだ。この戦術により、無用な軍事介入を避けることができたのである。このようにして、彼は軍隊を効率的に使用しただけでなく、将来の退役軍人（すなわち、除隊後に土地の付与を約束している軍人たち）の数を制限した。アウグストゥスは、皇帝としての功績を記念して自身の霊廟に掲げた長い碑文、業績録（レス・ゲスタエ。138–139頁を参照）で、外国の敵を滅ぼすよりも恩赦を好む「クレメンティアの美徳」を強調した。このような枠組みにより、外交的勝利も軍事的勝利として提示できたのである。しかし彼の戦争には、多くの捕虜の奴隷化、民間人に対する多くの身体的および性的暴力が常に含まれていた。領土を征服すると、アウグストゥスは地域住民とその指導者を管理し、帝国の弁務官であるプロクラトル（代官）を通じて税を搾り取り、ローマの支配を強化した。

△**荘厳な安らぎの場**
前3年に築かれたマウレタニア王陵は、ユバ2世とその妻クレオパトラ・セレネのもの。ユバ2世は、マウレタニア王国がローマの従属王国となる道を進めた。

◁**ローマ女神の聖別**
クロアチアのプーラにあるローマ＝アウグストゥス神殿。アウグストゥス帝の生前に建てられたものだが、彼は死後に神格化されたため、都市の擬人化であるローマ女神と彼の両方に捧げられる神殿となった。

締め付けの強化

前25年、アウグストゥスは、小アジアの政治情勢をより一般的に安定させることを目的として、ガラティア（トルコ中部）を属州として併合した。同様に、後6年にはシリアとユダヤを属州化した（188–189頁を参照）。ヒスパニアの属州化は、苦難の連続となった。前26年、アウグストゥス自身が反抗的なカンタブリ・ケルティベリア人に対する作戦を主導し、戦闘は少なくとも前19年頃まで続いた（90–91頁を参照）。スペインの蜂起を鎮圧する作戦は長期化し、多くの資源投入を必要としたが、最終的に長い紛争に終止符が打たれた。アルプスは軍事行動が困難な山岳地帯で、ガリアとイタリアの間の通商を妨害する可能性のある部族が支配しており、ローマはこれの制圧に懸命に奮闘し、最終的には成功した。

アフリカと近東へ

アウグストゥスは、既存の帝国領内に対するローマの支配力を強化するだけでなく、新しい領土を支配下に置いた。最初期に帝国に加えられたのはエジプトで、前30年のクレオパトラ7世の死後、エジプトは彼の直轄地となった（210–211頁を参照）。エジプトはローマの穀物の多くを供給していたため、他の属州とは若干、異なる扱いを受けた。たとえば元老院が選んだ総督は置かず、皇帝に直属する騎士（元老院階級より下の社会階級。92–93頁を参照）の州長官を置いた。元老院議員は、皇帝の許可なしにエジプトを訪問することはできなかった。また、ローマ人は多くの場合、エジプトの既存の官僚機構を維持し、ローマ法に適合するように運用させた。

アウグストゥスの遠征であまり成功しなかったのは、前26－前25年のアラビア・フェリクス（サウジアラビア南部とイエメン）侵攻の試みである。これは業績録では探索的遠征として提示している。その後、前25－前24年のエジプトから南方への遠征により、ローマの領土がさらに拡大し、クシュ王国のカンダケ（事実上の女王）と新しい条約が結ばれた（下コラムを参照）。アウグストゥスはアフリカ属州（現在のチュニジアを中心とする地域）におけるローマの存在感を強め、国境を拡大した可能性もあるが、詳細は不明である。さらに前25年、安定的な穀物供給を維持する戦略の一環として、北アフリカの肥沃なマウレタニア王国をローマの従属王国とする協定を結んだ。ヨーロッパでは後6－9年、アウグストゥスの甥ゲルマニクスと、養子のティベリウスがバルカン方面への侵攻を主導し、パンノニアとダルマティアの両属州を創設した。

△征服者の顔
この大理石のメダリオン（円形装飾）は柱廊の飾りで、アウグストゥスのヒスパニア侵攻後、前25年に設立されたコロニア、つまり軍事的な前哨拠点アウグスタ・エメリタ（現在のスペイン、メリダ）のもの。同地は後に、ルシタニア属州の州都になった。

帝国の限界

ゲルマニアは、アウグストゥスの晩年における紛争の震源地であった。義理の息子ドルススは前12年にライン川を渡り、4年間に及ぶ軍事行動を続けたが、決定打とはならなかった。7年後、ティベリウスがエルベ川に進出したが、これはアウグストゥスのゲルマニア侵攻の限界点を示すものとなった。特に後9年のトイトブルク森の戦いで、ローマ軍団はゲルマン連合軍に手痛い惨敗をこうむった（154–155頁を参照）。これは非常に屈辱的だったので、壊滅した軍団の軍団番号は欠番となり、二度と使用されなかった。

アウグストゥスの帝国拡大は、外向きの現象だけではなかった。それは、帝国全体から人々、習慣、信念、伝統を引き寄せ、ローマ自体を変えるのに役立った。ローマはこの時代以前も「閉鎖的」な都市ではなかったが、帝政時代にはさらに開放的になった。

ユピテルとアモンが習合し、角があるユピテル・アモン神

砂に埋められた頭部

この印象的なアウグストゥスのブロンズの頭部には、目の象嵌が完全に残っている。これには奇妙な歴史がある。この像は古代クシュ王国の首都メロエ（現在のスーダン）で見つかった。明らかに全身像の一部だが、頭部だけがアモン神の神殿で砂に埋もれているのが発見されたのだ。そこは勝利の祭壇に通じる階段の下で、スーダンの暑く乾燥した気候のおかげで、保存状態が維持されたのである。頭部はおそらく、女王アマニレナス率いるクシュ軍がローマ領を襲撃した際に捕獲したものだ。その埋められていた場所は象徴的である。メロエの人々は神殿の階段を使うたびに、敵将アウグストゥスの頭を踏み付けたのである。

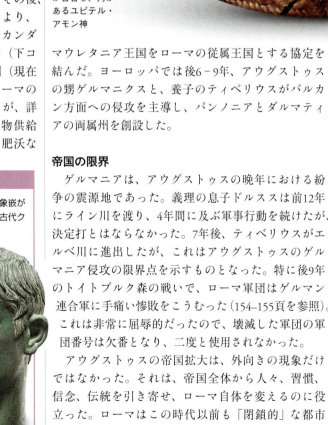

▷**トラヤヌス市場**
トラヤヌス市場にある店舗の街並み。古代都市の密集した通りや舗道の貴重な現存例である（114–115頁を参照）。

◁**アウグストゥス**
ローマ初代皇帝は野心的な建設者でもあり、「ローマを煉瓦の街として受け継ぎ、大理石の街として残した」と自賛した。

新しき巨大都市

古代ローマの記念碑的な都市

ローマの街には、前2世紀までに約100万人が住んでいた。ティベル（テヴェレ）川の河岸段丘上に建設され、何世紀にもわたって無計画な発展を遂げた都市は、定期的な火災や洪水に見舞われた。これは課題の見直しや改善の機会をもたらすものでもあった。歴代の皇帝は、上水道や下水道などの実用的なインフラや、壮大な公共プロジェクト、私有の宮殿で自らの足跡を残そうとした。店舗、倉庫、住宅、集合住宅などの通常の建物がマップの残りの部分を占めていた。混雑した都市生活は騒々しくて辛い面もあったが、「パンと見世物」を政策とする皇帝の政権下では、比類のない娯楽の機会が提供される場所でもあった。

古代のローマ地図

ローマ時代の大理石製の地図「フォルマ・ウルビス・ロマエ」の断片。ローマの2つの丘の間を走る幹線道路ウィクス・パトリキウスに沿って公共、私有、商業など各種建物が示されている。これは18m×13mの大きな地図の一部で、セプティミウス・セウェルス帝の治世の後203–211年に造られた。建物や通りの名前も含まれ、平和の女神の神殿に掲示されていたが、後に他の建築のための材料として解体された。

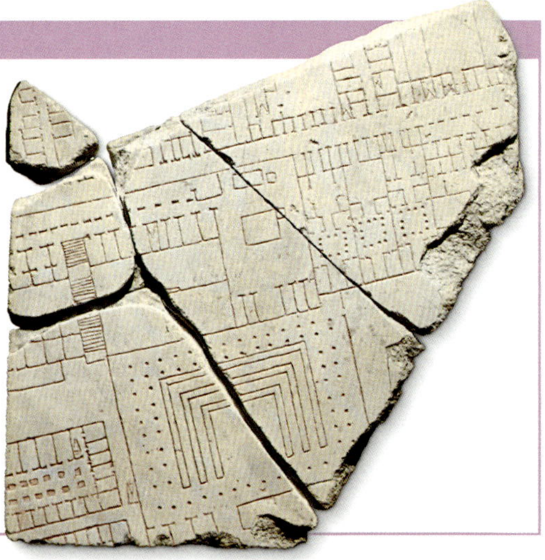

△**アウグストゥス廟**
この墓は前28年に
アウグストゥスが建てたもの。
内部の部屋には、
皇族の遺灰が入った金の骨壺が
保管されていた。

記念碑の複合体である皇帝たちのフォルム（フォラ・インペラトルム。212-213頁を参照）

古代ローマの中心であったフォルム・ロマヌム（64-67頁を参照）

密集した住宅が市の中心部を埋め尽くしていた。さらにその先には、庭園と郊外が何kmも続いていた

水道橋は水道水を都市に、さらには一部の丘陵上にまで届けた

大規模な公営浴場が街を取り囲んで建っていた

後3世紀後半から、アウレリアヌス城壁の建設により、外郭防御を得た

◁**広大な都市、ローマ**
この地域の最初の住民は、
安全と夏の涼風を求めて、
丘陵の上に村をつくった。
都市が成長すると丘の多くは
そのまま一等地となり、
下の谷には交通量の多い道路が
設けられた。

ビジュアル・ツアー

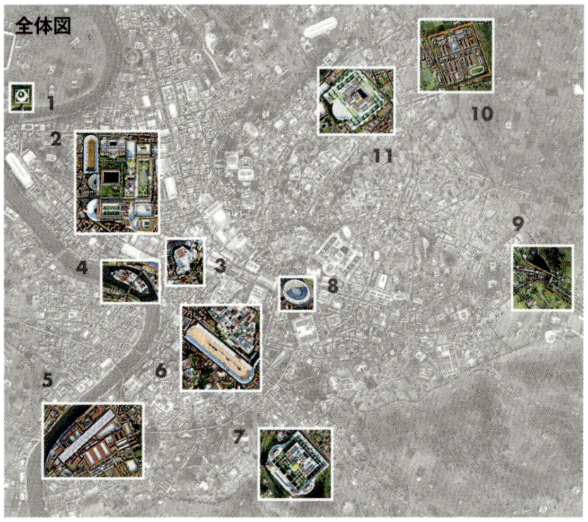

◁**ハドリアヌス廟**
ハドリアヌス帝の円形の霊廟は、ティベル川の対岸にあるアウグストゥス帝の霊廟と呼応している。
中世になって、教皇の要塞であるサンタンジェロ城に改築された。

▷**カンプス・マルティウス**
ティベル川の湾曲部にあるこの平坦地は、もともと軍の教練や選挙に使用された開けた場所である。帝政期になって、中心部に浴場、神殿、劇場、アリーナが整備され、フォルムの特徴を帯びていった。

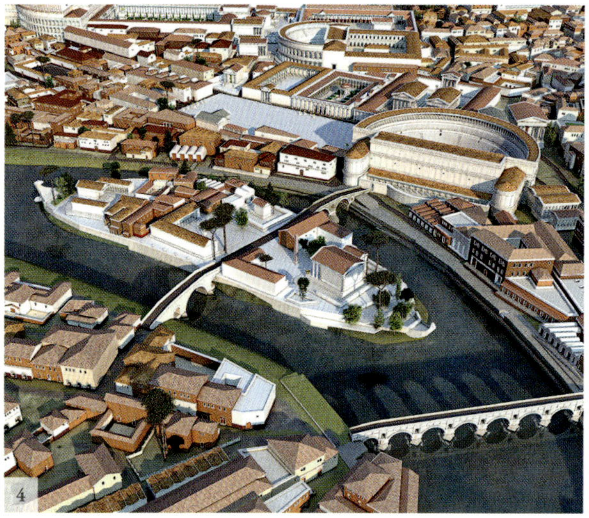

△**カピトリヌスの丘**
この丘陵はローマ最大の神殿で、ユピテル神と妻のユノ女神、娘のミネルウァ女神に捧げられた、ユピテル・オプティムス・マクシムス神殿の敷地である。フォルム上にそびえる丘陵には、他にも多くの神殿や寺院が林立し、戦勝将軍の凱旋行進のゴール地点となった。

△**ティベル島**
島はティベル川の自然な中州で、今でも橋梁で両岸につながっている。
島には癒しの神アエスクラーピウス（アスクレーピオス）の、船のような形状で造られた神殿があった。

△**ローマのドック**
エンポリウム地区には、前2世紀からローマのドックと倉庫があった。都市が成長するにつれて、主食と高級品を搬入するための施設が追加された。樽形のアーチ状の長い建物は、物資倉庫あるいは船の倉庫だったのではないかと思われる。

▽**ディオクレティアヌス浴場**
ディオクレティアヌス帝が後299－306年に建設し、帝政期の大テルマエ（浴場）の中でも最大である。フリギダリウム（冷水風呂）があった建物の中央区画の一部は、現在もサンタ・マリア・デリ・アンジェリ・エ・デイ・マールティリ大聖堂の外観として残っている。これは16世紀になって、ミケランジェロの設計に従い改築、追加されたものだ。

▽**親衛隊の兵舎**
皇帝親衛隊（プラエトリアニ）の兵舎は、2代ティベリウス帝によってローマの端に集められた。彼は皇帝の個人的な警護をさせるつもりだったが、すぐに親衛隊とその将校たちは増長し、気に入らない皇帝を廃し、もっと自分たちにとって有利な候補者に置き換える行動を積極的にとるようになる（228–229頁を参照）。

▽**プラエネスティーナ門**
後のマッジョーレ門である。市の東端で2本の幹線道路がアーチ形の門（中央）を通過している。帝国の水道橋もここからローマ市内に水を運んだ。その後、これらの構造物は、可能な限り既存の建物を利用するという方針の下、アウレリアヌス城壁に組み込まれた。

△**パラティヌスの丘とキルクス・マクシムス**
パラティヌスの丘は、ローマの建国者ロムルスの居住地とされ、共和政時代にはフォルムを見下ろす貴族街になった。歴代皇帝もここに住居を構えた。下の谷はローマ初期から競馬に使用され、後に大戦車競技場キルクス・マクシムスになった（146–147頁を参照）。

◁**コロッセウム**
この有名な剣闘士の闘技場（194–197頁を参照）はウェスパシアヌス帝が建てた。憎まれていた前任者ネロ帝の広大な宮殿と庭園（186–187頁を参照）があった場所である。今も昔も、ここはローマのシンボルとなっている。

◁**カラカラ浴場**
この巨大浴場は、後3世紀初頭にわずか数年で建設された。コンクリートのアーチ形天井建築におけるローマの専門知識を広く活用し、中央の入浴区画と、外区画に庭園、ホール、そしておそらく図書館などを組み込んだ複合体となった（236–237頁を参照）。

言葉の力

ローマ世界の識字能力

文字は、ローマ文化のあらゆる分野で重要な要素を担っていた。男性も女性も、奴隷も自由人も、本に書いたか、壁に刻んだかにかかわらず、後の世代の人々が読めるような言葉を残したのである。

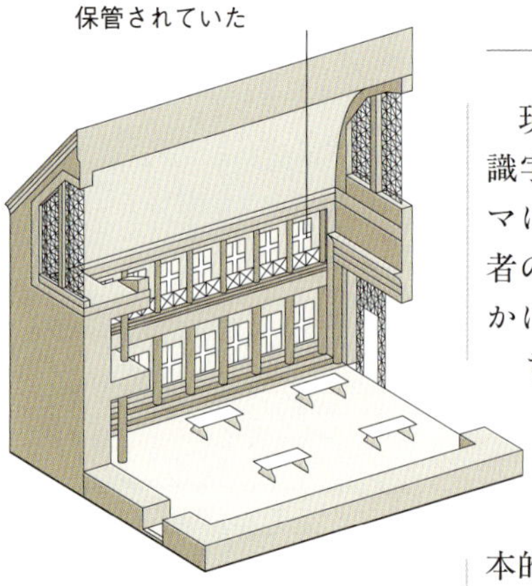

書物は、壁面に
組み込まれた書棚に
保管されていた

△ウルピア図書館
この図書館はローマのトラヤヌスのフォルムの一部で、後2世紀に建てられた。約1万冊の書物が収められており、ギリシア語とラテン語の写本用に別々の部屋があった。

現存する遺物は、ローマ人がさまざまなレベルの識字能力を有していたことを示している。古代ローマには正式な教育制度はなく、子供の教育歴は養育者の好みと裕福さ、そしてどんな教師が地域にいるかにかかっていた。非常に裕福な一家では、子供たちのために家庭教師を雇った。娘が息子と同じ条件で学べるかどうかは、個々の家族の選択次第だった。授業料を支払うことができる人なら誰でも、6歳か7歳から学校に入ることができ、基本的な読み書きと算数を学んだ。より専門的な教師が、文学と文法についてさらなるトレーニングをした。裕福な人々は、投資する価値があると見込んだ場合、奴隷たちに教育を施し、熟練した管理人や秘書として訓練することもできた。

書物・公告

ローマの著述家たちは、叙事詩、恋愛詩、歴史学、自然科学の研究、演劇など、幅広いジャンルで執筆した。前1世紀には、書物はエリート層のローマ人の間で共有され、写本を取って読まれたが、後1世紀になると、比較的安価な書物が販売されるようになり、入手しやすくなった。

詩人マルティアリスは、自分の詩集が1冊わずか4セステルティウス（パン8個分の価格）で買えた、と記録している。会計、貿易協定、およびその他の商取引などの公式な記録管理にも書面が使用された。イギリスのロンドン中心部から発掘された木製の書字板には、クリスプスという男性の記録が含まれている。彼が売買したビールの数の記録で、商業を経営している多くのローマ人が持っていた実務能力が映し出されている。また政治ニュースはアクタ・ディウルナを通じて共有された。これは羊皮紙に書かれた重要な出来事の日報であり、公示と議論のため、公共掲示板に貼り付けられた。

△ポンペイの政治的な落書き
選挙中にはしばしば、壁に落書きが書かれた。この例はドゥオウィリ、つまり判事の一人としてカイウス・ユリウス・ポリビウス（「CIP」の略語で識別できる）を選出しよう、と有権者に呼びかけるもの。

奴隷にされた人々による書き込み

前2世紀、女性の奴隷であるデトフリとアミカは、屋根瓦の粘土が乾く前に名前を書き、足跡を付けた。アミカはラテン語で、デトフリはオスカン語（南イタリアの言語）でこう書き残している。「ヘレンニウス・サッティウスの奴隷、デトフリ。足跡付きのサインを記す」。足跡はサムニウム人がよく履いている靴のものである。この瓦は、イタリアのピエトラッボンダンテの寺院の屋根の修理に使用された。署名することで、彼女たちは建物の歴史に自分自身の名を刻み、労働の跡を目に見えるものにしたのである。

碑文と落書き

多くの碑文が今日も残っている。公共の建物の建設費を誰が負担したかを記録するものや、重要な元老院法と法令が記されていた碑文もあった。落書きのような無秩序な書き込みも、ローマの都市を埋め尽くしていた。貧しい市民、奴隷、さらには子供たちも、壁のスペースを使って、政治、自分たちの生活、その他の興味のあるテーマについて考えたことを書き、意見を共有した。こうした書き込みは、アンフォラのラベルや、生産業者を識別するためのスタンプが押された煉瓦などのオブジェクトにも見られた。

「これは武器の、そして人の物語である」
ウェルギリウス『アエネイス』

▽**『ウェルギリウス・ウァティカヌス』のページから**
後4世紀に制作され、現在はバチカン図書館が所蔵するウェルギリウス作『アエネイス』。このバージョンはコデックス、つまり冊子写本の初期の例だ（168–169頁を参照）。カルタゴの女王ディドが、彼女を捨ててカルタゴを離れるアイネイアースに気付くシーンである。

ローマ人の筆記

文字を記すための筆記用具

文字に大きく頼る文化では、筆記用具としてすぐに手に入る素材が必要である。ローマ人はパピルス、羊皮紙、蠟、木材を使用した。詩集から買い物リストに至るまで、テキストを書き、彫り込み、あるいは刻んで記したのである。

ローマの政治家キケロが、弟のクィントゥスに宛てた手紙の書き出しには、ペン、インク、紙の準備はできている、とある。彼の言葉の通り、ローマ人の書き言葉はすべて手書きだ。印刷機が発明されるのは、あと1000年以上も未来のことである。書かれたテキストが生き残る期間は、書かれた素材によって異なった。高価な筆記用具を購入することは可能だったが、裕福でないローマ人はもっと手頃なものを買うこともできた。時間の経過とともに幾分の変化が見られたとはいえ、ローマの筆記用ツールとテクニックは、かなり一貫性があった。

筆記用具

当初、書物はエジプトの植物、パピルスの繊維から作られた素材の巻物に書かれた。茎の細片を重ね合わせて長いシートを作り、それを巻いたものだ。この形式は、文学作品で特に人気があったが、象牙や軽石（火山岩）でパピルスの表面を磨いて滑らかにしたので、コストが高くなった。羊皮紙（動物の皮）の巻物もあったが、パピルスが主な素材だった。

木製の蠟板は、しばしばまとめて小さなノート状のタブラ（タブレット）に綴じ合わされ、ビジネスなどの実用的な筆記に使用された。ローマ人は、直接木に書くこともあった。イギリスにあるローマ時

▷タブラの表面
イギリスのロンドンで発見された木製の枠と、2本のスタイラス。裏面は、書き込み用の蠟が入ったタブラとなっている。

代の砦、ウィンドランダ（204–205頁および258–259頁を参照）で発見されたウィンドランダのタブラは、薄板を半分に折り畳んで綴じる方法を示す実例として有名である。

後1世紀に出現した主要な技術革新は、コデックス（冊子写本）である。羊皮紙のシートをつなぎ合わせたもので、現代の本に似ていた。本をより安価に生産できるだけでなく、より持ち運びやすいノート状にすることができた。それは、古代ローマで長らく使用された巻物に取って代わるものとなった。

書き込みの方法

通常、蠟板のタブラを使用するとき、書き手は鉄、あるいは骨で作ったスタイラス（尖筆。ラテン語でスティルス）で言葉を刻んだ。スタイラスの反対側の端は平らになっており、文字を消すために用いた。蠟の表面全体を滑らかにして、蠟板を再利用したの

◁信頼できるツール
これは後1世紀のポンペイのフレスコ画で、インク壺、コデックスの蠟板タブラ、2巻のパピルスの巻物（1巻はカプサという容器に入っている）、スタイラスが描かれている。

である。蠟は木製の枠に収められており、書き手があまりに深く文字を切り込むと、板面に文字の跡が付いた。パピルスへの書き込みに使用する葦ペンは、先端を尖らせるために定期的に研ぐ必要があった。こうしたペンを、煤《すす》と接着剤でできたインクに浸して使用した。インクは固形のブロックで購入し、必要に応じて水と混合して用いたが、適切な筆跡を一貫して安定させることは容易ではなかった。後1世紀の風刺作家ペルシウスは、インクが薄すぎたり濃すぎたりして、うまく混ぜることができない、と不平を言う学生を描いている。石に碑文を刻むには、ハンマーやノミなどの道具が必要であり、製作する人々はかなりの訓練を必要とした。

パピルスの保存

パピルスの断片は、たまたま乾燥した環境や、空気が希薄な環境で保存された場合、古代から生き残ることがある。19世紀にエジプトのオクシリンコスで発掘調査が行われ、パピルスの山が発見された。古代の深いゴミ捨て穴の湿度は低く、腐敗を免れたのである。ポンペイのパピルス荘からも、火山灰の層によって保護された私設図書館が見つかった。CTスキャンとX線により、焦げた巻物も破損させることなく読み取ることができる。

△書き始める前に
このポンペイのフレスコ画は、上流階級の女性がスタイラスとコデックスを手にして、文案を練っている姿。年代はおそらく後50－79年頃である。

「背後を見よ。汝がただの男だということを忘れるなかれ」

テルトゥリアヌス『護教論』より、栄光も一時的なもの、と戦勝将軍にささやく声がする、という一節

ティベリウスのカップ

将来の皇帝の戦勝を祝う

ティベリウスのカップは銀のスキュポス、つまりワインを飲むための容器の一種である。このような華やかなカップは、豪華な宴会や会食で使われたようだ。一部破損しているが、容器の両側に、将来の皇帝ティベリウスが描かれている。これは彼が前7年に現在のドイツで収めた勝利、または後12年にパンノニア属州（現在のハンガリーとオーストリア）で収めた勝利を称えるものである。片側には凱旋行進が描かれ、反対側には神々への供儀が描かれている。

行進と生贄

素晴らしい勝利の凱旋行進は、ローマ市中を練り歩いた。この名誉は、ローマの勝利者とその軍隊を称えるべく、戦場で特に成功を収めた将軍に与えられた。戦勝将軍は、軍隊とともに戦利品を持って街をパレードし、そこには捕虜や、民間人の奴隷も含まれたはずだ。パレードでは戦場を描いた絵が持ち運ばれ、集まった群衆も戦争を疑似的に経験し、自らのこととして誇れるようにした。戦勝将軍は4頭立ての戦車で凱旋ルートを移動したものだが、ポンペイウスは前81年から前79年（正確な日付は不明）の間に3回の凱旋をしたうち、最初の回で象に乗ろうとした。しかしこれは、巨獣が街の門を通り抜けることができないとわかり、断念するしかなかった。

凱旋に決まったルートはなかったが、通常は都市の境界を越えてカンプス・マルティウスから始まり、フォルムを通過した。すべての凱旋式典は、カピトリヌスの丘にあるユピテル・オプティムス・マクシムス神殿の前で終了した。そこで将軍は動物の生贄を捧げ、神々の慈悲と戦勝への加護に感謝した。いくつかの供儀の後、公の饗宴や祝事が続き、その多くは非常に豪華で、数日間も続いた。

ボスコレアーレの財宝

ティベリウスのカップは、イタリアのナポリ湾にある現在のボスコレアーレ近郊で見つかった。ローマ時代の邸宅のワインセラーに、109個の銀製品が隠されていたのだ。それらは後1世紀初頭のもので、マクシマという裕福な女性が所有していたと思われる。この別荘は、ポンペイの金融家だったマクシマの父のものだった。マクシマは後79年のウェスウィウス火山の噴火から財宝を守るために、これらを隠したのかもしれない。コレクションの中には、他にも銀の大皿と水差し、華麗な手鏡、1350枚以上の硬貨が入った大きな革製の財布などがあった。ティベリウスのカップのレリーフは彫金の技法を使用しており、これはボスコレアーレの財宝の他の作品と共通している。

持ち手の部分が、2つのシーンの境界となっている

戦利品が、かごや木箱で運ばれている

▷**ティベリウスの勝利**
この面にはクアドリガ、すなわち4頭立ての戦車に乗ったティベリウスが描かれている。実際の凱旋行進の際、彼は金で刺繍した紫色のトガを着ていたのだろう。

▷供儀
カップの反対側は、
ユピテル・オプティムス・
マクシムス神殿の前で
生贄を捧げて勝利を祝う
式典の結末が
描かれている。

ユピテル神殿はこの機会に
花輪を飾り付けている

首に一撃を与える
斧を構える従者

生贄となる雄牛を押さえる従者

ティベリウスは生贄の行事を
見守るが、この祭壇の部分が
破損している

カップの高さは10cm、
直径は12cm（持ち手は含まない）
である

△容器の反対側

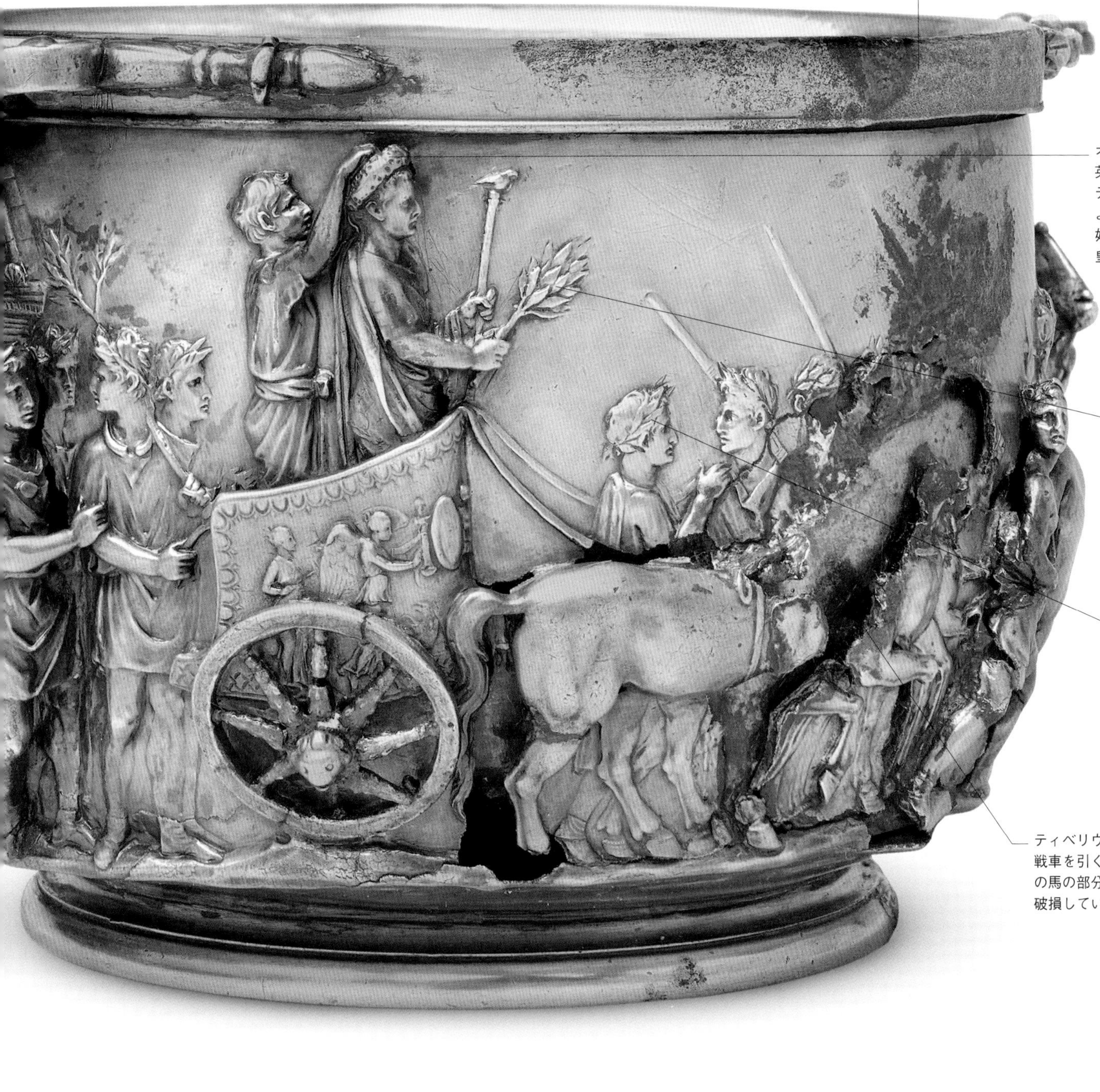

オークの王冠は
英雄の象徴だ。
テルトゥリアヌスに
よれば、それを掲げる
奴隷の男が、未来の
皇帝の耳に、彼の死を
思い出させる言葉を
ささやいたという

ティベリウスは
鷲の指揮杖と
月桂樹の枝を
持っている

ティベリウス軍
の将校たちも、
勝利の月桂冠を
被っている

ティベリウスの
戦車を引く4頭
の馬の部分が
破損している

冠のオークの葉と
どんぐりを、
複雑な彫刻で
表現している

クラウディウスは
「魅力的な顔」と
「完全な首」を
持っていた、
とスエトニウスは
書いている

これは
パルダメントゥム
という金具で、
片方の肩だけで
マントを固定する。
もともとは軍の
司令官の象徴で、
後には皇帝専用の
ものとされた

◁**クラウディウス帝**
クラウディウスは、
オークの葉で作った植物冠である
コロナ・シウィカを被っている。
このコロナはもともと、
戦闘で人命を救った軍人に
授与されたものだ。
しかし帝政期の皇帝は、
日常的に栄誉を受けたものだった。

クラウディウス帝

予想外の皇帝

クラウディウスはティベリウス帝の甥であり、カリグラ帝の叔父だったが、成人してからの大半を宮廷の片隅で過ごし、50歳で思いがけなく皇帝になった。彼は、予想外に統治者となったが、有能で実務的な管理者であることが判明したのである。

◁**クラウディウス帝のアウレウス金貨**
クラウディウスの肖像が、彼の治世の最初の2年間である41年と42年に発行されたこの金貨に描かれている。

クラウディウスは子供の頃、しばしば病気になった。肉体的に病気がちであることは脆弱さの兆候と見なされ、家族は、彼が公的な役割を担うなどとは決して考えなかった。歴史家のスエトニウスは、クラウディウスの母親が彼を「まだ人ではなく、生まれながらに完成しておらず、始まったばかりの者」と呼んだと書いている。後41年にカリグラ帝が暗殺されるまで、彼は地味な公務と歴史研究に時間を費やしていた。その後の混乱の中で、皇帝親衛隊（プラエトリアニ）は彼を、次期皇帝として正式に推戴した。

政治的成果

軍事経験は限られていたが、クラウディウス帝はブリタンニア、トラキア、リュキア、ユダヤを属州として併合した。彼はまた、ガリア出身のローマ市民も、特定の資産要件を満たしていれば、元老院に参加する資格があるべきである、と主張して実現した。都市部へのクラウディア水道橋の整備や、ティベル川に安全なオスティア港を造るなど、ローマの建設プロジェクトを監督した。スエトニウスによれば、クラウディウスは訴訟を良心的に審議したが、一貫性のない判決を下すことがあった、という。

絶え間ない陰謀

48年、3番目の妻のメッサリナは、いまだ皇后の身でありながら、恋人のシリウスと「結婚」式を行った。クラウディウスは妻とその仲間たちを処刑した。彼はまた、自分の帝国の政務を支援する秘書官として、解放奴隷たちを起用したことで批判された。この奴隷への依存は彼の弱点と見なされたが、以後の皇帝たちは特に問題なく、解放奴隷たちを起用するようになった。クラウディウスの4番目の妻、小アグリッピナ（178–179頁を参照）は、54年にキノコの毒で彼を突然死させた、と言われている。

△**メッサリナ**
メッサリナは後38年にクラウディウスと結婚した。当時、彼女は20代前半で、夫は48歳だった。夫婦の子供は2人で、上の像で抱かれているブリタンニクスと、オクタウィアだった。

▷**クラウディア水道橋**
ローマの4大水道橋の一つであるクラウディア水道橋は長さ約69kmで、街の東にあるカエルレウスとクルティウスの泉から水を供給されていた。

前10年 ガリアのルグドゥヌムで生まれる。

後41年 カリグラ帝の暗殺後、皇帝に即位。

43年 ブリテン島をローマ属州として併合。

46年 トラキアをローマ属州として併合。

49年 4番目の妻、小アグリッピナと結婚。

50年 アグリッピナの息子のネロを養子にする。

54年 ローマで死去。

△**財力の誇示**
イングランドのビッグナーにあるローマ時代の別荘のモザイク画。別荘は後3世紀にノウィオマグス（チチェスター）の近くに建てられたもので、おそらく裕福なローマ系の農家が所有していた。このモザイク画はイギリスで発見されたローマの遺物の中でも最高傑作である。

帝国の果て

ローマのブリタンニア征服

ブリタンニア（英語名ブリタニア）属州はローマ帝国の最西端にあった。ローマの侵略者は多くの抵抗に直面したが、すぐに現在のスコットランド国境にまで及ぶ植民地のネットワークを形成した。

◁**都市と道路**
ローマ人は、ブリタンニア中に多くの道路、都市、砦を建設した。それらはイティネラリウム・アントニニ・アウグスティ（アントニヌス帝の道程表）に記載されていた。

ブリタンニア（イングランドとウェールズ）征服は長い道のりとなった。ユリウス・カエサルは前55年と前54年の2回、短期間の遠征を実施した。クラウディウス帝は、ローマに忠実なウェリカという地元の首長が追放されたことを受け、これを支援するべく後43年に侵攻を開始し、その過程でブリタンニアを属州として併合した。後69年以降、ウェスパシアヌス帝はブリガンテス人と戦い、エボラクム（ヨーク）を含むウェールズで領土を獲得し、北部のローマ支配地を拡大した。現地にはカレドニア人（後のスコットランドが拠点）、現在のイングランド東部にいたイケニ族、同西部のカトゥウェッラウニ族などがあった。

ローマへの抵抗

カトゥウェッラウニ族の王カラタクスはウェリカ追放を主導し、その復帰にも抵抗した。彼は40年代後半からクラウディウス帝の軍団にゲリラ攻撃を仕掛け続けたが、ブリガンテスのカルティマンドゥア女王に捕らえられた。女王はカラタクスをクラウディウスの軍隊に引き渡し、カラタクスはローマに連行され、50年以後に死亡した。

イケニ族の王プラスタグスの死後、ローマ軍はイケニ族の領土を占領しようとしたが、60年に大規模な反乱を招いてしまう。プラスタグスは自分の遺領を、帝国と妻のブーディカの共同統治の形で残したが、ローマ人はブーディカの主張を無視し、領土を強引に併合

「このように、ブリトン人は戦闘において、騎兵の速さと歩兵の堅固さの両方を発揮した」

ユリウス・カエサル『ガリア戦記』

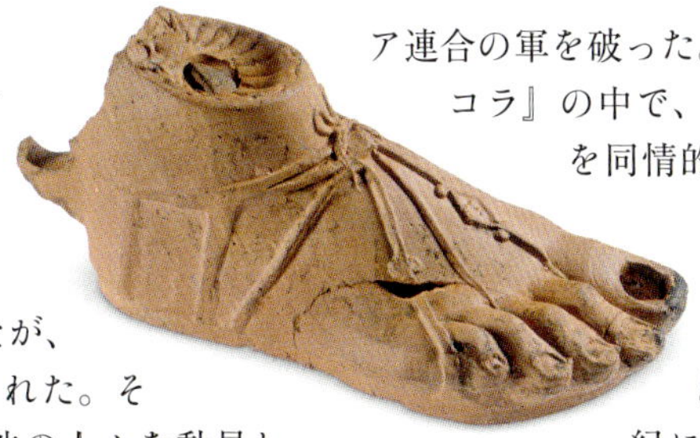

▷貿易の拠点
ロンドンで発掘されたこのオイルランプは、おそらく現在のオランダで製造されたものだ。ブリタンニアに輸入された商品の多様さを示すものである。

した。ブーディカは不平を述べたが、むちで打たれ、2人の娘は凌辱された。そこでブーディカは、イケニ族と他の人々を動員し、カムロドゥヌム（現在のコルチェスター。当時の州都）とロンディニウム（現在のロンドン）を破壊した。ローマの情報源によると、ここでブーディカは、女性や子供を含む捕虜に対して残虐行為を犯したとされる。彼女は60年または61年に敗北したが、その後死んだのか、捕獲を免れたのかは不明である。

やっかいな北部

ブリタンニアの北部国境を異民族から守るため、122年よりハドリアヌスの長城の建設が始まった。（204–205頁を参照）。20年後、アントニヌス・ピウス帝は、ブリタンニアとカレドニア（後のスコットランド）を分離するべく、さらに北にアントニヌスの長城を建設するよう命じた。ローマ帝国の拡張の最北西の範囲を決めるものだった。164年、アントニヌスの後継者、マルクス・アウレリウス帝は、ローマ軍をハドリアヌスの長城まで撤退させた。

カレドニアの人々のローマへの抵抗は、十分な資料が残されていないが、常に起きていた。大きな出来事として、83－84年頃、スコットランド北東部で起きたグラウピウス山の戦いがある。ここでグナエウス・ユリウス・アグリコラが、いわゆるカレドニア連合の軍を破った。タキトゥスは著書『アグリコラ』の中で、連合の指導者の一人カルガクスを同情的に描き、戦闘前に演説させている。その中でカルガクスはローマの占領者を泥棒と呼び、「彼らは荒れ地を造り、それを平和と呼ぶ」と非難している。後の世紀になって、帝国の他の場所で騒動が勃発したとき、皇帝はブリタンニアの軍団を移動させた。

国際的な交流

帝国中の人々がさまざまな理由でブリタンニアにやって来た。ビジネスと同様、兵役も重要な要素であった。属州は陶器、オリーブオイル、織物、宝飾品を輸入し、鉄、鉛、金、スズ、銅、穀物を輸出した。1999年にロンドンで墓が発見された「スピタルフィールズの女性」は、シリアのパルミラ出身の商人だった可能性がある。ヨークにある「象牙の腕輪の貴婦人」の墓から出土した副葬品には、彼女の名前の由来となった（おそらくアフリカの）ブレスレットを含め、帝国中で売買された工芸品が含まれている。兵役と商取引の他に、宗教も人々をブリタンニアに引き寄せた。アクアエ・スリス（現在のバース）の温泉街は、スリス・ミネルウァ女神を崇拝する重要な教団の拠点だった。

ローマ人は400年頃にブリタンニアを離れたが、ローマ人が残した道路や街のインフラは、今日でも存在している。

△スタッフォードシャー・ムーアランズの鍋
これは後2世紀のトルッラという青銅製の鍋で、エナメル彩色を施し、デザインはケルト様式である（ブリタンニアの人々のほとんどは、ブリガンテス、イケニ、カトゥウェッラウニなどのケルト系だった）。縁のすぐ下に記されている銘文には、ハドリアヌスの長城に沿った4つの砦の名がある。

◁「スピタルフィールズの女性」の棺
3世紀または4世紀のこの鉛の棺に収まっていた裕福な女性は、おそらくパルミラの絹の衣服を着て埋葬されていた。蓋にはホタテ貝のデザインが施されている。

ローマの建築物

帝国の建設

神殿や砦から、浴場、円形劇場に至るまで、帝国全体に多くの壮大な建物が建てられた。これらはローマの建築家、技術者、発明家たちの専門知識を反映し、また富と権力の象徴でもあった。

△大理石の装飾
ローマの建築家は大理石を好んだ。巨大な柱から、このようなパターン化された舗道の敷石にまで使用したのである。そのため、帝国全体から多彩で豪華な大理石が輸入された。

前8世紀の伝説的な建国以来、ローマの街は日陰の存在で、イタリア南部や北部には、より洗練された隣人のエトルリアや、ギリシア人のコミュニティがあった。これらから寺院建築などの影響を受け、さまざまな方法で組み合わせて、日常的な、あるいは宗教的な建築の要素を借りることになった。前3世紀以後、イタリアを超えて遠征したローマの軍隊は、ギリシア語圏東部の大理石の寺院、劇場、宮殿に遭遇し、これらの特性をローマに持ち帰った。ローマ人（および他のイタリアのグループ）は、柱などの建築要素やデザインと装飾の強力な理論をギリシアから取り入れた。ギリシア様式は、材料、製品、熟練した職人とともにローマに持ち込まれ、都市の建築プロジェクトに野心と洗練を加えた。共和政ローマが権力と富を増すにつれて、政治家たちは大々的に建築競争を行い、ギリシア語圏の王たちが政治的誇示として建てた壮大な建築物を模倣するようになった。皇帝が権力を握った時代、この傾向はさらに加速することになる。

建設技術と材料

ローマ人がアーチを発明したわけではないが、構造要素としても装飾的特徴としても、その使用を大いに発展させ、拡張した。壮観な複数のアーチが、劇場や円形劇場といったローマの建物のトレードマークとなり、谷や川を横切る水道橋や橋梁もアーチで支持された。

窓の間に、装飾的な煉瓦のピラスター（平らな長方形の柱）がある

アーチはローマ建築の特徴だった

商店が並ぶ曲がりくねった通りが、この階にあった（162–163頁を参照）

「すべて［の建物］は、強さ、実用性、美しさを備えている必要がある」

ウィトルウィウス『建築について』

創意工夫は、コンクリートの使用方法においても明らかである。これにより、柱とリンテル（まぐさ石）を用いたギリシア建築から離れ、ローマ人は湾曲した丸天井とドームを試すことができた。大理石やその他の石材が広く使われたが、それらは切り出してから、熟練した石工によって加工され、莫大な費用をかけて動かさなければならなかった。対照的に、コンクリートの材料は安価で、容易に輸送および使用でき、効率的で用途の広い建築資材だった（200–201頁を参照）。しばしば奴隷労働力でも運用できたのである。これにより建築家たちは、これまで以上に精巧な幾何学的なアーチ形空間を創造することができた。ドムス・アウレア（186–187頁を参照）やパンテオン（202–203頁を参照）は、後1世紀と2世紀の代表例である。コンクリートは、トラヤヌスの市場（下図参照）のように、丘陵をテラス化したり削ったりして、景観全体を再設計することも可能にした。

不朽の遺産

ローマの建築家は、高度に洗練された、極めて一貫性のある設計原則を開発し、ギリシアの柱状様式（下コラムを参照）を形式言語として解釈した。スケールと対称性、精巧な装飾、アーチ形天井、およびアーケードと、比類ない才能を組み合わせ、大規模で壮大な公共建築が、これらの流行を作り出したのである。やがてそれらは、個人の家や別荘など、もっと小規模な形で模倣されていった（78–79頁を参照）。ローマ人は工学の材料の使用と適用におけるスキルにより、前例のない規模の建築を可能にし、広大な帝国全体にその建築様式を広めた。今日でも、中東から北アフリカ、そしてヨーロッパの広大な地域の史跡にローマ建築の痕跡を見ることができる。

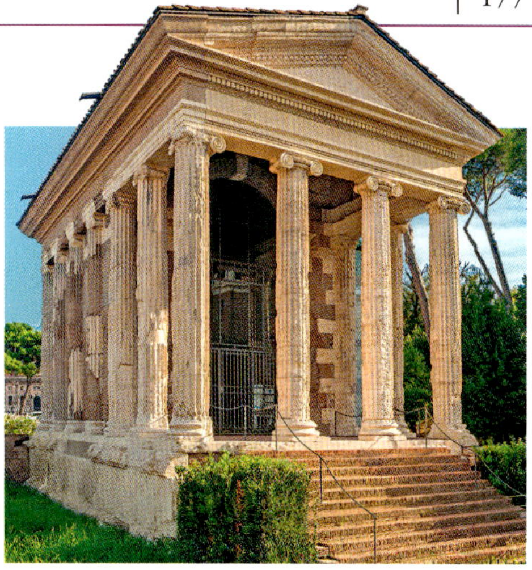

△ポルトゥヌス神殿
ローマにあるこの保存状態の良い小さな神殿は、前75年頃のもの。イオニア式の柱を含む古典ギリシアの特徴と、高い演壇や前面の強い強調など、ローマの要素を組み合わせている。

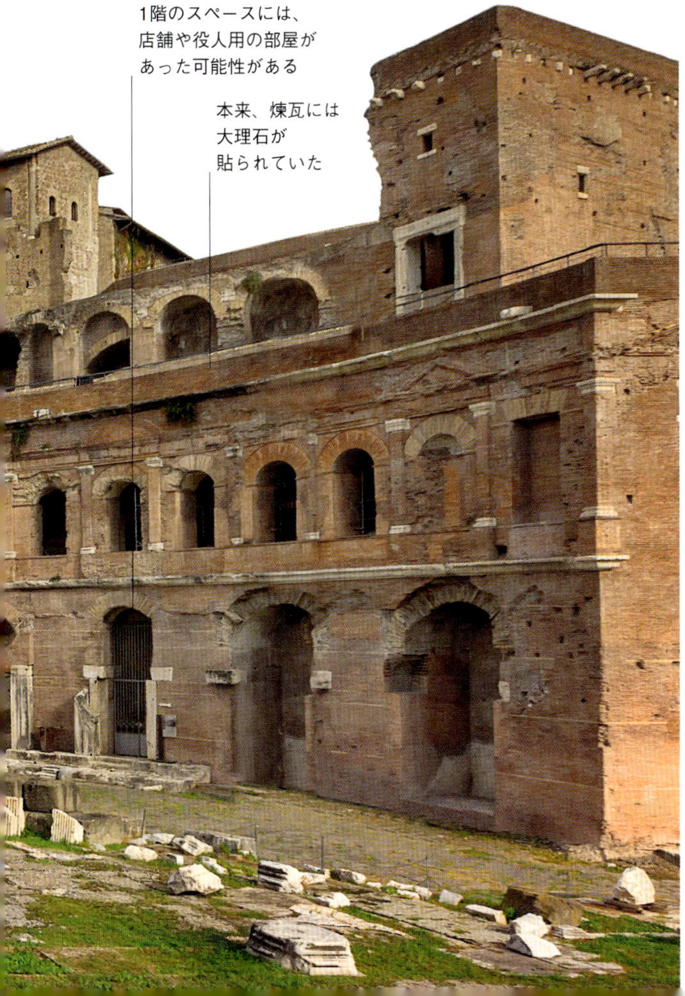
1階のスペースには、店舗や役人用の部屋があった可能性がある
本来、煉瓦には大理石が貼られていた

◁トラヤヌスの市場
煉瓦とコンクリートのテラスを持つこの商業と住宅の複合施設は、後112年頃のもの。トラヤヌスのフォルムを建てるために削り取られた丘に隣接して建てられた（212–213頁を参照）。自信に満ちたエンジニアリング、大胆な曲線、煉瓦のディテールは、ローマの都市建築の印象的な一例である。

古典的な様式

ギリシアの建築家が開発し、ローマ人に受け継がれた列柱建築の主要な3形態は、古典様式として知られている。頑丈なドーリア式、優美なイオニア式、精巧なコリント式の柱には独自の比率規則がある。柱の上部に独特の柱頭があり、建物全体と関連する装飾やディテールがあった。ローマ人は、イタリア南部と東部の帝国でギリシアの列柱建築物（主に寺院）に遭遇した。彼らはすぐにこれらの設計原則を吸収し、独自に新たな2様式、トスカナ式とコンポジット式を追加した。コンクリート建築が普及するにつれて、柱はもはや建物の構造的役割を果たさなくなったが、ローマの建築家は、こうした様式の装飾要素をますます多用するようになった。たとえばトラヤヌスの市場（左）の1階の窓の間にはめ込まれたピラスター（平らな柱）は純粋に装飾的なもので、建物のリズムと古典的な「感触」を決定するのに役立っている。

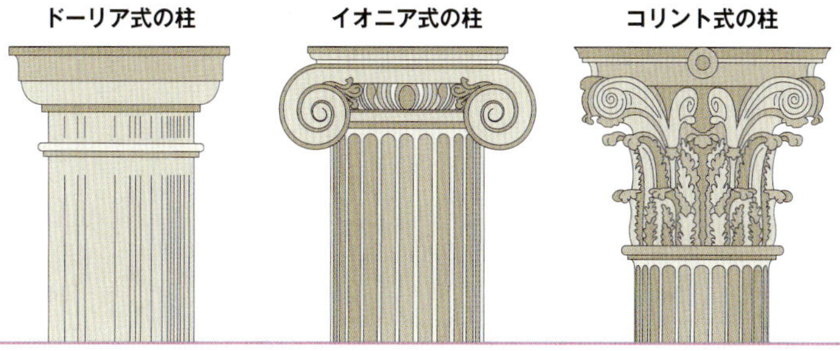
ドーリア式の柱
イオニア式の柱
コリント式の柱

小アグリッピナ

皇室の中心にいたパワフルな女性

アグリッピナは、皇帝の妹、妻、母として独自の地位を占めていた。女性の身として国家機構から公式には排除されていたにもかかわらず、自分の影響力を利用し、帝国の権力構造を巧みに操ったのである。

小アグリッピナことユリア・アグリッピナは、後15年にガリアで生まれた。母は大アグリッピナ、父はゲルマニクスで、未来の皇帝ガイウス（カリグラ）を含む3人の兄弟と2人の姉妹がいた。アグリッピナは13歳でグナエウス・ドミティウス・アヘノバルブスと結婚し、37年には後に皇帝ネロとなる息子、ルキウス・ドミティウス・アヘノバルブスをもうけた。

追放と復権

アグリッピナとその姉妹は、兄のカリグラ帝の時代、難しい関係にあった。帝は親族に多くの栄誉を与えたが、アグリッピナと彼女の妹ユリアは39年か40年にポンツィアーネ諸島に追放された。アグリッピナは25歳で最初の夫を亡くす。41年にカリグラが暗殺された後、アグリッピナは叔父のクラウディウス（次代の皇帝）に呼び戻され、再嫁したが、またも夫が死んだ。そして49年にクラウディウス帝と結婚。帝は叔父であったが、元老院は特例を認めた。タキトゥスによれば、この結婚が正当化された理由の一つは、まだ子供を持つことができる年齢のアグリッピナが別の一族と結婚し、ユリウス＝クラウディウス朝の後継を脅かすことを防ぐためだったという。アウグストゥス帝の曽孫である彼女は、ユリウス＝クラウディウス朝の統治の正当性を具現化する存在となった。アグリッピナはクラウディウス帝を説得し、ネロを養子にさせ、自身の生誕地にコロニア・アグリッピナ（現在のドイツのケルン）を設立した。これは、女性にちなんで名付けられた最初のローマ植民市である。

▽**暗殺未遂事件**
オーストリアの画家グスタフ・ヴェルトハイマーの1874年の作品。アグリッピナの乗った船は、重い鉛の重りのために崩壊し始めている。船はこの後、分解して沈んだが、彼女は無傷で近くの岸まで泳ぎ着いた。

皇帝の母

ネロが即位すると、アグリッピナは息子を支える重責を担い、若い帝の顧問や、同盟を結んだ強力な支持者グループを集めた。彼女の政治的権威を嫌う男性たちは、彼女の悪い噂を広めた。つまり、権力を濫用するステレオタイプの野心的な女性として描いたのである。彼女は、ネロが確実に皇帝になる道筋を確保するために、クラウディウス帝の息子ブリタンニクス、さらに帝本人も毒殺した、と言われた。さらにアグリッピナは、兄や息子との近親相姦の容疑で告発された。ネロ帝が成長していく中でも、アグリッピナは帝国の管理において、積極的な役割を維持しようとした。これは親子の対立につながり、最終的には関係が崩壊した。ネロは59年に母親の暗殺を命じ、意図的に船を難破させた。しかしこの計画が失敗すると、帝は暗殺者を母親の別荘に送った。そこで彼女は暗殺者に対し、息子が世に出てきた子宮を刺しなさい、と言い放った。

後15年 大アグリッピナとゲルマニクスの間に、ユリア・アグリッピナとして生まれる。

28年 最初の夫グナエウス・ドミティウス・アヘノバルブスと結婚する（生涯の夫は3人）。

37年 知られている限り唯一の子供、未来のネロ帝を産む。

39－40年 カリグラ帝に追放される。41年に呼び戻される。

47年 2番目の夫ガイウス・サッルスティウス・パッシエヌス・クリスプスが死ぬ。

49年 叔父のクラウディウス帝と結婚。帝は後にネロを養子にする。

54年 ネロが即位し、アグリッピナは皇帝の母となる。

59年 ネロが計画した船での暗殺未遂を生き延びた後、その年の後半に暗殺される。

△**ゲンマ・クラウディア**
これは49年のオニキスのカメオで、アグリッピナとクラウディウス帝（左側）が、彼女の両親（クラウディウス帝から見ると兄と義姉）と向き合っている。カメオの製作意図は、皇室の異例な結婚を正当化しようとするものだ。

「厳格で、公の場でしばしば尊大であった」
タキトゥス『年代記』

精巧にカールしたヘアスタイルは、ステータスと富を反映している
上唇と顎は、カリグラに似ている
18世紀になって、色大理石の胸部に頭部が据え付けられた

▷**小アグリッピナ**
この大理石の頭部は、追放から戻った後の彼女の公的なイメージを反映している。それは、彼女が生前にどのように描かれたかったか、を示すものだ。

アイネイアースは、
彼の出身地の帽子である
フリギア帽を被っている。
アウグストゥスを支え、
ローマが地球を支配する
ことを意味する地球儀を
持っている

ベールを被った
アウグストゥス帝の
霊魂が子孫を見守る

子供をあやす女性は、
ローマの支配が未来の
世代にわたることを
体現する

リウィアの隣に
座っているのは
捕虜で、ローマの
威光を前に粛然と
している

◁**フランスの大カメオ**
この珍しいローマの工芸品は、おそらくビザンツ帝国を経由して、1279年頃にフランスに伝わった。ずっと『ファラオの宮廷でのヨセフの勝利』という名前で知られていたが、1620年になって、ユリウス=クラウディウス朝の人物を示す作品と特定された。

「この作品に欠けたるところのなきがゆえ、宝物は残り、自然の威厳が小さな空間に閉じ込められるのだ」
大プリニウス『博物誌』

フランスの大カメオ

権力とプロパガンダの芸術

このフランスの大カメオはティベリウス帝かクラウディウス帝の治世中に作られ（年代については論争がある）、一般にユリウス=クラウディウス朝を祝福する作品として見られている。それはアウグストゥス帝が確立し、彼の後継者である皇帝一族を、ローマの正当で神聖に選ばれた支配者として描くという、より広範な視覚的言語の一部を形成している。象徴的な強いメッセージで、政権の安定と継続性を強調している。

支配するための昇天

カメオには3つの視覚ゾーンがある。上のゾーンは天界を表している。中間層は皇室のメンバー、下のセクションには、征服者の足元にひれ伏す敗北した捕虜たちが描かれている。

最上層では、ローマ人の神話上の祖先であるアイネイアースが、死後に神となったアウグストゥス帝と並んで主役を演じる。ペガソスに乗って寄り添うのはアウグストゥスの養子のドルススで、帝の甥のマルケッルスもそばにいる。彼は前23年に亡くなるまで有力な後継者候補だった。下層には、征服されたゲルマン人とパルティア人がいる。彼らは、ぼさぼさの髪と特徴的な帽子によって簡単に識別できるが、いささかステレオタイプな表現だ。悲しい運命を待つ彼らの両手は縛られている。

中間ゾーンの解釈は何通りかある。一般に受け入れられている解釈では、座っている人物はティベリウス帝とリウィア・ドルシッラ（142–143頁を参照）、つまり亡きアウグストゥス帝の妻で、ティベリウス帝の母親だ。鎧をまとって立つのは、ティベリウスの養子ゲルマニクスと、妻の大アグリッピナ、さらに息子のガイウス（後のカリグラ帝）である。ティベリウスの息子の小ドルススと、彼の母親とされるウィプサニアが背後に控えている。この場合、このシーンは、後17–18年にゲルマニクスが東方地域で収めた戦勝を記念しているのかもしれない。あるいは、23年にティベリウスが、カリグラと孫のティベリウス・ゲメッルスを後継者にしたことを表している可能性もある。どちらの解釈を取るにしても、ティベリウスから最終的な後継者へと、帝位が安定的に移行する未来を示唆するものだ。

ローマのカメオ技法

技術的にも芸術的にも傑作であるフランスの大カメオは、高さ約31cm、幅26cmもあり、現存する最大のローマ時代のカメオで、サードオニキスから作られている。この素材は、それぞれ異なる5色の鉱物層で構成した半貴石だ。アーティストはさまざまな深さで石に彫り込み、対照的な色と質感でカメオの人物を造形した。カメオのごく一部のみならず、全体的に細かい部分まで彫り込まれている。カメオ用の石は、色、耐久性、透明性、光沢、そして扱いやすさから選ばれた。2層のサードオニキスのカメオはいくつかあるが、フランスの大カメオは5層あり、この芸術形式において最も優れた作例と言える。

▽**アウグストゥス、ネロ、リウィアのカメオ**
このカメオはネロ帝の治世に製作された。ネロ（中央）と、ユリウス=クラウディウス朝の開祖（左）、その妻（右）とのつながりを示すものだが、2人はネロの生まれる前に亡くなっている。

愛、セックス、そして結婚

野心、パートナーシップ、そして愛情

結婚はローマ社会の重要な要素であり、正当な子供と相続制度を保証した。愛と欲望は、正式な法的婚姻関係の外で見出されるもので、特に非市民の人々にとっては、それがすべてであった。

△死しても離れず
このイタリアの墓石のカップルは手を握り合っている。亡くなった後も、お互いに献身していることを示すものだ。

◁調和の指輪
この金の指輪に刻まれたギリシア語のオモノイア（ラテン語ではコンコルディア）は、ローマ人の結婚に関連する重要な美徳、「調和」を意味する。

ローマ人にとって結婚とは、基本的に家系を継続することであった。結婚は、出産、権力の強化、および財産の譲渡のためのものだった。女性は多くの場合、はるかに年上の男性とパートナーを組んだ。特にエリート階級の女性は、できるだけ多くの子供を産むために早く結婚し、夫が死んだ場合はすぐに再婚した。しかしローマ人は、夫と妻が共通の目標のために協力する、愛ある結婚の理想も重視していた。

ローマのマトロナ（既婚女性）は良妻賢母であることが期待されたが、それはステレオタイプなものでもあり、指針となる美徳は、謙虚、忠実、従順だった。究極の理想はウニウィラ、つまり結婚は1度だけ、というものだったが、現実にはローマの結婚において、それは非常にまれなことだった。

関係の種類

ローマ社会は、公式および非公式の幅広い関係を認めていた。最も正式なものはクム・マヌ婚であり、宗教的な儀式（コンファッレアティオ）、父と夫の間の契約（コエンプティオ）、または1年間の同居（ウスス）のいずれかによって成立した。妻が夫の家から離れて3泊連続で過ごした場合、その年の同居関係は中断となった。クム・マヌ婚では、妻は夫または彼のパテルファミリアス（家父長）の管理下で、夫の家族の完全な一員になった。シネ・マヌ婚は形式的ではなく、夫婦として生きたいというカップルの願望に基づくものだった。この場合、妻は引き続き自分の父親の管理下にあったため、虐待された場合は家に帰ることができた。クム・マヌ婚の場合、夫は妻に持参金を要求する権利があったが、シネ・マヌ婚では、財産は依然として妻の家族に属していた。奴隷にされた人々はコントゥベルニウムと呼ばれる非婚姻同棲ができた。ただし、主人はそれを尊重する必要はなく、奴隷の家族を自由に分離でき、生まれた子供も自動的に自分の所有物と見なすことができた。

非公式の関係

これらとは別に、コンクビナトゥス（事実婚）もあった。これは、一方のパートナーがローマ市民ではない場合にしばしばあった結婚に準ずる形態だ。子供たちは私生児とは見なされないが、父親からの相続はできなかった。結婚以外でいえば、ローマ人の男性は同性との性的関係を持っていた可能性がある。通常、年下の男性と年配の男性の間で行われ、年齢に基づく厳格な行動規則があった。ローマの女性同士の性的関係を示す証拠はほとんどないが、同性愛者の女性が存在しなかった、という意味ではない。またローマには活発な性風俗産業があり、多くのセックスワーカーが奴隷として働いていた。

アッリア・ポテスタスの碑文

アッリア・ポテスタスは、後3世紀後半から4世紀にかけてペルーシア（ペルージャ）に住んでいた解放奴隷の女性である。彼女の墓碑では、彼女の勇気、誠実さ、謙虚さ、優れた家事能力が称賛されている。多くの女性がこうした言葉で記念されたが、この墓碑を立てたのは珍しく、恋人だった1人ではなく2人の男性（名前はない）だった。アッリアは2人の男をうまくまとめ、ピュラデスとオレステス（ギリシア神話に登場する親友たち）のように導いた、という。しかもこの3人は、1つの家に一緒に住んでいた。しかし今、彼女は死んで共同生活も解散し、男たちは孤独に老いていくのだ、とある。

サテュロス形のブロンズのスタンドが、エロティックな瞬間を知らせる

女性には2人の従者が付き添う。この人物はアンフォラを持っている

恋人は女性のソファに近づき、肉体をあらわにする

△恋人のアプローチ
イタリアのチェントチェッレにある別荘にある後2世紀のモザイク画。庭園での恋人同士のひとときを描いている。同様のシーンは、ローマのファルネジーナ荘のフレスコ画にも見られる。

イメージ戦略
この胸像のネロ帝の髪はファッショナブルに整えられている。彼が前任者たちよりもモダンな人物と見られるよう望んだことを示唆している。

ネロ帝

根っからのパフォーマー

ネロ帝は10代で皇帝になり、強力な顧問団から補佐を受けた。彼の治世は良い形でスタートしたのだが、やがて彼はローマのエリート層を疎外し、最終的には権力の座から追放されてしまった。

ネロは皇族として生まれ、クラウディウス帝がネロの母親である小アグリッピナと結婚した後、正式に養子となった（178–179頁を参照）。後54年に16歳で皇帝になり、母親をはじめ、プラエフェクトゥス・プラエトリオ（親衛隊長官）のブッルス、哲学者で政治家の小セネカなどの顧問に支えられた。彼の治世の初期は黄金期と見なされたが、やがて残酷さとエゴが特徴の混沌たる時代になった。彼は以前の顧問たちを解任し、ついに母親の殺害を命じるに及んで、元老院議員からの支持も弱まった。私生活も荒れ果てた。解放奴隷の女性アクテとの関係はスキャンダルを引き起こし、また最初の妻であるオクタウィアと離婚し、姦淫の罪で処刑した。次いで2番目の妻であるポッパエアが妊娠していたとき、彼女の腹を蹴って殺したと言われている（ただし多くの情報源は、スエトニウスなどの後の著者のもので、議論の余地がある）。

◁**文化遺産**
ネロは、この宝石のインタリオ（彫刻）で、音楽の神アポロに扮して竪琴を演奏している。皇帝としての彼は集中的に音楽を学び、自分自身を芸術家と見なしていた。

衆目にさらされる

ネロは公の場でのパフォーマンスを愛した。演劇的な「結婚」の儀式を解放奴隷のピタゴラス相手に（ネロが花嫁を演じて）行い、スポルスとも（まず彼を去勢してから）同様の催しをした。彼はギリシアに行き（66－68年）、自分で主催する多数の音楽イベントに出演し、オリンピアでの試合中にもそれを実施した。そして戦車競走に出場して、戦車から落ちたにもかかわらず「勝った」。この旅行はローマ貴族層の間で、彼の地位をさらに低下させた。

混乱と反乱

ネロは、アルメニアとブリタンニアでは軍事的成功を収めた。しかし、ローマ大火後の彼の野心的な建設計画は、国家に財政的負担を与え、兵士の給与や貧しい市民への穀物配給にも影響を与えた。土地をめぐって元老院議員たちとの対立も起き、ネロに対する複数の陰謀が発覚し、ローマの多くのエリートたちが処刑された。そして軍事反乱が起きると、元老院はネロをローマ人の敵と宣言した。ユリウス＝クラウディウス朝の最後の統治者であるネロは、68年に自らの命を絶った。

△**ポッパエア・サビナ**
ポッパエア（後30－65年）は、2番目の夫であるオトと離婚し、62年にネロと結婚した。ネロは、ポッパエアが最初の結婚でもうけた息子を釣り旅行中に溺死させた。

▷**ローマ大火**
64年7月、キルクス・マクシムス近くの商店で発生した火災により、ローマの大部分が焼失した。ドムス・アウレア（186–187頁を参照）は、その後の建築計画の一つである。

後37年 グナエウス・ドミティウス・アヘノバルブスと小アグリッピナの間に生まれる。

49年 アグリッピナがクラウディウス帝と結婚。帝は後にネロを養子にする。

54年 クラウディウスの死後、ネロが皇帝となる。

59年 アグリッピナがネロの命令で暗殺される。

60年 ブリタンニアでブーディカ女王の反乱が鎮圧される。

64年 ローマの大部分が大火で破壊される。

65年 陰謀を企てたとして、小セネカに自殺を命じる。

68年 ローマから逃亡した後、自殺。

▷ネロのローマ
ネロはローマを再構築する野心を持っていた。後64年の壊滅的な大火で再建の機会が生まれたが、これはまた、皇帝が放火したのではないかという噂につながった。この復元図のような壮観な宮殿複合体建設のために、多くの土地を取得しようとした、というのだ。

フォルム・ロマヌムにつながるアトリウム
ネロの巨像。後に太陽神ソルの像に転用された
舟遊び用の巨大な湖
神格化されたクラウディウス帝の神殿は、噴水に改造された
パラティヌスの丘に通じる水道橋（146-147頁を参照）

△影響を与えたフレスコ画
ネロの宮殿は、彫刻、スタッコ、モザイク、壁画などの豪華な装飾でいっぱいだった。ルネサンス期になって、地中に埋もれていたドムス・アウレアのフレスコ画の一部が再発見されると、その幻想的な「グロテスク」様式は、ラファエロやピントゥリッキオなどの芸術家を驚愕させ、インスピレーションを与えた。

有名な八角形の部屋。ドムス・アウレアの遺構が現存する部分である

現存するドムス・アウレアの翼の部分。エスクイリヌスの丘の浴場の下にある

広大な庭園と果樹園

庭園はパビリオン、噴水、彫刻でいっぱいだった

△**湖**
ドムス・アウレアは単一の建物ではなく、広大な庭園や、伝記作家スエトニウスが「海のごとき」と表現した湖を含む複合体だった。ネロの死後に湖は排水され、ここにコロッセウムが建てられた。

ドムス・アウレア

過剰なる建築

後54年から68年の間、ローマを統治したネロ帝は、過剰な自己顕示欲により悪名が高まっていった。彼の宮殿であるドムス・トランシトリアとドムス・アウレア（黄金宮殿）は、莫大な費用をかけてパビリオン、庭園、木立、大きな湖、噴水をしつらえたもので、市の中心部の広大な土地を占有していた。内部空間にコンクリートの円屋根のホールがあるなど、革新的な技法を駆使した宮殿の建物は、ローマ建築の発展に貢献した。しかし、これらの豪華なプロジェクトは、ネロの悪名をさらに高めることになる。彼の宮殿が街全体を焼き尽くすだろう、と警告する風刺的な落書きが、ローマ市内に現れるようになった。ネロの没落と自殺の後、次代の皇室となったフラウィウス朝はこれらの建造物を取り壊し、跡地を公共プロジェクトに使用し、コロッセウムなどを建てた（194–197頁を参照）。

◁**強さの描写**
硬貨に残るネロ帝の公式肖像画は、彼が多年にわたり、ずんぐりした姿だったことを示している。宮殿と同様、彼は富と権力のイメージを投影しようと欲したのに違いない。

ユダヤ戦争

中東における怒りと抵抗

△**神殿を襲撃した者たち**
ローマのティトゥスにある凱旋門のフリーズの彫刻を再現したもの。エルサレムの神殿から戦利品を持ち出す兵士たちを示しており、大きなメノラー（燭台）も見られる。

多くの属州は、ローマの支配下で比較的安定していたが、ユダヤ（ラテン語表記ではユダエア）はそうではなかった。占領者と被占領者との間の宗教的、文化的な相違は解決できず、これはローマ人が当地に残る限り、平和はあり得ないことを意味した。

ユダヤは後6年にローマのユダエア属州になった。元老院はユダヤ王ヘロデ・アルケラオスを承認していたが、アウグストゥス帝は無能さを理由に彼を罷免した。その後、ローマから総督と軍団が到着すると、政情不安が生じた。この地域のユダヤ教徒は、多くの異なる伝統に従う宗派に分かれており、宗教論争がその火種となった。さらにローマによる課税で、火に油を注ぐ結果となる。ユダヤ教各宗派は、複雑な戒律について他のグループの解釈に寛容ではなく、時には暴力に訴えた。ローマ人の介入の試みは事態を悪化させるばかりだった。

第二神殿の破壊

66年、ユダヤの人々はローマの支配に反抗し、（短命ながら）独立を回復してユダヤ人国家を樹立した。契機となったのは、州都カエサレア・マリティマで起きたギリシア人とユダヤ人の間の宗教論争だった。ローマ総督ゲッシウス・フロルスはこれに介入できず、ギリシア人はユダヤ人を殺害した。すぐにユダヤ人が報復し、たちまちユダヤ全土の都市で暴動が勃発、住

△**ユダヤ人自由硬貨**
バル・コクバの乱の際に発行された硬貨。ユダヤ人の希望の象徴、破壊された第二神殿の図柄である。

民の怒りはローマ人占領者に向けられた。ローマは当地の支配を取り戻そうとしたが、強力な抵抗に阻まれた。さらに68年のネロ帝の死と、その後のローマの政治的混乱、内戦が追い打ちをかけた。ローマがユダヤ支配を再び宣言できたのは70年8月のことである。新皇帝ウェスパシアヌスの息子ティトゥスが、長い包囲の後にエルサレムを奪還し、財宝を略奪、最も神聖な建物である第二神殿を破壊した。住民に対して残虐行為、性的暴行が蔓延し、文化財や宗教的な宝物が破壊、または略奪された。局地的な抵抗は続いたが、すぐに鎮圧された。ローマ人は同年、フィスクス・イウダイクス（ユダヤ税）を課し、ユダヤ人にさらなる懲罰を加えた。この経済的負担は、帝国全体のすべてのユダヤ人の男性、女性、さらには子供にも課せられた。

地域全体に広がる不安

反乱に対するこれらのローマの厳格な対応は、ユダヤの地はもちろん、それを超えてより多くの紛争に飛び火する。115－117年のキトス戦争は、主にユダヤ以外の都市や地域でユダヤ人が起こした反乱で、広範囲に及んだ。北アフリカ、クレタ、キプロス、エジプトでユダヤ人が蜂起し、さらなる暴力の連鎖を招いた。反乱は主に、ユダヤ税の負担の重さ、地元住民との緊張によって引き起こされた。たとえばキプロスでの蜂起では、何千人ものギリシア人が、ユダヤ人に虐殺されたと言われている。

バル・コクバの乱は132年に始まった。重要なユダヤ教の儀式である割礼を、ハドリアヌス帝が非合法化したために引き起こされた、と考えられている。さまざまな情報源によると、ハドリアヌス帝が、荒廃したエルサレムの跡地に新たな植民市、アエリア・カピトリナを建設し、第二神殿の廃墟の上にユピテル神殿を建設する、という計画を示したのが直接的な原因である。この冒瀆行為に怒ったユダヤ人を、シモン・バル・コクバが導いて反乱化した。バル・コクバは、信奉者たちから救世主（メシア）と見なされた。反乱軍はローマ人に対してゲリラ戦を仕掛け、ハドリアヌスはシリア、エジプト、アラビアに駐屯する軍団を再配置することを余儀なくされた。しかし最終的には136年、長期の包囲戦の後に最後の拠点ベタルが陥落し、バル・コクバと支持者は敗北、街の住民は皆殺しとなった。この激しい戦争について、実態を記した情報源はほとんど残っていない。ハドリアヌス側が、起こった出来事の悲惨さから目を背けたことを反映しているのかもしれない。2世紀の終わりまで、不安定な属州は軍隊が占領し、上級将軍が軍政を敷いた。

◁**第二神殿**
この復元模型は、70年に破壊される前のエルサレムの第二神殿を示している。

マサダ包囲戦

フラウィウス・ヨセフスは蜂起したユダヤ人だったが、投降してローマ側に加わった。彼の書いた『ユダヤ戦記』には、この重要な史実の唯一の記録が含まれている。シカリイ（短剣を使う者たち）というユダヤ人過激派が、マサダ（下）の丘の砦を占拠し、何か月もローマ軍の攻撃をしのいだ。73年に最終的に陥落し、中から967人の男性、女性、子供の死体が見つかった。彼らはくじ引きで互いに殺し合い、最後に残った1人は自殺するしかなく、ヨセフスは結局、生き残ったというが、信憑性が疑問視されている。とはいえ、マサダの戦いはユダヤ史における決定的な出来事と見なされている。

「ずっと以前に、私らはローマ人の奴隷にはならぬ、と決意したのだ……」
『ユダヤ戦記』より、
エレアザル・ベン・ヤイルの言葉

△**ドアの鍵**
これらの鍵は、ユダヤ砂漠のナハル・ヘベルにある「手紙の洞窟」のもの。
ここではバル・コクバの乱の遺物が見つかっている。

ウェスウィウス火山の噴火

灰に埋まったポンペイとヘルクラネウム

イタリアのカンパニア地方の住民は、ウェスウィウス（ベスビオ）火山の突然の噴火に対してまったく準備ができておらず、何百人もの市民が命を落とした。灰と瓦礫が街や都市を埋めたため、何世紀もの間、保存されてきたのである。

△**失われた宝物**
ポンペイで見つかった蛇がモチーフの金の腕輪。慌てて噴火から逃れようとした多くの人々は、こうした貴重品を置き去りにした。遺体からも装身具が発見されている。

イタリア南部カンパニアにあるナポリ湾は、ローマの富裕層の夏の避暑地として人気の場所だった。ローマのエリート層の多くは、当地に広大な別荘と地所を持っていた。レジャー用途だけでなく、耕作にも適していたためである。ウェスウィウス山の斜面の土壌は、火山性のミネラル分が豊富なため、ブドウ畑に向いた人気の耕作地だった。ここでは帝国内でも最高のワインが生産された。ポンペイとヘルクラネウムはナポリ湾周辺で繁栄した2大都市で、それぞれ火山の南と西の麓に位置していた。火山は何世紀にもわたって休眠していたため、この地域が脅威に直面しているという感覚はなかった。しかし、後62年、63年、64年と立て続けに大地震が発生し、大きな被害をもたらした。その影響は、それから15年もたった後のポンペイ遺跡にも痕跡が見られるほどだ。そして79年、ウェスウィウス火山はついに噴火した。この天災で地域の地形は完全に変わり、地域の住民は滅亡した。

噴火の経過

後に政治家となる小プリニウスは当時10代の少年で、この噴火を目撃した（叔父の大プリニウスはここで死亡した）。彼の記録は、火山噴火がどのように発生するかについて、現代の科学的理解にも適用できるヒン

▽**ポンペイのマケッルム**
フォルムの北東の角には、マケッルム（食料市場）の跡が残っている。遺跡からは穀物、果物、魚のうろこ、骨が発見された。

△テルモポリウム（温かい食べ物の店）
ポンペイのアッボンダンツァ通りで、飲み物や温かい食べ物を提供していた店の遺構だ。この店の保存状態は良好で、食品を入れる壺を収めた穴のあるカウンターが残っている。

封じ込められた瞬間

炭化現象の結果、ポンペイで日常的に使われていた多くの物の証拠が今に伝わった。噴火の日のスナップショットが提供されたようなものだ。炭化のプロセスは、劣化しやすい植物や木製品などの有機物を炭に変える。ヘルクラネウムとポンペイでは、極端な高熱の火砕流が超高速で押し寄せ、家具（右写真の子供の木製ゆりかごなど）や食品などの多くのものが急速に炭化した。これらの遺物は、噴火による被害を生々しく伝えている。多くの男性、女性、子供、動物が、突然の思いもよらない恐怖の出来事で命を落とした痛ましい記録なのである。

トを後世に残してくれている。

噴火は2日間続いた。初日、ウェスウィウス火山は灰と火山礫を含む巨大な雲を吐き出し、それが麓の街に降り始めた。歴史家カッシウス・ディオによると、その雲は非常に巨大で、ローマでも太陽が暗くなり、火山礫はエジプトやシリアにまで到達したという。ポンペイは火山雲の真下にあり、すぐに灰と軽石の中に沈み込んだ。ヘルクラネウムは地震に見舞われたが、街の側から風が吹いていたため、火山灰の影響は受けなかった。その夜遅くか翌朝早く、火山雲が自重で崩壊し、火砕流（加熱され、高速で移動する灰とガスの混合物）が火山の斜面を流れ落ちた。ポンペイとヘルクラネウムは火砕流の進路上にあり、逃げられなかった人や、噴火が収まるのを様子見していた人は、極度の高温の中ですべて死亡しただろう。

両都市は、何世紀にもわたって深い火山堆積物の下に埋もれて保存された。噴火はさらに、オプロンティス、スタビアエなどの小さな街や、火山の側面と麓にあった多くの農場や村も呑み込んだ。

災害からの脱出

火山灰が降り始めたとき、近くにいた人々は逃げようとした。ヘルクラネウムでは、海が比較的穏やかな間に、何人かが浜辺の船に乗り込んだが、海が荒れて押し寄せるにつれて海岸に閉じ込められ、逃げられなくなってしまった。船倉から、火砕流で命を落とした人々の骨格が見つかっている。それはあらゆる性別、年齢、地位の人々を含む社会の一断面を示しているが、財力は生き延びるためには何らの保証にもならなかったようだ。

ポンペイでは、最初に火山雲に巻き込まれた際、落下する火山礫から身を守るために、室内にとどまる人が多かった可能性がある。街を出るのが遅すぎた人々は屋内に退避したまま、そこで窒息死したか、灼熱の中、ヒートショックで死亡した。しかし、噴火の初日には、多くの人が陸路や船で被災地から逃げることができたかもしれない。これらの人々はすべての財産を失ったため、ティトゥス帝は被災者に財政援助を提供し、復興を監督するために2人のコンスル経験者を派遣した。

▷ネプトゥーヌス神のモザイク画（ヘルクラネウム）
噴火は壊滅的なものだったが、堆積した火山灰や火山礫は保護層として機能し、多くのフレスコ画とモザイクを良好な保存状態に保つことになった。

贅沢な見世物

公共イベントとスペクタクル

ローマ人はさまざまな公共イベントを楽しんだ。競走、史実の再演、動物狩りの見世物、そして恐ろしい処刑にまで参加することができた。ただ、こうしたアトラクションは、奴隷や囚人の労働と生命を引きかえに行われたものだった。

大衆のための見世物は、ローマ社会と政治的文化の中心にあった。政治家にとって、見世物興行を組織し、経費を負担することは、市民に度量を示すことだった。ローマ人はパンと見世物（サーカス）にしか興味がなく、それに応じて票を売るだろう、と不平を述べたのは、後2世紀の風刺詩人ユウェナリスである。

ローマの統治者は、通常、神々を称える宗教的な祭儀の間に見世物を開催した（120–121頁を参照）。まず開会式の行進、生贄を捧げる儀式に続き、その後、数日間にわたる一連のイベントが行われた。性別や社会的地位に関係なく、誰もが参加でき、非常に貧しい人々には無料のチケットも用意された。闘技場では、元老院議員と騎士（エクィテス）、そしておそらくその家族のための席が確保されていた。一般の女性、奴隷、貧しい人々ほど後ろに座るか、立ち見となった。

ポンペイの円形闘技場での乱闘

古代世界では、群衆の制御も課題だった。歴史家のタキトゥスは、後59年にポンペイの円形闘技場で開催された剣闘士興行での乱闘騒ぎを記録している。ポンペイの地元住民と、近くのヌケリアの街からの訪問者の間で緊張が高まって石と剣を使った乱闘が勃発し、多くの人が負傷したり殺されたりした。何人かのヌケリア人が苦情申し立てのためにローマに行き、ネロ帝は調査を命じた。この結果、元老院はポンペイでの剣闘士興行を10年間、禁じた。下図はポンペイの家を飾るフレスコ画で、そのときの騒動を描いている。

△**ナウマキア**
ポンペイのイシス神殿には、ナウマキアを描く壁画がある。イシス女神は海と関係があり、船乗りたちは彼女の加護を求めた。

レース

円形闘技場の競馬は人気興行だった。最も有名なレースは、キルクス・マクシムス（146–147頁を参照）で開催された。出走する戦車は赤、白、緑、青の色別にチーム分けされ、これらのチームへの支持は、最終的に各個人の政治的な支持の意味合いにもなった。戦車の御者は通常、奴隷の男性であり、危険を承知の上で、勝つために大きなリスクを冒した。

血みどろのスポーツ

円形闘技場での野獣狩り、つまりウェナティオネスは、ローマの富と力、そしてその支配を誇示するものだった。帝国全土から集められたエキゾチックな象やカバ、ワニなどの動物と、訓練を受けた闘獣士（ベスティアリウス）が戦うのが特徴である。これらの狩り興行は処刑の一種として実施されることもあり、有罪判決を受けた犯罪者やキリスト教徒を殺すために、ライオンや大きな猫科の動物を放つこともあった。

最も高価なイベントといえば、ナウマキアと呼ばれる模擬海戦である。これらは、前2年にアウグストゥス帝がわざわざ掘らせた人工湖などの特設会場で行われた。ナウマキアは、過去の水上戦闘を再演することが多く、アクティウムの海戦（134–135頁を参照）などがテーマとされたが、戦いの結果が史実と異なることも当然視されていた。これらのイベントの兵士役の多くは囚人で、ほかに剣闘士たちも参加した。

△**ローマの戦車競走**
このモザイク画は戦車競走の勝者を描いている。
戦車は4頭立てのクアドリガだ。御者は青い服を着ており、
青色チームのメンバーであることを示している。

青色チームのメンバーが
馬に与える水を運ぶ

審判員が腕を上げ、
勝者に合図を送る

御者は勝利を示す
椰子の枝を持っている

コロッセウム

ローマの大殺戮スタジアム

コロッセウムは、ローマ帝国でも最大の円形闘技場だった。後72年にウェスパシアヌス帝が建設を命じ、8年後に息子のティトゥス帝の下で竣工した。嫌悪されたネロ帝の私邸、ドムス・アウレア（186–187頁を参照）の跡地に建てられ、剣闘士の戦闘や野獣狩りなどの闘技の殿堂とされた。それはローマ工学技術が生んだ傑作で、印象的なアーケードのファサードの背後に、廊下と階段が連なる複雑な構造があった。そこから最大5万人もの観客が座る楕円形のカウェア（構内）につながり、社会階級、職責、または性別に応じてさまざまな人々が着席した。コロッセウムはローマ帝国の崩壊後、部分的に壊れて荒廃したものの、今でもローマの街のシンボルである。

△**ホームエンターテインメント**
闘技場での見世物は、個人の家の装飾にもよく登場する。それだけ人気が高かったのだ。現在のリビアのズリテンで発見されたこの豪華なモザイク画は、後2世紀のもの。審判員（白い服）が、剣闘士たちの試合を裁いている。

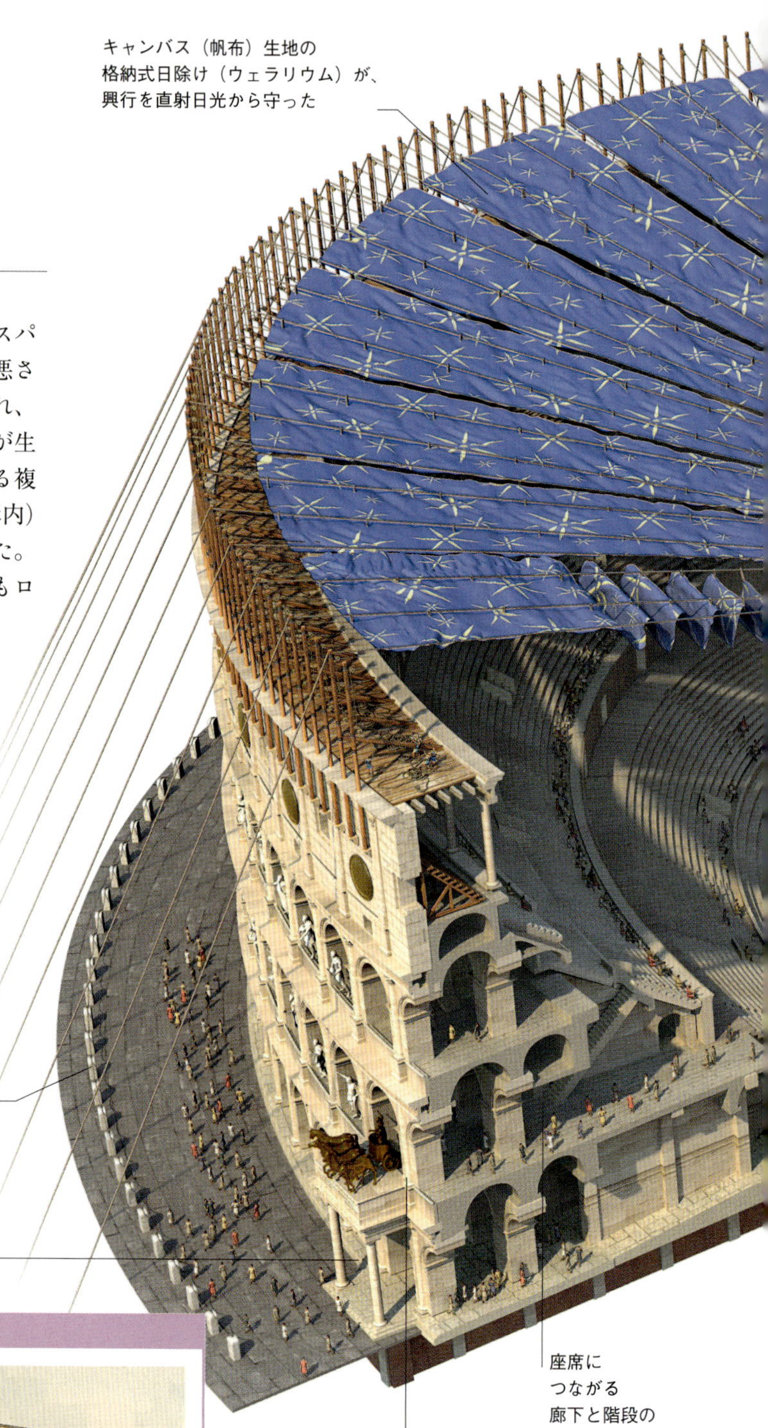

キャンバス（帆布）生地の格納式日除け（ウェラリウム）が、興行を直射日光から守った

周囲のボラード（保護柱）は、群衆の制御にも役立った可能性がある

コロッセウムの四方の中央軸のそれぞれに、壮大な玄関ポーチがある

座席につながる廊下と階段のネットワーク

埋め込まれた列柱は、さまざまな建築様式の特徴を持っていた（176–177頁を参照）

△**コロッセウムの内部**
印象的なファサードを抜けると廊下、通路、階段が連なり、カウェアという座席エリアにつながり、アレーナを見下ろせた（「アレーナ」は英語のアリーナの語源で、ラテン語で砂の意味。血を吸収するために、砂が木製の床に広げられていた）。アレーナの下にはヒポゲウム（地下室）があった。

水を満たした闘技場

右図は1810年の版画だが、このようにコロッセウムに水をたたえて、ナウマキア（模擬海戦。192頁を参照）に使用した可能性を示唆する文献がある。闘技場にはヒポゲウム（地下室）があり、水を満たすのは非現実的であるため、どのように機能したかは不明だ。しかし、地下室は後になって追加された設備のため、コロッセウムができたばかりの最初期なら、水で満たせた可能性もある。コロッセウムは水道橋の近くにあり、導水は容易であり、排水溝と下水道もよく整備されていたので、排水もできただろう。

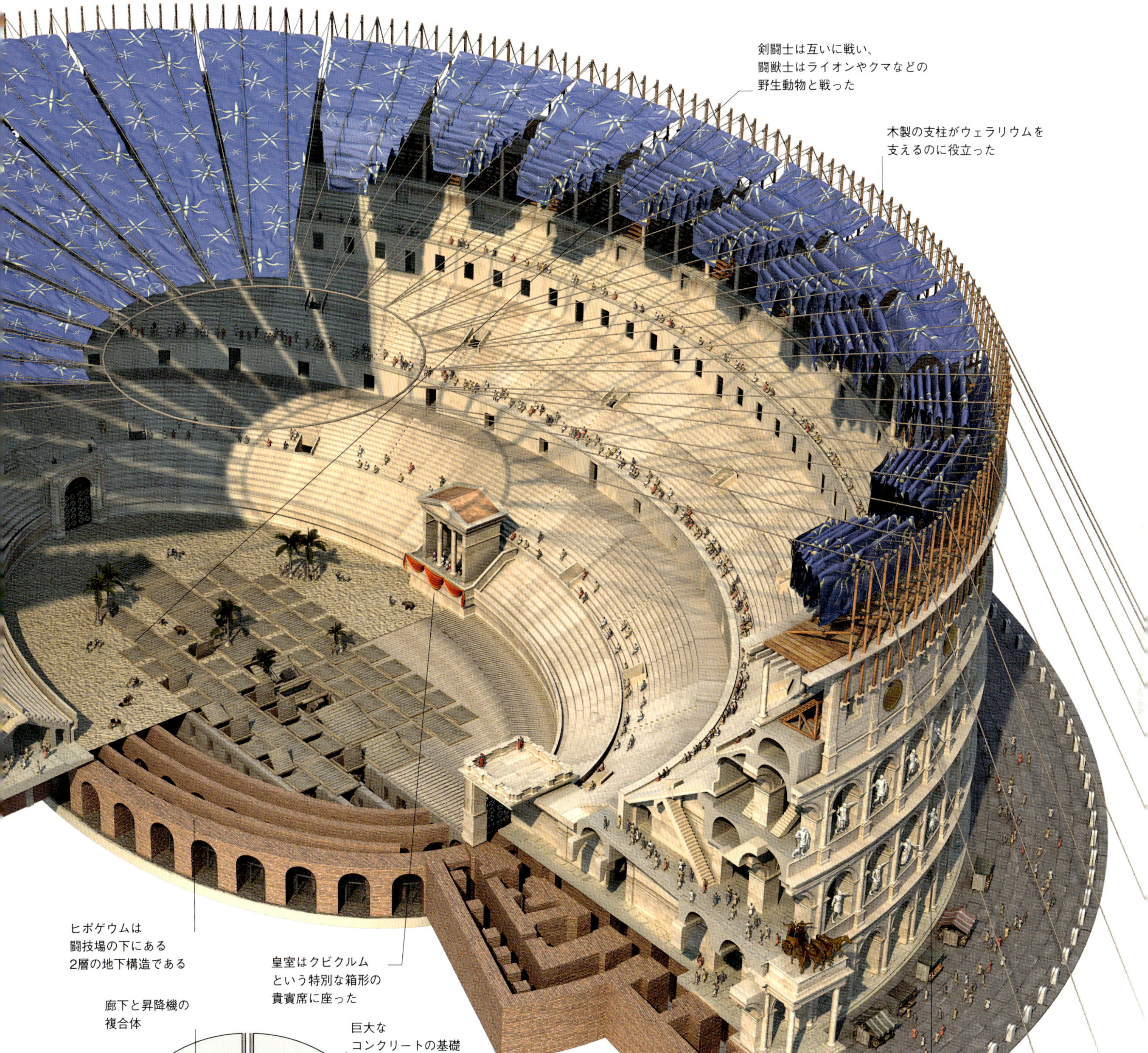

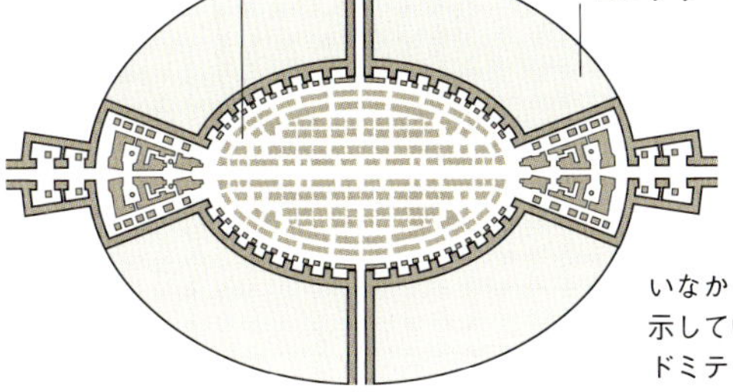

195

剣闘士は互いに戦い、闘獣士はライオンやクマなどの野生動物と戦った

木製の支柱がウェラリウムを支えるのに役立った

ヒポゲウムは闘技場の下にある2層の地下構造である

廊下と昇降機の複合体

皇室はクビクルムという特別な箱形の貴賓席に座った

巨大なコンクリートの基礎

◁**地下の世界**
この図は、コロッセウムが80年にオープンしたときは設けられていなかったヒポゲウムのレイアウトを示している。ティトゥス帝の後継者（弟）のドミティアヌス帝の下で、90年頃に追加された。

この通路は近くの剣闘士訓練所とつながっていた可能性もある

コロッセウムのアーチは建物を支え、構造を比較的軽量にすることができた

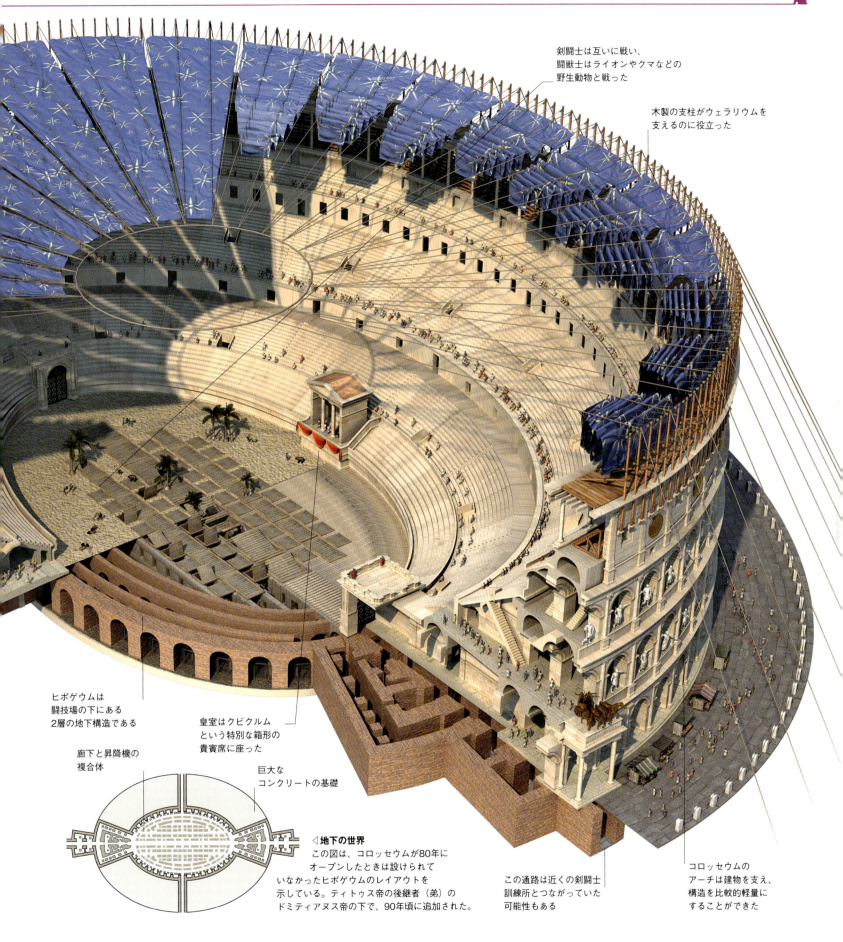

ビジュアル・ツアー

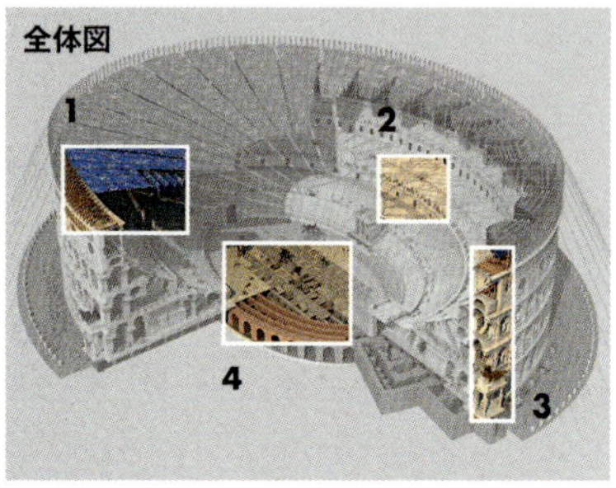
全体図
1
2
3
4

キャンバスのウェラリウムは、
晴れた日には伸ばし、空が
曇れば縮めることができた
厚いキャンバス生地を所定の
位置まで展開するために、
ロープと滑車が使用された
帝国艦隊の水兵たちが
日除けを操作した
1

▷日除けの下で
ローマの闘技場は、観客を太陽光線から保護するキャンバスの日除け、ウェラリウムで覆われることがあった。右に示したのは青い星をちりばめたデザインで、ネロ帝がポンペイの闘技場で同様のものを使用したことで知られている。

IMP·CAES·VESPASIANVS·AVG
AMPHITHEATRVM·NOVVM
EX·MANVBIS FIERI·IVSSIT
3

△装飾的な外装
3層のアーケードは、トスカナ式、イオニア式、コリント式（176-177頁を参照）の柱で飾られており、その上には小さな屋根裏部屋があった。上層のアーチには彫像が立っていた。四方の軸（北、南、東、西）のそれぞれにメインポーチがあった。

△アレーナの地下
現在、闘技場の木製の床の一部は修復されている（後方に見える箇所）が、地下室の大部分は露出したままだ。何世紀にもわたり、さまざまなレイアウトに変えられたが、最大で80もの昇降機とスロープがあり、人、動物、書き割りの背景を闘技場にせり上げていた。

4
昇降機とスロープを
動かすための
巻き上げ機

◁**絶景**
観客たちは、76までである番号が付けられたアーチを通って
コロッセウムに入場し、廊下と階段を経由して席に導かれた。
最下段は元老院議員と高官用の席で、皇室は最下層に
「クビクルム（貴賓席）」を持っていた。
貧しい人々、奴隷、女性は高い場所に座った。

△**帝国の崩壊後**
6世紀にローマが陥落すると、
コロッセウムの建物は要塞や
墓地として使用された。
時が経つにつれて、
石材は他の建物に転用され、
地震によって損傷を受けた。
1749年、キリスト教徒の
殉教者を記念して
教皇に奉献された。

大きな斜面はペグマタといい、
大きくて重い背景美術や
動物を上に運んだ

ヒポゲウムには、一時は
60基もの昇降機があった。
鉛の重りにより、昇降時にも
所定の位置に確実に
留まるようにした

剣闘士たちは、
近くの訓練所から地下通路を
経由してヒポゲウムに
行き来した

古代の記述によると、アレーナには
多くの仕掛け扉があり、そこから、
風景や動物が突然、現れたという

廊下は混雑し、暗く、
騒がしく、悪臭も
ただよっていただろう

地下室は徐々に地中に埋まって
しまったが、1930年代の
修復で完全に掘り出された

◁**コロッセウムの地下室**
地下室は2層の回廊と小区画で
構成されていた。剣闘士や闘獣士、
訓練士、舞台係、奴隷労働者、
動物の調教師、ライオンや
象などの野生動物もおり、
混み合っていたことだろう。

命がけの戦い

ローマ世界の剣闘士

剣闘士（グラディアートル）の試合は、もともと、死者を称える儀式化された戦闘の一形態として行われた。やがて、それらは重要な市民の娯楽へと発展して人気を博し、絶え間ない怪我や死の可能性を帯びるものとなった。

△**魚人剣闘士の兜**
青銅製兜の前面にある網は、剣闘士の顔を保護していたが、敵をはっきりと見ることを困難にもした。

最初に記録された剣闘士のショーは、前264年にデキムス・ユニウス・ブルートゥス・ペラと彼の兄弟が、父親の葬儀の一部として開催したもので、3組の剣闘士のペアが参加した。このときから、貴族たちは家族の葬儀の一環として、同様のイベントを開催するようになった。ショーは無料であり、非常に人気があったため、公職に就くことを望む著名人が選挙中に剣闘士の戦いを主催し始めた。後80年にローマのコロッセウムがオープンし、ローマ帝国周辺の剣闘士闘技場のモデルとなった。

暴力の歴史

剣闘士の姿はローマ人を魅了したが、反発も受けた。キケロは前45年の『トゥスクルム荘対談集』で、剣闘士の強さ、規律、冷静さなどを、いずれもローマの優れた美徳と称揚した。しかし、剣闘士たちを恐怖と疑いの目で見てもいた。前63年に暴力的に権力を掌握しようとした反逆者カティリナを、多くの剣闘士たちが支持したとき、キケロは彼らを社会の屑と呼んで非難した。さらに第3次奴隷戦争は、剣闘士スパルタクスが率いた反乱だった（110–111頁を参照）。

後1世紀の終わりから、ローマで剣闘士のショーを主催できるのは皇帝だけとなり、市外での試合には特別許可が必要になった。この規則は、裕福な者が興行の経費を負担して、皇帝と人気を競うことを防ぐためのものであった。こうした制限は、帝政後期の相対的な平和と相まって、剣闘士興行の斜陽化に拍車をかけた。ローマが戦争をしていない時期、アレーナでの血沸き肉躍る光景に対する需要は少なくなったのだ。たとえそれが剣闘士の試合であろうと、犯罪者、キリスト教徒やユダヤ人などの非合法で不埒な輩の処刑であろうと、同じことであった。325年、コンスタンティヌス帝は剣闘士の試合を完全に禁止した。

◁**剣闘士が描かれたガラスの器**
このボウルは後3世紀に作られた。網と三叉の槍を持った投網剣闘士が、追撃剣闘士と対決している。各人の名前が人物像の下に刻まれている。

殺しの訓練

剣闘士たちは、奴隷から強制的に採用されたほか、自発的に参加する者もいた。彼らはバラック式の「訓練所」に住み、通常は引退した剣闘士、ラニスタが指導した。剣闘士を闘技場で戦えるほどの一人前に育成するには時間とお金がかかるため、実は死ぬまで戦う

ことはめったに許可されなかった（観客が親指を「上に向ける」か「下に向ける」ジェスチャーを示し、敗北した剣闘士の運命を決定した、という話の真偽は不明）。剣闘士が重傷を負わない限り、流血は問題ではなかった。一方、犯罪者や戦争捕虜は消耗品と見なされ、育成や訓練もあまりされなかった。成功した剣闘士は、ローマの上流女性とも性的な浮名を流すこともあったという。2世紀のシリア生まれのフランマのように、少数の剣闘士が名声を得た。彼は34戦21勝の戦績で、30歳という「老齢」で亡くなった。剣闘士はボディガードにもなり、前50年代には平民派政治家のクロディウスやミロも雇用していた。

戦闘中の女性

右は、トルコで発見された後1世紀か2世紀の大理石のレリーフで、アマゾンとアキリアという2人の女性剣闘士の解放を記念した物。彼女たちはアレーナで好成績を収めた後、自由を勝ち取ったのかもしれない。男性と同じ武器を持っているが、兜は被っていない。2人の名前は、トロイア戦争で英雄アキレスと、アマゾンの女王ペンテシレイアが戦ったという神話を参照したもので、彼女たちは、神話の再現に特化した競技をしたのかもしれない。女性の剣闘士は、おそらく帝国では目新しい存在だった。たとえばドミティアヌス帝は、夜間に松明の下で女性と男性を戦わせた。

剣闘士の種類

剣闘士はさまざまなスタイルで戦い、独自のユニフォームや装備があった。戦いに多様性を生み出すために、異なるタイプの剣闘士が戦った。サムニウム剣闘士（サムニス）は記録に残る最古の剣闘士で、短剣または槍と大盾で重武装した。兜にはバイザーとクレスト（立て物）があり、脚はすね当てで保護した。魚人剣闘士（ムルミッロ）は、魚のヒレのようなトサカを持つ兜を被り、短剣と湾曲した長方形の盾を持った。投網剣闘士（レティアリウス）は手に投網、三叉の槍（トライデント）、短剣を持った。対戦相手を網に絡め、武器を奪うか、負傷させるのだ。投網剣闘士と対戦する追撃剣闘士（セクトル）は、短い歩兵剣（グラディウス）と短剣を使用した。トラキア剣闘士（トラエクス）は、グリフィンの頭部の紋章が付いた兜と、シカという湾曲した剣、小さな盾を持った。野生動物と戦う闘獣士（ベスティアリウス）もいた。

▽剣闘士の戦闘
剣闘士の戦闘を示した後320年のモザイク画。各人の名前が上に書かれているが、一部の名前の横にあるØ記号はシータ・インフェリクス（不幸なシータ）といい、その人物が死んでいることを示す。

一連の滑車に
ロープを通す
男性たち
ポリスパストン
という足踏み式
クレーンは、
ギリシア人が
使用した同様の
装置をモデルに
している
足踏み式
クレーンの
中で働く、
おそらく
奴隷の
労働者たち
この墓は、帝政期の貴族の
葬儀建築の理想を表している

△成功のモニュメント
裕福な建設業者の一家のために造られたハテリイの墓のレリーフで、建設作業員が働く様子を示している。ハテリイ家は後1世紀に栄え、コロッセウムの建設にも貢献した可能性がある。

帝国のエンジニアリング

強さと成功の基礎を築いた技術

ローマの建築がギリシアの影響を受けたことは有名だが、ローマ人が建設プロジェクトのために開発した工学技術は独自のものだった。その典型的な手法はエレガントかつ率直で、見事に効果的なものだった。

エンジニアリングの卓越性が、ローマ帝国の基礎を築いた。それは軍隊、民生産業、個人のワークショップで何世代にもわたって蓄積された実用的知識と、前1世紀の建築家ウィトルウィウスや、後1世紀の技術者フロンティヌスなどの専門家のテキストにより構築された。最古のローマ街道の一つ、アッピア街道と、最初の水道橋はいずれも前312年頃に完成した。道路と水道橋の建設は、ローマ人の工学的成果を決定づけた。

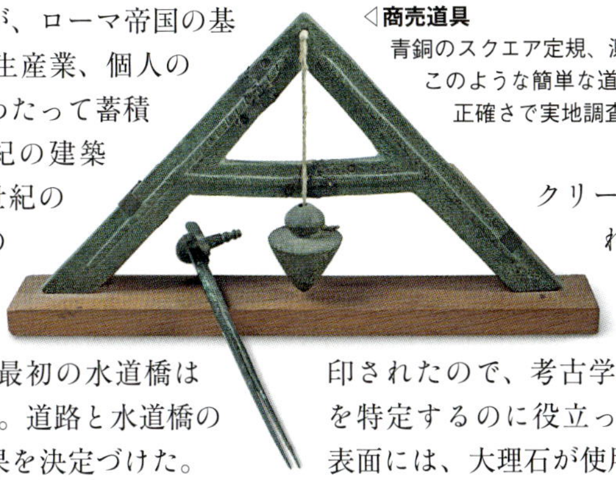

◁**商売道具**
青銅のスクエア定規、測鉛線、コンパスの製図セット。このような簡単な道具でも、ローマ人たちは驚くべき正確さで実地調査し、建物を建設することができた。

さらにローマの技術者は鉱山や運河を掘り、前3世紀からはローマの大規模で広範な下水ネットワークであるクロアカ・マクシマを構築し、水路を整備した。その一部は今日でも使用されている。彼らは港を建設し（216–217頁を参照）、水力を利用して工場を稼働させ、巨大のこぎりを動かし、公衆浴場のテルマエ（236–237頁を参照）、コロッセウム（194–195頁を参照）など、巨大で革新的な建物を建てたのだ。

丈夫で耐久性に優れた素材

前2世紀以降、ローマの建物はコンクリートの開発により大規模になった。石よりも強くて軽く、砕石と生石灰または石膏から作られるコンクリートは、現場で混合して使用できるため、運搬が容易で、汎用性が高く、長持ちもする。これにより、効率性が大幅に向上し、工期も短縮した。火山灰（ポッツォラーナ）を加えることで、ローマのコンクリートに水硬性を持たせることもできた。

コンクリートを使用すれば、建物を安価かつ迅速に建設してから、別の素材と組み合わせて、さらに表面を魅力的に仕上げることができる。当初、コンクリートの壁面はオプス・インケルトゥム（不規則な作業）と呼ばれる技術を用い、コンクリートに石の塊を配置した。帝政期になると、オプス・ラテリキウムが開発された。このため煉瓦工場では、コンクリートの壁面に使用する規格化された煉瓦を何百万個も製造した。煉瓦ごとに品質管理のためにメーカーの詳細情報が刻印されたので、考古学者がローマ時代の建物の年代を特定するのに役立っている。さらに壮大な建物の表面には、大理石が使用された。

調査ツールとテクニック

これらの専門知識には、優れた測量スキルと信頼できる器具が必要だった。たとえば水道橋の傾斜角は、水の流れが速すぎて洪水になったり、遅すぎて沈泥したりしないように、正確に測定する必要があった。グローマは、棒の上部の十字形の腕木から垂直に重りを吊り下げた測量器具であり、直線と角度を測るために使用された。コロバテスは水平面を測定する一種の水準器だった。このような単純な器具を使って、ローマの技師たちは帝国の建設に貢献した。

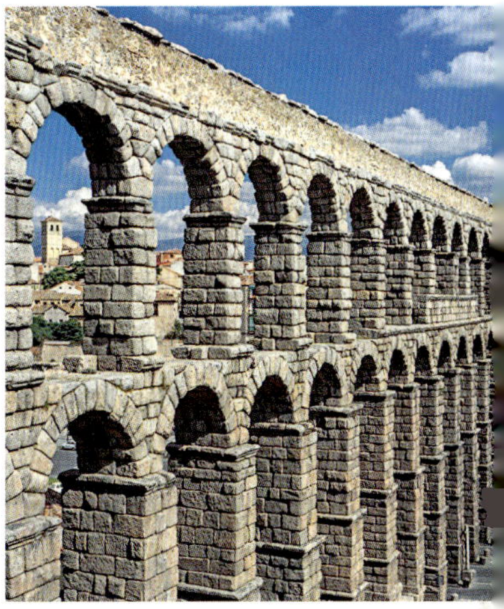

△**命の水路**
水道橋は帝国全体の都市の成長を支えるために使用された。スペイン中部のセゴビアのような暑くてほこりっぽい都市（上）でも、新鮮な流水を供給することができた。

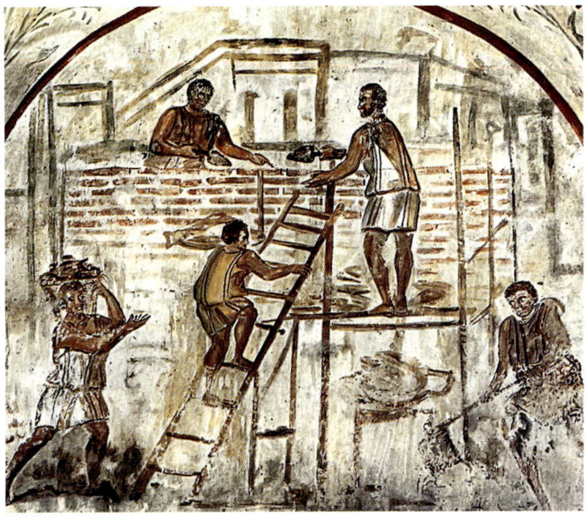

◁**働く男性たち**
この後4世紀の墓のフレスコ画では、2人の労働者が鏝を使って煉瓦を敷き、他の者が瓦礫を片付け（左下）、半分に割ったアンフォラで新しく混ぜたモルタルを運び（中央）、さらにモルタルを混ぜている（右下）。

パンテオン

神々にふさわしいドーム形神殿

世界で最も優れた古代の建物の中で、ほぼ完全な保存状態で現存するのがパンテオン（万神殿）である。その壮大なコンクリートのドームは、ローマの創意工夫とエンジニアリングの水準の高さを最高の状態で表している。

ローマで最も有名なシンボルの一つがパンテオンである。標準的な列柱のポーチと革新的な円形のアーチ形の内部を組み合わせている。ローマの初代皇帝アウグストゥスの治世中に建設されたが、ドミティアヌス帝の治世とハドリアヌス帝の治世に2回焼失し、そのたびに再建された。パンテオンのサイズ、野心的な建築とエンジニアリング、そして帝国全土から集められた色付き大理石の内部は、帝国の支配の成果と、神々に近しいところにいる皇帝の威光を体現している。

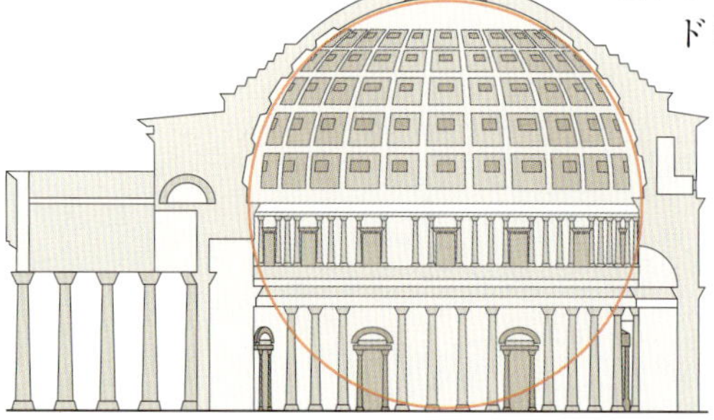

◁精密工学
ドームの直径で描いた球体は、建物の高さと幅にぴったりと収まる。巨大なスケールにもかかわらず、デザインに調和をもたらすものだ。

アウグストゥス帝が起源

現存するパンテオンは、ハドリアヌス帝によって後118－125年に建設されたものだが、正面ポーチのブロンズの碑文には、元の建築者であるマルクス・ウィプサニウス・アグリッパの名前が控えめに記されている。アグリッパはアウグストゥス帝の義理の息子で、前27年から前25年の間に、帝に敬意を表し

◁他に類を見ない神殿
パンテオンのポーチには、エジプトとギリシアの花崗岩で造られた16本の巨大な柱が並び、視界からドームを遮っている。もとは神殿の両側にも列柱があったため、正面から入ろうとするローマ市民は、内部にドームがあるとは予測できなかっただろう。

て最初のパンテオンを建設した。パンテオンの正確な機能は不明だが、その名前（「すべて」を意味するパンと、「神々の」を意味するテオン）は、ローマのすべての神々に捧げられた神殿を表している。伝えられるところによると、アグリッパは建物内に神々の彫像と並んでアウグストゥス帝の像を配置することを申し出た。帝は謙虚さをもって、自分の像は外に立つべきだ、と主張したという。

重力に逆らう大ドーム

初期の2つのパンテオンがどんなものだったかは、あまり知られていない。現存するハドリアヌスのものは、非常に印象的で独創的な建築物である。そのドームはローマのコンクリート工学の頂点であり、アーチ形の内部空間と、従来型の外部ポーチの融合は、建築史のランドマークである。格間が後退して巨大なドームとなるコンクリートの天井は、底部で厚さ6.4m、上部で1.2mと、上に行くほど薄くなる。これでドームが安定し、比較的軽量になるのだ。そのエンジニアリングと技法において、ドームは従来の寺院建築よりも、浴場や宮殿の建築（186–187頁を参照）の成果に負うところが大きい。直径44.4mのドームは、1958年に至るまで、世界最大のスパンを持つコンクリートの構造物だった。ドームは完全な球体をベースにしており、そのまま建物の高さでもある。

ローマの寺院としては珍しく、パンテオンの内部は多数の人々を収容することを意図していた（ローマの宗教儀式では、崇拝者は通常、寺院の外に集まった）。その大理石の床は、正方形と円が交互にパターン化され、地上の壁面には、かつて神々の彫像があったと思われる、7本の大きな柱が並ぶアルコーブ（床の間）が埋め込まれている。ドア以外の唯一の光源は、ドームに切り込まれた円形の穴、オクルスだ。太陽の光（と雨）が降り注ぎ、太陽が1日かけて空を横切ると、光の柱が神殿の内周を大気が巡るように移動する。

一見完璧に見えるパンテオンにも欠点がある。ポーチとロトゥンダ（円形部）の間の通路には、建物の外側を囲む縁取りラインに沿って「偽の」ペディメント（三角形の切妻）がある（下図を参照）。これはポーチの当初の計画高が15.2mで、実際に使用された12.2mの柱では足りなかったことを意味している。この変更により、ポーチの屋根が意図したよりも低くなり、建物のプロポーションに他のいくつかの小さな違和感を生んでいる。とはいえ、その美しさと全体的な対称性はなんら損なわれていない。

パンテオンは後3世紀、セウェルス朝の下で修復され、609年にはキリスト教会になった。これは間違いなく建物自体の保存に役立ったが、東皇帝コンスタンス2世は663年に青銅の屋根瓦を取り除き、1626年には教皇ウルバヌス8世がポーチの青銅の屋根のトラスを取り除き、金属を溶かして大砲を作った。しかし、建物の中心部は完全に保存されており、ローマ建築の優れた特質を最もよく表すものの一つであり続けている。

「……アーチ形の屋根のため、天界のごときである」
カッシウス・ディオ『ローマ史』

△タイムカプセル
模様があるパンテオンの床はオリジナルで、ヌミディア産の黄色の大理石、フリギア産の紫色の大理石の柱も同様である。他の室内装飾は、ほぼ後世のものだ。

▽歴史の断面
この図は、ポーチと連絡通路、およびドラム状の主屋がどのように接続されているかを示している。また、ドームの厚い土台が、薄いアーチ形天井の重量をどのように支えているかを見ることもできる。

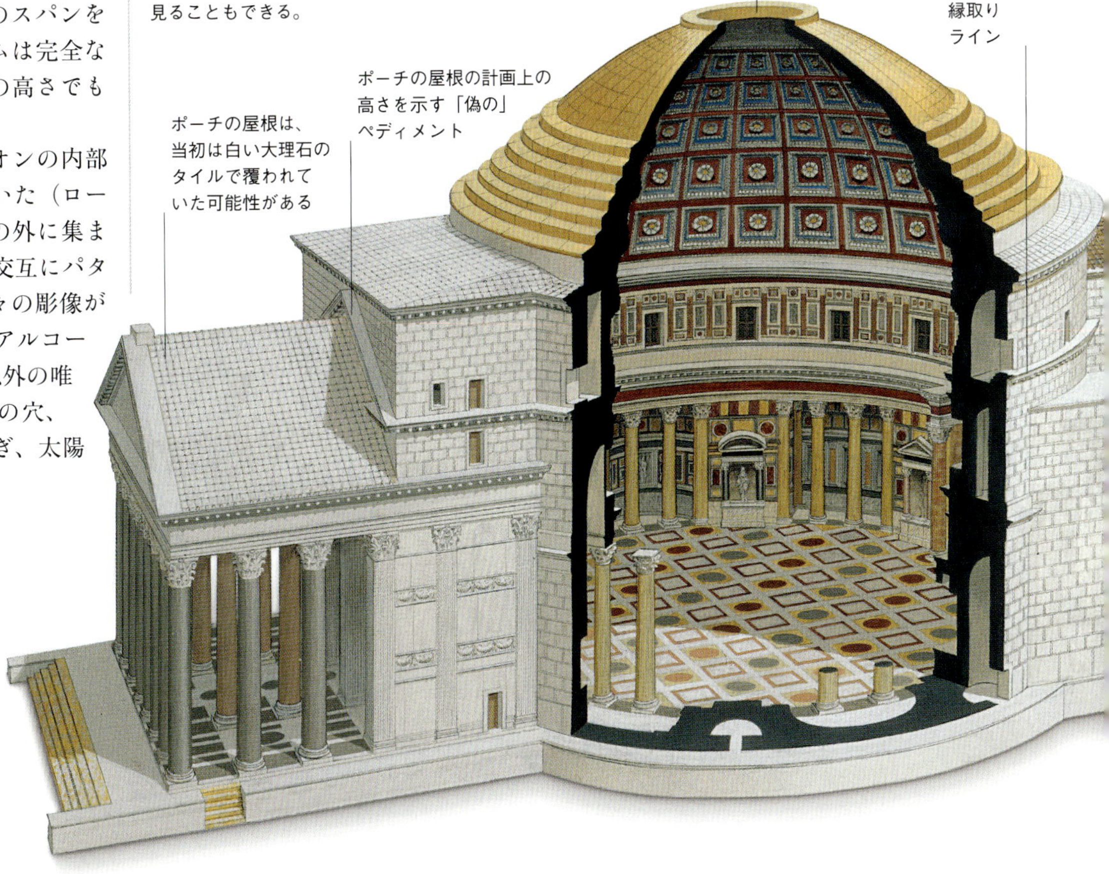

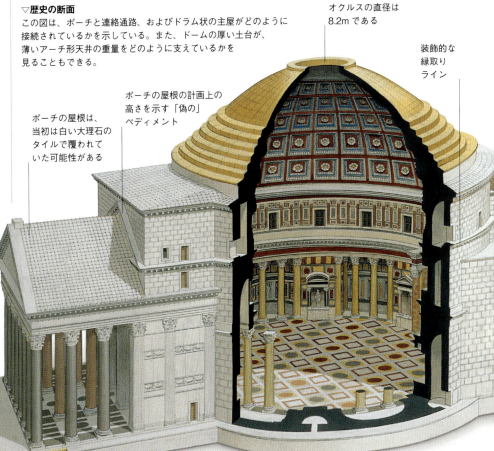

ハドリアヌスの長城

帝国の境界を守る要塞線

ハドリアヌスの長城は、軍事要塞としても、エンジニアリングの成果としても印象的なものだ。ローマ帝国の植民地ブリタンニア（英語名ブリタニア。イングランドとウェールズ）を、帝国の占領に抵抗する北方の人々から分離するものである。

△**子供の靴**
この珍しい靴は、
ウィンドランダで見つかった
400点の靴の一つである。
5、6歳の子供にフィットする
靴のようだ。

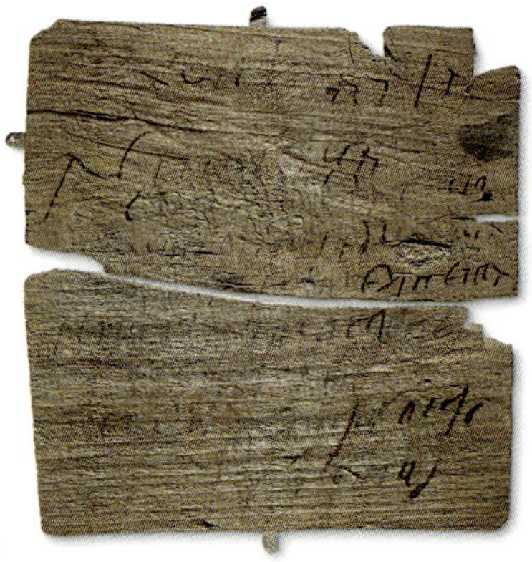

◁**ウィンドランダ砦の手紙**
1973年に発見されたこの手紙は、
砦の住民が薄い板に書いた一連の書簡の一つ。
後100年頃、ハドリアヌスの長城近くの
兵営での日常生活が記録されている。

ハドリアヌスの長城の建設は、ハドリアヌス帝の命により後122年に始まった。西はマイア（現在のボウネス・オン・ソルウェイ）から、80ローマン・マイル（117km）離れた東のセゲドゥヌム（ウォールセンド）までの要塞線で、深さ3mの溝、犬走り（開削地）、高さ4.6mの石造りの壁、およびウァッルムという保護用の土塁が特徴である。軍道（ミリタリー・ウェイ）と呼ばれる側道もある。

マイルキャッスルという名の通り、80もの小さな砦が長城に沿って1マイル（約1.6km）おきに配置され、それぞれの間に2つの見張り塔が造られた。17の大きな要塞もあった。長城沿いに追加された支援砦には、ブリタンニアに運ばれた人員や物資の揚陸港を守るアルベイアや、長城よりも前に建設されていたウィンドランダ砦（258–259頁を参照）が含まれていた。砦とマイルキャッスルには、城壁を通り抜けることができる門があった。ウィキ（城下町）が城砦の周りで発展し、退役軍人、商人、兵士の家族、食料品店、宿屋の主人、売春婦などが集まった。

長城での生活

少人数の兵士の部隊がマイルキャッスルに配置されたが、大部分の軍隊は砦に駐屯していた。これらの複合施設には、兵舎、穀物店、病院、司令官の宿舎、軍の本部が含まれていた。砦は一般的に、大まかに標準化されたパターンで配置されたが、正確な構成はそれぞれの場所と周囲の地形によっていた。ハドリアヌスの長城の兵士のほとんどは、ゲルマニアのバタウィア人、アドリア海沿岸地域のダルマティア人、北アフリカのマウリ人などの補助兵（非ローマ人）だった。170年代、現在のイランにあるサマルティアのイアジゲ族は、マルクス・アウレリウス帝との合意に調印した後、5000人の騎兵をハドリアヌスの長城に派遣した。騎馬部隊は城壁の防御において重要な要素で、各砦に拠点を置く約1500人の兵士のうち、約3分の2が騎兵で、残りは歩兵だった。

城壁の守備隊に、非常に多くの補助部隊が存在したので、この地域には独特の文化的多様性が生まれた。ローマの高級将校や役人が連れてきた奴隷を含む家族や扶養家族によって、この傾向は増した。兵士たちは、近隣住民と多くの社会的交流をしたようだ。下級将校は地元の女性と関係を持ち、おそらく家族を作ることもできた。普通の軍団兵は結婚する法的権利を持っていなかったのだが、彼らが非公式な同棲をすることを妨げるものではなかった。当時の靴、玩具、宝飾品、その他の家庭用品が発見されており、こうした地域が単なる軍の野営地にとどまらず、文

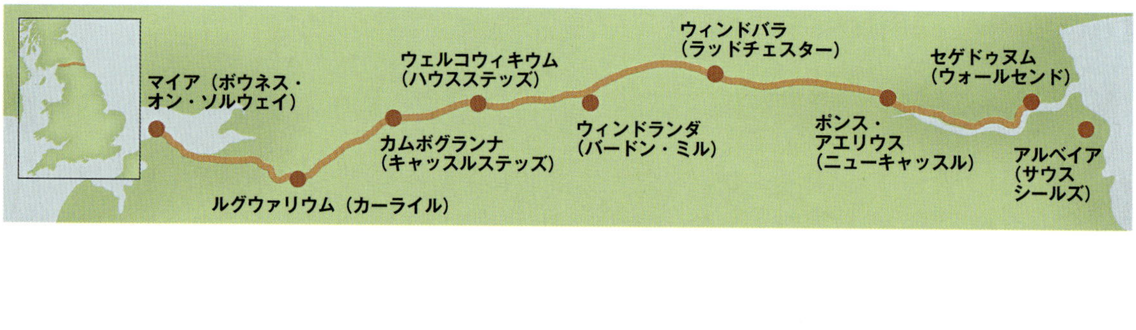

▷**防衛拠点**
この地図は、ハドリアヌスの長城、
または近くにあった主要な
要塞を示している。それぞれの
ローマ時代の名と、カッコ内に、
その場所か最も近い集落の
現在の英語名を示す。

化的な深さと多様性を持っていたことを証明している。

流動的なフロンティア

城壁は印象的な構造物だが、正確な目的はわかっていない。ハドリアヌスの長城にある多くの門は、いかに見張り塔と砦があったにしても、常に突破される危険があった。城壁は、ローマの非常に大きな力を視覚化する記念碑であり、戦略的というよりも象徴的な面にその重要性があったのかもしれない。ハドリアヌスの長城が建設されてから20年後、さらに100km北にあるアントニヌスの長城の工事が始まった。これはおそらく、ローマの領土を襲撃していたマエタエ族やカレドニア族を食い止めるために計画されたものと思われる。しかし160年代になって、マルクス・アウレリウス帝は軍隊をハドリアヌスの長城に撤退させ、そこがブリタンニア属州の北の公式フロンティア（国境）になった。この時期の長城は、人の移動と貿易を規制する国境警備用の検問所の性格をもつものだったようだ。その後、197年と207年に周期的な攻撃を受けたが、大規模なものではなかった。296年、ピクト人の同盟軍が長城を突破し、さらに240km南にあるデウァ（チェスター）に達したとき、長城の綻びは深刻化した。ローマ人のブリタンニア支配はその頃になると弱体化し、5世紀初頭にローマ軍団は完全に撤退した。長城の壁は大部分が地元の建物に転用されたが、ローマ帝国の影響力の永続的な象徴を知るのに十分な遺構が、今も残っている。

▷**馬と騎兵の青銅製ブローチ**
この2世紀のブローチは城壁で発見された。かつては鮮やかな色のエナメル彩色が施され、衣服を留めるのではなく、ジュエリーとして身に着けていた可能性がある。

△**ローマのマイルキャッスル**
第39マイルキャッスルの遺跡である。壁に囲まれた小さな砦の典型例を示している。丘の中腹の小さなガリー（峡谷）、つまり「ニック」にあるため、今日ではニック城と呼ばれている。4世紀後半まで駐屯軍がいた。

モザイクの芸術

石で描く絵画

モザイクは、テッセラエ（単数形はテッセラ。石、大理石、タイル、ガラス、またはその他の材料の小片）をモルタルの基礎に固定して生み出す図柄や絵画である。この技法はローマ時代よりもかなり前に発明されていたが（最も初期の形は、近東で発見された前8世紀の小石を使用した単純なパターンである）、帝国の下でその頂点に達した。ローマ人は、公共の建物と個人の住居の両方で大いにモザイクを使用し、床から壁、天井のアーチにまで拡張して、革新を引き起こした。熟練した職人は、部屋の全体的な装飾の一部を形成する、よりカラフルで野心的なレイアウトを実現し、奴隷労働者はそのための石材を切ったことだろう。

ローマのモザイクは、多様な技法で組み立てられた。たとえば前1世紀まで一般的に使用されたオプス・テッセラトゥム（市松模様の作品）は、石や大理石の小さな四角形をモルタルの基礎に配置してパターンを形成する技法である。オプス・ウェルミクラトゥム（ミミズ状の作品）は、小さな石を稠密に組み合わせて絵画のように仕上げ、よりリアルな画面を作成した。エンブレマタ（図柄）という、特定のモチーフや絵画のパネルを使ったセンターピースは、工房で製作し、床の中央にはめ込んだ。その後、メインパネルの周りの隙間を、シンプルなテッセラのモザイクで埋めるのが一般的だった。

イタリア国内の伝統様式

帝国のさまざまな地域では、さまざまなスタイルのモザイクが好まれた。ローマ時代のイタリアでは、特

△**幾何学模様**
これは幾何学的なオプス・テッセラトゥムのモザイク画として、傑出した例である。ポルトガルのコニンブリガ遺跡のもので、他にもこのスタイルの多くのローマ時代の床モザイクが残っている。ダイヤモンド形模様の中心には、完全に着色した正方形石材がＣ字形に並んでいる。

△**花柄模様**
後1世紀のイタリアの複雑なデザインのモザイク画。石灰岩とガラス質のペーストを使用して構成している。オプス・ウェルミクラトゥムの一例であり、集まったどんぐりや、さまざまな色の花、果物、葉が特徴である。つぼみと開いている花の両方が示されている。

△**メドゥーサの首**
これは後2世紀のイタリアのもの。ゴルゴンのメドゥーサの胸像が見られるが、神話に登場する人物がモザイク画に描かれることは多い。エンブレマトゥムの床パネルは、精巧な円形の幾何学模様に囲まれており、おそらく盾を連想させるものだった。

「すべての小さなテッセラエのごとく、彼の言葉がいかに見事に調和しているか……」

ルキリウス『風刺詩集』

にカラフルな花柄や、白黒の幾何学模様の人気が高かった。真っ白な背景に黒い人物像を表現する黒像式スタイルもイタリアで開発されたものだ。これらのデザインはごくシンプルで、人物像のモザイクがあったとしても、室内の視線を集めるのはあくまでも彩色壁画であった。

ローマ属州の流行

ローマの北部や西部の属州のモザイクは、主にイタリアと同様、白黒の幾何学模様で構成されていたようだ。図柄や詳細なパネルを掲げる場合、それらは単体で主役となるのではなく、全体のデザインの中でバランスを取るように配慮された。東部の属州では、縁取り線で囲まれた人物像の情景が好まれたようで、時とともに、人物がより重要になり、境界線も薄くなった。これらのモザイクはしばしば寓話的で、人物の説明がラベル付けされており、季節や月、または抽象的な哲学的アイデアを擬人化することさえあった。東方の芸術家たちはまた、虹のようなスタイルを開発した。テッセラを列状に並べるのではなく点々と配置し、織物のように段階的な色のトーン効果を出すものだ

ローマ時代のアフリカでは特に、多色模様のモザイク画の人気が高かった。色とりどりの石が地元で簡単に採石できるためだろう。この地域のモザイクは人物像でも知られ、それも神話ではなく、円形闘技場での剣闘士のショーや野獣狩りなど、日常生活の出来事を多く描いている。

△テッセラエ
モザイクに使われる素材は「テッセラ」と呼ばれていた。「さいころ」または「立方体」を表すラテン語にちなんでいる。さまざまな形やサイズがあり、最小のものはわずか数mm幅であった。

△日常生活
女性がスポーツや運動をする注目すべきシーン。他にも女性たちの日常のさまざまな側面を捉えている。後4世紀のオプス・ウェルミクラトゥムで、シチリア島のピアッツァ・アルメリーナにあるヴィッラ・ロマーナ・デル・カサーレの小部屋の床を飾っている。

△野生生物
現在のイスラエルのロードに残る、後300年頃の保存状態の良好なモザイク画。オプス・ウェルミクラトゥムの床の中央パネルには、ライオン、象、キリンなど、さまざまな動物が描かれ、周りに鳥、魚、ウサギ、鹿などがいるが、人物が全く配されていないデザインは異例である。

△宗教画
キリスト教がローマの国教になると、モザイク画は宗教的なイメージを取り上げ始めた。これは後5世紀のもので、イタリアのラヴェンナにあるガッラ・プラキディア霊廟の壁画。イエスが善き羊飼いとして、群れの世話をする図柄だ。

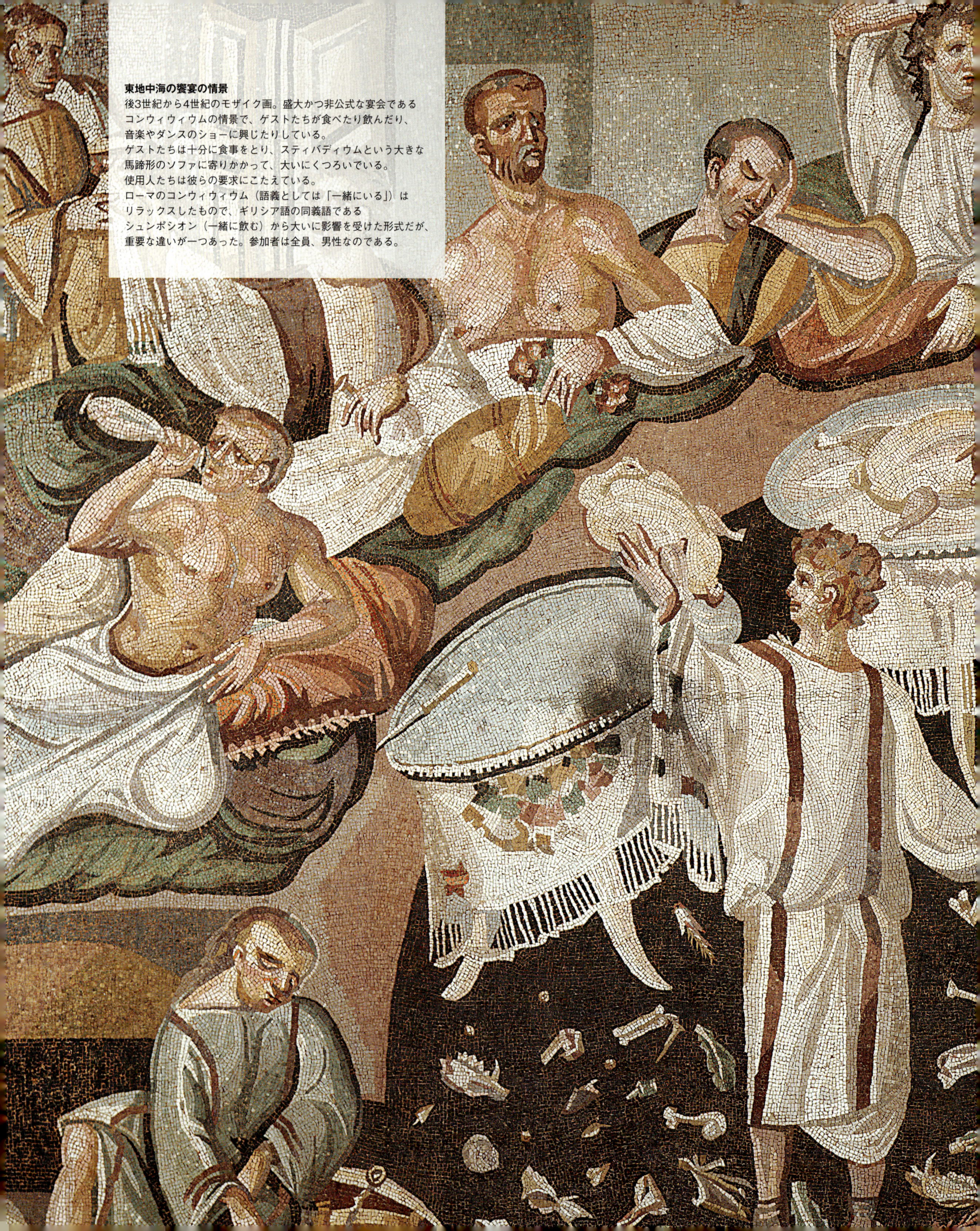

東地中海の饗宴の情景
後3世紀から4世紀のモザイク画。盛大かつ非公式な宴会であるコンウィウィウムの情景で、ゲストたちが食べたり飲んだり、音楽やダンスのショーに興じたりしている。
ゲストたちは十分に食事をとり、スティバディウムという大きな馬蹄形のソファに寄りかかって、大いにくつろいでいる。
使用人たちは彼らの要求にこたえている。
ローマのコンウィウィウム（語義としては「一緒にいる」）はリラックスしたもので、ギリシア語の同義語であるシュンポシオン（一緒に飲む）から大いに影響を受けた形式だが、重要な違いが一つあった。参加者は全員、男性なのである。

エジプトのローマ人 古代文化との交流

エジプトはローマより古い文明を誇る古代王国で、前1世紀の終わりにローマの支配下に置かれた。その後の半世紀の間、ローマ人の支配者たちは、その古代文化にあやかろうと躍起になった。

エジプト王国の最後のファラオ、女王クレオパトラ7世は、ローマの内戦でマルクス・アントニウスに味方し、オクタウィアヌスに対抗した。彼女は前31年のアクティウムの海戦での敗北後に自殺し（134–135頁を参照）、エジプトはオクタウィアヌスの支配下に置かれることとなった。4年後、彼はローマの初代皇帝アウグストゥスになり、エジプトは皇帝とその後継者の最も貴重な所有地の一つになった。

オクタウィアヌスは自分の地位を確かにするべく、クレオパトラの10代の息子カエサリオンを殺害した。彼は前46年生まれで、ユリウス・カエサルの実子である。こうして、前4世紀にアレクサンドロス大王がエジプトを占領し、その部将のプトレマイオスが当地を支配して以来、ずっと続いていたプトレマイオス朝は終焉を迎えた。

エジプトことアエギュプトゥス属州は、生産拠点として重要であった。ナイル川沿いの肥沃な土地で栽培された豊富な穀物は、帝政初期の食糧危機を解決した。当時、飢餓状態にあるローマの貧困層が、増大していたのである。エジプトは、インドと地中海の間の最短の貿易ルートでもあった。国内を通過する商品は課税され、巨額の資金調達をもたらした。

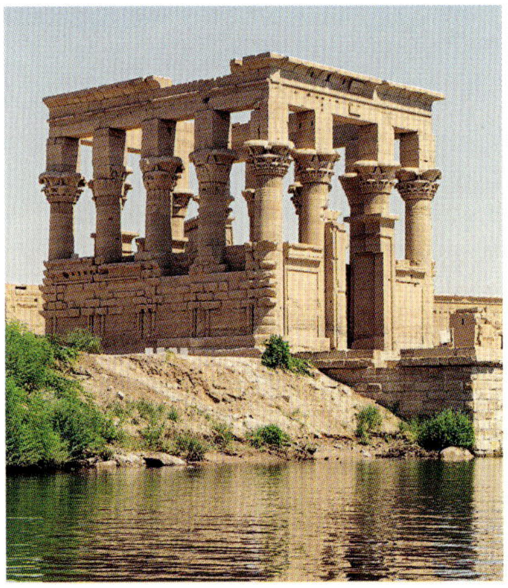

◁地元の信仰を尊重する
アスワンに近いフィラエにあるエジプトの神殿。この内部には、トラヤヌス帝がファラオとして、エジプトの神々であるオシリス、イシス、ホルスに供物を捧げる姿が描かれている。

ローマ時代のエジプトでの生活

何千年もの間、エジプトは強力な大帝国だった。ギザのピラミッドは、ローマが建国されるより2000年も前に建設されたのである。アレクサンドロス大王の遠征以後、国の権力構造が変わった。マケドニアのギリシア人であるアレクサンドロスとプトレマイオスは、以後の300年間にわたって、2つの文明が互いの生活様式に影響を与え合う文化交流を生み出した。ギリシア、小アジア、エーゲ海の島々からの入植者がエジプトにやって来たが、これはローマの支配下でも続いた。エジプトに来た著名なローマ人たちは、先祖代々の火葬の慣行を離れ、数千年来の伝統があるエジプトのミイラの習慣に従った。しかし彼らは、ローマの葬儀で用いる肖像画の伝統に沿って、木製の棺に自分の肖像画を描かせ、ローマとエジプトの文化の融合を生み出した。宗教的にも、帝国全土の人々、特に女性と奴隷たちが、エジプトの独特の様式と儀式を持つイシス教団（232–233頁を参照）の信者になった。

領土征服はローマのエリートを夢中にさせた。彼らはしばらくの間、エジプトのすべてに魅了されていた。オベリスクがローマの公共スペースに運ばれ、ローマの裕福な市民のために建てられた新しい別荘には、エ

メロエの母后たち

エジプトの南の国境にあったクシュ王国（現在のスーダン）は母系社会だった。王の母后はカンダケといい、特に少年王の母として摂政に就くと、事実上の君主として強権を握った。前1世紀後半、カンダケのアマニレナスはエジプトでローマ軍と戦い、短命ながら、ある程度の成功を収めた。彼女の戦利品には、有名なアウグストゥスの青銅製の「メロエの頭」が含まれており、祝賀会で神殿に埋められた（161頁を参照）。右のレリーフは、後にカンダケとなるアマニトレ妃である。

▷ミイラの青年
この棺の蓋には、ギリシア語でアルテミドロスという名が書かれている。肖像は青年のものだ。エジプトの裕福なローマ人やその他の入植者は、ミイラの慣行を取り入れ、埋葬用の棺に、故人の肖像画を描かせた。

金箔を使用しており、この青年の財力を示している
リアルな肖像画は、彼が若くして死んだことを示している
エジプト神話にちなむディテールや情景が描かれている
ΑΡΤΕΜΙΔΩΡΕ·ΕΥΨΥΧΙ

ジプト風の建築と装飾が採用された。エジプトの装飾品や、エジプトの影響を受けたジュエリーも人気を博した。

エジプトでは、ローマ皇帝が自らをファラオと位置付け、エジプトの古代の伝統を受け継いでいる、と主張した。彼らはファラオの称号を採用し、領土全体のモニュメントに現人神である自分自身を描かせた。しかし、この国を実際に訪れた皇帝はアウグストゥス帝、ウェスパシアヌス帝、ハドリアヌス帝など、ごくわずかである。他のほとんどの皇帝は、エジプトで長きにわたり重要な影響力を行使してきた神官団に対し、エジプトの生活と社会、寺院の管理における役割と特権を保持することを許した。

ローマの支配とその挑戦

実際のところ、ローマのエジプト支配については、後3世紀の後半になるまで異議を唱えられることはなかった。その後、外国勢力であるパルミラのゼノビア女王が挑戦するようになった（244–245頁を参照）。女王はエジプトと中東の大部分に侵攻し、パルミラはローマ領の広大な一帯を併合した。しかし、パルミラによるエジプト支配は長続きしなかった。ゼノビアはローマの穀物供給を遮断したが、アウレリアヌス帝は迅速に行動した。1年以内にパルミラ人は敗北し、エジプトと他の失われた領土はローマの支配下に戻った。395年にエジプトは東帝国に編入され、7世紀初頭にはペルシアのササン朝に征服された。

エジプトの砂漠の砂の下で、完全に保存されていた多くのパピルスのおかげで、今日、エジプトのローマ人について多くのことがわかっている。

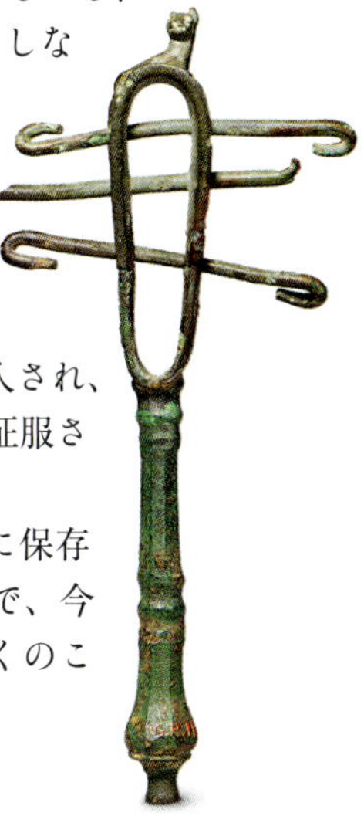

▷エジプトの楽器
ハトホルやイシスなど、エジプトの女神の神殿で特有の儀式の際に使用したシストルム。パーカッション楽器の一種で、手持ち式のガラガラのようなものである。

「積み上がった石積みの上にエジプトの文字がまだ残っており、古い壮大な物語を紡いでいた」
タキトゥス　エジプトのテーベにて

△**勝利を祝う**
アウグストゥスの
マルス・ウルトル神殿は、
カエサルの
ウェヌス・ゲネトリクス神殿の
1.5倍の大きさだった。
黄色、黒、紫の大理石で舗装され、
外観は白い大理石だった。

ローマ中心部を形作る

皇帝たちのフォルム

皇帝たちのフォルム（フォラ・インペラトルム）は、仕事や買い物をするための豪華な公共スペースであり、帝政期のローマ市民の日常生活を形作った。共同体のメンバーや訪問者が集う場として、都市の中心部にフォルムが造られたのである。

フォルム（広場）は、ローマの街の公共事業のためのオープンスペースであり、政治、法律、および商業活動の中心だった。フォルムには、寺院、元老院の議事堂、列柱、彫像、およびモニュメントが含まれた。法廷や官庁を含むバシリカ（公会堂）もあり、市民が利用するほか、商業事業にも使用された。フォルム・ロマヌムは、帝国全体のフォルムの中心的なモデルであった。

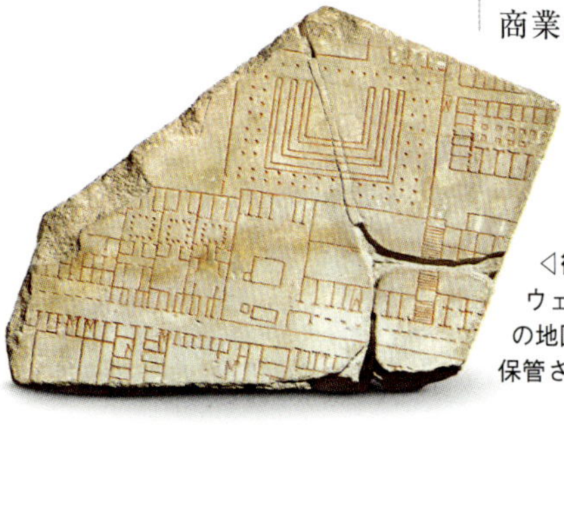

◁**街の広場**
ウェスパシアヌスのフォルムには、3世紀のローマの巨大な大理石の地図、セプティミウス・セウェルスのフォルマ・ウルビスが保管されていた。その10分の1ほどの小さな断片が現存している。

市民センターとして

ユリウス・カエサル以下、アウグストゥス、ウェスパシアヌス、ネルウァ、トラヤヌスの各皇帝は、ローマへの愛を表明するために、さらにローマの市民生活に足跡を残すために、フォルムを建設した。皇帝たちのフォルムとして知られる広場は、ひとつの計画に従って建設されたのではなく、複数の計画が混在して、印象的な建築複合体を形成した。全体として、皇帝たちのフォルムは幅200m以上、長さ600m以上もあった。

フォルム・ロマヌムはローマ最初のフォルムだったが、前54年、ユリウス・カエサルは元のスペースを拡張し、カエサルのフォルムとして整備する作業を開始した。前46年に建てられたこの新しいフォルムには、西側に店舗が並ぶ長い柱廊があり、新しいクリア・ユリア（元老院議事堂）もあった。カエサルはウェヌス女神の子孫を自称していたので、ウェヌス・ゲネトリクス神殿が複合体の中心部を形成した。その後のすべての皇帝のフォルムは、カエサルのフォルムに合わせて建設された。政治や商業的活動は、こうした新しいフォルムに移り、元のフォルムは帝政期を通じて、ますます儀式的な機能に特化していった。

複合体の構築

その後の皇帝は、さまざまなテーマを掲げてフォルムを建設した。アウグストゥス帝はフィリッピ（ピリッポイ）での勝利の後、彼のフォルムの建設を宣言し、後2年に完成した。軍事的成功を祝って、中央にマルス・ウルトル（復讐者）神殿があり、アウグストゥス自身を含むローマの英雄や、ユリウス家の人物の多くの彫像で飾られた。

75年に奉献されたウェスパシアヌスのフォルムは、エルサレム征服の戦利品を保管する平和の神殿を中心としたため平和のフォルムとも呼ばれ、広場の片側に沿って建てられた。ネルウァ帝は後に、アウグストゥスのフォルムとウェスパシアヌスのフォルムの間を走るアルギレトゥム（通り）に沿って、ミネルウァ神殿のある記念碑的なフォルムを計画し、97年に完成した。

皇帝たちのフォルムの中で最大のものはトラヤヌスのものだ。成功したダキア遠征の戦利品を資金源として113年に完成した。注目すべきものは多く、トラヤヌス帝のブロンズの騎馬像、6階建ての複合商業施設（176–177頁を参照）、北側のバシリカ・ウルピア、市場ホール、図書館、それにトラヤヌスの記念柱（214–215頁を参照）などがあった。ハドリアヌス帝は後に、神格化されたトラヤヌスの神殿を追加した。

△皇帝の記念柱
記念柱がトラヤヌスのフォルムの建物の上にそびえ立っている。トラヤヌス帝のブロンズ像が上にあり、白いイタリアの大理石で印象的な存在感を放っていた。トラヤヌスの遺灰は117年に記念柱の土台に埋葬された。

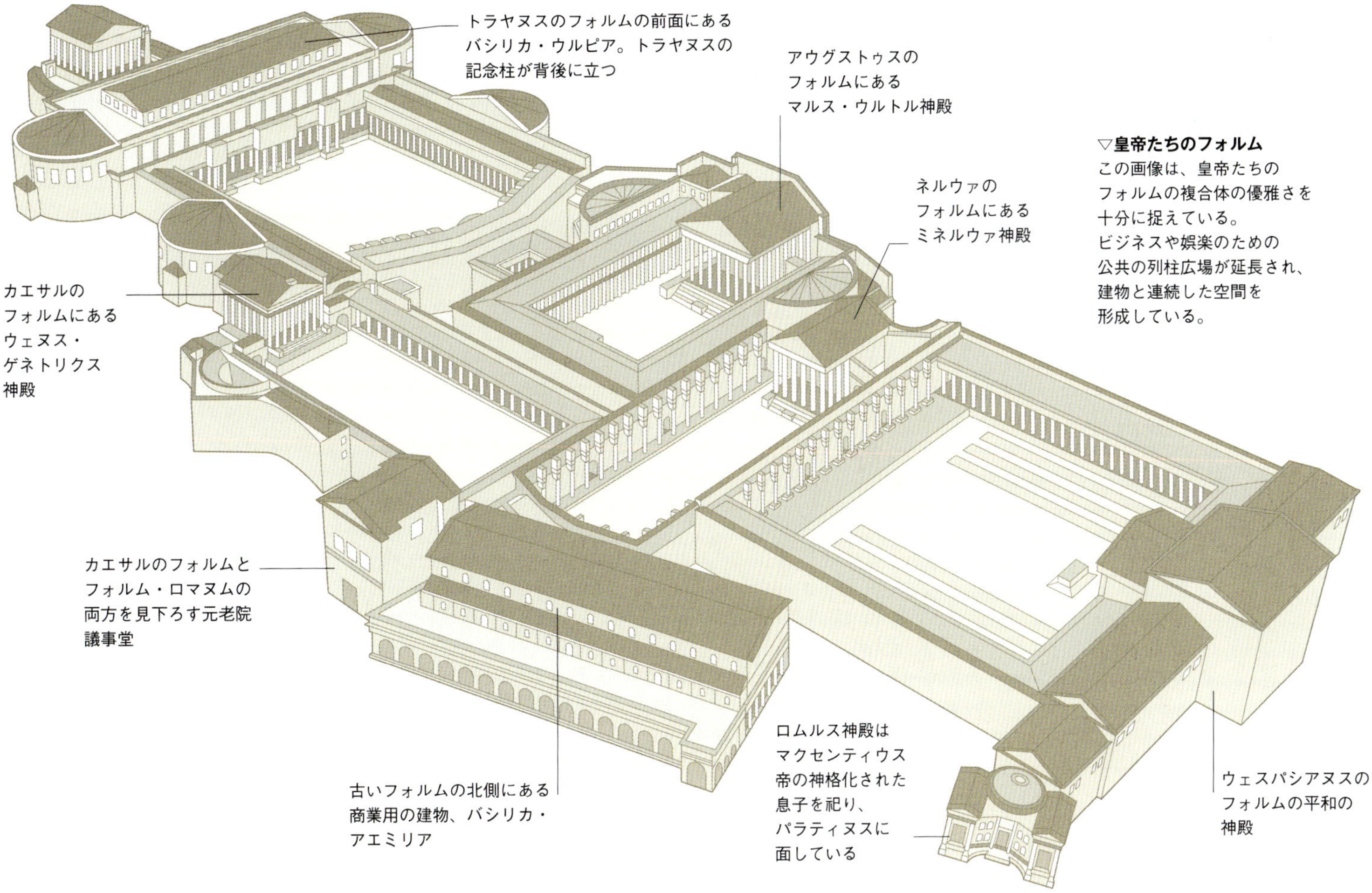

▽皇帝たちのフォルム
この画像は、皇帝たちのフォルムの複合体の優雅さを十分に捉えている。ビジネスや娯楽のための公共の列柱広場が延長され、建物と連続した空間を形成している。

描かれている軍船は、2段の
オールを持つ二段櫂船である

△まさに主人公
トラヤヌス本人の姿が、
この記念柱に59回も登場し、軍の指揮を執り、
宗教儀式や演説をしている。
この図の彼は、軍船を象徴的に指揮している。

テストゥード（亀）
隊形のローマ兵

ローマ兵による建設と
土木作業の様子

ダキア人は「ドラゴン」の
旗印を掲げているが、ロー
マ軍の前から撤退中である

ローマ兵がダキアの
建物に放火する様子

トラヤヌスと将校たちが、
軍隊を観閲している

▷建築の偉業
トラヤヌスの記念柱は、巨大な大理石の
ブロックを積み上げて形成されている。
螺旋階段が内側を走り、外面の彫刻を際立たせる
スリット窓から光が差し込んでいた。

「そして彼はフォルムに巨大な柱を設置し、
彼自身と、フォルム建設の記念碑として
同時に機能せしめた」
カッシウス・ディオ『ローマ史』

トラヤヌスの記念柱

皇帝と兵士たちの記念碑

トラヤヌスの記念柱は、トラヤヌス帝がダキア（現在のルーマニア）で勝利したことを記念して後113年に建てられ、今もローマに現存している。それは29枚の巨大なイタリア産大理石のブロックを組み合わせたもので、見事な彫刻がある。高さは38mに達する。

勝利のシーン

トラヤヌスの記念柱は、102－103年および105－106年のダキア遠征の情景を示し、螺旋状のフリーズが最も有名である。独立的な戦勝記念柱はローマの伝統的モニュメントとして以前からあり、凱旋行進で戦いの場面を描いて見せることもあったが、この、長さ約200mにもなる大規模で連続的な螺旋状の絵物語は、斬新だった。柱の台座は戦利品を描く精緻な彫刻が施され、かつては帝のブロンズ像が展望台の頂に立っていた。

この記念柱は、巨大な勝利の複合体であるトラヤヌスのフォルムの一部であり、ここには列柱のある大きな広場、バシリカ、図書館、寺院などが含まれていた（212–213頁を参照）。記念柱の下部の碑文は、ローマの文字彫刻として最も優れた例の一つだ。この献辞には、フォルムを造るために削り取った丘の高さを示すべく、この記念柱を立てた、とある。「……丘がいかほど高かりしかを示すべく……かかる偉業のために取り除きたるものなり」。

ローマ帝国の領土はトラヤヌス帝の下で最大版図に達した。トラヤヌスは元老院に対しても礼節を失わず、いくつかの壮大な建築プロジェクトに着手し、「最高の皇帝」という称号を獲得した。彼は偉大な将軍でもあり、その初期のキャリアは軍隊で過ごした。ダキア征服のほか、東方の帝国領土を拡大し、（アラビアの）ナバタエアを属州として併合し、メソポタミアのパルティア人に対する戦役も戦った。ダキア遠征は、この地の金鉱をローマ帝国にもたらした。その財力で、ダキア人捕虜の影像で飾られた彼の巨大なフォルムの経費は賄われたのである。トラヤヌスの遺灰は記念柱の基部に埋葬され、複合施設も記念碑的な側面を帯びていた。

歴史的記録

柱のフリーズは、かつてはカラフルに描かれていた。軍事史家にとってこれは重要な情報源になっている。ローマ軍の武器、装備、要塞、建造物、船、攻城戦術、作戦の詳細が示されているからだ。実際の戦闘シーンは、比較的小さなスペースしか占めていない。代わりに彫刻家は、軍のエンジニアリングと兵站活動、演説、宗教的儀式、輸送を含む作戦全体の物語を構成することに焦点を当てたのである。トラヤヌス自身も頻繁に画面に登場し、帝国の勝利における彼の個人的な役割を明確にしている。

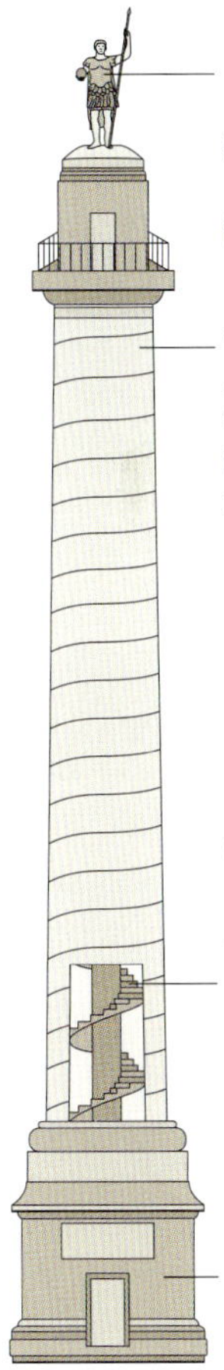

△勝利のモニュメント
トラヤヌスの記念柱は、巨大なフォルムの一端に立っている。その内部階段は、複合施設全体の景色を見渡せる展望台につながっていた。

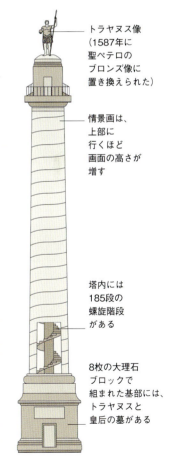

▷**ポルトゥスとオスティアの計画図**
ポルトゥスの建設は、荷降ろし、保管、通関に用いる安全な泊地と専用施設を提供した。ローマから約30kmの下流にあり、オスティアとは運河とティベル川（テヴェレ川）で結ばれていた。川と運河で囲まれた掘削地はイソラ・サクラ（聖なる島）という人工島となった。

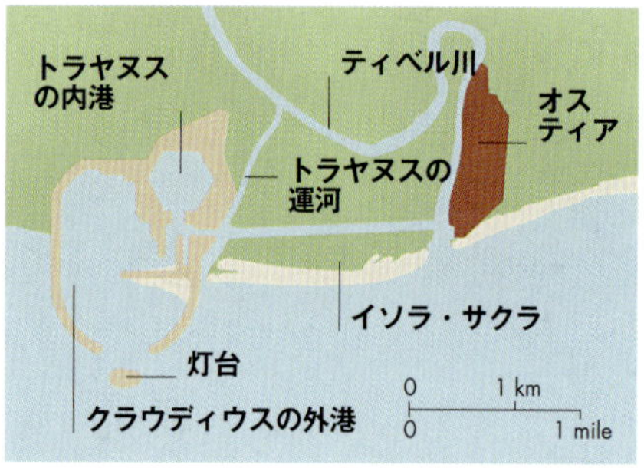

◁**青銅貨**
このセステルティウス硬貨は、トラヤヌス帝が実施した、後113年のポルトゥスの追加工事の完了を記念するもの。片面には、停泊する3隻の船と、列柱建物がある港の鳥観図が見られる。

ポルトゥス港 帝国のための港

ポルトゥスはローマ帝国の偉大な港であり、帝都を地中海の属州、さらに広い帝国全土と結びつけていた。クラウディウス帝は後64年、ポルトゥスに最初の人工港を建設し、入り口に大灯台を設置した。トラヤヌス帝は、大きな六角形の内港を追加した。この部分は今日でも人工湖として存在している。

港は、2世紀までに人口が100万人に達したローマの急成長を支えるべく、大量の主食物と高級品を輸入するための主要拠点となった。穀物はエジプトとシチリアから、オリーブオイルはスペインと北アフリカからやってきた。あらゆる種類の物資が海路で到着した。

ポルトゥスは、近隣にあるローマの最初の海港、オスティアに取って代わった。ローマの成長により、オスティアの浅瀬は、必要とされる大型穀物船の発着に対応できなくなっていたのだ。そのため従来は、ナポリ近くのプテオリに大型船を停泊させ、陸と川を越えて帝都に物資を運ぶ長い2度目の旅が必要だった。ポルトゥスの建設により、穀物船隊はローマの近くに安全に停泊することができ、重要な食糧供給が確保されたのだった。

働く港

最盛期のポルトゥスは、いつでも帰港と出港が続く賑やかな港だった。後2世紀後半のこのレリーフは、貿易航海から帰港する船を示している。炎の信号灯を備えた高層灯台は平安な到着のシンボルで、船を港に迎え入れる。航海の安全を見守った神々、彫像、人々の姿と凱旋門が、画面を埋め尽くしている。右側では、港の荷役作業員が同じ船（または姉妹船）から荷降ろしをしている。

「トルロニア家のレリーフ」に描かれるポルトゥス

◁**トラヤヌスの内港**
トラヤヌス帝が築いた
六角形の内港は、波止場、倉庫、
税関の建物に囲まれていた。
1度に約200隻の船が停泊できた。

△**オリジナルの列柱**
ポルトゥスにある石柱は、
意図的に粗く表面を仕上げた、
クラウディウス帝時代の
建築様式の典型だ。
柱はポルティコ（柱廊式玄関）
の一部で、後に倉庫に
組み込まれた。

帝国の装身具

技巧、エレガンス、誇示

ローマ人は装身具で、自分の財力やアイデンティティを表現することを可能にした。熟練した職人たちは、贅沢なものから日常的なものまで、さまざまな素材でジュエリーを製造した。

◁蛇形の金の指輪
後1世紀のもの。
蛇の形のデザインは人気があり、ブレスレットにも使用された。蛇は豊饒の象徴であり、おそらく悪いものからの保護も意味した。

ホイール形リンクは
太陽を象徴する図案
である

△ペンダント付きの金のネックレス
三日月形ペンダントが付いたネックレスは、後1世紀から3世紀にかけて帝国全土で流行した。同様のデザインはイギリスや、さらにエジプトのローマ時代の埋葬時の肖像画（269頁を参照）にも見られる。

◁金メッキガラスのイヤリング
このイヤリングは前1世紀から後1世紀の間のもの。金メッキや銀メッキのガラスが人気を博した時代である。

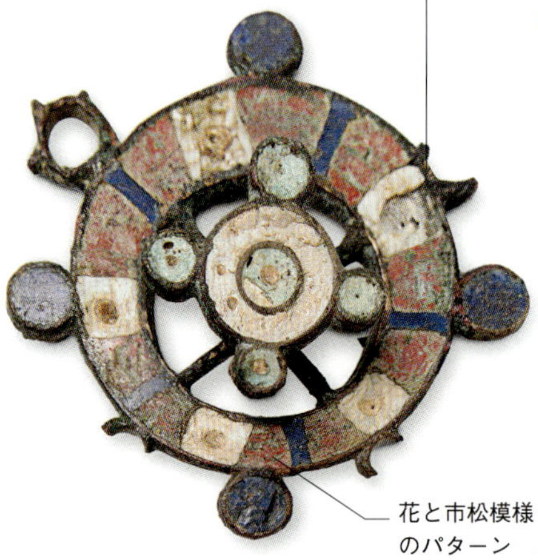

ミッレフィオーリは
ガリアで人気の
デザインである

△円形ブローチ
後100－300年頃のもの。
ミッレフィオーリ（花模様）のエナメルで装飾されている。さまざまな色ガラスの棒を融合させて断面をカットし、金属製のベースに取り付けている。

△ブロンズの腕輪
後1－3世紀のもの。
ブロンズ製品は手頃な価格の装飾品だった。この例はブロンズをきつくねじって、螺旋状にしている。

△宝石付きの金の腕輪
前4世紀後半のもの。大きなエメラルドとサファイアが交互に並び、唐草模様の細金細工と、ブドウの葉の装飾がバンド部を覆っている。穴が開いている部分には、本来は真珠がはめ込まれていた。

▷金とカルセドニーのイヤリング
後3世紀の物。ダブルペンダント仕様で、ビーズ細工によく使用される半貴石、カルセドニーを使用しているのが特徴的だ。

△金の葬送用花冠
後1－2世紀のもの。
ローマ時代のエジプトのミイラの棺に描かれた肖像画（269頁を参照）の人物も被っている。おそらく、エジプトの思想でいう死後の裁きを経て、正義の人に与えられる王冠を意識した物だろう。

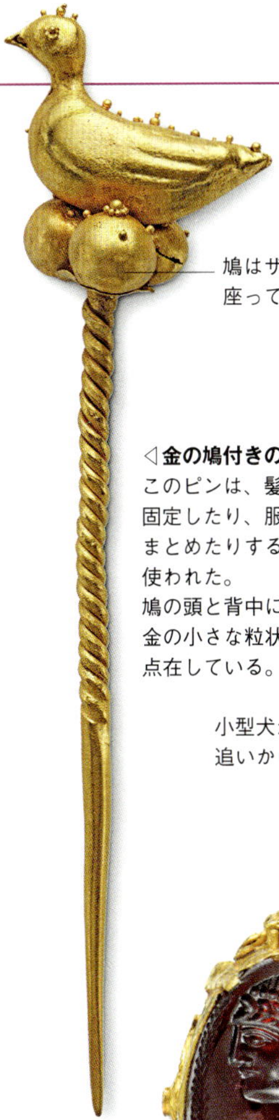

鳩はザクロの上に
座っている

◁**金の鳩付きのピン**
このピンは、髪形を固定したり、服を肩にまとめたりする場合に使われた。
鳩の頭と背中には、金の小さな粒状装飾が点在している。

△**金のトリプルフィンガーリング**
後3世紀か4世紀のもので、豪華でインパクトがある一品。
真珠とガラスの模造宝石が特徴だ。
緑のビーズは現代の代替品である。
このスタイルは、ローマ帝国の東部で人気だった。

▷**金とエメラルドのネックレス**
後2世紀か3世紀のもので、エメラルドのビーズと金のリンク部品が交互に連結されている。
このスタイルは1－4世紀にかけて、帝国全土で流行した。

平たい
クアトレフォイル
（四つ葉）のリンク

小型犬がウサギを
追いかける図柄

△**金のブレスレット**
後4世紀後半のもので、螺旋状の細かい渦巻き細工で覆われており、その中には蔓やツタの葉、果物、動物が描かれている。

女性像はネックレス、花冠、
イヤリングを身に着けている

◁**インタリオの金の指輪**
このインタリオ（沈み彫り）の指輪は後2世紀か3世紀の物。
女性の頭と肩が描かれている。
ガラスまたは、半貴石であるカーネリアンを彫ったもののようだ。

指輪の幅は
3.2cm ある

▷**ゴールド、アメジスト、エメラルドのネックレス**
後3世紀のネックレスで、卵形のアメジストと、小さなエメラルドを含む箱形装飾が交互に並んでいる。同様のネックレスは、この年代以後、現存品が見られる。

アメジストには
金の台座がなく、
石本来の色を示す

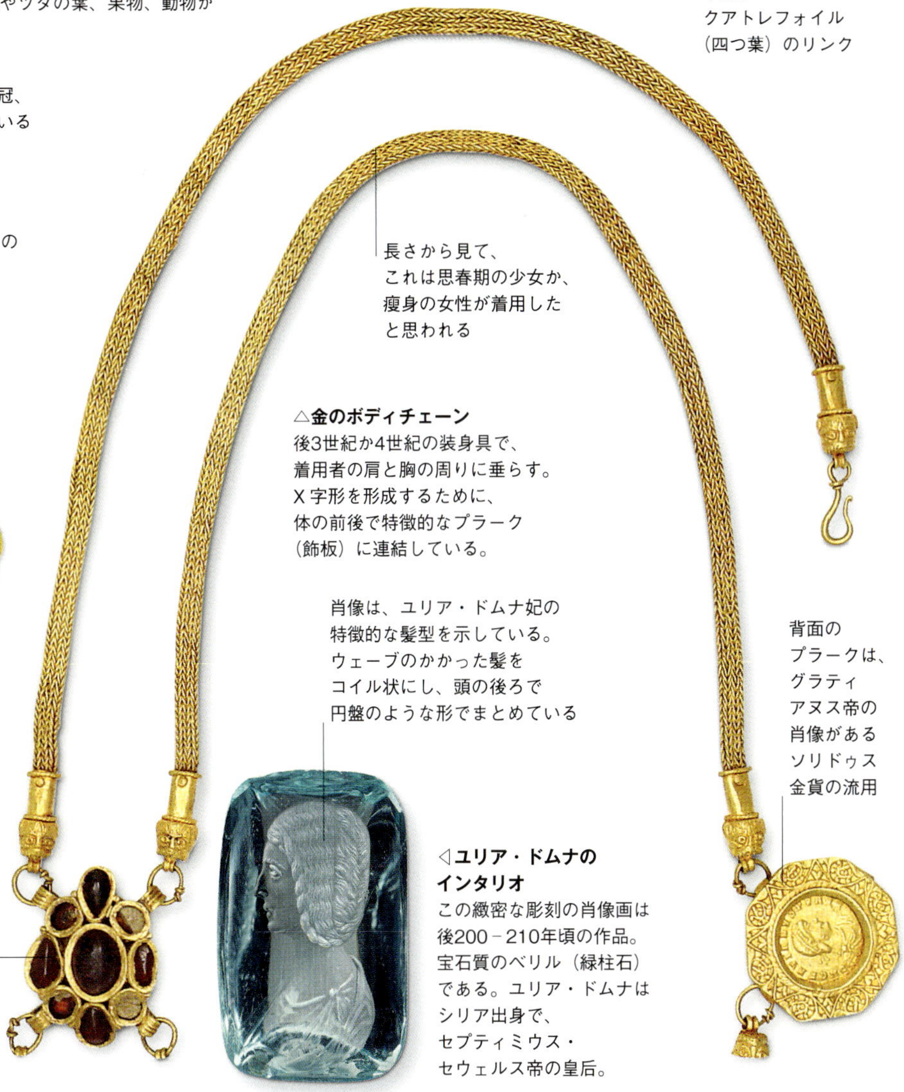

長さから見て、
これは思春期の少女か、
痩身の女性が着用した
と思われる

△**金のボディチェーン**
後3世紀か4世紀の装身具で、着用者の肩と胸の周りに垂らす。
X 字形を形成するために、体の前後で特徴的なプラーク（飾板）に連結している。

前面のプラークは、
中央にアメジスト、
周囲にガーネット
を配している

背面の
プラークは、
グラティアヌス帝の
肖像がある
ソリドゥス
金貨の流用

△**金の三日月形ピアス**
後1世紀のもので、
直径わずか2cm。
縁に沿って突き出す小さな球状のディテールが特徴である。

肖像は、ユリア・ドムナ妃の
特徴的な髪型を示している。
ウェーブのかかった髪を
コイル状にし、頭の後ろで
円盤のような形でまとめている

◁**ユリア・ドムナのインタリオ**
この緻密な彫刻の肖像画は後200－210年頃の作品。
宝石質のベリル（緑柱石）である。ユリア・ドムナはシリア出身で、セプティミウス・セウェルス帝の皇后。

帝国を旅する

旅行、輸送、交易

ローマの指導者たちは、領土を征服して支配するには、軍隊の迅速な機動力が必要であることを理解していた。帝国の領土が拡大するにつれて、道路と海路のネットワークを使い、民間人が旅行する機会も増えた。

△ラクダでの輸送
人や荷物の輸送のために、ラクダが頻繁に使用された。この古代の彫刻のレリーフは、ラクダとその御者の姿を示している。

ローマの技術者たちは、道路建設技術の限界を押し広げた。石灰モルタルで圧縮石材の路面を固めたが、上反りを付けて摩耗に抵抗し、排水を促進した。これにより、年間を通じてより多くの交通量をさばくことが可能になった。最も注目に値するのは、主要な入植地間の景観を縫って、首都に直結する高速道路の建設だろう。軍事目的で建設された最初の主要街道は、前312年のアッピア街道であり（42–43頁を参照）、ローマからカンパニアのカプアまでを結んだ。これは後に、南イタリア征服に伴い延長され、後200年までに、約8万 km の高速道路網が帝国領土を横断していた。

△ロマンコーチ
後1世紀か2世紀のレリーフで、ウィルヌム（現在のオーストリア）のもの。余裕のある人々にとって、こうした旅行用馬車は、長旅をより快適なものにするものだった。

増える旅行の機会

これらの道路は、国家の官僚たちの移動とコミュニケーションを容易にした。アウグストゥス帝は、重要ルートに沿って定期的に新しい馬を配置する公用伝馬制度、クルスス・プブリクスを確立した。公用以外の旅行も一般的になり、富裕層では顕著だった。たとえば、1世紀の元老院議員で哲学者のセネカの邸宅は、現在のスペインのコルドバにあり、自邸とローマの間を頻繁に移動した。多くのエリート層の若者は、アテナイなどの学問の中心地を訪れて教育を受けた。

裕福な旅行者は、奴隷のお供を連れて移動した。特に女性たちは、数頭の馬が引くカルペントゥムという馬車を使用した。快適な客室のある木製四輪馬車である（既婚女性と寡婦は、未婚女性よりもリッチな旅行をした）。もっと急ぐ場合には、キシアという軽量の車両を使う。ラバが引く2人乗りの二輪車で、キケロによれば、そのような車両は10時間で90km を走行したという。公共交通機関の一形式として、ベンチ付きのラエダという馬車もあった。一方、重い荷物は、牛やラクダがゆっくり牽引するプラウストゥルムという木製の荷車で運んだ。帝政期には、沿道に廐舎が整備され、旅宿も設けられた。

▽賑やかな古代の港
ローマ時代にコリントス（ギリシア）の東で栄えたケンクレアイ港の様子を描く華やかなモザイク画。ガラス質のペーストと不透明な着色ガラスで製作されている。

大理石などの重量物の移動は海路を使う方が簡単で、港湾都市は埠頭、倉庫、貿易地区を備えた輸送ハブになった（216–217頁を参照）。安定的な穀物供給はローマの人口を養うために重要であり、その多くはエジプト、北アフリカ、シチリアから船で運ばれた。しかし冬になると、悪天候による危険性から、海路が閉鎖されることもしばしばだった。ナイル川、ライン川、ティベル川などは、貨物を内陸に輸送するためによく使用され、人が川船をオールやパドルで漕いだり、帆走したりした。動物が牽引することもあった。ほとんどの乗客は商船に乗り込み、デッキで寝たことだろう。

「私は個室付きの馬車で来ました。四方八方が閉じていて、自分の寝室にいるみたいでした」
小プリニウス『書簡集』

△ローマの幹線道路
アッピア街道は最終的に、ローマとイタリア南部の港を結んだ。特にブルンディシウム（現在のブリンディジ）は、ギリシアや地中海東部への主要な玄関口として機能した。

マルクス・アウレリウス・アントニヌス帝 哲人皇帝として

マルクス・アウレリウス・アントニヌス帝は、疫病の流行や侵略で荒廃した帝国を、賢明なリーダーシップで導いた。彼はまた、碑文ではなく書物に本人の言葉が残っている、唯一の皇帝でもある。

△共同統治
マルクス・アウレリウス帝とルキウス・ウェルス帝の共同統治を記念するアウレウス金貨。2人が握手している様子が示されている。右側のマルクスは月桂冠を被っている。

マルクス・アウレリウスの元の名前はマルクス・アンニウス・ウェルスで、彼が3歳のとき、父親のマルクス・アンニウス・ウェルス3世が亡くなった。後138年、ハドリアヌス帝は、マルクスの叔父アントニヌス・ピウスを後継者として指名し、ただしアントニヌスがハドリアヌスの義理の孫にあたるマルクス、およびルキウス・コンモドゥスを養子にすることを条件とした。マルクスはアントニヌス・ピウス帝の後継者に指名されて139年に財務官になり、140年と145年にコンスルを務めた。145年にアントニヌス帝の娘ファウスティナと結婚し、147年に最初の子供が生まれた。これを記念して帝は、マルクスに副帝の称号を、ファウスティナにアウグスタの称号を与えた。アントニヌス帝が161年に亡くなったとき、マルクスはルキウスにも同等の権限が与えられない限り、皇帝になることを拒否した。元老院は彼の要求に同意し、初めてローマに共同皇帝が誕生した。

帝国を守る

162年、新皇帝たちは、メソポタミアでパルティア人と戦い、ルキウス帝が最前線に赴き、マルクス帝はローマに留まった。ローマ軍はアルメニアを奪還し、領土をドゥラ（シリア）まで拡大した。だが、この外征はゲルマニア国境を弱体化し、ランゴバルド族やオビイ族が166－167年にパンノニア属州（ハンガリーとオーストリア）に侵入した。180年まで続くマルコマンニ戦争の始まりである。この戦争はルキウス帝の命を奪った。さらに「アントニヌスの疫病」で人口の4分の1が失われた。

175年、シリア総督アウィディウス・カッシウスが反乱を起こしたが、すぐに殺された。マルクスは東方の諸州を旅した後、176年にローマに帰還し、息子のコンモドゥスを共同統治者として宣言した。178年、ドナウ川周辺で騒乱が起こり、マルクスは最前線に戻った。180年の遠征の直前に病気になり、パンノニアで亡くなった。

彼自身の言葉で

皇帝としては稀なことだが、マルクス本人が書いた言葉が今に伝わっており、ストア派哲学の観点から、自分の人生と経験について瞑想する『自省録』が最もよく知られている（272–273頁を参照）。帝国の最高権力を握った男の心を知るうえで貴重なものだ。

◁ファウスティナの胸像
小ファウスティナ（130頃 -175年）はマルクス・アウレリウス帝の遠征に同行し、ローマ軍から非常に尊敬された。帝は彼女に「野営地の母」の称号を与えた。

後121年 マルクス・アンニウス・ウェルスとドミティア・カルウィッラの子として生まれる。

145年 いとこのファウスティナと結婚する。

161年 アントニヌス・ピウス帝の死後、ルキウス・ウェルスと共同皇帝となる。

162－166年 パルティア戦争により、ローマ国境がドゥラまで拡大。

166年 アントニヌスの疫病がローマで発生し、180年まで続く。

166－167年 マルコマンニ戦争の最初の侵攻を受ける。

176年 息子のコンモドゥスを共同皇帝にする。

180年 遠征中にパンノニアのシルミウムで死去。

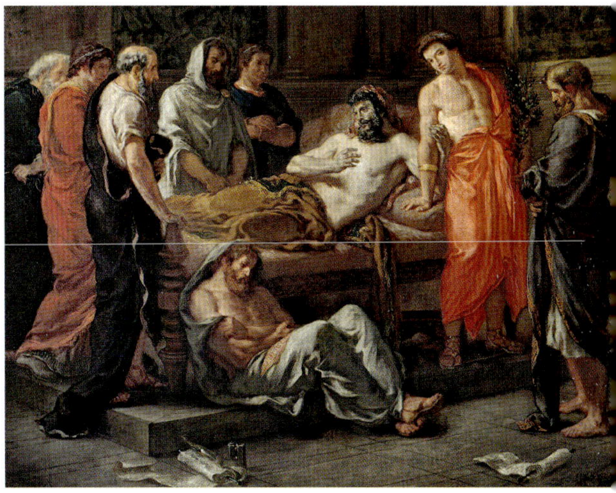

△マルクス・アウレリウスの最期
ウジェーヌ・ドラクロワの1844年の作品
『マルクス・アウレリウス帝の最後の言葉』である。
マルクスは息子のコンモドゥスの腕を握っている。
歴史家カッシウス・ディオによると、その言葉はこうだった。
「昇る太陽に向かう。私はもう決めている」

◁マルクス・アウレリウスの騎馬像
このブロンズ像は、おそらく176年に建立された。
彫刻で覆われた記念柱など他のモニュメントと共に、
マルコマンニ戦争でゲルマン人に対して収めた勝利を
記念するものである。彼の死後、市民が記念として
飾った可能性もある。

「アウグストゥスや
ハドリアヌスのごとく、
やがてそなたも無となり、
どこにもおらぬようになる」
マルクス・アウレリウス『自省録』

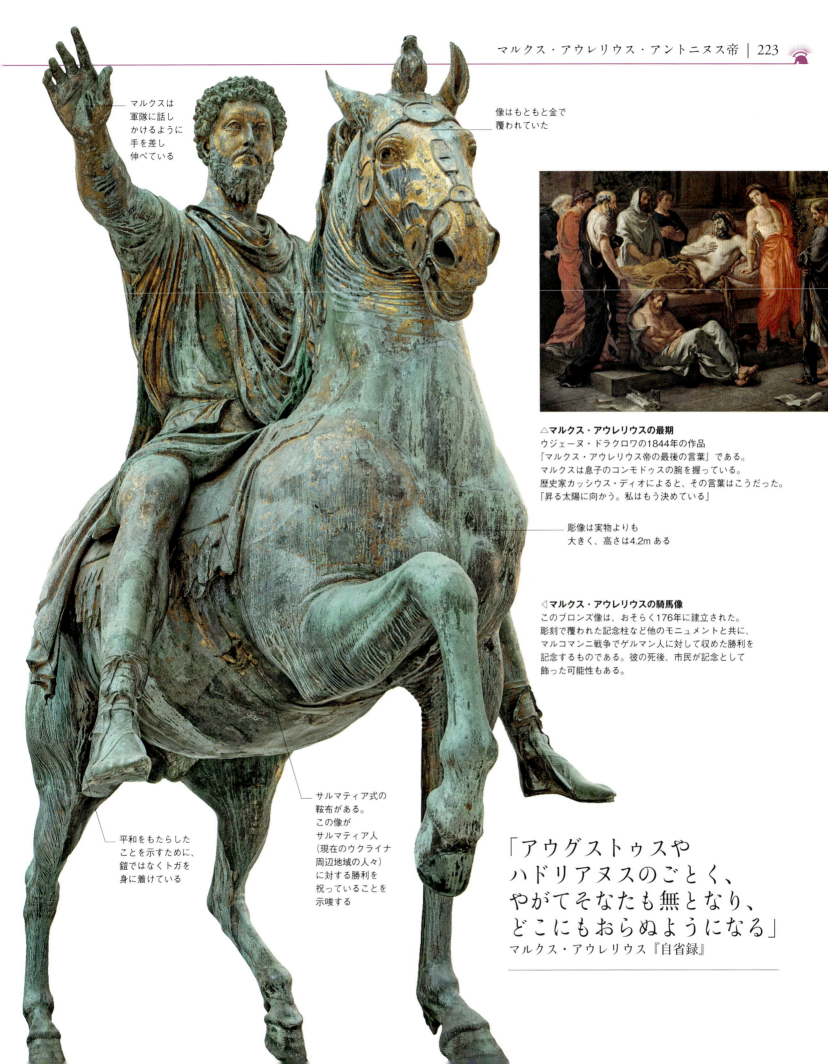

◁**観賞用の水筒**
現在のクロアチアで出土した後2世紀の青銅製容器。兵士の水筒に似た形状だが、青、赤、オレンジのエナメルで装飾されている。古代ローマ軍の騎兵将校の墓の副葬品から発見された。

5

移行期の帝国

紀元後192－395年

危機とキリスト教

元老院議員で歴史家のカッシウス・ディオによれば、後180年のマルクス・アウレリウス帝の死後、ローマ帝国は変容したという。その瞬間、それは金の王国から、鉄と錆の王国に変わった、と彼は書いている。哲人皇帝の治世は、戦争、騒乱、疫病、経済危機などの困難に悩まされていたが、帝の死後、事態はさらに不安定になった。帝国に従前どおりの秩序を回復するには、抜本的な改革が絶対に必要であった。

危機の時代の皇帝

金から錆に変化した原因は何であろうか？　ディオによれば、それはマルクス帝の息子が父親の輝かしい評判の重圧に耐えられなかったことである。コンモドゥス帝の治世は、誇大妄想、残虐行為、常軌を逸した行動が特徴的だった。皇帝自ら、闘技場で剣闘士として戦ったことさえあったのである。

コンモドゥスが殺害された後、血なまぐさい内戦が、4年間続いた。最終的な勝者であるセプティミウス・セウェルスは新たな王朝の確立を試み、アウグストゥス帝とマルクス・アウレリウス帝のやり方で皇帝としての地位を固めた。彼は、現在のリビアにあった豊かな港湾都市、レプキス・マグナ（242–243頁を参照）の出身であり、ローマでは初のアフリカ出身の皇帝だった。この期間中、出身地がイタリア以外の皇帝がさらに多く出現することになる。たとえば、ピリップス・アラブス帝はシリア出身、アウレリアヌス帝、ディオクレティアヌス帝、コンスタンティヌス帝を含む数人はイリュリア出身だった。これらのかなりの人数の皇帝が存在しえた理由は、ひとえに帝国がこの期間のほとんどを通じて直面した危機のためである。北方の辺境に敵が集結し、東方ではササン朝帝国がローマの権力に挑戦するようになると、難局を救える強力な人物が注目されることになった。こうした「軍人皇帝」の最初の例は、235年のマクシミヌス・トラクス帝である。多くの場合、彼らの出自は低い階層で、軍事力ゆえの人気であった。3世紀の多くの危機の中で、続々とこうした皇帝が現れたが、多くは長く生き残ることはなかった。

新しい世界

もっと永続的な変化が必要になった。ディオクレティアヌス帝は284年に権力の座についた後、国家体制を強化するべく広範な改革を開始した。帝国領土を4分割し、4人の統治者が治める四帝分治制（テトラルキア）で、それぞれがローマの敵に対して軍を動員することができた。この試みは短命に終わったが、考え方自体は再び日の目を見ることになる。395年、テオドシウス帝は帝国領土を2分割し、ローマが統治する西側と、新しい都市コンスタンティノープル（コンスタンティノポリス）を首都とする東側に永久に分割したのだった。

このときまでに、別の重大な要素が帝国を変質させていた。ローマの宗教は常に流動的で、ソル、セラピス、ミトラスなどの東方の神々が、帝国のパンテオンに安住の家を見つけてから長い時間が経っていた。しかし、キリスト教はあまり歓迎されていなかった。この宗教は、特に女性や奴隷たちに人気があり、真の唯一神への信仰は、長い間、国家を不安定にする力と見なされ、信者は迫害されてきた。だがこれは312年に決定的に変化する。コンスタンティヌス帝はミルウィウス橋の戦いの際、炎のような十字架を天空に見た。この出来事からキリスト教帝国が出現し、芸術、文化、政治、社会のすべてが、永遠に変化することになった。

◁座る人物像がある石棺の断片

192年　コンモドゥス帝暗殺。プラエトリアニが皇帝の玉座を競売にかけ、最高入札者のペルティナクスを選ぶ。

212年　アントニヌス勅令で、帝国内のすべての自由な男性が市民権を得る。

218年　マクリヌス帝が死去。在位中にローマを訪れなかった最初の皇帝。

235年　マクシミヌス・トラクス帝が即位。最初の「軍人皇帝」。

247年　ローマ建国1000周年を記念するルディ・サエクラレス祭が開催される。

286年　ディオクレティアヌス帝が帝国分割。東方を自分で治め、西方をマクシミアヌスに分ける。

❶ エボラクム（ヨーク）のローマ時代の砦の遺跡

❷ 10人の皇帝の生誕地、シルミウム

❸ エデッサのローマの城塞

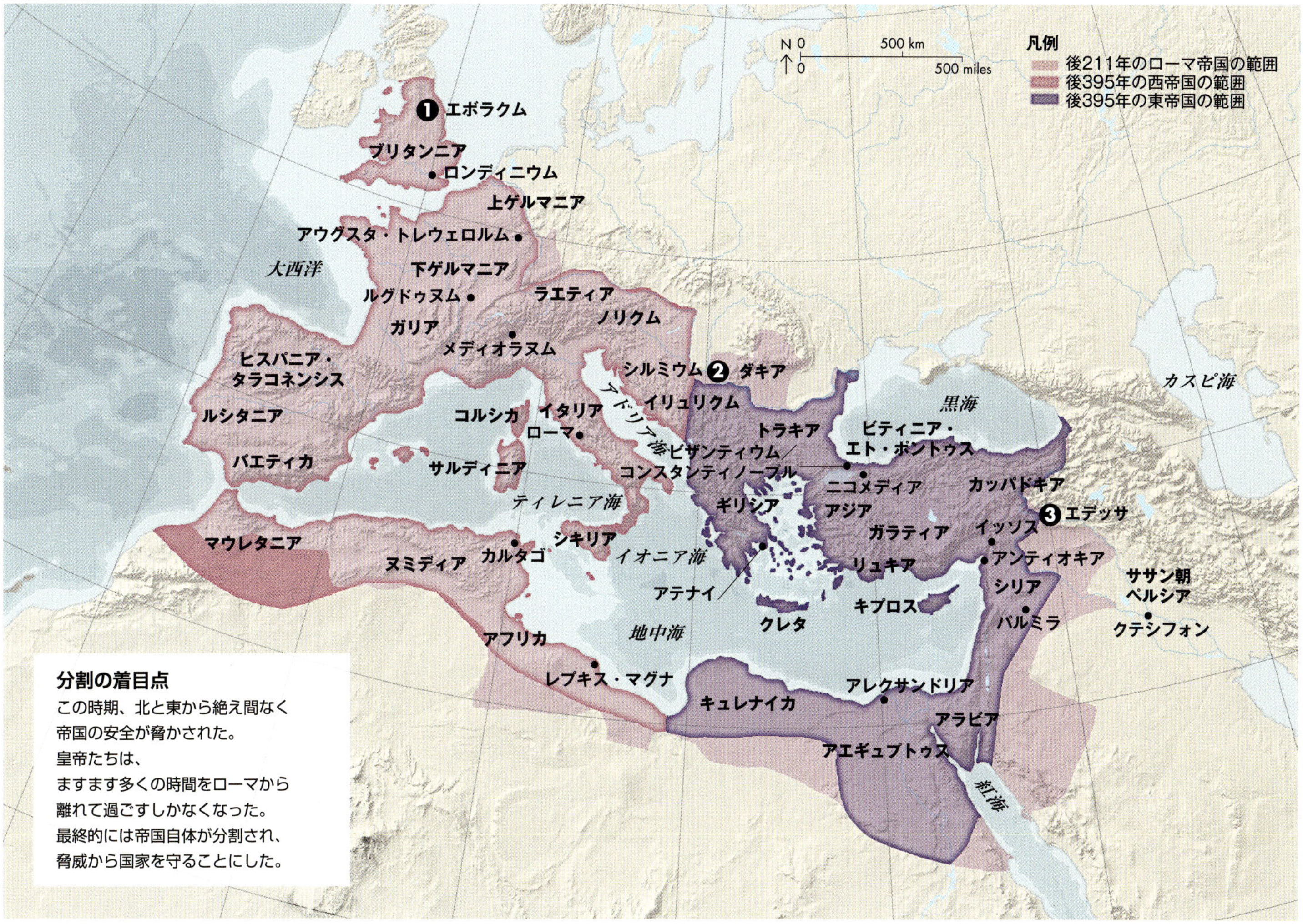

分割の着目点

この時期、北と東から絶え間なく帝国の安全が脅かされた。
皇帝たちは、
ますます多くの時間をローマから離れて過ごすしかなくなった。
最終的には帝国自体が分割され、脅威から国家を守ることにした。

306年 コンスタンティヌスの軍隊が、ブリタンニアのエボラクム（ヨーク）で彼を皇帝と宣言する。

313年 コンスタンティヌス（西方正帝）とリキニウス（東方正帝）がミラノ勅令を出し、キリスト教徒に信仰の自由を与える。

330年 コンスタンティヌス帝がビザンティウムをコンスタンティノープルとして再建。新たな帝都となる。

361年 「背教者」ユリアヌス帝が、キリスト教よりも伝統的な信仰に回帰しようとする。

376年 フン族から逃れたゴート族が、ドナウ川を渡って帝国領内に入る。

378年 ウァレンス帝がアドリアノープルの戦いで敗北し、ゴート族に殺される。

380年 テオドシウス帝がテサロニケの勅令を出し、キリスト教が国教となる。

395年 帝国が恒久的に東西に分割される。

プラエトリアニ

皇帝親衛隊にして、政界の黒幕

このエリート親衛隊は約300年の間、皇帝の警護を務めた。時間が経つにつれてプラエトリアニは、帝国の政治を左右する存在になる。皇帝になろうと欲する者は、彼らの支持を勝ち取って野望を成就させたし、逆に支持を失って失脚することもあった。

共和政時代、プラエトリアニはごく小規模な護衛部隊であり、その任務は作戦中の軍事指揮官を警護することだった。彼らは、警護対象である司令官の幕舎（プラエトリウム）にちなんで、コホルス・プラエトリアと呼ばれていた。

前27年、アウグストゥス帝はプラエトリアニを9個コホルス、約4500人に再編成し、その任務は皇帝とその家族を警護することとした（コホルスは通常500人の兵士で、10個コホルスで1個軍団を構成した）。プラエトリアニは一般兵士よりも高い報酬を与えられ、より良い勤務条件を享受し、皇帝のみに忠誠を誓う2人のプラエフェクトゥス・プラエトリオ（プラエトリアニ長官）が指揮を執った。

◁**立身出世のチャンス**
プラエトリアニの隊員には、低い地位から立身出世するチャンスがあった。この硬貨が示すように、215年にプラエトリアニ長官マクリヌスが権力を掌握した。元老院階級ではない騎士階級の最初の皇帝である。

長官と皇帝

プラエトリアニは皇帝に近い存在ゆえに、大きな影響力を持つようになった。彼らは新しい皇帝の即位を左右し、支持を失った何人かの皇帝を暗殺した。最も悪名高いプラエトリアニ長官の一人は、セヤヌスという通り名で知られるルキウス・アエリウス・セイヤヌスだろう。ティベリウス帝が後26年以後、帝都を離れてカプリ島に移住した後、彼は効果的にローマを統治し、最終的には帝位を奪おうとした。結局、彼の陰謀は阻止され、セヤヌスは31年に処刑されたが、これはその後の予兆となる出来事だった。プラエトリアニと皇帝の間の力関係が変化したのだ。41年、カリグラ帝はプラエトリアニが主導する陰謀で暗殺された。帝の叔父クラウディウスは、信頼できると思われる親衛隊部隊に多額の現金を支給して、ようやく後継の皇帝となることができた。

▽**プラエトリアニのパレラ**
パレラは軍の勲章の一種として授与されたブロンズ製の円盤で、軍服に着用されたり、軍旗に取り付けられたりした。下図の例には215年頃のカラカラ帝の肖像があり、カストラ・プラエトリアで見つかった。

帝位のオークション

193年、プラエトリアニはペルティナクス帝を殺害した。ペルティナクスは、先代であるコンモドゥス帝よりも気前よく現金をばら撒かないことが判明したからだ。歴史家のカッシウス・ディオによれば、2人の元老院議員（ティトゥス・スルピキアヌスとディディウス・ユリアヌス）が、帝国の権力を金で買おうと試み、プラエトリアニを買収する入札戦争に巻き込まれた。ディディウス・ユリアヌスが競り勝ったが、彼の治世は極めて短命であり、193年の後半に殺害されてしまう。後継のセプティミウス・

カストラ・プラエトリア

ローマの歴史家タキトゥスによると、後23年にプラエトリアニの最初の恒久的な兵舎、カストラ・プラエトリアを建設したのはセヤヌスだった。ここは部隊の権力基盤となり、41年にクラウディウスの即位を宣言したのも、193年に帝位の「入札」を行ってディディウス・ユリアヌスを選んだのも、この場所だった。兵舎（下）は後にアウレリアヌス帝が建てたローマの外郭城壁に組み込まれた。カストラ・プラエトリアの遺構は、今もローマ市内中心部の北東に残っている。

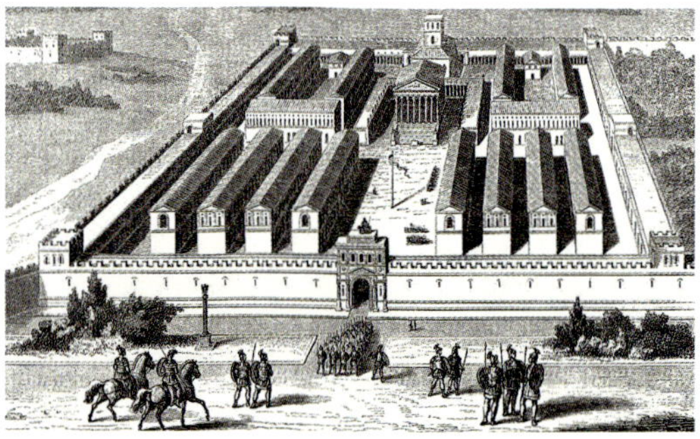

セウェルス将軍は、すぐにプラエトリアニの隊員を入れ替え、彼に忠誠を誓うパンノニア軍団の兵士を配置することで、皇帝として18年間、統治できた。

しかし、プラエトリアニは依然として重要な勢力であり、少なくとも1度、長官が自分の立場を利用して自ら皇帝に即位した例もある。312年、コンスタンティヌス帝がプラエトリアニを永久に解散させ、この親衛隊は終焉を迎えた。

「苦難から逃れるより、苦難に耐えてこその勇気であった」

タキトゥス『年代記』より、
プラエトリアニのプロティウス・フィルムスの言葉

ユピテルの稲妻をつかむアクィラ（鷲）。鷲の軍旗はローマ軍団の象徴である

プラエトリアニはギリシア風の、いわゆるアッティカ（アテナイ式）兜を被っていた。儀仗用の兜は、彫刻やデザインで飾られていた

楕円形の盾から見て、この親衛隊員たちは儀仗用の軍装をしているようである。ローマ軍の常用の盾は、通常は長方形のものだった

◁**プラエトリアニたち**
このレリーフは、51年頃に建てられ、その後に失われたクラウディウスの凱旋門のものかもしれない。クラウディウスは皇帝としての地位をプラエトリアニの支持に負っていた。

ユリア・ドムナの髪は
ウィッグかもしれない
ゲタの肖像画は
故意に汚されて
いる
カラカラは
母親に似ている

▷家族の集まり
セウェルスの円形画は、
古代から現存する数少ない木製パネル画の
一つで、直径30.5cmのごく小さな遺物である。
20世紀初頭になって不可解な状況で見つかり、
現在はベルリンのアルテス・ムゼウム（旧博物館）が
収蔵している。

「僕を産んでくれた母上、助けて！
僕は殺されます」

カッシウス・ディオ『ローマ史』より、
ゲタ帝がユリア・ドムナに発した言葉

象牙の帝笏である
スケプトゥルム・
アウグスティを
持つ

セウェルスの円形画

皇室肖像画の変貌

セウェルスの円形画（Severan Tondo）は、木製パネルに描かれた円形画（トンド）で、現存する唯一の皇室一家の肖像画である。ほとんどの歴史家がこれを、セプティミウス・セウェルス帝とユリア・ドムナ皇后、そして息子たちである将来の皇帝カラカラと弟のゲタを描いた作品だと認めている。後200年頃に、おそらくエジプトで皇帝一家の訪問を祝うために描かれたものだ。オアシス都市ファイユームで製作された埋葬棺の肖像画（210–211頁を参照）と、スタイルや表現が似たテンペラ画である。卵黄を混ぜたテンペラ絵の具は仕上がりに光沢があり、長持ちした。

セウェルスの円形画は、印象的な自然主義の作品だ。皇帝は乱れた白髪にボサボサのあごひげを生やしている。プリマ・ポルタのアウグストゥス（139頁を参照）のような初期の皇帝の彫像やフリーズにみられる英雄的で神のようなアプローチとは異なっている。特に、彼の肌は他の人物よりも暗く塗られている。一部の学者は、セプティミウス帝が現在のリビアにあったレプキス・マグナ出身のため（242–243頁を参照）、彼が実際に北アフリカ系の人種的特徴を持っていたのではないか、と解釈している。ただ、一般的に絵画の成人男性を、女性や子供よりも肌の色を濃く描くことは普通であった。野外の農業活動や軍歴など、熟練した大人であることを強調したのである。シリア属州出身のユリア・ドムナ妃は、真珠のイヤリングとセットのネックレスを着けている。髪型は縮れた「東洋の」ファッション・スタイルで、これで彼女はローマで人気を得た。またカラカラらしい1人の少年の顔が見える。

3人の男性は、宝石がちりばめられた金の花冠を被り、帝位を示す紫と金の線アルバ・トリウムパリスで縁取られた白いローブを着ている。ユリア・ドムナも紫と金の服を着ている。各男性は、帝権と王朝の継続性を表す帝笏を握っている。象牙のスケプトゥルム・アウグスティというもので、上部に金の鷲がある——のだが、この絵では見えない。絵はもともと正方形だったが、ある時点でトンド（イタリア語で「丸い」を意味するロトンドに由来）として円形に仕立て直した際に、先端の鷲の部分も失われたようである。

兄弟の相克

トンドの保存状態は完全とは言えず、最も顕著に損傷しているのは、ゲタと特定された人物の顔であるが、これは通常の損耗ではあり得ない。211年初めにセプティミウス・セウェルス帝が亡くなると、反目していた2人の息子は共同皇帝として父の跡を継いだ。権力闘争の結果、その年の12月、カラカラ帝はゲタ帝を殺害し、歴史から彼を葬り去ろうとした。ダムナティオ・メモリアエ（記憶の破壊）という慣行で、ゲタの名前と肖像は、帝国内のすべての公共の彫像、記念碑、文書、および硬貨から抹消された。こうした悲運に遭ったローマ人は、ゲタが最初でも最後でもない。まして皇帝ともなれば、しばしばあったことで、カリグラ、ネロ、コンモドゥス、ヘリオガバルス、ディオクレティアヌスも同様の憂き目を見ている。

ローマのカルト教団

外国の神々と、異なる崇拝形態

ローマの伝統的な宗教と並んで、さまざまなカルト的教団・教派が存在し（32–33頁を参照）、バックス、イシス、ユピテル・ドリケヌス（ドリケのユピテル）、セラピス、ミトラス（ミトラ）信仰などがあった。すべての神々は海外から「輸入された」もので、ローマにおけるこれらの神格の崇拝は、公認、黙認、禁止の間で揺れ動いた。ユダヤ教とキリスト教も、長らくカルト的な信仰と認識されていたが、後380年になって、キリスト教が公式なローマ国教として採用されることになる（262–263頁を参照）。

新しい命の約束

こうした教団は、ローマの宗教が提供しなかったもの、つまり死後の救済への希望を与えた。ゆえに女性、奴隷、兵士の間で人気があった。教団も選択制の傾向があり、信者は参加するかどうかを自ら選び、時には奇妙な入会の秘儀を受けた。カルト教団のいくつかは共和政期にも存在していたが、帝政期になってますます増殖した。多くは外国に起源を持ち、特に兵士たちは、ミトラス神やユピテル・ドリケヌス神など、東方起源の神々への信仰を持ち込み、帝国全体に広めたのである。

「危険な」カルト

ローマの伝統である多神教に反して、唯一神を崇拝する一神教の教団も多く、疑いの目で見られた。ローマの神々のパンテオンを崇拝することを拒否した人々は、しばしば追放され、罰せられることさえあった。

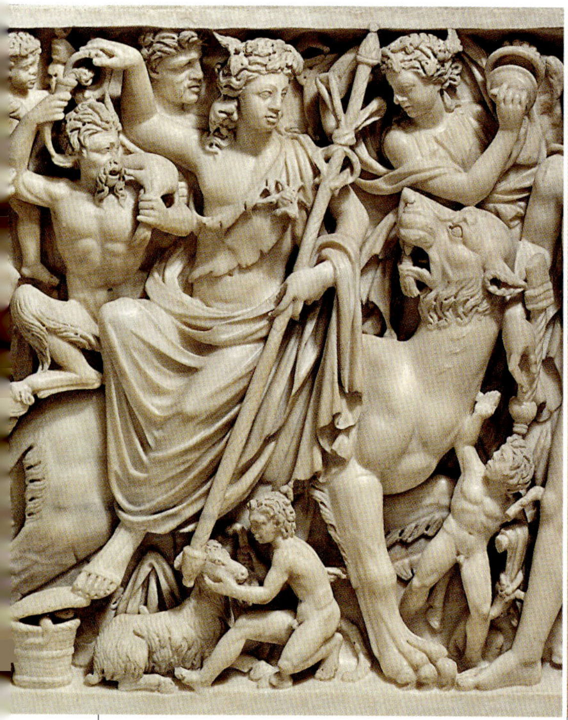

△バックス
これは石棺の彫刻で、バックス神がツタで飾られ、ヒョウに座っている。左は山羊の半神パーンだ。バックスは、ギリシアの神ディオニュソスのローマ版である。ローマの芸術では、バックスは通常、若々しく純真無垢な人物像として示される。

△イシス
ヘルクラネウムに残るフレスコ画。イシス女神への生贄の儀式が行われている。イシス教団は、スフィンクス、トキ、シストルム（ガラガラのような楽器）など、エジプト的な象徴を取り入れていた。母国エジプトではアセトという名で（イシスはギリシア語名である）、女神の崇拝は今のイギリスにまで達した。

△ユピテル・ドリケヌス
現在のトルコにあったドリケから持ち込まれたこのカルトは謎めいていて、今ではよくわからない。長髪でひげを生やしたユピテル・ドリケヌス神は、完全武装している。武勇に優れた征服者という神格で、ローマの軍団兵の間で人気が高かったことをうかがわせる。

「彼は私を女神の足元に置き、秘密の指示を与えた」

アプレイウスが書いた一節。イシスの儀式に参加した際のもの

△キー・ローの記号
キー（X）とロー（P）の記号は、キリストを表すギリシア語の最初の2文字だ。初期キリスト教徒が宗教的信仰を表すために使用した。

カルト自体もまた、秘密主義であったり、道徳の弛緩を助長すると考えられたりしたため、危険視された。前186年には、ワインと酩酊の神であるバックスのカルト崇拝が禁止され、多くの信奉者が儀式に参加し続けたために殺害された。女性と奴隷の間ではイシス教団の人気が高く（特に自由人と奴隷の不適切な交わりを許していた）、それゆえに少なくとも5回、前59、58、53、50、48年に、国家の承認の下で、女神に捧げられた神殿が破壊されている。

秘密の会合場所

いくつかの教団は、ローマのイシス神殿やセラピス神殿など、公式に認められた明瞭な崇拝拠点を持っていたが、他のカルトは秘密の、または人里離れた場所で隔絶されて活動した。禁教の崇拝を秘匿し続けて潜伏する教団もあれば、儀式の性質上、入門者だけがその存在を知り、崇拝への参加を許可されたため、文字通り地下に拠点があった教団もある。たとえばミトラス教の儀式は、多くの場合、家屋や軍の兵営の下にある狭くて暗い「洞窟」で行われた。ローマでは約35の洞窟が発見されている。研究者たちは、ローマにはおそらく最大で700ものミトラス教の洞窟が存在し、帝国全体ではさらに数百が存在したのではないか、と推定している。新しい信者の入会の儀式以外、地下室で何をしていたのか、今ではほとんどわからなくなっている。

△セラピス
前300年以降、エジプトのプトレマイオス朝の支配下で生まれたセラピス神への信仰は、ギリシアのゼウス神と、エジプト王国のオシリス神が融合したものである。この絵のセラピス神は、頭飾りに織り込まれた黄金の葉とツタが、彼の威厳を表している。

△ミトラス
ミトラス神は、最初にローマ軍部隊がペルシアで遭遇した神格だ。戦争を好む神であり、信者はすべて男性ばかりで、このカルトは軍の間で急速に広まった。このレリーフのミトラス神は、生贄の雄牛の首に短剣を突き刺し、湧き出る血を飲むために蛇が這い上がっている。しばらくの間、ミトラス教はローマでキリスト教の人気に匹敵するほど繁栄した。

△ユダヤ教
この石棺にはユダヤ教の燭台メノラーがある。神、創造、知識を象徴する7本の腕を持つ燭台だ。後66年、ローマの支配に対するユダヤ人の反乱が始まった後、ユダヤ人とユダヤ教はますます激しい迫害を受けるようになった。

初期キリスト教芸術

世界の新しい見方

宗教的寛容が高まる雰囲気の中で、ローマ帝国の初期のキリスト教徒コミュニティは、芸術を使用して信仰と信者のアイデンティティを示した。その際、従来の古典的なシンボルやスタイルからインスピレーションを得たのである。

後2世紀後半になるまで、ローマ帝国のキリスト教徒は、信仰の視覚的な痕跡をほとんど残していないようだ。後世の歴史家たちも、芸術の形で発見できていないが、これは初期キリスト教徒が、そうしたイメージの作成を不道徳だと信じたからではない、と主張している。そのような慣行が、偶像崇拝と見なされたわけでもない。キリスト教徒たちは、依然として迫害を恐れており、永く残る芸術を創造するだけの余裕もなかったのだろう。

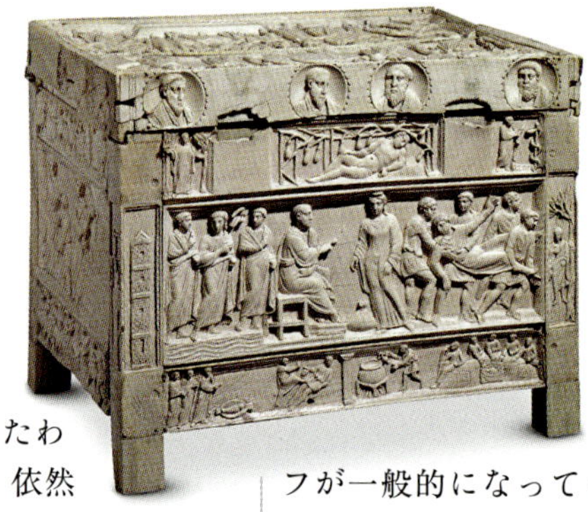

◁**ブレシアの棺**
北イタリアで4世紀に作られたこの象牙の棺には、旧約聖書と新約聖書の36の場面が描かれており、ナザレで教えを説くキリストの姿を含んでいる。

キリスト教の象徴主義

歴史家にとっての課題は、初期キリスト教芸術と、他の古代芸術を区別することである。多くの場合、初期のキリスト教芸術は古典的な主題と図像を借用し、これらのシンボルに新しい意味を与えて製作された。あえてあいまいなままにし、関係者を迫害から守るためである。3世紀の終わりまでに、多くの古典的なモチーフが一般的になってくる。ヨハネの福音書にある羊の群れを司牧するたとえなど、善い羊飼いとしてのイエスを表すおなじみのイメージのほか、ギリシア神話のオルフェウスの画像がイエスと同一視され、天を仰いで祈るオラントという人物像は、キリスト信仰の信心深さを象徴するようになる。

313年、コンスタンティヌス大帝（260–261頁を参照）はミラノ勅令を発してキリスト教を合法化し、弾圧を終わらせたが、しばらくの間、まだ古典的なモチーフに依拠していた。ではあるが、帝国周辺地域とローマでは、フレスコ画、モザイク画、彫刻でキリスト教の物語を扱うようになる。

▽**聖カリクストゥスのカタコンベ**
このキリスト教のカタコンベには、いくつかの鮮やかなフレスコ画が含まれており、キリスト教芸術と象徴主義の発展の証拠を示している。

地下芸術

初期キリスト教芸術の最良の証拠は、埋葬の場で見られる。ローマ郊外のカタコンベ（地下墓地）は、200年頃から5世紀まで、キリスト教徒の埋葬地だった。中でも最も有名なものの一つは、ローマ近くのアッピア街道沿いにある聖カリクストゥス（サン・カリスト）のカタコンベだ。ヨナとクジラなどの旧約聖書の話と、新約聖書から描かれた画像の双方があり、福音書のイエスの物語も含まれている。シーンの多くは、神が敬虔な人を死から救ったエピソードを説明するために選ばれたようだ。埋葬室でそうした画像を使っているのは、おそらく故人の家族に慰めを与えることを意図したからだろう。

パッリウムという
ウールのマント。
初期のキリスト
教徒に関わる
アイテムだ

キー・ロー
（XP の文字）は、
ギリシア語で
イエス・キリスト
を省略したもの
である

「……一部は公然と、一部は秘密裏に、
礼拝があなた方の間で広まっている」
テルトゥリアヌス『護教論』

△イエスの描写
イギリスのローマ時代の別荘跡から見つかった
ヒントン・セント・メアリーのモザイク画。
中央の人物像はイエス・キリストを示していると
考えられている。モザイク全体が2つの部屋の
床を覆っており、伝統的なローマ神話と
キリスト教のイメージが描かれている。

カラカラ浴場

ローマの公衆浴場

最盛期のローマには、小規模な地元の施設から、帝国の壮大なテルマエまで、さまざまな、800を超える浴場があった。皇帝たちは一般市民に対し、暖房されたホールでの温水入浴、壮大な庭園、装飾、彫刻、社交や運動のためのスペースなど、財力にものを言わせた豪奢や贅沢の一端を提供した。帝国の浴場で最大、かつ最もよく保存されているのがカラカラ浴場である。この巨大な複合施設はローマの設計思想と工学水準の証で、10年たらずで建設され、後216年に完成した。何千人もの入浴客が訪れ、暖かい部屋、暑い部屋、涼しい部屋、プールなど、一連のサービスを利用できた。

▽壁暖房と床暖房
床下の積み煉瓦の間から、薪を燃やすかまどの熱風が出て循環した。次に、壁の後ろにあるテュブリ（中空の箱形タイル）を通過し、壁も加熱した。

高温のガスが壁の間を上昇し、さらに加熱する
ピルアエ（積み煉瓦）で持ち上げた吊り床
床下の空間を循環する高温のガス

▽給湯システム
ぬるめのお湯につかり、蒸し暑い部屋で汗を流すことは、入浴体験の重要な部分だった。地下の炉の大きな金属製ボイラーで水を加熱して、上の浴槽に供給した。

大規模な地下通路は、奴隷労働者と燃料の供給ルートだった

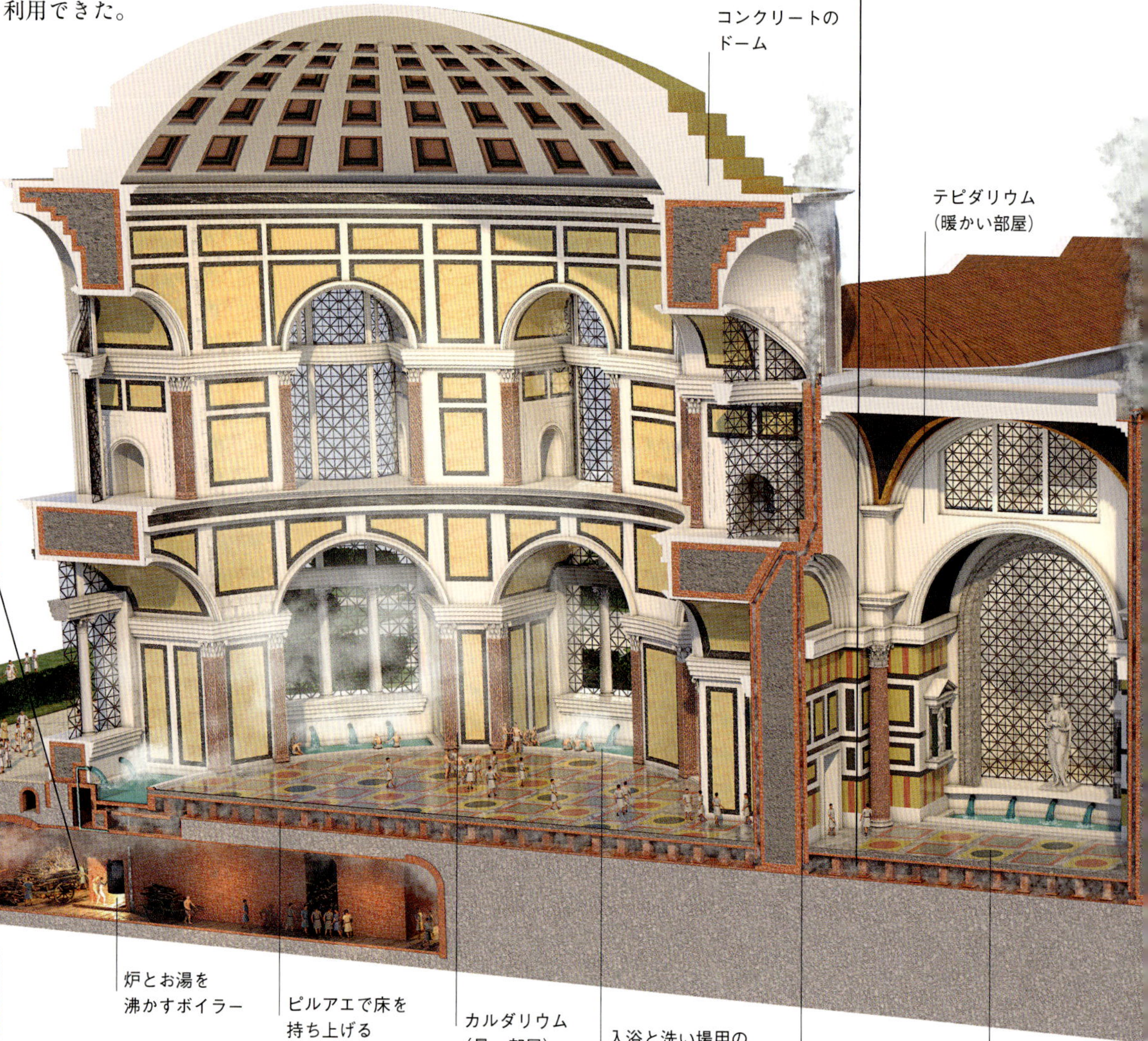

コンクリートのドーム
テピダリウム（暖かい部屋）
炉とお湯を沸かすボイラー
ピルアエで床を持ち上げる
カルダリウム（暑い部屋）
入浴と洗い場用のプール
炉から出て、壁を加熱するガスの煙道
運動、マッサージ、洗い場、リラックスのための部屋

◁ミトラス神殿
複合施設の地下通路には、兵士、役人、奴隷、解放奴隷に人気のあった東方起源の神、ミトラス神の神殿があった。浴場の従業員が、ここで礼拝した可能性がある。

△**ファルネーゼの牛**
この巨大な彫像群は、1つの大理石の塊から切り出され、浴場に展示されていた。牛に縛られたギリシア神話のディルケーを描いている。

専用の水路

浴場には大量の水が必要だった。カラカラ浴場の水は、ローマから約90km 離れた泉から引き出された専用の水道支線、アクア・アントニニアナによって供給された。この水道橋は、浴場施設の後壁の背後にある一連の巨大な水槽に水を供給した。ここからパイプで噴水、ボイラー、プールに送られた水は、巨大な地下排水路に流れ込んだ。遠く離れた水源からの水を浪費することは、ローマ皇帝が人々に財力を誇示する意味合いもあった。

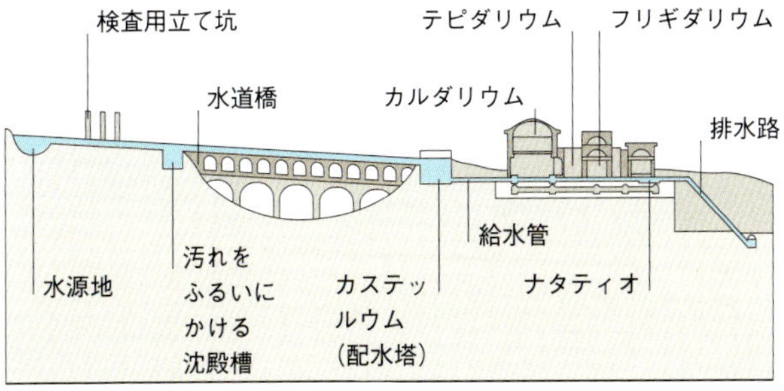

浴場への水の供給

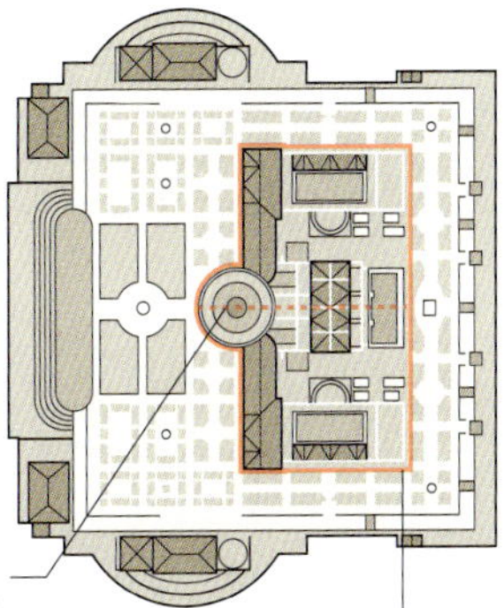

▽▷**温浴施設**
大浴場ブロック（下。右は平面図）は浴場施設のごく一部にすぎず、この建物は大きな庭園の中にあった。敷地内にはホール、彫刻、運動や体操のためのスペース、そしておそらく図書館などがあり、訪問者にさまざまなレジャー活動を提供した。

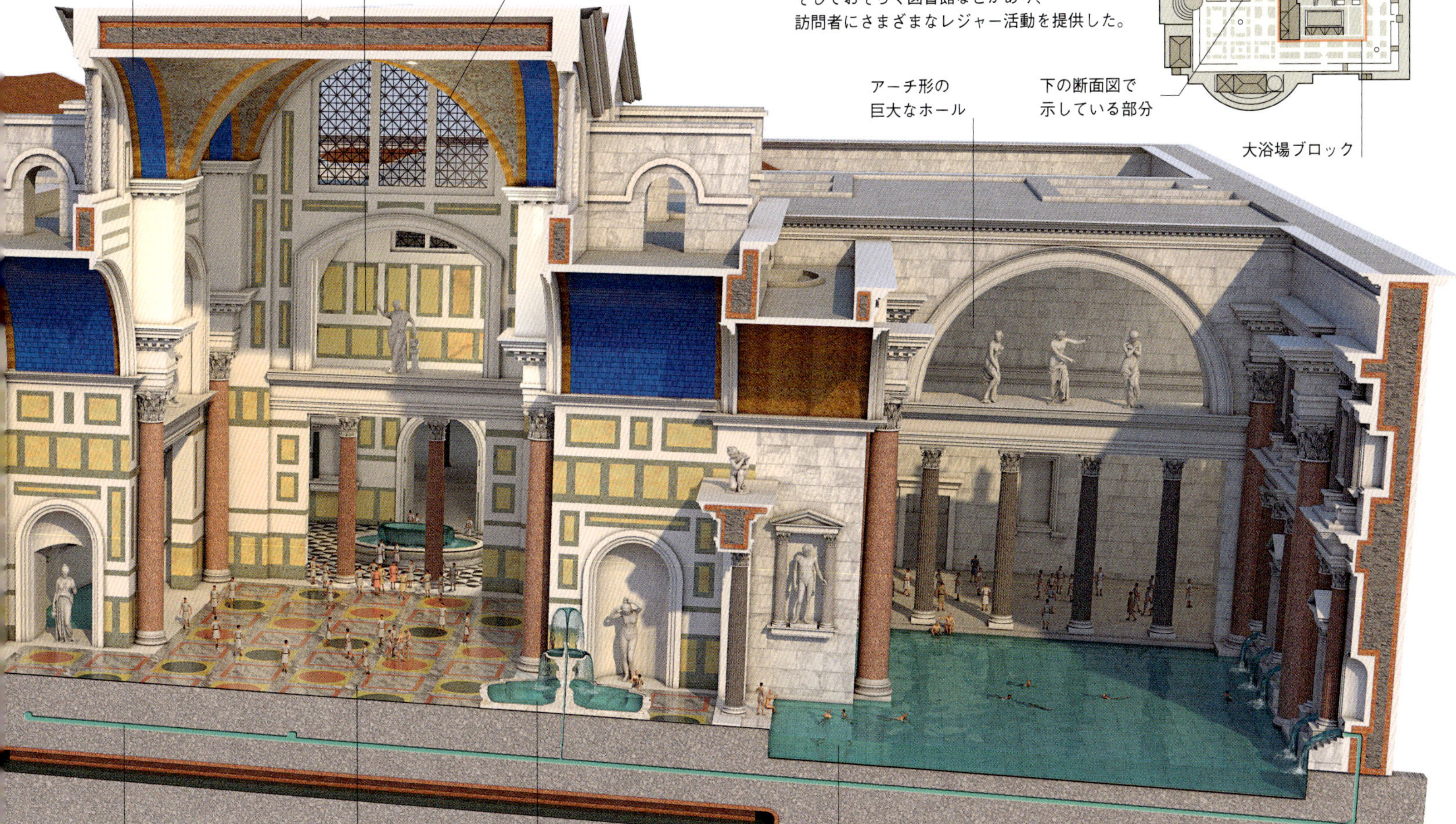

ローマでの子供時代

帝国で大人になるまで

ローマ世界の若者は急速に成長した。子供時代の初期のほとんどは、大人としての人生の準備に費やされ、ごく若いうちから仕事、結婚、および責任が生じたが、楽しみや学びの時間もあった。

◁**ナックルボーンを弾く少女**
ナックルボーンは現在でも遊ばれているおはじきの一種で、ジャックスという通称がある。この像は2世紀頃のもので、おそらく亡き少女の墓を飾るために作られたもの。

ローマ世界の子供たちは成長するにつれて、社会的地位と性別に応じて日常生活が規定されていった。女の子はエリートでも庶民でも、幼い頃から「訓練」された。ローマの理想的な良妻賢母マトロナとして将来の役割を果たすべく、家政管理の教育を受け、余裕のある家ならば生地の織り方や裁縫も学んだ。

男の子は父親のミニチュア版であり、ほとんどの場合、雄弁家、製パン業、作業員など、父と同じ職業に就いた。貧しい田舎の家庭では、男の子は父親が土地を耕すのを手伝った。

ローマでは、男の子でも女の子でも、社会のあらゆる階層の子供たちが愛され、尊ばれていたことはいろいろな証拠からわかるが、一方でローマ世界の若者の生活は、高度な管理下に置かれていた。家庭では、子供たちは家父長であるパテルファミリアスの完全な権限に服し、その決定は彼らの生活のあらゆる面を支配した。しかし、子供の毎日の世話は通常、母親の責任であり、より裕福な家庭では、奴隷か解放奴隷の家事

チュニックの上にトガを着て、カルケイという軽量のブーツを履いているマルクスの父親が、見守っている

女性用のトガのような衣服、ストラを着た母親がマルクスの世話をしている

山羊が引く子供サイズの戦車で遊ぶマルクス

▷**子供時代の思い出**
これは後150年頃の大理石の石棺で、マルクス・コルネリウス・スタティウスという少年のために作られた。彼の短い生涯の中で起きた多くの重要なシーンが描かれている。男女の人物像は、彼の両親の実際の肖像であるかもしれない。

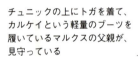

使用人たちの仕事だった。

ローマの通過儀礼

子供は7歳までは乳幼児に分類された。少女（プエッラ）は12歳で大人になり、結婚することができた。少年（プエル）は14歳で大人と見なされ、それ以降、成人を象徴する衣服としてトガ・ウィリリスを着用することができた（68–69頁を参照）。

前18年にアウグストゥス帝がユリウス法を制定し、続いて後9年にパピア・ポッパエア法が施行された。これらの法律にはイウス・トリウム・リベロルム（子供が3人の者の権利）という条項があり、3人以上の子供を持つ親に経済的に報いるものだった。子供は家族の継続性と安定を意味し、特に1人は男の子であることが望まれた。子供のいない夫婦には養子縁組も選択肢の一つで、特に男性の後継者を確保する必要があった。

遊ぶ子供たち

ローマ世界の子供たちには、自分の時間はあまりなかった。だが学校、家事、仕事の合間に、ゲームや娯楽を楽しむことはできた。ローマ帝国全土で、多くの布製や木製の人形や玩具が発見されている。トロクスは棒で金属製のフープを運転させる輪回しだった。ピラエは球技全般のことで、トリゴン（捕球遊び）やハルパストゥム（サッカーかハンドボールの一種）が含まれていた。子供（それに大人も）は、テルニ・ラピッリ（三目並べ）というマルバツゲームの一種で遊んだ。ラトルンクリは、現代のドラフツやチェッカーに似たボードゲームだった。もっと身体活動を楽しみたい子供たちには、木製の櫂をラケットにし、松かさのシャトルで遊ぶバドミントンもあった。

ローマ世界の教育

ローマ世界での正式な教育は、経済的に余裕のある家に限られていた。より裕福な家庭では、男の子と女の子の両方に家庭教師を付けた（教育は男の子には必須、女の子にも望ましいが必須ではなかった）。より質素な家族は、読み書きを学ぶ小学校ルドゥス・リッテラリウスに子供たちを通わせた。教授法はギリシアのモデルに基づいていた。下層階級の子供たちは両親から可能な限りの教育を受けたが、学ぶ内容のほとんどは、家事や農作業など生活に必要な実践的スキルの傾向が強かった。

読書する少女のフレスコ画（後1世紀）

マルクスが父親から教育を受けている。2人ともパピルスか羊皮紙のウォルメン（巻物）を持っている

ローマの歴史家

ローマの力を理解する

ローマ人自身が書いた歴史書の多くが、今日まで残っており、ローマ社会およびそのより広い世界との関係について、またローマの思想について多くのことを明らかにしている。当然のことながら、戦争はローマの歴史の共通テーマである。何世紀にもわたって、ローマの歴史家は過去を調査し、ローマ人がいかにして支配的な勢力になったのか、いかにして最も効果的に統治したのかを解明してきた。

ローマ人が歴史を記述する方法は、何世紀も前に古代ギリシアで開発された技術とスタイルに大きく影響されている。ヘロドトスやトゥキディデス（トゥキュディデス）などの有名なギリシアの歴史家が、ローマの歴史家に影響を与えたのである。『ローマ史』の著者カッシウス・ディオを含め、多くの「ローマ」史家はギリシア出身だ。最古のローマ史は前3世紀に記録され始めたが、これらは当初、ギリシア語で書かれ、ほぼ1世紀後にラテン語に転写された。前2世紀にローマの人質となったポリビオス（ポリュビオス）も、ギリシア出身の著名な歴史家の一人である。ギリシア語で書かれた彼の著作は、一都市から強力な帝国へと急速に発展したローマの出来事を、故国の同胞に説明することを目的として書かれたものだった。

古代ローマの歴史記述には、主に2つのスタイルがあった。年代記の伝統に基づき、編年体で歴史を記録したリウィウスなどの著者がいた。その後、特定の時代や主題ごとに書く紀伝体に則って、サッルスティウスのような作家が歴史を書いた。

△ユリウス・カエサル
ユリウス・カエサルは歴史的に興味深い記録を残しており、『ガリア戦記』（De Bello Gallic）では、自らのガリア征服について語っている。それはローマにいる政敵からの批判に対処するもので、多分に我田引水な見方を示していた。

△サッルスティウス
ラテン語で書かれた現存最古の歴史書の著者で、前2世紀後半から前1世紀前半の出来事に焦点を当てている。彼の『ユグルタ戦記』（Bellum Jugurthinum）は、北アフリカの広大な領土ヌミディアにおけるローマとユグルタ王との対立史を描いている。

△ティトゥス・リウィウス
リウィウスの『ローマ史』（Ab Urbe Condita＝都市の創設から）は、前753年の建国から前1世紀（著者自身の時代）のアウグストゥス帝の治世までを紹介している。共和政初期について多くの言及がある。

「歴史研究の特別な利点は、あらゆる種類の行動の証拠を見ることである……」

リウィウス『ローマ史』

女性の表現

ローマ社会は非常に家父長制的であったため、ここに登場する歴史家たちの中に女性はいない。歴史的な記述に女性たち本人の声がない場合、女性の表現は男性作家によるものであり、彼らの考えや信念が反映されている。多くの場合、歴史家は女性キャラクターを使用して特定の点を強調した。たとえばブリタンニアのイケニ族のブーディカ女王や、パルミラ（シリア）のゼノビア女王などは、ローマの秩序を脅かす強力な女性であり、その危険性が問題にされた。また、ローマの歴史家と現代の読者が「歴史的」記述に期待するものの間には相違がある。たとえば、神話と歴史の間の境界線は微妙なものだった。過去の出来事を簡単に説明できない場合、神々やその他の超自然的要素からの影響、という観点で説明することは珍しくなかったのである。

道徳の教訓としての歴史

他にローマの歴史家が記録した有名なエピソードには、教育目的もあった。読者に最善の生き方を考えさせるためのものだ。こうした物語の登場人物はエクセンプラ、つまり道徳的模範である。フォルムを脅かした裂け目を塞ごうと我が身を捧げた兵士、マルクス・クルティウスなどが典型である。最も貴重なものを神に捧げなければ、という声の中、マルクスは、勇気ある若者ほどローマにとって貴重なものはないことに気づき、自分の命を犠牲にして馬で裂け目に突入し、街の危機を救ったのである。

△大プリニウス
学者、作家、自然主義者だった彼は、前77年頃、古代から現在まで生き残った最大の単一作品『博物誌』（Naturalis Historia）を書いた。37巻からなり、後の百科事典のモデルとなった（294-295頁を参照）。

△ヨセフス
フラウィウス・ヨセフスは、ユダヤ人の歴史家で軍事指導者だった。ローマ軍と交戦し、後67年にウェスパシアヌス（後の皇帝）に捕らえられた。彼は『ユダヤ戦記』（Bellum Judaicum）と、ユダヤ人の歴史である『ユダヤ古代誌』（Antiquitates Judaicae）で最もよく知られている。

△タキトゥス
アウグストゥス帝の死（後14年）からドミティアヌス帝の死（96年）までをカバーする『年代記』（Annales）と『同時代史』（Historiae）を書いた。しばしば皇帝の悪徳に焦点を当て、失政を道徳的に描写している。

レプキス・マグナ

ある皇帝の故郷

北アフリカの海岸部にある繁栄した都市、レプキス・マグナは、地中海の近隣都市との交易や対立の長い歴史を持っていた。だが、この街を一躍有名にしたのは、ここで生まれたセプティミウス・セウェルス帝であった。以来、この街は生まれ変わることになる。

△珍しい凱旋門
レプキス・マグナのセプティミウス・セウェルスの凱旋門は、各面に印象的な「ブロークン・ペディメント（欠けた切り妻）」を備えた、珍しい4面構造の実例だ。

現在のリビアに位置するレプキス・マグナは、前7世紀に東地中海のティルスから来たフェニキア人入植者によって、ワディ・レブダ川の河口にある天然の良港に設立された。レプキス（またはレプティス）の東には、ギリシアの植民地キニュプスがあったが、カルタゴ人に占領された。フェニキア人はその気候と肥沃な土壌に魅了され、レプキス・マグナはオリーブの栽培と地中海周辺へのオリーブオイルの輸出で有名になり、非常に繁栄した。

カルタゴが近くのキニュプスを征服した様子を見て、レプキス・マグナは前149－146年の第3次ポエニ戦争でローマの側についた（82–85頁を参照）。しかし残念なことに、この街は前46年のユリウス・カエサルとポンペイウスの間の内戦では、負ける側を支持してしまった（128–129頁を参照）。ポンペイウスの敗北を受けて、130万 kg ものオリーブオイルという巨額の賠償が市に課され、それを毎年、納めることになる。こうしてレプキスはローマの従属都市となる。ティベリウス帝の治世中に、正式にローマ帝国の一部になるまで、その街は半独立を維持していた。その後、交易と商業が盛んになり、都市には円形闘技場、劇場、浴場など、ローマ式の建物が増えていった。

▷メドゥーサの頭
レプキス・マグナのフォルムにあるこのメドゥーサの彫刻は、当時の東地中海のギリシアと北アフリカの文化的影響の強さを思わせる。

セプティミウス・セウェルス帝以降

都市は3世紀初頭に最大の転換期を迎える。192年、コンモドゥス帝が殺害され、皇位をめぐって5人の請求者の間で激しい内戦が勃発した。193年に残った勝者はセプティミウス・セウェルスだった。彼は145年頃にレプキス・マグナで生まれ、市内に残っている碑文は、彼の父と祖父が地元の高官（スフェスという政務官）であったことを示している。セプティミウス・セウェルスは、ローマ初のアフリカ出身の皇帝だった。

211年まで続いた治世中、セウェルス帝は故郷を決して忘れなかった。建築に多額の投資を行い、街中にいくつかの印象的な建造物やモニュメントを築いた。帝国全土から調達された高価な大理石で造られた新しいフォルムとバシリカも含まれる――それはレプキスの人々に、自分たちの街の出世頭がローマで絶対権力を握ったことを視覚化させるものだった。特にバシリカは豪華に装飾され、レプキス・マグナ

◁帝政時代のレプキス・マグナ
通りの碁盤目状のレイアウトは、ローマ式都市計画の明確な証拠を示している。この地図には、セプティミウス・セウェルス帝の治世に追加された建物の一部も示されている。

の守護神バックスとヘルクレスの像が飾られた。セウェルス帝はまた、港を拡張し、都市に向かう船の安全のために灯台を建設した。最も印象的なのは、皇帝一家とレプキス・マグナとの関係を記念する、巨大なクアドリフォンス、つまり4面式の凱旋門の建設だった(176–177頁を参照)。

レプキス・マグナは、296年頃、ディオクレティアヌス帝が新たに設置したトリポリタニア属州の州都になったが、その後の歴史は衰退の一途をたどった。この都市は365年の津波被害で浸水し、部分的に再建されたものの、次の1世紀ほどの間、地元のベルベル人や移動するヴァンダル人から継続的な襲撃を受けた。さらに追い打ちをかけたのが、港の土砂堆積である。レプキス・マグナの港は、地中海を越えて貿易を行えてこそ非常に有益だったが、船が寄港できなくなってしまった。5世紀の初めまでに、レプキス・マグナは重要な商業取引の中心地ではなくなっていた。

△セウェルスのバシリカ
レプキス・マグナのバシリカは、少なくとも長さ75m、幅19mの巨大な空間だった。正確には何に使われたかはっきりしないが、おそらく法廷審問や公の会合が開かれたと思われる。

「アフリカ出身のセウェルスが帝国を手に入れた。彼の故郷はレプキスであった……」
『ローマ皇帝群像』より、
「セプティミウス・セウェルス」

セプティミウス・セウェルス帝

地方の裕福な家に生まれたセプティミウス・セウェルスは、イタリアとフェニキアの血統を引いている。フェニキア系は父方で、セウェルスは非イタリア系の最初の皇帝として認識されている（トラヤヌス帝とハドリアヌス帝もスペイン生まれだが、彼らは遺伝子的には「純粋に」イタリア系だった)。セウェルスはキャリアの初期にローマで複数の重要な役職を歴任し、169年に元老院議員になり、後に護民官も務めた。皇帝としての彼は成功した将軍であり、優れた管理者だった。しかし彼の統治には欠点もあった。セウェルス帝が権力を維持するために武力に依存したことは、公的生活における軍の影響力を大幅に増大させた。彼の通貨改革はインフレを招き、3世紀もの長期にわたる政情不安につながった。

廃墟見物に来た人々が刻んだ落書き

ローマ様式の軍装から、異文化の混合ぶりがわかる

△**シリアの神々**
この1世紀のレリーフは、パルミラで崇拝された最も重要な三神を示している。中央にいるのは天空の支配神バールシャミンで、左が月神アグリボル、右が太陽神マラクベルだ。

ローマ・シリア戦争

ゼノビア女王のローマへの挑戦

後3世紀にローマ帝国が直面した中で最も深刻な危機は、パルミラ帝国の独立だった。ゼノビア女王が率いるシリアの都市パルミラは繁栄を極め、ローマの力に敢然と挑戦したのである。

3世紀の長い期間、ローマ帝国は危機的状況にあった（248–249頁を参照）。ローマの支配力は各地域で非常に脆弱になり、領土のあちこちで帝国からの離脱の試みが始まった。最初は北西部で、次に東の辺境――現在のシリアの貿易都市パルミラが反乱を起こした。

パルミラはシルクロード沿いにあるため、長らく重要な地であった。前64年にローマ人が到着した後も、パルミラは高度な政治的および行政的自治権を保持した。この開放性と独立性は、セム、ギリシア、ローマ、パルティアの文化スタイルを組み合わせたパルミラ芸術の独自性に反映されている。

帝国からの離脱

パルミラは200年間にわたってローマに忠実だった。後260年のエデッサの戦いでウァレリアヌス帝が敗北し、ササン朝軍に捕らえられたとき、パルミラは反撃の先頭に立った。パルミラ王オダエナトゥスは、ササン人に対していくつかの勝利を収めた。しかし、267年にオダエナトゥスが暗殺された後、パルミラとローマとの関係は変化した。彼の息子ウァバッラトゥスが王になったが、彼はこのとき10歳だったため、実権は母親であり摂政であるゼノビア女王が握った。

当初、ゼノビアの下のパルミラ人はローマに忠実で、帝国を支持して軍事作戦を戦った。硬貨を鋳造した際も、ウァバッラトゥスの肖像をパルミラ王として描いたものの、ローマのアウレリアヌス帝の名を刻んだ。その後、270年になり、ゼノビアは7万人の強力な軍隊を率いてエジプトを征服し、ローマの支配に直接的な挑戦をした。これは宣戦布告に近いものだ。エジプトはローマの属州であり、ローマに多くの穀物を供給していた。翌年、パルミラは小アジアの広大な領土を占領し、公然たる挑戦をし、ウァバッラトゥスはアウグストゥスの称号を名乗った。ゼノビアは息子をローマ皇帝の対立者としたのである。ローマはこれを捨て置くわけにはいかなくなった。

アウレリアヌス帝と帝国の逆襲

ローマ皇帝になる前のアウレリアヌスは優秀な将軍であり、ここで軍事行動に出るのにためらいはなかった。272年に小アジアに渡った彼は、パルミラ帝国の味方だったカッパドキアのティアナ市を包囲して占領した。ローマ軍が前進するにつれて、他の都市は血まみれの包囲戦を避け、簡単に降伏した。その後、アウレリアヌス帝はアンティオキア近くのインマエとエメサの戦いでゼノビアの軍を撃破した。ゼノビアと彼女の軍隊はパルミラに退却することを余儀なくされた。

パルミラの城壁を突破できなかったローマ軍は、包囲に転じた。6世紀の歴史家ゾシモスによれば、食料が不足し始めたとき、市の議会はゼノビアがユーフラテス川に向かって脱出し、ササン帝国からの援助を求めるよう決議した。ゼノビアは脱出の途中でローマ軍に捕らえられ、街は占領された。ローマ軍はパルミラを破壊しなかったが、273年に2回目の蜂起が起きると、アウレリアヌス帝は懲罰として都市を破壊した。宝物は略奪されてローマに運ばれ、アウレリアヌスのソル・インウィクトゥス神殿に納められた。

反乱の後、多くのパルミラの指導者が処刑されたが、女王と息子の運命は不明だ。ゼノビアはローマに連行され、アウレリアヌス帝の凱旋式で鎖につながれ、さらし者にされたという説の信憑性が高いようだが、ゾシモスはこれに異議を唱え、女王はローマに行く途中で亡くなった、と書いている。『ローマ皇帝群像』では、アウレリアヌス帝がゼノビアにローマ郊外の別荘を与え、残る日々を平穏に過ごさせたとしているが、彼女の物語の結末としては、あまりありそうにもない。

交差点の都市、パルミラ

アジアと地中海の間のシルクロード交易の中心地として栄えたパルミラは、文化と商業の交差点に立っていた。地元のセム系とアラブ系の神々が街で崇拝されていたが、その芸術作品や寺院は明らかにギリシア＝ローマの影響を示している。ベル神殿と隣接するこのパルミラの大列柱もそうした例だ。街の遺跡は何世紀にもわたってよく保存されてきたが、2015年のテロ攻撃でひどく損傷した。

今もパルミラに残る大列柱

「彼女はオダエナトゥスの妻だったが男性の勇気を持っていた」
ゼノビアのゾシモス

▽**戦士としての女王**
ティエポロの作品『兵士たちに話しかけるゼノビア女王』（1725年頃）。女性が強力な人物として描かれた芸術作品の稀な例で、女王は自分の権威を強調するために、甲冑を身に着けている。

大地で働く

帝国を養いつつ、不安も煽る

農業は、ローマ人の生活のあらゆる側面の中心にあった。農産物は帝国全土の数百万人を養い、土地を所有するエリート層の富の源だった。一方で、共和政期から帝政期の社会的、政治的混乱の原因でもあった。

△大地の子
後1－3世紀のブリタンニアの銅像。農夫が雌牛と雄牛を操る様子を示している。なぜ雌雄を組み合わせているのか不思議だが、農夫は畑を耕しているのではなく、儀式を行っているのかもしれない。

ローマ帝国の圧倒的多数の人々は田舎に住んでいた。ほとんどは、自分たちの小さな所有地、または大規模農地で有給または無給で働き、何らかの形で農業ないし関連産業に従事していたようだ。彼らが育てた食料と資源は、北西のブリタンニアから東のシリアまで広がる帝国の民を養った。北アフリカとエジプトは、オリーブ、大麦や小麦などの穀物の供給地として特に重要だった。ローマの「穀倉地帯」であったアエギュプトゥス（エジプト）属州は、帝政期を通じて重要な戦略的領土とされた。

ローマの農業および農産業は、ギリシア人やカルタゴ人など、ローマ人が遭遇した民族の農業技術から影響を受けた。時が経つにつれて、ローマ人は技術的に農業の収量を改善する方法を考案した。灌漑用の水を供給し、ガリア南部のバルベガルで見られたように、小麦、大麦、その他の作物を迅速かつ効率的に大量粉砕する複雑な製粉技法が開発された。

理想の生き方？

ローマの農業に関する記述が今に伝わっている。最も重要なものの一つは、前2世紀半ば頃、政治家で作家の大カトーが書いた『農業論』だろう。

この書は、共和政ローマの農村生活について貴重な洞察を提供するが、かなり理想化した農業観を示してもいる。カトーはブドウ畑と農場の管理についての実践的な説明をしつつ、農業こそ他の職業よりも高尚なもの、として賛美している。彼は農業を、道徳的価値の源として高く評価する。その誠実な労苦は、自給自足する強い人間を生み出し、その「ロマン性」は土壌自体に根ざすのだ、という。

後の作家や著名人は、田舎の生活様式を賛美するカトーの見解に従う傾向にある。たとえばキケロも、農業生活の道徳的な人格陶冶の利点を同様に擁護したし、さらに前1世紀の終わりに詩人ウェルギリウスが書いた教訓的な著作『農耕詩』でも同様であった。

農業と貴族たち

田舎の生活はしばしば論争の的になり、対立を招いた。時間が経つにつれて、裕福な土地所有者は、貧しい農民が所有する小規模農地や古い公有地（アゲル・プブリクス）をさらに占有するようになった。いくつかの地域では、奴隷労働者が働く広大な地所、ラティフンディアに統合された。利用可能な土地が少なくなり、一部の農民は都市に移住することを求めた。緊張が高まる中、前2世紀に改革派のグラックス兄弟が、裕福な地主の貴族たちから貧しい市民に土地を再分配しようと試みたものの、これは暴力的な結末で終わった（104頁コラムを参照）。ただし、ローマが征服戦争を進めると、開拓すべき新しい土地がもたらされた。退役した兵士は、ローマへの長年の奉仕に対する報酬として農地を与えられ、帝国全土のコロニアエという新しい入植地に居住した。カムロドゥヌム（現在のイギリスのコルチェスター）も、そうして新しく作られた都市の一つである。

◁農家の必需品
これはレプリカだが、ローマの公式カレンダーである。12の月のそれぞれに、月の名前、日数、守護神、次の祭り、完了すべき農作業などがリストアップされている。

農場のブドウの木から
雑草を刈り取っている
より裕福な農民は、複数の牛を使って土を耕した。
貧しい小規模の自作農は、手作業のみで働いていた
農場労働者が種を蒔き、
その後ろで牛が引く鋤が土を耕す

△田舎の仕事
2世紀または3世紀に作られた、現在のアルジェリアのモザイク画。テラコッタ、大理石、石灰岩を使用して、農業生活のさまざまな側面を描写している。この作品はおそらく、裕福な地主の別荘を飾っていたもので、彼の富の源を示していたのだろう。

共和政ローマの理想

共和政時代の前458年、アエクイ人との戦争は危機に瀕していた。ローマでパニックが広がり始めたとき、元老院は保守的な貴族、ルキウス・クィンクティウス・キンキンナートゥスに注目し、独裁権を預かってくれるよう嘆願した。彼はこれに同意し、アルギドゥス山（ローマ近郊）の戦いでローマ軍を勝利に導いた。15日後、彼は自分の耕地で農業生活に戻っていた。彼は元老院から与えられた栄誉と独裁権を自ら放棄したとして、共和政ローマの伝説となり、政治指導者が見習うべき無私の美徳のモデルとなった。米国のシンシナティは、彼の名にちなんで命名された都市である。

アウレリアヌス帝の時代

「3世紀の危機」の到来

後3世紀半ば、ローマ帝国はいわゆる「3世紀の危機」を迎え、多くの深刻な脅威に直面していた。アウレリアヌス帝は、ローマと帝国の両方を維持しつつ、ある程度の秩序回復に成功した。

多くの歴史家は、ローマ帝国の後235－284年の期間を「3世紀の危機」と呼んでいる。外からは帝国の権力に対する一連の挑戦を受け、内部的にも極度の政治的不安定に直面した。この期間に27人もの皇帝が即位し、財政管理に失敗したため、ローマの通貨価値は下落した。外部的にも、帝国は深刻な軍事的圧力を受けた。東のササン朝帝国がローマに対して多くの圧勝を収めた。一方、帝国の北の辺境の防衛線は弱体化し、ゲルマン系とゴート系の人々がローマの国境を侵すようになった。

帝国の分裂

危機は3世紀半ばに深刻化した。ガッリエヌス帝は治世（260－268年）の大半を北方の領土紛争に対処することに費やしたが、ヨーロッパ辺境の統治に失敗したため、これらの地域の住民と兵士たちは強力なリー

ゴート族の戦士は、ぼさぼさの髪とあごひげで表現される

主人公は、騎乗する若き指揮官である

ローマ兵は力とともに、慈悲の心も示すように描かれている

▽ルドヴィージの石棺の戦闘図
ルドヴィージの石棺（後250–260年頃）には、ローマ軍とゴート族戦士の戦いが示されている。苦しみあえぐ戦士の描写は、この混乱期に描かれた戦闘図の典型である。

△**アウレリアヌスの城壁**
271年から275年の間に建設されたアウレリアヌスの城壁は、帝都を守るために計画された。城壁の周回は9km、高さは8mである。

△**3世紀のローマ帝国**
3世紀半ば、ローマ帝国は内部から崩壊した。西ヨーロッパではガリア帝国が出現し、東ではパルミラ帝国が挑戦してきたのである。

ダーシップを求めた。260年、ゲルマニア総督マルクス・カッシアニウス・ラティニウス・ポストゥムスは、彼の指揮下にある軍隊から皇帝に推戴された。彼はローマに進軍する代わりに、ガリア、ゲルマニア、南ブリタンニア（イングランドとウェールズ）を含むガリア帝国の支配者として、ローマに対抗する地位を確立した。

東部では、パルミラ市が強力なライバルとして浮上した。パルミラは、もともとササン朝との戦争でローマの同盟国だったのだが、ローマの国益を脅かす領土を占領し始めた（252–253頁を参照）。

「世界の修復者」

アウレリアヌス帝の治世はわずか5年間（270－275年）だったが、3世紀のローマで最も有能な支配者の一人だった。現実的であり、非常に成功した軍事指導者でもある彼は、帝国の弱点を認識し、それらを修正するための計画を立案した。まず270年と271年、イタリアを荒廃させていたヴァンダル人、ユトゥンギ人、サルマタエ（サルマティア）人の襲撃からローマ市街を守るために、アウレリアヌスの城壁という新しい防御線を築いた。この壁は現存している。その後、アウレリアヌス帝は迅速にパルミラ帝国への侵攻に移り、作戦を成功させた。274年、彼は注意を北西に向け、ガリア帝国に対抗した。カタラウヌム（シャロン）の戦いで敵軍を敗走させ、帝国の団結を回復させた。

アウレリアヌス帝は、レスティトゥトル・オルビス（世界の修復者）の称号を得て称賛された。帝は太陽神ソル・インウィクトゥス信仰を促進し、広大な神殿に戦利品が捧げられた。

残念なことに、そんなアウレリアヌス帝でさえ、当時の激動の状況から逃れることはできなかった。275年、ササン朝に対する新たな作戦のため、東方に向かった帝は、彼の不興を買ったために処刑されると思い込んだ部下の陰謀で殺されてしまった。

「反逆者」の皇帝

マルクス・カッシアニウス・ラティニウス・ポストゥムスは、ローマの対立国家を築いた将軍である。彼の兵士が260年に彼を皇帝と宣言した後、ポストゥムスは北西ヨーロッパにガリア帝国を建国した。彼の統治範囲は主にゲルマニア（北・中央ヨーロッパ）で、当初はガリアを脅かすゲルマン人に対する軍事的成功で人気を得て、約10年間、この体制が続いた。ポストゥムスの帝国はローマに対抗したが、文化と政治は明らかにローマのものだった。彼の硬貨（上）は、英雄ヘルクレスにあやかりたい、という彼の願望を示唆している。

> 「まさしくアウレリアヌスは
> アレクサンドロス大王やカエサルと同様、
> 3年の間に侵略者からローマ世界を
> 奪還したのである」
> アウレリウス・ウィクトル『皇帝伝要約』

南イタリアの寝室の壁のフレスコ画
後79年のウェスウィウス火山の噴火で埋まった壁画芸術である。ボスコレアーレにあるP・ファンニウス・シニストルの別荘のフレスコ画では、洗練された三次元効果を使用して、列柱のあるアーケードを通して見た想像上の街並みを表している。左側の部分の絵画は、狩猟の女神と冥界の女神の要素を融合させたディアナ・ヘカテ女神の神殿と思われる。この作品は前50－前40年頃の制作で、クビクルム（寝室）で発見された。

ローマ・ペルシア戦争

ローマ帝国のライバル

ローマ帝国は数世紀にわたり、主敵であるペルシア人の大帝国と何度も戦争を繰り広げたが、それは長く、犠牲の多いものだった。初めの敵はパルティア、次にササン朝である。

ローマ帝国は、前146年にライバルのカルタゴを破った後、地中海を支配したが、古代世界で唯一の巨大帝国だったわけではない。東方の領土はペルシア人の帝国が支配していた。パルティア、そして後にはササン朝である。支配権と領土をめぐって、2つの帝国の間で頻繁に戦争が起きた。これらの紛争には、何世紀にもわたって、こちらの帝国からあちらの帝国へと従属先が変わったアルメニアなど、さまざまな属国の動向も含まれた。

◁**ペーローズ1世の狩り**
このプレートは5世紀から6世紀のもので、ササン朝の大王が描かれており、ペーローズ1世（在位459–484年）である可能性がある。彼は、おのれの技術と力を象徴するように、雄羊を狩る姿を示している。

▽**ルキウス・ウェルス帝**
後161－169年にマルクス・アウレリウス帝と共同皇帝を務めたルキウス・ウェルス（222-223頁を参照）は、パルティア帝国への侵攻を主導した。

ローマのパルティア問題

ローマ帝国とペルシア人の帝国との対立は共和政時代に始まった。ローマは前1世紀にパルティアに侵攻したが何度も失敗し、しばしば悲惨な結果をもたらした。スラやポンペイウスなども、最初は外交で解決しようとした。前53年、いわゆる第1回三頭政治（113頁コラムを参照）の一角だったマルクス・リキニウス・クラッススは、パルティア帝国の侵略を試みたが、彼の軍隊はパルティアの騎馬弓兵とカタフラクト（重装騎兵）に翻弄された。ローマ軍は当惑し、複数の軍団が軍旗を喪失して壊滅したのである。伝えられるところでは、カエサルはパルティアに対する報復作戦を計画したが、進行する前に暗殺されたという。マルクス・アントニウスもその後の作戦を開始したが、これもまた失敗した。ローマの誇りは、アウグストゥス帝の治世まで回復されなかった。帝はパルティアと外交交渉し、失われた軍旗を取り戻し、マルス・ウルトル（復讐者マルス）の新しい神殿に奉納した。

1世紀になって、さらに何度かローマ軍の遠征が行われた。しかし、これらは2世紀の本格侵攻に比べるとかなり地味だったといえよう。114年になってトラヤヌス帝は、パルティア帝国に大規模な侵攻を開始し、メソポタミアをローマの属州とし、パルティアの首都クテシフォンを占領した。後継のハドリアヌス帝はユーフラテス川を帝国の東の境界として再確立した。しかし161年、パルティアの王ヴォロガセス4世

> 「近隣の野蛮な国家を簡単に征服した後、アルダシールはローマ帝国に対して陰謀を企て始めた」
> ヘロディアヌス『マルクス帝没後のローマ史』

がアルメニアに侵攻し、ローマ軍を破った。ローマは反撃してパルティア人を追い返すことに成功したが、多大な犠牲を払った。さらに致命的な疫病、おそらく天然痘が、この時点でパルティア人を襲っていた。それはすぐにローマ軍に広がり、帝国の周辺に広がっていった。このいわゆる「アントニヌスの疫病」で1000万人もの死者が出た可能性があるという。

ササン朝の脅威

2世紀の終わりまでに、パルティアは再びローマに敗れた。フォルム・ロマヌムにあるセプティミウス・セウェルスの凱旋門は、東のライバルに対する同皇帝の勝利を記念している。その数十年以内にパルティア帝国は崩壊したが、226年になって、アルダシール1世が率いるササン朝がこれに取って代わった。

初期のパターンはこれまでと似通ったままで、ササン朝とローマ軍の一進一退の攻防が続いた。243年にカルラエとニシビスを占領したローマ皇帝ゴルディアヌス3世は、その勢いを駆ってササン領の奥深くまで進出したが、244年にクテシフォンの近くで敗北して殺害された。このとき、ササン軍を率いていたのは手ごわいシャープール1世で、アルメニアが占領され、ローマ人はいくつかの戦いで敗北した。

これらの損失の中で最も悪名高いのは、260年にエデッサ（現在のトルコ）の戦いで起きた出来事である。ローマ軍は敗北し、ウァレリアヌス帝が敵の捕虜になってしまった。ナクシェ・ロスタム（現在のイラン）の岩肌に、ウァレリアヌスがシャープールの前にひざまずいて服従している図柄の、巨大なレリーフが残っている。歴史家ラクタンティウスによれば、シャープールは馬に乗る際、ウァレリアヌスの身体を踏み台にしたという。

ローマ人とササン朝の紛争は4世紀まで続いた。3世紀終盤、四帝時代の東方副帝ガレリウスはササン朝に対し一連の大勝利を収め、失われたローマの領土と名声を取り戻すことに成功した。

△ウァレリアヌス帝の降伏
騎乗しているササン朝のシャープール1世の前にひざまずくウァレリアヌス。このナクシェ・ロスタムのレリーフで、シャープールの勝利は不朽のものとなった。

▷ライオンのリュトン
前1世紀にパルティア帝国の東部で作られた銀製の酒器。この咆哮するライオンは王室を意味し、パルティアの高貴さと勇気の象徴だった。

ディオクレティアヌス帝の四帝分治

4人の皇帝による分割統治

ディオクレティアヌス帝は、帝国の支配を回復することを目的として、ローマ帝国を再構成した。新制度のテトラルキア（四帝分治制）は4人の統治者で構成し、それぞれが帝国の一部を管理する体制だった。

△マクシミアヌス
「ヘルクリウス」の愛称があるマクシミアヌスは、286年から305年まで西方の皇帝を務め、後継のコンスタンティウスに譲って退位した。

後284年、カルス帝が謎の死を遂げた。歴史家のアウレリウス・ウィクトルによると、ペルシアでの軍事行動中に雷に打たれたのだという。そこでカルスの騎兵指揮官ディオクレティアヌスが権力を掌握する機会が生まれた。彼は抜本的な政治変革を導入し、帝国にテトラルキア（「4人による支配」の意味）を導入した。少なくとも当初、皇帝と他の3人の間に婚姻による縁戚関係はなかった。あくまでも実用的な解決策であり、各統治者が帝国周辺で発生する非常事態に迅速に取り組むことが主眼だった。

まず286年、ディオクレティアヌス帝は、軍の同僚のマクシミアヌスを副帝に任命した。ディオクレティアヌスが上級皇帝のアウグストゥスで、マクシミアヌスは下位の皇帝のカエサルを名乗ったのである。このペアは、序列を示すために神々の名と関連付けられるようになった。ディオクレティアヌスは神々の王ユピテル、マクシミアヌスは半神のヘルクレスと関連付けられた。それぞれが帝国の半分を担当し、ディオクレティアヌスが東方を、マクシミアヌスが西の属州を支配した。

7年後の293年、帝国は、特にペルシア、ガリア、ブリタンニアで新たな軍事的圧力を受けた。追加の対策を講じるために、東西の帝国がさらに分割された。帝国は4人の皇帝が統治するようになり、マクシミアヌスはディオクレティアヌスと同じ正帝に昇格し、2人のアウグストゥスが生まれた。さらに2人の副帝（カエサル）が選ばれた。

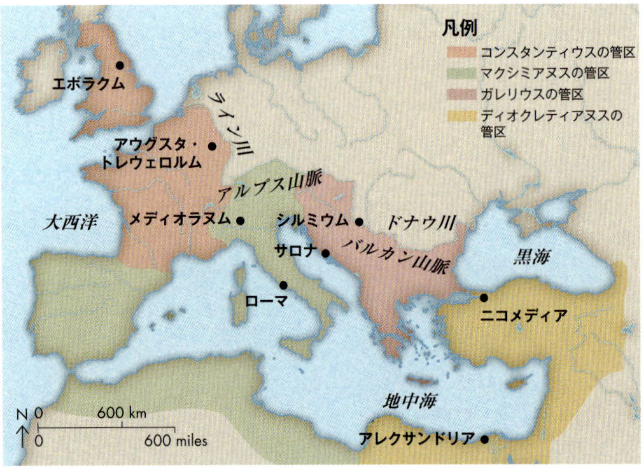

◁4人の皇帝の支配地域
四帝分治制の下で、帝国は4つの管区に分かれた。東と西の双方に1人の正帝（アウグストゥス）と1人の副帝（カエサル）がいた。

△聖ダミアヌスと聖コスマス
ダミアヌスとコスマスは兄弟で、シリア出身の医者であり、初期キリスト教徒だった。ディオクレティアヌス帝の迫害の際に拷問され、処刑された。

東方正帝ディオクレティアヌスは東方副帝ガレリウスの補佐を受け、西方正帝マクシミアヌスは西方副帝コンスタンティウスの補佐を受けた。

新しい帝国の首都

4人の皇帝が統治するために、4つの首都が必要となった。四帝分治の間、帝国の首都としてのローマの重要性は衰え始めた。代わって帝国周辺の新しい都市が、4人の統治者の本拠地となった。問題となる辺境への迅速なアクセスが必要とされたのである。

ディオクレティアヌス帝の東方の首都は小アジア北西部のニコメディアに置かれ、ササン朝に対する行動の拠点となった。西方のマクシミアヌス帝はメディオラヌム（現在のミラノ）を本拠地とした。東方副帝ガレリウスはシルミウム（現在のセルビア）を選び、ドナウ川の国境を守った。西方副帝コンスタンティウスの首都はアウグスタ・トレウェロルム（現在のドイツ、トリーア）で、ゲルマニア、ガリア、ブリタンニア（イングランドとウェールズ）方面の作戦本部となった。それでもローマは帝国の象徴として依然、重要であり、ディオクレティアヌス帝は多額の投資をし、市内に広大なディオクレティアヌス浴場を設けた。

「このように無秩序が世界中に蔓延している間、ディオクレティアヌスはマクシミアヌスを昇格させ、副帝を設けてコンスタンティウスとガレリウスを任じた」

エウトロピウス『首都創建以来の略史』

迫害と政治的緊張

ディオクレティアヌス帝は商品やサービスに公定価格を設定してインフレを抑制しようとし、テトラルキアや属州の再編など、多くの方法で帝国の支配権を再び主張しようと努力した。4人の皇帝はまた、303年に帝国周辺のキリスト教徒を厳しく弾圧し、宗教的秩序を維持しようとしたが、大した影響もなく、キリスト教の人気はかえって高まった。

305年5月1日、ディオクレティアヌス帝は退位した。自ら進んで権力を放棄した唯一のローマ皇帝である。彼はサロナ（現在のスプリト）に引退し、しぶしぶマクシミアヌスも退位した。ガレリウスとコンスタンティウスは正帝に昇格し、それぞれが新しい副帝を任命した。コンスタンティウスとマクシミアヌスの息子たちが支配権をめぐって争ったため、ディオクレティアヌスの秩序だった四帝分治制は崩壊した。彼が311年に亡くなるまでに、テトラルキアはすでに形骸化していたのである。

◁**四帝の像**
このグループ像（元は2つの別々のグループだった）は、ディオクレティアヌスとガレリウス、マクシミアヌスとコンスタンティウスという4人の皇帝を表している。お互いに抱擁し合う4人が協力し、団結している、という証である。

コンスタンティウス1世

コンスタンティウスは、マクシミアヌス帝が引退した後、305年に西方正帝になり、首都（現在のトリーア）からガリアやブリタンニアなど帝国北西部を統治した。優秀な軍人だった彼は、ブリタンニアの反逆者アッレクトゥスを倒した。下の硬貨はフランスのアラスで発見されたもので、コンスタンティウスがロンディニウム（ロンドン）を解放した様子を示している。ハドリアヌスの長城の修復にも取り組み、ブリタンニクス・マクシムスの称号を授与された。彼は306年にエボラクム（ヨーク）で亡くなったが、伝えられるところによると、彼はディオクレティアヌスの宗教弾圧にあまり積極的ではなく、跡を継いだ息子のコンスタンティヌス帝（260-261頁を参照）は、後にキリスト教徒になる。

▷**トロフィーの甲冑**
敗北した人々の鎧は、
トロフィーという
木製の棒に吊るされた。
勝利の記念碑として、神々に
感謝の意を込めて奉納された。

ポルトナッチオの石棺

石に記録された戦い

ポルトナッチオの石棺は、後180年頃のもので、古代世界から生き残った最も印象的な石棺の一つである。1931年に発掘されたローマ北部のポルトナッチオ地区にちなんで名付けられた。

この石棺は、石を使ったキアロスクーロ技法（陰影法）の好例だ。深いレリーフで生じる影から明暗の鮮やかなコントラストを生み出す芸術である。石棺全体は1枚の大理石を彫ったもので、多種多様に重なり合う人物像がより印象的である。このスタイルはペルガモンの祭壇など、前2世紀のギリシアのモニュメントの手法を反映している。

軍事力とローマ軍の慈悲

石棺の埋葬者は将軍だったらしく、彼の成功と勝利を称える意図で、主な戦闘シーンが描かれている。勝利を収めたローマ騎兵が中央に配置され、左右には、ドナウ川の北辺境に住む男女のペアがおり、髪型などからそれぞれスエビ族とサルマティア・イアジゲス族の住民であることがわかる。石棺の端は中央部よりも浅いレリーフで、捕虜たちが舟橋を渡って連行される中、族長がローマの役人に降伏する姿が彫られている（ここでは見えない）。全体に虜囚に対する寛大なシーンを描き、出産と結婚をイメージして、彼らへのローマ市民権の付与を強調している。パクス・ロマーナ（138–139頁を参照）の主題と、ローマ人たちが実践していると信じた「公正な支配」の描写は一般的なもので、ローマ帝国に反対する人々は鎮圧または撃滅される、という思想を芸術的に伝えるものでもある。

マルクス・アウレリウス帝の国境戦争

石棺のテーマは、トラヤヌスの記念柱（214–215頁を参照）や、ローマのマルクス・アウレリウスの記念柱に似ている。これらの勝利の記念碑は、ローマの優位性と勝利を強調することを目的とした。実際のローマ人は属州、特に北部辺境での暴動や反乱を完全に鎮定することはできなかったが、後117年、トラヤヌス帝の下で帝国領土は最大版図に達し、その後、拡大することはなく、統合が進められたのである。

石棺の主は、マルクス・アウレリウスの高位の将軍、アウルス・ユリウス・ポンピリウスの可能性がある。鷲とイノシシの2つの徽章が詳細に彫られているので、これらは彼が指揮した軍団を暗示しているのかもしれない。だが、北部辺境で苦戦中のマルコマンニ戦争で重要な将軍が死亡したために、慌てて既製品を使用した、という可能性もある。

▷**ポルトナッチオの石棺**
大理石の石棺のメインプレートは現在、ローマ国立美術館に保管されており、敵に勝利したローマ軍兵士を描いている。

「敗北者に災いあれ」
リウィウス『ローマ史』

◁**騎兵の将軍**
将軍の顔は未完成のままである。
おそらく埋葬までに肖像が
間に合わなかったか、この石棺が本来、
特定の個人のための注文品ではなく、
潜在的な市場のための既製品として
彫刻されたためではないかと見られる。

ローマの敵たちは、
すべて敗北して、
絶望の淵に立っている

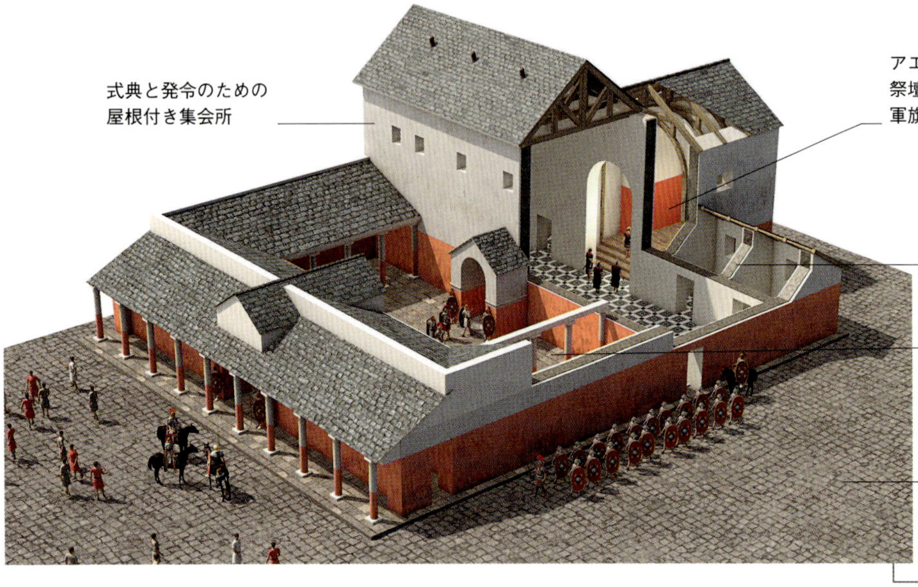

◁**プリンキピア**
各砦にある司令部の建物の典型例である。部隊を集めて観閲し、命令を出し、宗教的な供儀を行う場所でもあった。
城砦の経理部門や記録庫もあり、立派な建築はローマの秩序と規律を反映していた。

ウィンドランダ砦

辺境の守り

ウィンドランダはブリタンニア北部にあるローマ帝国の最前線の基地で、カレドニア（後のスコットランド）との間の帝国国境を守備した。ハドリアヌスの長城（204–205頁を参照）が建設される前の後85年、最初の木造の砦が建設され、近くに長城ができると、その重要な駐屯地になった。

1世紀後半から370年にかけて、ウィンドランダに駐屯したさまざまな部隊が砦を改修し、少なくとも9回は取り壊して再建している。右図の石造りの砦は、3世紀に補助部隊（ガリア人の第4コホルス）が建設したもの。補助部隊は反乱や攻撃に備えて正規軍に予備兵力を提供し、交易や軍事任務にも派遣された。砦の記録庫では1000枚を超える木製のタブレットが見つかっている。それらは、人々が慌ただしく旅行、輸送、およびコミュニケーションをとっていた当時の様子を示している（204頁を参照）。砦の門外にはウィクス（集落）があり、おそらく兵士は家賃を払い、そこで家族を養うことができただろう。

ウィンドランダの勲章

この銀メッキ製のパレラは2世紀初頭のもので、軍事的な勇気に対する勲章の一種である。2006年にウィンドランダで発見され、ローマ帝国辺境地の軍隊の活動をよく伝えている。この勲章の所有者クィントゥス・ソッロニウスは、トラヤヌス帝のダキア（現在のルーマニア）遠征でこれを受勲したのかもしれない。このような勲章類や表彰は、軍隊の士気や忠誠心の向上のために重要な手段だった。この勲章には2つの軍団の軍旗があり、その間にローマで崇拝されたマルスなどの軍神の姿が見られる。帝国全土の軍隊が共有するローマのアイデンティティを示す意匠である。

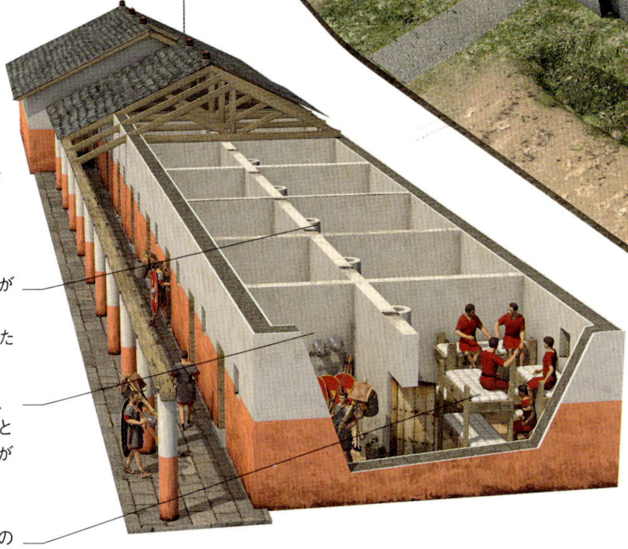

△**兵舎**
ローマ軍の兵舎は頑丈な宿泊施設で、
兵士とその装備品を収容した。
一般兵士は寝台を共有し、将校は個人スペースを持っていた。
鎧、装備品の倉庫や、廐舎が別にあった。
どこでも一貫した設計とレイアウトで、
運用効率と軍紀の維持に役立った。

▷**ウィンドランダ遺跡**
これまでに発掘されたのは、
砦のごく一部のみである。
ここではヒポカウストという
暖房設備の遺構を
見ることができる。

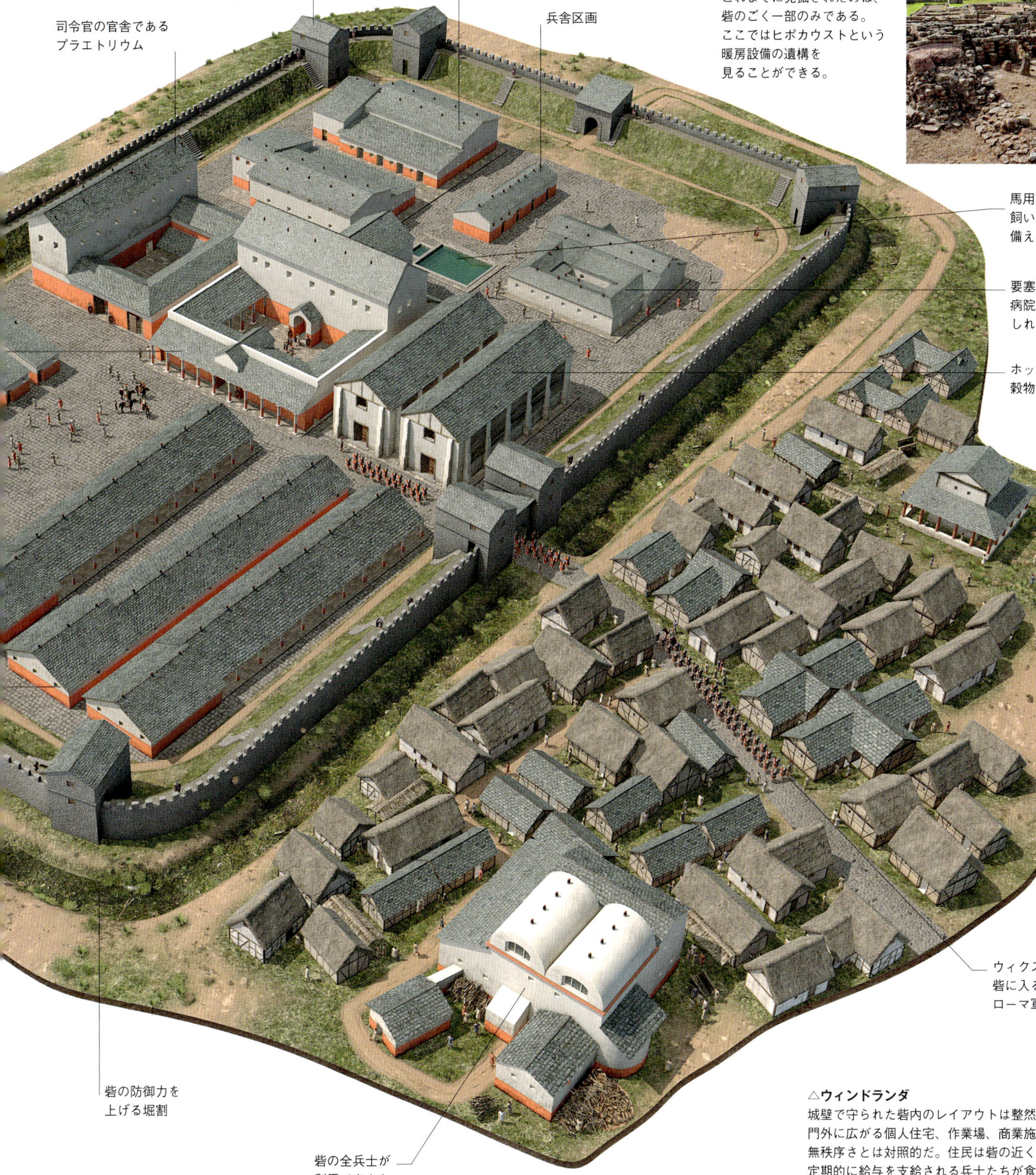

△**ウィンドランダ**
城壁で守られた砦内のレイアウトは整然としており、
門外に広がる個人住宅、作業場、商業施設の
無秩序さとは対照的だ。住民は砦の近くに集まり、
定期的に給与を支給される兵士たちが食べ物、飲み物、
その他のサービスを受けられる市場を形成した。
くつろぎの空間を提供する大浴場もあった。

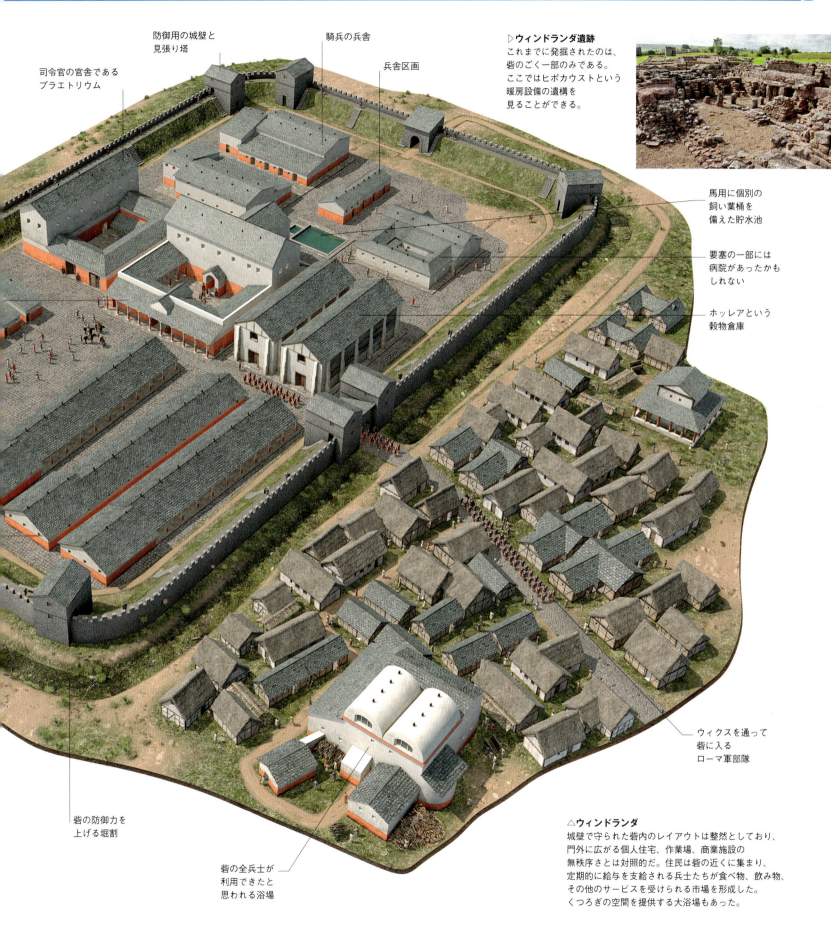

コンスタンティヌス大帝

最初にキリスト教徒になった皇帝

コンスタンティヌス帝はキリスト教に改宗した最初のローマ皇帝だ。純粋な信仰心なのか政治的野心が根底にあったのか、いずれにしても彼の後押しで、キリスト教はローマの主流的文化に移行する。彼はまた、大都市コンスタンティノープルを建設した。

コンスタンティヌスはローマ生まれではない。ナイスス（現在のセルビア）で後272年頃に生まれた。父のコンスタンティウス1世は四帝時代の西方正帝を務め、帝国北西部の秩序を回復する責任を負っていた（254–255頁を参照）。コンスタンティウス帝が306年にエボラクム（イングランドのヨーク）で亡くなると、兵士たちはコンスタンティヌスを新皇帝として推戴した。他の皇帝たちは怒り、すぐに戦争が勃発した。コンスタンティヌスは、東方のアウグストゥス（正帝）となったリキニウスと同盟を結んだ。元の西方正帝マクシミアヌスの息子、マクセンティウスは、ローマとイタリアを保持して帝位を主張した。

◁記念硬貨
これはドイツの複製硬貨で、コンスタンティヌスが軍装姿で、トロフィーを担って軍隊に演説している様子を示している。

▽ミルウィウス橋の戦い
1520年のフレスコ画の部分。コンスタンティヌス軍がマクセンティウス軍と交戦中だ。この勝利により、コンスタンティヌスはローマと西帝国の支配を固めた。

ミルウィウス橋の奇跡

312年、コンスタンティヌスとマクセンティウスは、ローマのすぐ北にあるティベル（テヴェレ）川に架かるミルウィウス橋で対峙した。戦いの前夜、コンスタンティヌス軍は幻影を見たという。イエス・キリストの名前を象徴するギリシア文字、キー・ロー（XP）と十字架を盾に示すなら、明日の勝利は疑いないであろう——。

翌日、コンスタンティヌス軍はマクセンティウス軍を敗走させた。幻視はキリスト教の歴史における重要な瞬間となった。コンスタンティヌス帝は特にローマで教会建設を後援し、313年にはミラノ勅令を発して、キリスト教徒を公式に迫害から保護した。

コンスタンティヌスとキリスト教の首都

コンスタンティヌス帝はローマを確保したが、324年にかつての同盟者、東方正帝リキニウスを破った後、コンスタンティノープル（現在のイスタンブル）を建設した。ギリシアの都市ビザンティオン（ラテン名ビザンティウム）を基礎として、彼の名にちなんだ都市である。大浴場や戦車競技場など、多くのローマ的な特徴がある、新しいキリスト教皇帝の帝都である（278–279頁を参照）。

272年　ナイスス（現在のセルビア）で生まれる。

306年　父のコンスタンティウス帝がエボラクム（現在のヨーク）で死去。コンスタンティヌスは兵士から皇帝に推戴される。

308年　四帝分治制の下で西方副帝として認められる。

312年　ローマのミルウィウス橋でマクセンティウスを破る。

313年　ミラノ勅令を発して、キリスト教を公式に容認する。

324年　クリソポリスの戦いでリキニウス帝を破り、コンスタンティヌスが単独のローマ皇帝となる。

330年　「新しいローマ」としてコンスタンティノープル（旧ビザンティウム）を建設。

337年　死を前にニコメディアのエウセビオスから洗礼を受け、5月22日に亡くなる。

コンスタンティヌス大帝
後1000年頃のビザンツ様式のモザイク画。キリスト教徒のコンスタンティヌス帝が、彼の新帝都を抱擁する図柄が描かれている。
コンスタンティノープルを創設することで、コンスタンティヌスは伝統的なローマの旧習から離れて、政治、宗教、建築を通じ、彼独自の力を表現することができたのである。

キリスト教の台頭

帝国の新たな信仰

後1世紀初頭から、東地中海の小さな宗教集団が人気を博し始め、ついに帝国全体に広がった。暴力的な弾圧にも直面したが、皇帝自身の改宗が、すべてを変えることになった。

◁**キリスト教的な彫刻がある水差し**
後5世紀の水差しで、目が不自由な人を癒すキリストが描かれている。この頃までに、芸術や装飾における神話的な情景は、キリスト教的な図像に大きく取って代わられた。

後30年頃、エルサレムでイエス・キリストが刑死した。それから数十年後、キリスト教はローマ世界のさまざまなコミュニティや社会階級の人々を引き付け始め、改宗者が増えた。しかし多くの人は、ユピテル、ユノ、マルス、ミネルウァといったローマの伝統宗教の神々を崇拝し続けていた。この信仰こそがパクス・デオルム（神々の平和）を保証するものである、という強い共通認識が帝国全体にあったからだ。

少数派の迫害

ローマの宗教は常に多様で順応性があった。征服地で新しいカルト教団や信仰に遭遇すると、しばしばそれらが流入し、各地の聖所に組み込まれた。たとえば2世紀の終わり、エボラクム（イングランドのヨーク）

◁**コンスタンティヌスの回心**
ピーテル・パウル・ルーベンスの作品（1622年）。
312年のミルウィウス橋の戦いを前にするコンスタンティヌス陣営の想像図だ。皇帝と信仰の関係は重要だが、決して明瞭なものではなかった。一例をあげれば、帝は337年に死の床に就くまで洗礼を受けず、「完全な」キリスト教徒になることはなかった。

にいたクラウディウス・ヒエロニミアヌスという軍人は、エジプトのセラピス神の神殿を建てることを許可されている。しかし外国のすべての神々が受け入れられたわけではない。ヘリオガバルス（エラガバルス）帝は3世紀初頭に、シリアの太陽神エル・ガバル（ヘリオス）崇拝を導入しようとして失敗した。

初期のキリスト教徒も、自分たちの信仰を認めてもらうのに苦労した。これは主に、唯一の真の神以外の神々の存在を拒否した妥協のない一神教によるものである。帝国に災厄が発生するたびに、キリスト教徒やユダヤ教徒などの一神教信者がスケープゴートとなり、彼らが伝統的な神々に生贄を捧げることを拒否したために、平穏が覆されたのだ、とされた。

迫害は1世紀に始まった。ネロ帝は64年にローマを荒廃させた大火の責任をキリスト教徒になすりつけ、弾圧は4世紀初頭のディオクレティアヌス帝の治世まで断続的に続いた。国家が後援する処刑の見世物で、キリスト教徒はしばしば恐ろしい死を遂げた。その多くは後世になって、殉教者や聖人として崇められることになる。

帝国の変質

しかし、変化が訪れていた。312年のミルウィウス橋の戦いの前に、コンスタンティヌスは奇跡的な幻視を見た、と主張した。空に燃える十字架が出現した、というのだ。キリスト教の著述家ラクタンティウスによると、勝利を保証するべく、彼は兵士たちに命じて、彼らの盾にキリストの十字架を描くように命じた。コンスタンティヌスはライバルのマクセンティウスを破り、やがて帝国の唯一人の皇帝となった（260–261頁を参照）。

コンスタンティヌス帝がどの程度、本気でキリスト教を信じていたかは、いまだに議論されているところだ。しかし彼の治世は、キリスト教が帝国の支配的な宗教に成長する瞬間を示した。コンスタンティヌスが313年にミラノ勅令を発し、キリスト教徒の信仰の自由を保障したとき、迫害の時代は終わった。さらにキリスト教の興隆は380年に至り、皇帝テオドシウス1世がローマ帝国の国教と宣言することで頂点に達する。

◁**初期キリスト教の石碑**
後3世紀のリキニア・アミアスの葬送碑。
現存する最古のキリスト教の工芸品の一つで、魚の図柄は、イエスが「人間をすなどる漁師」と呼んだ最初の使徒たちを表している。

△**見世物としての死**
闘技場で猛獣に殺させる処刑（ダムナティオ・アド・ベスティアス）は、帝国の犯罪者に対する通常の刑罰だった。
これは現在のチュニジアのエル・ジェムに残る3世紀のモザイク画で、処刑の模様が生々しく表現されている。

聖ペルペトゥアの受難

右は1520年頃の作者不明の絵で、聖ペルペトゥアを描いている。彼女は北アフリカ出身の貴婦人で、203年にカルタゴの闘技場で殉教した。彼女は名前が残る最初期のキリスト教の殉教者の一人であり、これは彼女の地位の高さによる部分も大きい。多くの初期キリスト教徒は貧しい奴隷であり、低い身分の無名の男女だった。しかし彼女の名が記憶されている主な理由は、『聖ペルペトゥアと聖フェリキタス受難記』というテキストが残っているからだ。ペルペトゥアが奴隷のフェリキタスと一緒に逮捕され、迫害された物語である。著者については諸説があるが、受難記は最重要な初期キリスト教作品の一つと見なされている。それは直接の同時代記録であり、しかも女性によって書かれた可能性があるという点で、さらに注目に値するものである。

「キリスト教徒が、
その宗教様式に従う
自由を持つべきだったのは
当然であった」

ラクタンティウス『迫害者たちの死』より、
ミラノ勅令についての記述

ローマの凱旋式

帝国の勝利の祝賀

軍事的成功を収めた将軍を祝うために共和政時代に始まった凱旋式は、帝政期になると皇帝の専売特許となった。皇帝は自らとその業績のために、凱旋門を建てて祝賀式典を挙行したのである。

△失われた凱旋門
前18年のデナリウス貨。三重構成のアウグストゥスの凱旋門を示しているが、現在は失われている。ここで、パルティアから取り戻した軍団の軍旗を祝う式典が行われた。

共和政ローマの時代、重要な勝利を収めた将軍は、国家最高の軍事的栄誉である凱旋式で報われた。凱旋式は建国の祖ロムルス自身が開始したと考えられており、将軍が戦車に乗って大行列を組み、ローマ市街を通り抜け、街全体の大衆から歓呼の声を受ける。将軍は荘厳な紫と金のトガ（トガ・ピクタ）を着用し、いくつかの記述によれば、顔を赤く塗っていた（おそらくユピテル神かマルス神にあやかるものだ）。軍隊が将軍に従い、戦利品と宝物を展示し、しばしば捕虜の敵兵や民間人も含まれた。勝利は非常に特別なものであったため、将軍とその部下たちは、通常は武装兵士が通過できない神聖な都市の境界、ポメリウムの中に入ることを許された。ローマ市街を通過した後、一行はカピトリヌスの丘にあるユピテル・オプティマス・マクシムス神殿に行き、動物の生贄と神々への供物が捧げられた。

石と大理石で祝う勝利

共和政時代の戦勝将軍は、名誉の永続的なシンボルとして寺院を建てることがよくあった。帝政期になると、皇帝だけが勝利を祝うことを許された。石や大理石で出来事を記念するために彼らが選んだ方法は、凱旋門の建設だった。勝利の行進ルートに巨大な装飾用の門を建てるのである。それぞれの凱旋門は、それを祝うために建てられたイベントを詳述する碑文、フリーズ、彫像、彫刻で豊かに装飾された。

△戦利品の披露
ローマのティトゥスの凱旋門にあるこのフリーズは、勝利を祝う皇帝を示している。ティトゥス帝が勝利を収めた後70年のエルサレム占領時の凱旋式の模様だ。

最初の皇帝の凱旋門は、前20年代にアウグストゥス帝が建てた。これは現存していないが、後継皇帝たちのモデルとなった。実際、その後の皇帝にとって、独自の凱旋門を建てることは、外国の敵に対する勝利を示すだけでなく、自分たちがアウグストゥスの後継者としてふさわしいことを顕示する方法にもなった。4世紀のコンスタンティヌス帝は、315年に建てた自分自身の凱旋門（298頁を参照）で、前代の皇帝たちの凱旋記念碑の装飾を再利用し、帝国の継続性と正統性をさらに発展させる考え方を示した。

今日、ほぼ40基の凱旋門がローマ帝国全土に残っている。ローマ市内にはティトゥス帝、セプティミウス・セウェルス帝、コンスタンティヌス帝に捧げられた3つの凱旋門が現存している。

「元老院とローマの人々は、
この凱旋門をコンスタンティヌス帝に……
彼の勝利のしるしとして献ずるものなり」
ローマ、コンスタンティヌスの凱旋門の碑文

▽改竄の爪痕
ローマのセプティミウス・セウェルスの凱旋門は、190年代のパルティア戦争での勝利を祝うために203年に建設された。凱旋門は息子のカラカラとゲタにも捧げられていたが、211年にセプティミウスが亡くなった後、カラカラ帝はゲタ帝を殺害し、凱旋門から弟の名前を抹消した。

中央アーチの頂点にある要石には、マルス神の像がある

この文章の行に、かつてはゲタ帝の名前があったが、カラカラ帝の命令で彫り直された

このレリーフは、パルティアの同盟都市エデッサを攻撃するローマの攻城兵器を示している

セプティミウス・セウェルス帝とその息子たちの勝利を記した碑文の文字は、もともとブロンズでメッキされていた

ガラス製品

実用的で装飾的な美しさ

ローマ人は、装飾的なものから家庭的な実用品まで、さまざまな種類のガラス製品を作り出した。ヘレニズム世界の東部で吹きガラス技法が発明されたため、ガラス産業は後1世紀に急速に発展した。ガラスがより一般的になるにつれて、アーティストたちはより創造的になったのである。

▷リュクールゴスの杯
後4世紀のもの。トラキア王リュクールゴスが神罰を受ける場面が描かれている。
銀の装飾で囲んだ「ダイクロイック」ガラスが、照明の条件に応じて複数の色を表す。

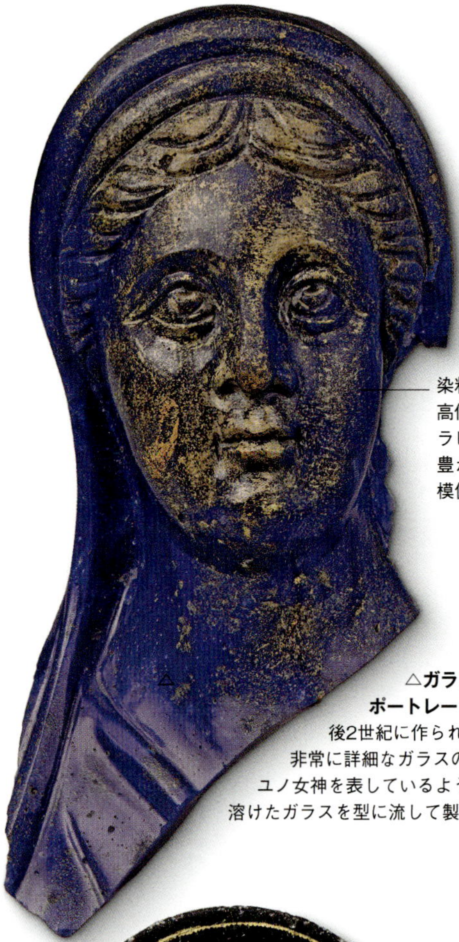

染料に使う高価なラピスラズリの豊かな青色を、模倣したガラス

△ガラスのポートレート
後2世紀に作られた非常に詳細なガラスの肖像。
ユノ女神を表しているようだ。
溶けたガラスを型に流して製作されたもの。

青い半透明ガラスに白い不透明ガラスを重ねている

△モルガンの杯
元所有者の名にちなむ「モルガンのカップ」には、女性の妊娠を促す豊饒の儀式のフリーズがある。
後1世紀に作られ、ヘラクレア・ポンティカ（トルコ）で発見された。

△ピクシス
ピクシスとは、化粧品や宝石を入れるための円筒形の箱のことだ。
前1世紀後半のこの例は、カラフルな装飾品を製作するローマの職人の技術の高さを示している。

この若者の名は「ゲンナディオス」と特定される

◁ゴールドガラスのメダリオン
後3世紀のメダリオン（円形装飾）。
エジプトの都市アレクサンドリアのもので、ペンダントとして着用できるようにデザインされている。
同市の教育を受けた若者の肖像で、音楽コンテストの優勝を祝う記念品らしい。

溶けた柱状のガラスで作られた縞模様

△フラスコ
後1世紀のこのフラスコは、吹きガラス技術で3本の色ガラスのロッド（柱状のもの）を組み合わせ、青、白、黄、緑の色が渦巻くリボンを作っている。

サテュロスの顔の一部は、もっと大きくて精巧なデザインの一部であった可能性がある

△サテュロスの象嵌
劇場で使う仮面のイメージの作品。このように、ローマのガラス職人は幅広い主題を扱った。本作は後1世紀のヨーロッパのもの。

リュクールゴスはディオニュソス神を
攻撃した罰として、ブドウの蔓に
捕らえられ、首を絞められている
ガラス面をカットし、
装飾的な「ケージ
（籠）」を残して作る
「ケージカップ」装飾
青銅製の脚部は
後世のもので、
1800年頃に
追加された

白ガラスの水平ラインが、
垂直リブを囲んで
「櫛状に」配置されている

△**リブ模様のボウル**
前1世紀後半のブルゴーニュの
飲用ボウル。
ローマのガラス細工で
よく見られる垂直リブ（畝）の
装飾がある。

4面を別々の
ガラス管で
吹き込み、
つないで作る

△**4面コール入れ**
非常に装飾的なコール入れは、
アイメイク用の化粧品、コールを保存
するための容器。年代は後5世紀まで
遡れる。鉄を加えてガラスに緑色の
色合いを与えている。

黄色の発色のために、
ガラスにマンガンを
添加している

△**ボウル**
この浅いボウルは、モザイク・ガラスの一例。
色付きガラスのロッドを組み合わせて
模様を作り出す技法で、ヘレニズムの
職人が導入したカラフルな技術である。

△**骨壺**
この厚い青ガラスの容器は、
故人の遺骨を保管するために
使用された。

ネズミの尻尾が
フラスコの首に
なっている
「蛇状」装飾として、
渦巻くように蛇行する
スレッド（線）がある

△**蛇状装飾があるフラスコ**
ローマのガラス職人は、
遊び心のある創造性を
発揮することがよくあった。
このコバルトブルーのフラスコは
後3世紀に作られ、
ネズミのような形をしている。

16本のリブが、
水差し全体を
螺旋状に取り
巻いている

◁**水差し**
後1世紀後半または2世紀初頭の
半透明の青緑色のガラスの水差し。
実用的な機能と装飾的な機能を
組み合わせている。

ファッションと美容

古代ローマの日常のディテール

ローマでは、何を着て、どんな外見をしているかが社会的地位の指標となった。共和政では美徳と謙虚さを示すことが重要だったが、帝政時代の皇帝と皇族たちは、しばしば世の人々が従うべきトレンドを作り出した。

◁身体を鍛える
共和政時代の拳闘家（ボクサー）の銅像で、おそらく試合の後に休んでいる姿。ローマの男性はルックスを向上させるべく、レスリング、陸上競技、体操に取り組んでいただろう。

ローマの衣服にはトガ（68-69頁を参照）以外にも多くのものがあった。トガは通常、正式な場で着用される礼装で、老いも若きも、多くの男性の普段着はトゥニカ（チュニック）である。これは一般にリネン製の膝丈の服で、寒い天候ではアンダーブリーチ（ズボン下）やマントを加えた。帽子を被ったり、首にブローチで留めるラケルナエ（ケープ）を着用したりもした。

既婚女性はウールやリネン製のドレス、ストラを着ていた。裕福な女性は絹のストラを身に着けたが、これは彼女の財力を公然と示す行為だった。香水、化粧品（アイシャドーや歯磨き粉を含む）、宝飾品を身に着けることも豊かさを示した。しかし、そのようなステータスの誇示が常に承認を得られるわけではなく、女性のお洒落は過剰だ、と抗議する著者たち（全員が男性）の多くの記述が残っている。

▽髪を整える女性
ポンペイのアリアドネ荘にあるフレスコ画。女性が髪を整えている。ローマ人は、現代人にもすぐにそれと認識できる鏡、櫛、ピンセットなどの道具を使用していた。

男性や少年と同様に、若い女の子もチュニックを着たが、女性用は足首までの長さで、腰にはベルトを巻いた。家を出る場合、若い女の子は貞淑さを「守る」ためにオーバーチュニックを着ることがよくあった。帝政後期の若い女性たちは、以前より自由を享受していたらしい、という兆候がいくつかある。たとえば、シチリア島のヴィッラ・ロマーナ・デル・カサーレにある後4世紀初頭のフレスコ画には、現代のビキニによく似たスポーツ衣装を着て運動する女性のグループが描かれている。

皇帝たちの自己表現

皇帝の自己表現は、臣民にも影響を与えた。皇帝の髪のスタイリング、ひげなどは帝国全土で広く模倣された。一部の皇帝は、ファッションに基づくあだ名を持っていた。ガイウス帝は「カリグラ」の名でよく知られている。この愛称は、少年時代に父親が履かせた小さな兵士用のサンダル、カリガエにちなむもので、彼はおそらくこの名を嫌っていた。それから2世紀後、マルクス・アウレリウス・アントニヌスは、カラカッルスという軍用マントを着て有名になり、「カラカラ」の名で記憶されている。

肖像の政治性

テルマエ（公衆浴場）の膨大な数から見て、見た目がいかに重要だったかがわかる。しかし、特に共和政時代の肖像は「ヴェリスティック（語源はラテン語のウェルス＝真実）」スタイルで描かれることが多く、わざわざ年老いて、しわが寄り、やつれた姿で描写した。この「真実主義」は、人物の美徳を示し、若さや美貌を国家への奉仕に捧げている、という暗示なのだった。

高貴なるウィッグ

ローマ人の髪型は急速に変化したため、歴史家が彫像の年代を特定するのに役立っている。髪の結び方はステータスを示し、貴族の女性たちは、皇后の凝った髪型を模倣することが多かった。これは文字通り、後1世紀後半のフラウィウス朝時代、そびえ立つ髪型で頂点に達した（右の無名女性の胸像が典型である）。皇室の高位の女性たちは、華やかな髪型を作るために、クリップ留めのワイヤーフレームと三つ編みを用いた。その姿を見たローマの女性たちは、瞬く間に真似したくなったものである。

▷**ファイユームの肖像画**
後1世紀から4世紀にかけて、ローマ時代のエジプトでは、ミイラの棺に肖像画を描く伝統があった。
これらは上流階級のローマ人のファッションと美の基準を示しており、古代から今に伝わる絵画の希少な例でもある。

この冠などのオブジェクトは、本物の金箔で表現されている

多くの「ミイラの肖像画」は、高価な金細工や宝石を着けた姿で描く

肖像画は、ローマの属州の女性がどんな髪型と化粧をしていたのかを正確に示している

イヤリングの様式から、この肖像画の年代は帝政後期に遡ると見られる

古い宗教と新しい宗教

失われゆくローマの伝統宗教

後380年、テオドシウス帝がキリスト教を正式な国教とするが、ローマの伝統的な宗教が一夜にして消え去ったわけではなく、古い習慣は4世紀の終わりまで続いた。時には再び奨励されることもあった。

◁背教者ユリアヌスの金貨
トルコのアンティオキアで鋳造されたソリドゥス金貨。真珠の冠と胸当てを着け、ひげを生やしたユリアヌス帝を描いている。

帝政初期のほとんどの期間、キリスト教徒は迫害に苦しんだ。なぜなら、唯一神の崇拝はローマの伝統的な宗教的実践に反するものと考えられたからである（60–61頁を参照）。これらの迫害は、後303年のディオクレティアヌス帝の時代に特に厳しかった。しかし、その後間もなく、コンスタンティヌス帝とその母ヘレナは、キリスト教が主要な国教として台頭するのに大きな役割を果たした。

コンスタンティヌスは治世を通じてキリスト教への寛容を宣言し、最終的には自らキリスト教に改宗した最初の皇帝となった（260–261頁を参照）。わずか数年後には元老院で生贄が禁止されたが、伝統的な礼拝形式は容認され続けた。コンスタンティウス2世は357年にローマの元老院から勝利の祭壇を撤去し、議員が決定を下す前に、生贄を捧げることができないようにした。伝統的なローマの神々と国家とのつながりを断ち切り、新たな唯一神こそローマの繁栄のために帰依すべきもの、と示唆するものだった。

ユリアヌス帝の伝統回帰

キリスト教が広範に採用され、伝統的な崇拝形態に対して反発が強まる中で、ユリアヌス帝（在位361－363年）はキリスト教を否定し、伝統的なローマの宗教慣行への回帰を推進した。彼は伝統的な神話の寓意的な解釈を推奨し、太陽神ソルを主神の地位に高めた。この伝統回帰の一環として、ユリアヌスは伝統的な寺院を再開し、伝統的礼拝を禁止する法律を廃棄した。元老院の勝利の祭壇を復活させ、高位のキリスト教徒に与えられた恩恵を取り消した。彼はまた、キリスト教に対する辛辣な批判文を書き、宗教的緊張を煽る一因となった。

ユリアヌス後の宗教

ユリアヌスの後継者、ヨウィアヌス帝は、すぐにキリスト教を事実上の国教として再確立した。しかし、多くの伝統的な崇拝形態が再び禁止されたのは、テオドシウス帝の治世になってからである。391年に生贄は再び禁止され、伝統的な神々を祀るすべての神殿は閉鎖された。これ以後、古い神殿での正式な礼拝が再開されることはなかった。

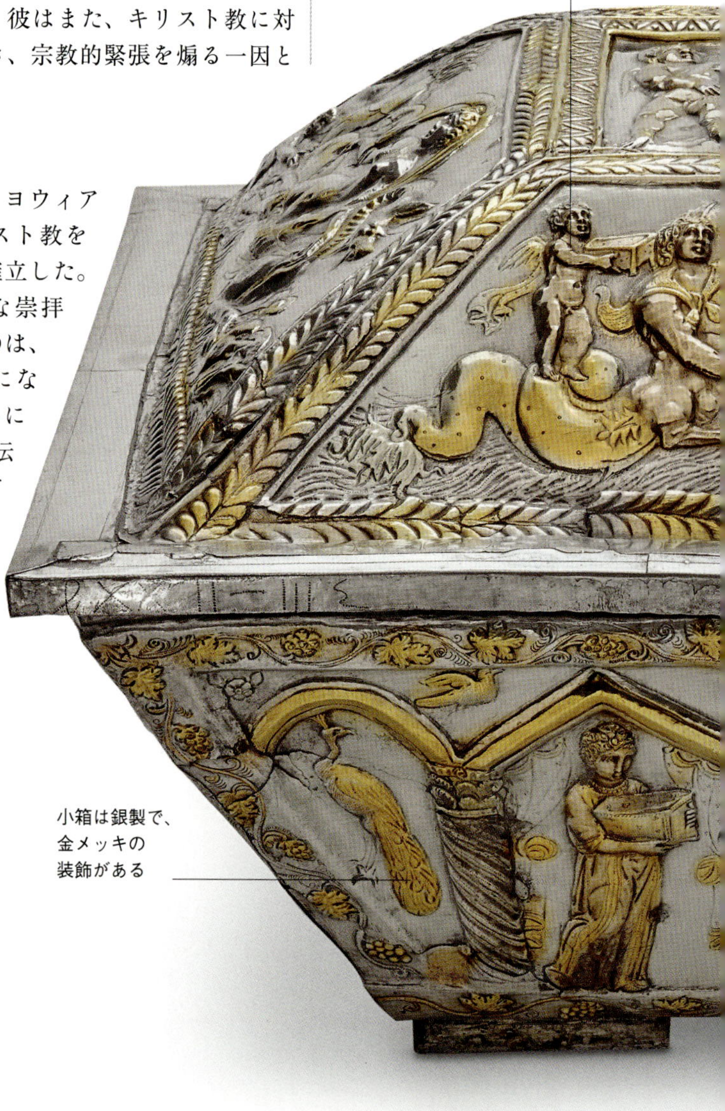

ウェヌス女神に対し、2人のクピドが化粧箱と果物を献上している

小箱は銀製で、金メッキの装飾がある

「……彼は神殿を開き、祭壇に生贄を捧げ、礼拝を回復するよう命じた」
アンミアヌス・マルケッリヌス「ユリアヌス帝の勅令について」

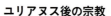

◁**樹木のある石棺**
この初期キリスト教の石棺の中央には、キリストを示すキー・ロー（XP）のモノグラフがあり、両側にカインとアベル、ペテロの逮捕などの聖書の場面の挿絵が描かれている。

それでも、依然として伝統的な礼拝にこだわる有力な元老院議員の氏族もあった。最も有名なのはシンマキ家とニコマキ家だが、彼らの「パガン（異教）」崇拝の習慣も、次の数十年で減っていった。

パガヌス（異教徒）は、非キリスト教徒を表す歴史用語として一般的に使用されてきたが、公式に使用された言葉ではない。これは直訳すれば「田舎の」または「素朴な」という意味で、キリスト教徒が異教徒を指す蔑称であった。シンマキ家やニコマキ家などのローマ人は自分たちを「異教徒」などとは考えていなかっただろうし、ローマ帝国の存続期間を通じて、この用語が使用されたという証拠も、ほとんど存在していない。

伝統とキリスト教のイメージ

初期のキリスト教徒も、伝統的なローマ神話をすぐに放棄したわけではなかった。当初はキリスト教信仰を隠すために伝統的イメージを借用した人もいたが、個人的な宝物や棺などに、自身の信仰を解釈し、表示するために使用することもあった。たとえば神話上の人物オルフェウスが、キリストの描写としてよく使われた。これはキリスト教が公式に国教化された後も、人気がある表現だった。

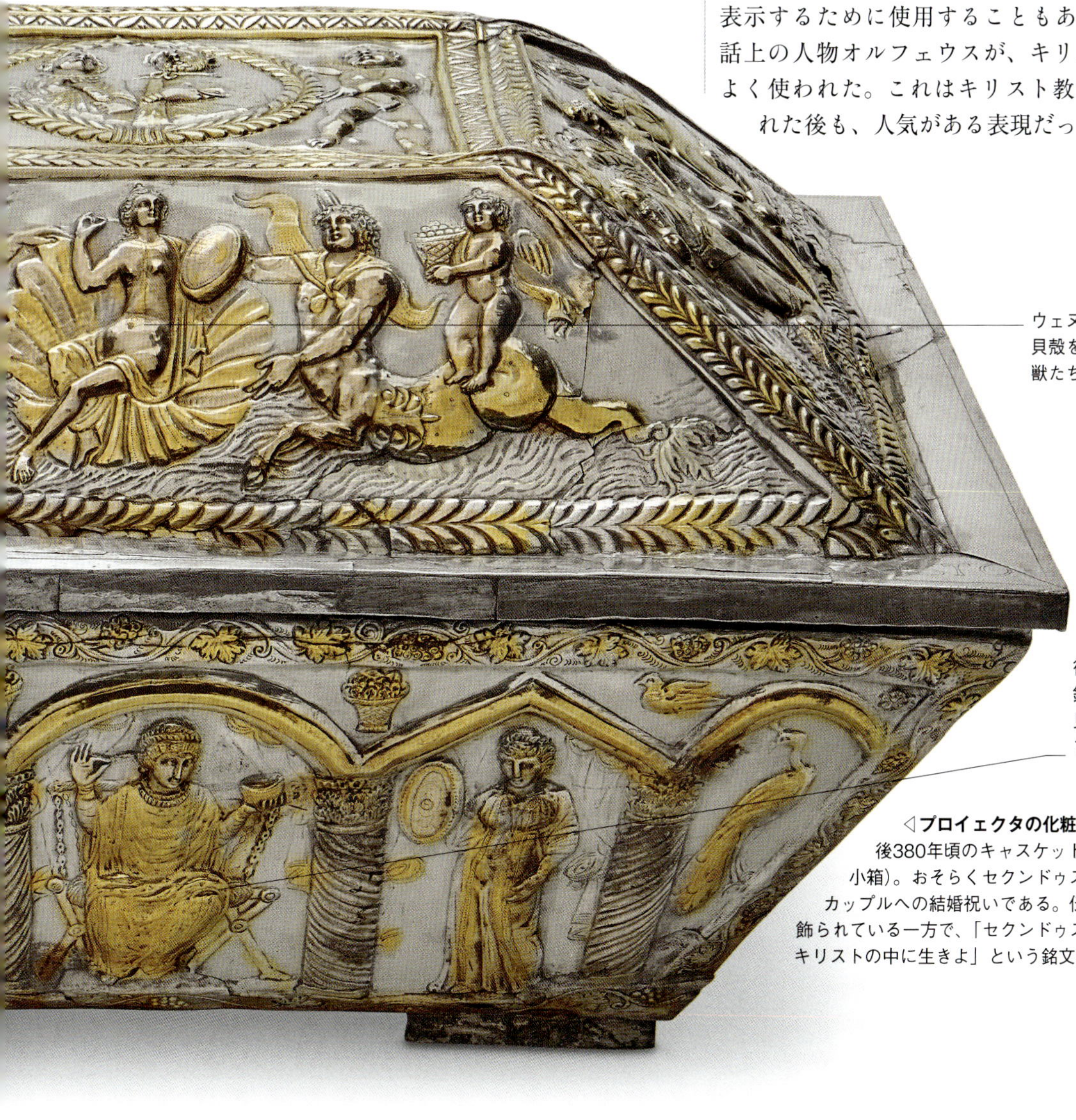

ウェヌスの座る貝殻を、神話上の獣たちが支える

従者たちに囲まれ、鏡に映る自分の姿を見つめるのはプロイェクタである

◁**プロイェクタの化粧小箱**
後380年頃のキャスケット（化粧品などを入れる小箱）。おそらくセクンドゥスとプロイェクタというカップルへの結婚祝いである。伝統的な神話の図柄で飾られている一方で、「セクンドゥスとプロイェクタよ、キリストの中に生きよ」という銘文がある。

▽**伝統的なイメージ**
後期ローマ時代の象牙のパネル。神格化されたローマ人（現人神）、おそらくシンマキ家の者を描いている。擬人化された風が彼を天に運び、太陽神が見守っている。伝統的なローマ宗教のイメージである。

ローマ哲学

ギリシア哲学を基礎にしたローマの思想

哲学は、人生、知識、そして生き方を導く価値観についての基本的な疑問を探究する学問である。ローマ人はこれらの疑問に対する答えを、帝国を築く経験の中で見出していった。

哲学（Philosophy）の語源はギリシア語で、「知を愛する」という意味である。「よき人生を送るにはいかにすべきか」や「都市を統治する最良の方法は何であるか」など、よく取り上げられる疑問の一部について、ソクラテス、プラトン、アリストテレスなど、前5世紀から前4世紀のギリシア世界の思想家や教育者が研究してきた。ギリシア世界との交流が増えるにつれ、哲学を含むヘレニズム文化の側面がローマ帝国にも組み込まれていった。

ギリシア人のように考える

長らく「ローマ哲学」という考え方は奇妙に思われていた。ローマ人が哲学を学ぶには、彼――ほぼ、男性のみが追求していた――は東へ、ギリシア文化の中心地へと旅しなければならなかった。アテナイ（アテネ）のような都市では、哲学の諸学派が互いに競い合っていた。

▽プラトンのアカデメイア
このモザイク画はポンペイの別荘のもの。アテナイにあったプラトンのアカデメイアの風景を想像しており、哲学への幅広い関心を示している。中央にいるのがプラトン。

実際、前2世紀半ばになって、ギリシアの哲学者たちがローマに到着し始めると、最初は抵抗と懐疑に直面した。前155年、大カトーは元老院において、哲学者たちが都市の若者たちを堕落させないよう、数名を追放するよう力説した。カトーは特に、カルネアデス（「カルネアデスの板」で知られるギリシア人。まず正義の美徳を支持し、次に懐疑論を示した）の説得力ある講演がローマの法廷の権威を脅かす可能性を懸念していた。

時間が経つにつれて、こうした態度は変わった。前1世紀までに、著名なローマ人たちは哲学を学ぶためにアテナイを訪れるようになり、その中にはキケロも含まれていた。彼は、命題に対する賛否の議論は、その真実を証明するための貴重な手段であると考えた。政治と司法のキャリアにおける推論や議論スキルの価値を認識していたのである。キケロはラテン語で執筆し、ギリシアの哲学的思想と原則をローマ世界に広めるのに貢献した。

ローマ帝国では、ストア派とエピクロス主義という2学派が特に著名だった。両者とも「善き」人生を楽しむために従うべき原則を主張したが、これを達成する方法についての見解は大きく異なっていた。前3世紀初頭にキティオンのゼノンが提唱したストア派は、情熱の誘惑に負けず、高潔な人生を送ることによってのみ、エウダイモニア（善良で幸福な人生）を達成できる、と主張した。

皇帝たちと哲学

哲学に対する態度の変化には、確かな兆候があった。宮廷において哲学の重要性が高まったのである。哲学者たちは皇帝たちの下で仕事を見つけた。有名なところでは、ストア派の哲学者セネカが、ネロ帝の家庭教

快楽主義の善き生活

エピクロス（前341－前270年）はギリシアの哲学者で、エピクロス主義として知られる彼の信念は、快楽が唯一の善であると主張するものだ。苦痛の欠如こそ喜びである、との定義ゆえに、人生の目標は肉体的および精神的苦痛から常に解放されることである。このアタラクシア状態は、欲望を抑え、シンプルに生きることに満足を求めてこそ到達できる。エピクロス派の学校はローマ帝国周辺で開設されたが、その精神は後3世紀には消滅した。エピクロスの著作はほとんど残っておらず、彼の思想は詩人で哲学者のルクレティウスの叙事詩『事物の本性について』（De rerum natura）に保存されている。

「あなたはラテン語で哲学を講じており、いわば哲学をローマ市民にしているのである」

キケロ『善と悪との究極について』

師を務めたが、皇帝に高潔な生活を教えようとした彼の試みは失敗に終わった。後65年、ネロに対する陰謀が発覚した際、セネカは自殺を命じられた。さらに69年、帝位に就いたウェスパシアヌスは哲学者を宮廷と元老院から締め出し、さらにローマから追放して、10年間の彼の治世を始めた。

その後の皇帝たちは、哲学に関心を示し続けた。ハドリアヌス帝はギリシア旅行中に哲学の講義に出席したことで知られている。マルクス・アウレリウス・アントニヌス帝（222-223頁を参照）は今日、多くの人々によって、彼自身が哲学者であったと考えられている。戦争が続く中、彼は『自省録』を書いた。日記形式で彼の考察が記録され、ストア派の哲学や、自分の行動、宇宙におけるその位置をどのように判断するか、などについて記している。

マルクス・アウレリウスの哲学者としての名声は揺るぐことはなく、4世紀に哲学を推奨したユリアヌス帝は、マルクス・アウレリウスやハドリアヌスを賛美した。ユリアヌスはプラトン思想に基づいて構築された精神である新プラトン主義を推進し、ある程度の支持を獲得した。また、4世紀のアレクサンドリアには、偉大な女性の学者も登場した。哲学と数学の両方で功績を示した天文学者で数学者、ヒュパティアである（294頁を参照）。

セネカは服毒したうえに手首を切ったが、その死は緩慢だった

腰帯と浴槽は、セネカの物語らしくするために、ルネサンス期に追加されたものだ

失血を早めるために、セネカは温かいお風呂に浸かった

◁**セネカの死**
この像は、民話に出てくる漁師なのかもしれない。だが、ネロ帝の命令で自殺する瞬間のセネカを描いている、とも解釈されている。ストア派は、自殺は合理的な選択肢の一つである、と考えていた。

◁**マルクス・アウレリウス帝**
同皇帝の金の胸像。帝はギリシア語で書いた『自省録』で知られる。ストア派哲学への個人的な関心を示すものだ。

華やかな胸当てを着けている

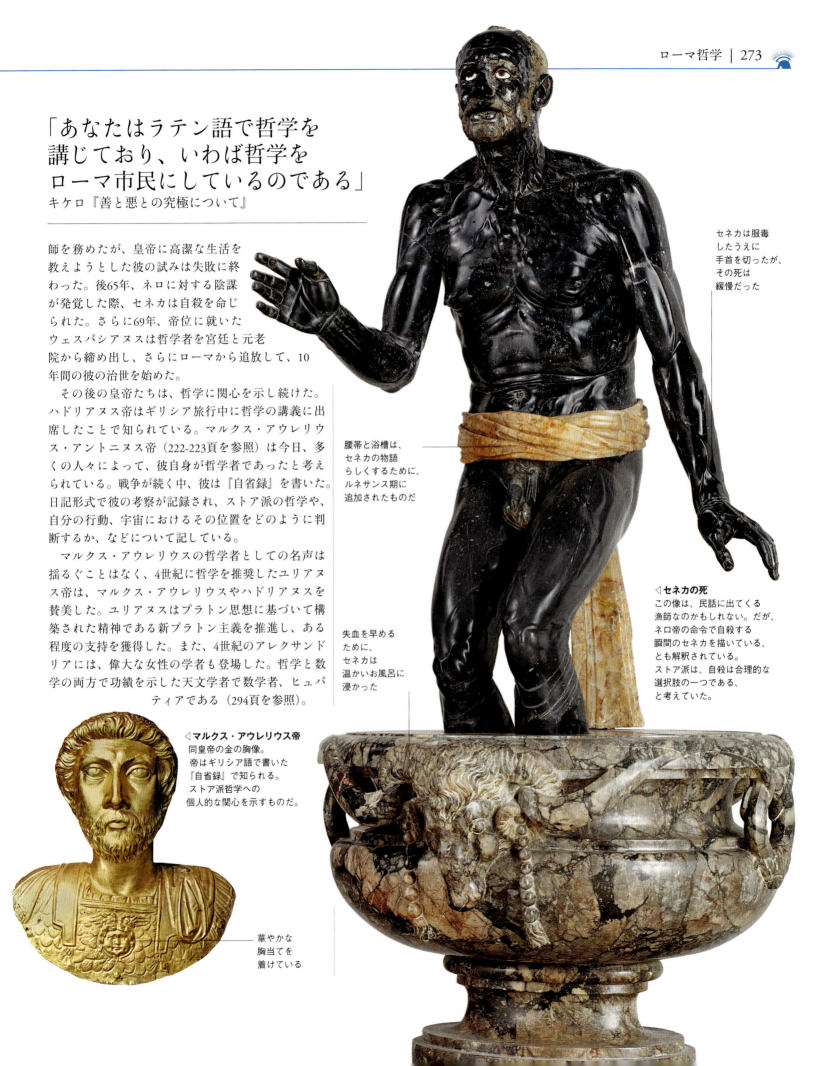

◁**聖なるペンダント**
キリスト教がローマ帝国の国教になって以来、そのシンボルがジュエリーのデザインにも使用されるようになった。この金の十字架は、金属に巧みに穴を開けて模様を作る「オプス・インテルラシレ」という技法で作られている。特に東帝国で流行したスタイルだ。

6

西ローマ帝国の滅亡

紀元後395－476年

衰退と転落

ローマ帝国は後286年に東西に分割されたが、帝国の権力まで分割されたわけではない。たとえばコンスタンティヌス大帝は、最後は東西の両帝国を統治したし、息子のコンスタンティウス2世もしかりである。395年に死去したテオドシウス1世も同様であった。だが、彼はそのような偉業を達成した最後の皇帝となった。彼の死の瞬間から、ローマ帝国の2つの部分は、二度と1人の統治者の支配下に置かれることはなかったのである。

永遠の岐路

その当時、帝国が永久に二分されるなど、誰も考えなかった。権力は秩序ある方法で、テオドシウス帝の2人の息子に引き継がれ、兄のアルカディウスはコンスタンティノープルで東の皇帝となった。弟のホノリウスは西の皇帝に任命されたが、本拠地はローマではなくメディオラヌム（ミラノ）に、後にラウェンナ（ラヴェンナ）に置いた。公式には、ローマ帝国は単一不可分の国家のままで、2人の皇帝の権力も同等だった。しかし実際には、それは一対の、別個に併存する国家に発展していった。テオドシウス以後の東帝国と西帝国は、法律や市民権などの一部の分野では共通性を残しつつ、文化、宗教、外交政策などの分野で、それぞれが独自の道を歩み始めた。

単独皇帝が継承せず、分裂が長く続いたのはなぜか。ずっと根深いところで、原因が生じていたのである。テオドシウス帝の子孫は、同帝の死後も60年以上にわたって両帝国を統治し、その間に東西を統一する機会もあった。しかし、両帝国の国民の間の社会的差異が広がり、その統一は確実に困難な命題となった。時間が経つにつれて、その困難の度合いはさらに高まるばかりだった。たとえば、西側ではラテン語が主な言語だったが、東側ではギリシア語が広く話されていた。ラテン語は帝国のすべての公式業務で引き続き使用されたが、帝国中のほとんどの人々は、異なる言語で考え、話し、書き、祈っていた。

帝国辺境の異変

この文化的ギャップは、帝国内の政治情勢や、帝国外の軍事情勢の変化によって拡大した。395年以降、皇帝本人が個人的に戦闘に参加することはなくなったが、東ではササン朝とフン人、そして西ではゲルマン連合の組織化が進んで脅威となり、帝国の各国境付近に権力拠点を置くことが重要になった。戦略的状況の突然の変化で生じるプレッシャーへの、迅速な対応が求められたのである。同時に、皇帝は臣民から、特に階級や社会的地位の高い人々からの別の種類の圧力に直面した。統治者に対し、金銭や宮廷での地位を提供してくれるよう要求し、争うようになったのである。

ある意味で、395年のテオドシウス帝の死は象徴的であった。ローマ帝国の政体の変化が、その1世紀前に東西分裂をもたらした社会的、文化的、戦略的変化に最終的に追いついた瞬間だったのだ。東と西はそれぞれが全体の半分ではなく、異なる関心事や優先事項を持つ別々の存在になっていった。この分裂は、その後の混沌たる世紀に多大な影響を及ぼし、最終的には西ローマ帝国そのものの崩壊につながることになるのだった。

◁**4世紀後半のコンスル、アニキウス・ペトロニウス・プロブスの彫刻**

395年 テオドシウス1世死去。ローマ帝国の最終的な東西分割につながる。

402年 西帝国の首都がミラノからラヴェンナに移転。

406年 ゲルマン民族がライン川を渡って西帝国に流入。

410年 西ゴート族がローマ略奪。ブリタンニアがローマ帝国から離脱。

418年 西ゴート族が西帝国のガリア南西部を支配下に置く。

425年 ウァレンティニアヌス3世が東帝国により西の皇帝に任命される。

❶ 402年以降の西帝国の首都、ラヴェンナ

❷ コンスタンティノープルのハギア・エイレーネー聖堂

❸ 東帝国領のアレクサンドリア

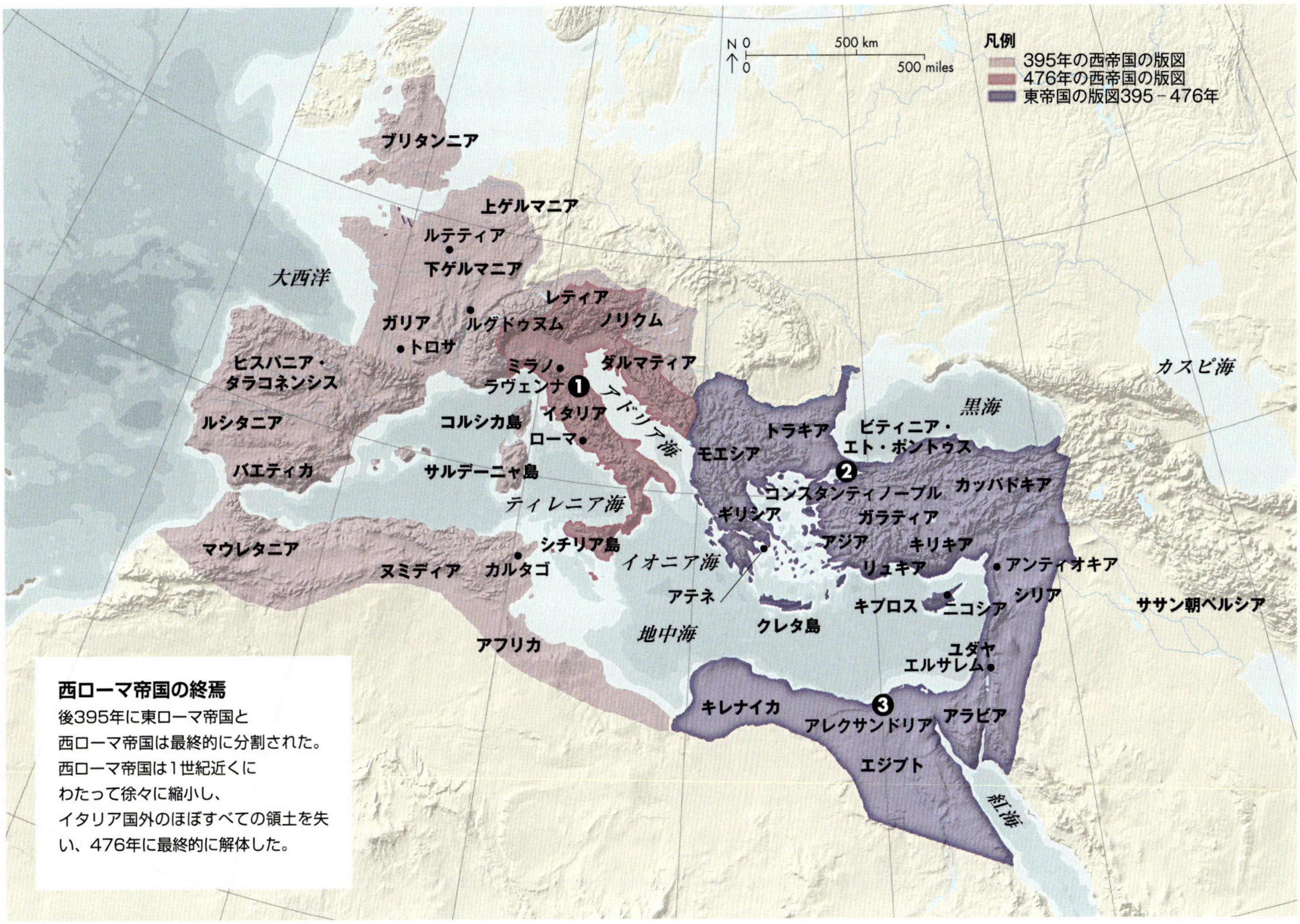

西ローマ帝国の終焉

後395年に東ローマ帝国と西ローマ帝国は最終的に分割された。西ローマ帝国は1世紀近くにわたって徐々に縮小し、イタリア国外のほぼすべての領土を失い、476年に最終的に解体した。

439年 ヴァンダル人がローマ領アフリカを征服。

451年 カルケドン公会議で、キリストの二面性を人間と神として定義する。

453年 フン人の王アッティラが自身の婚儀の宴席で死去。

455年 西方のテオドシウス線が崩壊。ヴァンダル人のローマ略奪。

468年 ローマ領アフリカを取り戻す帝国の最後の努力が失敗する。

476年 西方最後の皇帝ロムルス・アウグストゥスが追放される。

534年 『ローマ法大全』（Corpus Iuris Civilis）が出版される。

536年 ユスティニアヌス帝のビザンツ帝国がローマを再征服する。

△**感謝の捧げもの**
ハギア・ソフィア聖堂のモザイク画。12世紀のビザンツ皇帝ヨハネス2世コムネノスと皇后エイレーネーが、聖母マリアとイエスに贈り物を捧げる様子が描かれている。

コンスタンティノープル

東ローマ世界のキリスト教の首都

コンスタンティヌス帝が自分の名を冠したこの都市を設立したことは、ローマ帝国の政治的、地理的、宗教的重点の恒久的な地殻変動を示した。この街は後330年5月11日に首都となった。

前657年、ギリシアの都市メガラのビザス王子が、新しい植民市を築いたという。黒海と地中海の間の海峡にある半島部を守る新しい入植地だ。当地は王子の名からギリシア語で「ビザンティオン」、ラテン語では「ビザンティウム」と呼ばれた。

ビザンティウムは、その戦略的な位置の重要さに加えて、金角湾という天然の良港を誇り、次の1世紀、港湾都市として繁栄した。ビザンティウムの商業的成功は、地域の大国ペルシアから目をつけられた。都市はまずペルシアに占領され、その後も数世紀にわたって、アテナイ、スパルタ、マケドニアに支配された。

ローマ人との初期の邂逅

この都市とローマ人との関わりは、後2世紀の終わりまで、あまり深いものではなかった。191年のコンモドゥス帝の暗殺後、ローマで起きた内戦に巻き込まれたビザンティウムは、ペスケンニウス・ニゲルという帝位請求者を支持したが、ニゲルは敗退してしまう。戦争の最終勝利者はセプティミウス・セウェルスで、そのセプティミウス帝は懲罰として、196年にビザンティウムを徹底的に破壊した。その後は都市を部分的に再建し、アウグスタ・アントニナと名付けた。この都市は次の100年ほどの間、僻地扱いとなってしまっ

「おお、都市よ、都市よ。すべての都市の長よ！おお、都市よ、都市よ。地の四隅の長よ！」

15世紀のビザンツの歴史家ドゥーカスの記述

たが、コンスタンティヌス大帝の権力掌握と、ローマ帝国全体の構造変化が組み合わさって、ビザンティウムの名が地図上に戻ってきたのである。

2世紀後半から、帝国の権力は中心部から周辺部に移行した。帝国国境沿いの侵略、反乱、移民の増加などにより、ローマ皇帝は首都から離れて過ごす時間が増え、帝国の最も脆弱な地点で作戦を指揮することが多くなる。3世紀初頭になり、黒海の入り口にあるボスポラス海峡の注目度が高まった。ヨーロッパとアジアが、幅わずか750mの水路を挟んで向かい合う慎重を要する場所であり、この地域を支配する者は、統治が難しい近東のローマ領、不安定なバルカン半島、そしてローマ帝国と北ヨーロッパの未征服地を隔てるドナウ川によって形成された国境地帯へのアクセスを掌握できた。そしてボスポラス海峡を見渡すその地には、ビザンティウムがあったのである。コンスタンティヌス帝は324年にローマの単独皇帝になったとき（260–261頁を参照）、恒久的な新首都の必要性を認識した。そして、その時点では東部の前哨基地に過ぎなかった当地に白羽の矢を立てたのだった。

コンスタンティノープルの城壁

コンスタンティヌス帝が首都のために築いた城壁は、成長する都市を収めるには狭すぎることがすぐに判明し、5世紀になってテオドシウス帝は、さらに広い範囲に新しい要塞線を建設した。改良された防壁は一連の巨大な二重壁を中心としており、内壁の厚さ約6m、高さ12mの塔が立ち並び、堀で守られていた。テオドシウスの城壁はきわめて強力で、1000年間にわたって突破されることはなかったが、火薬と大砲の出現により、1453年に都市は陥落、ビザンツ帝国も崩壊した（302-303頁を参照）。

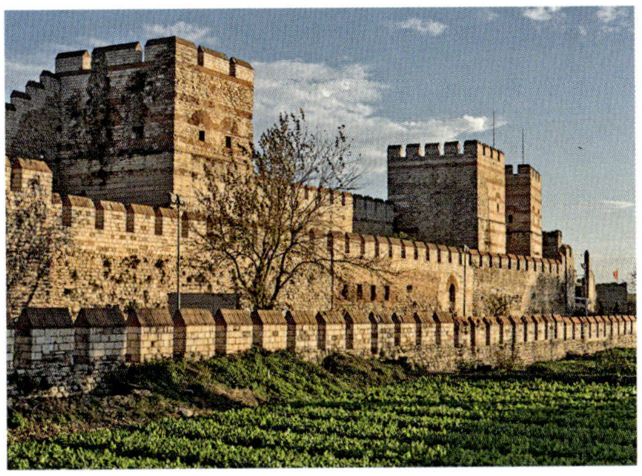

△**大聖堂**
有名なドームを持つハギア・ソフィアは、コンスタンティヌスの息子コンスタンティウス2世が建てた教会の跡地に、6世紀になってユスティニアヌス1世が建立した聖堂だ。今はイスラム教のモスクになっている。

壮大な新首都

コンスタンティヌス帝の「新しいローマ」は、過去との決定的な訣別を象徴していた。ローマとは異なり、ここは明確にキリスト教の街である。その初期の建物の一つは、最初期のキリスト教会であるハギア・エイレーネー聖堂だ。中央広場としてアウグスタエウムが配置され、2つの独立した元老院の議事堂が建てられた。柱廊のあるメインストリート、メセが街を二分し、いくつかの新しいフォルムを横切っている。最終的には、都市全体が難攻不落の城壁に囲まれることになる（左コラムを参照）。象徴的な行為として、コンスタンティヌスはミリオンを建設した。ミリオンとは、帝国領内各地との距離を測定する起点として置かれたドーム形の建造物で、4つの凱旋門のアーチ上に配置された。それは紛れもなくコンスタンティノープルがローマ帝国の中心となったことを意味していた。

帝国を東西分割したのはディオクレティアヌス帝だったが（254–255頁を参照）、西半分が衰退しても、コンスタンティノープルを首都とする残りの半分が東ローマ帝国、後にはビザンツ帝国として存続することを確実にしたのはコンスタンティヌスであった。現在もこの都市は、トルコのイスタンブルとして繁栄し、重要な大都市であり続けている。その名前は「都市に向かって」を意味するギリシア語に由来するが、起源は古代都市コンスタンティノープルにあるのだ。

▷**女性像の分銅**
後400－450年頃の鉛入りの分銅。東帝国のテオドシウス朝の皇后の姿かもしれず、計量用の釣り合い秤のおもりとして使用された。

ゲルマン人の大移動

地中海西部地域の変容

後5世紀初頭、東ヨーロッパと中央ヨーロッパから、一連の大規模な移民が押し寄せた。それはローマ世界を作り変え、東と西の帝国の両方に影響を及ぼした。

△ベルトのバックル
人目を引く西ゴート様式のバックル。ほとんどローマ様式の模倣で、希少石とガラスを象嵌し、特に贅沢に装飾している。

遊牧民のフン人（フン族）のヨーロッパ到来によって、4世紀後半以降、ローマ帝国は一連の政治的、人口動態的、軍事的変化に揺さぶられた。もともと中央アジアとコーカサス出身のフン人は、気候変動により利用可能な放牧地が減少し、西に追いやられた可能性がある。ローマ人はしばらくの間、フン人と直接遭遇することはなかったが、彼らの到来はドミノ効果を引き起こし、すでにドナウ川の北、ゲルマニア地域に定住していた多くの部族を追い出した。これらのゲルマン人は、おそらくスカンジナビア南部に起源があり、文化的および言語的ルーツを共有していたと考えられる。

戦士と民間人

その後の数十年で、これらのゲルマン諸族の多くは連合を形成し、西と南の地中海地域に向かって移動した。そのほとんどには武装した男性も含まれていたが、大部分は悪化する状況から逃れてきた女性や子供を含む民間人だった。ローマはこれに対し、移住者の受け入れと、搾取と、そして最終的には攻撃的な反応が入り混じった対処をした。ウァレンス帝は西ゴート人（西ゴート族）の指導者を暗殺させようとして失敗し、その結果として暴力が激化。帝は378年のアドリアノープルの戦いで戦死した。その死はローマ軍の惨敗につながった。

ゲルマン人の大移動

その後、大量移住の波が続き、特に406年後半にはヴァンダル人（現在のポーランド南部出身）、スエビ人（現在のドイツとチェコ出身）、アラニ人（アラン人。北コーカサス出身）によるライン川渡河があった。西帝国内では劇的な政治危機が相次ぎ、東帝国との関係も崩壊し、非常に脆弱な状態に陥った。わずか数年のうちに、ブリタンニア、ガリア北部、ヒスパニアの大部分を含む西帝国の大部分が、帝国の統治外に離脱し始めた。ローマ自体も歴史的な略奪の大惨事に直面し（282–283頁を参照）、ヴァンダル人とアラニ人はついにヒスパニアから海を渡って、ローマ領アフリカに定住した。

アイデンティティの変化

この大移動のプロセスは、一般に想像されているような「野蛮人の侵入」よりも、かなり微妙な内容だった。「野蛮人（バルバロイ）」とは、ローマ人がギリシアから取り入れた概念で、古典文化の洗練を欠いていると思われる外国人を指す軽蔑的な言葉である。しかし5世紀までに、「ローマ人」と「野蛮人」の境界線は、もはや単純ではなくなっていた。

危機の初期に西帝国を主導した将軍スティリコの父

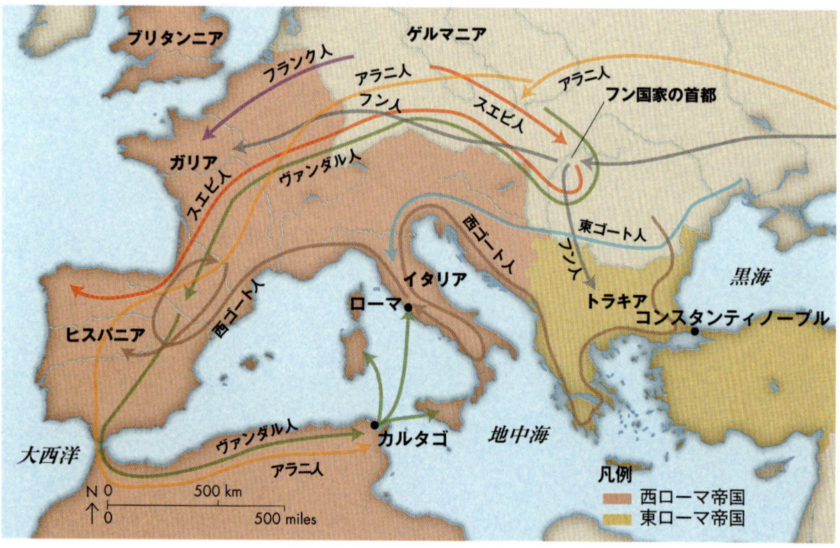

◁移動ルート
5世紀にわたって、さまざまな起源を持つ多くの民族が、ローマ帝国内外の地中海世界に移動し、さらに定住した。

◁**スティリコの二連祭壇画**
象牙の二連祭壇画。
男性像は一般に、
ローマの将軍スティリコと
される。彼は5世紀初頭の
長期間にわたり、
西帝国の事実上の統治者で、
父親がヴァンダル人だった。

スティリコの妻
セレナとされる
貴族の女性

盾のメダリオンには、
正体不明の小さな
人物が描かれている

二連祭壇画の
2枚のパネルは、
もともとヒンジで
接続されていた

親はヴァンダル人、母親はローマ人だった。42年間も東帝国の皇帝を務めたテオドシウス2世は、フランク人の孫だった。実際、ローマ軍の大部分は、同盟軍か傭兵か、あるいはその子孫であるかにかかわらず、「ゲルマン」起源の兵士で構成されていた。同様に、軍事侵攻の物語も、この時代の歴史の一部ではあるが、それですべてが説明されるものでもない。ローマが内戦に陥ると、簒奪者も皇帝も、喜んでさまざまなゲルマン人グループと提携し、軍事支援と引き換えに領土を提供したのだ。その結果、ローマ国家の中央権力が衰え、地域のコミュニティにローマ市民と新たな移民がますます混在する、という複雑な展開が生じた。

アドリアノープルの戦い

378年8月、アドリアノープル（現在のトルコのエディルネ）でのローマ軍の大敗は、それまで揺るがなかったローマの支配が終焉に近づいていることを示す確かな兆候だった。相当数の西ゴート人難民の到来に対し、東帝ウァレンスは対応を誤り、破滅的な戦争を引き起こした。甥である西帝グラティアヌスの援軍を待たず、手持ちの兵力で十分と過信したウァレンスは、手柄を独り占めしようと功を焦って西ゴート人の野営地を襲撃した。だが、突然現れたゴート人騎兵に驚いて敗走。ローマ軍の3分の2が壊滅し、ウァレンスも殺害された。前216年のカンネーの戦い以来、ローマにとって最悪の軍事的災厄となった。

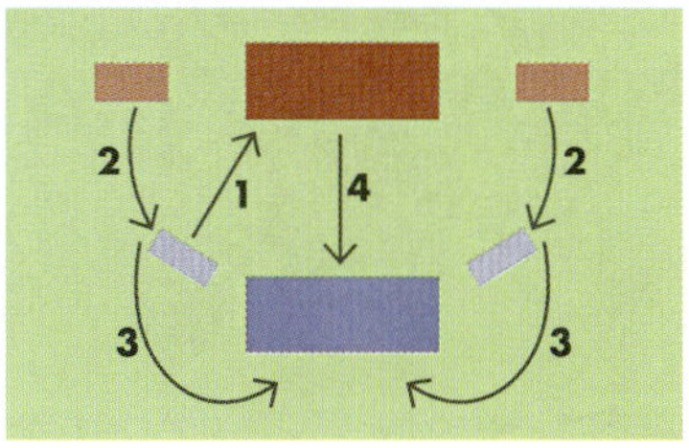

1 ローマ騎兵の左翼が焦って攻撃する。
2 ゴート騎兵がローマ騎兵の両側面を攻撃する。
3 ゴート騎兵がローマ歩兵の背後から攻撃。
4 ゴート歩兵が前進。

西ゴート人のローマ略奪

西ローマ帝国古都の略奪

**後410年8月、西帝国の旧帝都が略奪を受けた。
古都ローマの陥落は、
西地中海におけるローマの国力の衰退をまざまざと証明した。**

ローマ略奪は壮大な計画の集大成でもなければ、敵対的な侵略行為による必然的な結果でもなかった。何世紀にもわたって悪名をとどろかせているこの歴史上の大事件も、当初は計画が頓挫した指揮官の最後の手段にすぎなかった。

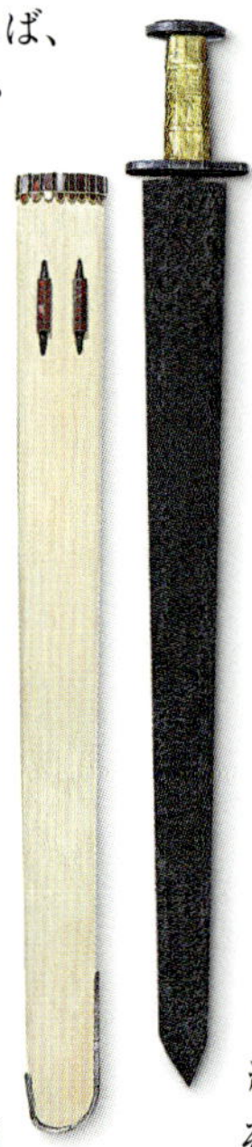

◁**西ゴート人の剣**
ローマを略奪した西ゴート人は、ローマの同盟者や傭兵として頻繁に活動しており、高品質の鎧や武器を入手できた。

ゲルマン人の同盟者

400年代初頭、西ローマ帝国の政治的、軍事的混乱に拍車がかかった。卓越した将軍（および実質的な摂政）スティリコは、すでに帝国国境内に定住していたゲルマン連合勢力である西ゴート人に助けを求めた。西ゴート人はそれまで、ローマのために傭兵として戦ったこともあった（たとえば3世紀にはペルシア人と戦っている）が、ローマの支配に対する不満が増大して反乱を起こし、378年にアドリアノープルで勝利を収めた（281頁を参照）。テオドシウス帝は西ゴート人をモエシア属州（現在のブルガリア）に定住させ、その見返りに帝国の国境防衛に協力させて封じ込めようとした。その後、西ゴートの指導者アラリックは、ローマ社会における正式な地位と、国境防衛の費用を要求してきた。しかしこの取引が、スティリコを5世紀の不安定な宮廷政治の犠牲者にした。政府への信認が低下する中、弱体なホノリウス帝を操ろうとする政敵たちの手でスティリコは追放され、殺害された。

▽**蹂躙されるローマ**
数世紀後、
ローマ略奪は西帝国の
崩壊における極めて重要な
瞬間とみなされるようになり、
下のような版画が制作された。

アラリックの反逆

スティリコの暗殺者たちはクーデターを正当化するために、意図的にスティリコの出自である民族的背景を強調し、反ゲルマン人的な偏見を煽った。この戦略は民衆による暴力の波を引き起こすだけでなく、スティリコと西ゴート人の取り決めを破る口実を与えた。

この手のひら返しに激怒したアラリックは、皇帝に費用を支払わせるためにイタリアに侵攻し、408年にローマ市を標的とした。ローマが帝国の首都でなくなってから、すでに1世紀以上が経っていた。ホノリウス帝の政府はラヴェンナに安全な拠点を置いていたが、そこは周囲が沼地で交通の便は悪かった。しかし、古代の首都ローマは帝国内のイデオロギーの要であり続けていた。それは地中海で、そして当時、おそらく世界で最も人口の多い都市であり、その記念碑群の維持には国家が後援を続け、そこに拠点を置く元老院は依然として西方の貴族社会の動きの中心だった。

最後の手段

この時点でもアラリックは、ローマを襲うつもりはなく、圧力でホノリウスが屈服することを望んでいた。ローマ市民が多額の賠償金を支払うことに同意したため、アラリックの軍は撤退し、ラヴェンナ政府との交渉再開を試みた。現実的な選択肢は交渉の一択だったが、ローマ軍は内部抗争に明け暮れる一方、ガリアとスペイン全土でゲルマン人の大移動が続いていた。これらに忙殺されていたホノリウスの政権は、徹底的に交渉を長引かせ、和平の提案はすべて拒否した。そういうわけで、アラリックは最終的に、410年8月に西ゴート軍をローマに解き放ったが、それは西ゴート側の戦略的な軍事侵略というよりも、外交的失敗から生じたフラストレーション

◁**鷲のブローチ**
この金のブローチは、スペインで発見されたペアのうちの一つ。鷲はもともとローマの象徴だが、西ゴートを含むゲルマン人にも広く採用されたデザインである。

青銅の上に金の板を重ねている

ガーネット、アメジスト、色ガラスの象嵌

本来は、ブローチの底のループからペンダントがぶら下がっていた

「一つの都市にて、全世界が滅びた」
ヒエロニムス『エゼキエル書解説』より、プロローグ

の結果だったといえる。アラリックの動機に関係なく、ローマ市はちょうど800年前にガリア人に占領されて以来の外国勢力による略奪を受けた。一般的なイメージとしては、文明の発祥地に対する抑えの利かない「野蛮な」略奪である、というものだろうが、実際の略奪は、現代の目から見てもかなり抑制されていた。破壊された主要な建物は比較的少なく、一般の住民は虐殺されず、安全地帯が設けられた。西ゴート人がキリスト教を信仰していたために、特に教会が指定された。それにもかかわらず、他の都市の略奪と同様、これは本質的に破壊的な出来事であり、数え切れないほどの民間人が殺害され、奴隷にされ、拷問や性的暴行の対象となったのも事実である。この略奪に耐えたすべての人々にとって、恐ろしい体験だったことは疑いの余地がない。

揺らぐ伝説

ローマの略奪は地中海全域に衝撃を与えた。遠く離れたシリアやアフリカの著述家たちは、このニュースをほとんど信じることができないと感じた。多くの人が、これまで信じ込んできた無敵ローマ帝国の伝説に疑問を抱き始めた。この災厄を受けて、アフリカの偉大な神学者、ヒッポのアウグスティヌスは、大作『神の都』の執筆を開始した。キリスト教徒は死すべき国家ではなく、天国の不滅の領域に焦点を当てるべきだ、と主張するものだ。軍事征服はアラリックの意図ではなく、ローマはもはやその名を冠した帝国の首都ではなかったが、その運命は、歴史の一時代が終わりに近づいている兆候であった。

ホノリウス帝

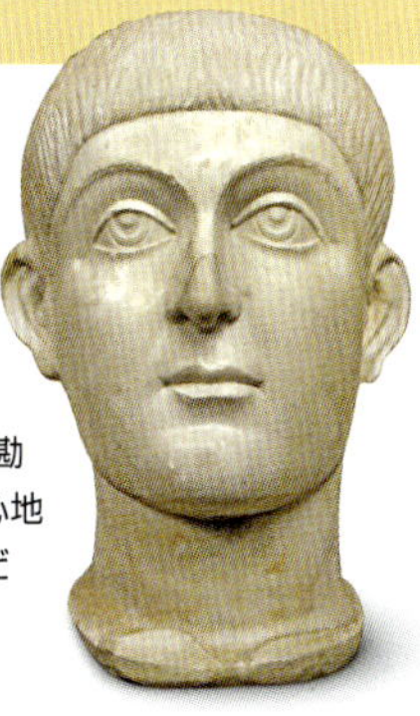

父のテオドシウス1世（大帝として知られる）とは対照的に、若く弱々しいホノリウス帝（右、在位393－423年）は、衰退期の西帝国を体現していた。彼は10歳で皇帝になったが、帝国でも最も不出来な統治者の一人である。ギリシアの作家プロコピオスによると、（ラヴェンナにいた）ホノリウスは、ローマが落ちた、と聞いて最初は怯えたが、それは単に、「ローマ」という名前のペットの鶏が死んだと勘違いしたからだった。真相を知った彼は、たとえ帝国の中心地が崩壊しても、ペットが生きているなら構わない、と喜んだという。

◁**奉納板**
多神教徒の
ローマ人も、
キリスト教徒の
ローマ人も、
自分たちが選んだ神々に
素晴らしい供物を捧げた。
この銘板にはキリストを
示す「キー・ロー」が
刻まれている。

金銀の工芸品

広大な帝国の富

地中海に広がる広大な帝国の支配者として、ローマ人は戦利品と原材料の両方を獲得できた。彼らは自分たちの富を誇示するために、金や銀などの貴金属で贅沢品を作った。これ見よがしに飾るための華やかな儀式用の工芸品から、裕福な家庭内で使用される日常の実用品に至るまで多岐にわたった。

△**「皇后」の胡椒入れ**
ローマの裕福な貴族女性の
形をした銀の胡椒入れ、
つまりピペラトリウムである。
実用的なオブジェで、
遊び心と装飾性がある。

◁**テオドシウスのミッソリウム**
これは有名な儀式用の銀の皿で、
皇帝テオドシウス1世が
描かれている。
後388年の即位10周年を
記念して作られたもの。

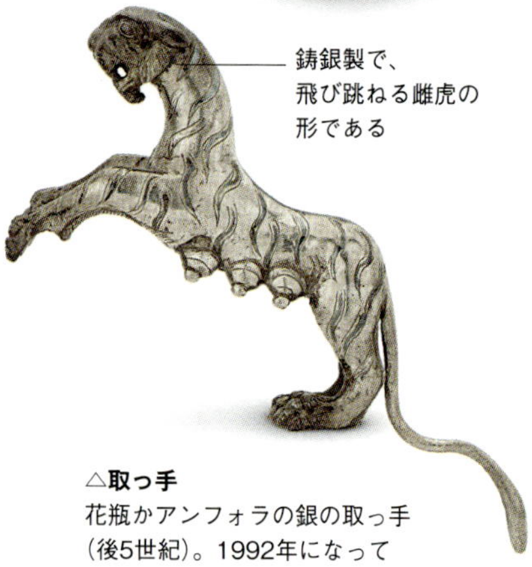

鋳銀製で、
飛び跳ねる雌虎の
形である

△**取っ手**
花瓶かアンフォラの銀の取っ手
(後5世紀)。1992年になって
イギリスのホクスンで見つかった、
同国でも最大のローマ時代の
宝物庫のものである。

アキレスがトロイアの
門前でヘクトルの遺体を
引きずる情景

△**酒器**
ノルマンディーの「ベルトゥヴィルの財宝」の一部
である。帝政初期の銀製のワイン入れには、
ホメーロスの『イリアス』の場面が描かれている。
ギリシア神話は依然として人気の装飾テーマだった。

周囲には、ブドウの栽培を
祝う冬の行事、「地方の
ディオニューシア祭」の
模様が描かれる

はめ込まれたメダリオンに
ローマ皇帝たちが
描かれている

▷**レンヌのパテラ**
神々に飲み物を捧げるために使用される
黄金のパテラ、つまり酒の皿である。
神話の場面が描かれていて、中央では
ヘルクレスとバックスが飲み比べをしている。

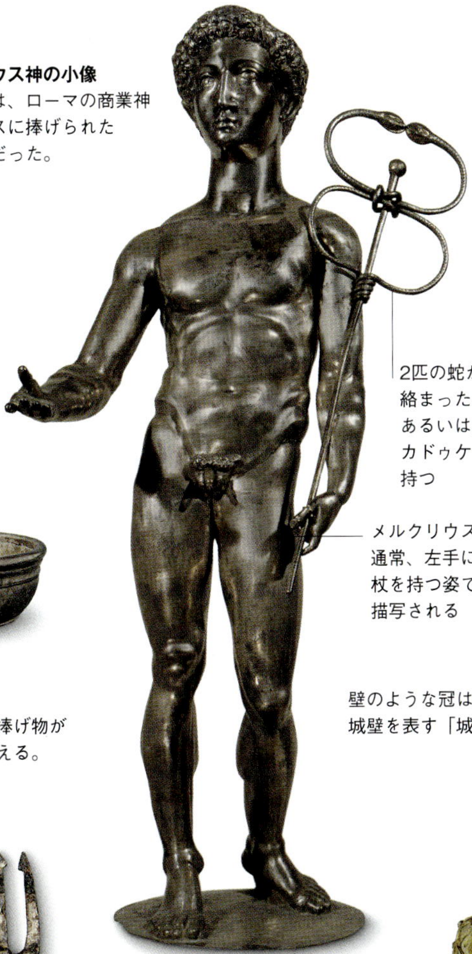

2匹の蛇が
絡まった長杖、
あるいは魔法の杖、
カドゥケウスを
持つ
メルクリウスは
通常、左手に
杖を持つ姿で
描写される

▷メルクリウス神の小像
この銀の像は、ローマの商業神
メルクリウスに捧げられた
宝物の一部だった。

△柄杓
精巧な柄杓の底に、
メルクリウス神への捧げ物が
刻まれているのが見える。

△アキレスのプレート
この銀の装飾用プレートの外周には、
ギリシアの英雄アキレスの人生の場面が
描かれている。中央部は、女装した
アキレスが正体を現す瞬間である。

△ゴブレット
華麗な銀の酒器。
古代ギリシアには四大競技大会
があったが、これはその一つ、
イストミア大祭の記念品。

△ボウル
細密な銀の葉の装飾が施されたボウル。
富を顕示するだけでなく、食事にも使用された。
これと似たデザインのものが見つかっている。後3世紀半ば、
襲撃を恐れて秘匿された埋蔵遺物から発見されたボウルである。

握りの部分に、
装飾的なヒョウの
頭が付いている

△フォークとスプーン
この、後3世紀の銀と金のカトラリーは、
フォークとスプーンの両方として
使用できる珍しいものだ。
ローマ人が食べるときに直接的に
フォークを使用することはめったになく、
皿に追加の食べ物をとるのに使用された。

壁のような冠は、要塞や
城壁を表す「城壁冠」だ
穴の開いた葉が
ヒンジで付いている

▷家具のピン
ローマの家具の装飾ピン。
アレクサンドリアの守護女神
テュケーの姿で、金メッキした
鋳銀製。

香水と軟膏のボトルを
5本収納できる小箱

▷ムーサの化粧箱
この銀の化粧箱は、おそらく後4世紀のローマの
裕福な女性、プロイェクタのために作られたと
考えられている。チェーンで吊るすデザインで、
芸術的インスピレーションの女神であるムーサ
(ミューズ)のイメージで装飾されている。

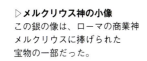

後期のローマ皇后たち

帝国の統治に貢献した女性たち

古代エジプトのような社会とは異なり、ローマの男性たちは、独立した女性による統治という考え方を決して受け入れなかった。アウグストゥスという称号の女性版であるアウグスタは、皇帝の妻、または母親や姉妹など皇室の他の女性メンバーに与えられたが、それは単なる敬称であり、その所有者に政治的権力を与えるものではなかった。ローマの初代皇帝アウグストゥスの妻リウィアは、彼女自身の独自の公的立場を作り上げることができたが、これは極めて稀なことだった（142－143頁を参照）。

しかし、帝政後期までに、ローマ社会の文化的および政治的変化により、皇后たちの権力と名声の両方が大幅に上昇した。要因の一つは、幼帝の増加であった。若い統治者には摂政が必要であり、その役職は、潜在的な男性のライバルたちから息子の既得権を維持しようとする母親が務めることが多かった。

宗教の役割

ローマの女性がより重要な役割を果たせるようになったもう一つの要素が、帝国におけるキリスト教の受容だった。イエスの母マリアは女性のリーダーシップのモデルとなり、特に東ローマでは、皇后たちがその規範に倣った。後5世紀、アウグスタ・プルケリアは、弟のテオドシウス2世の宮廷での支配的な地位を正当化するために、自らを「現世のマリア」として宣伝した。プルケリアはテオドシウスより2歳年上だったが、弟よりも意志が強く、自己主張も強かった。また他の帝政ローマ後期の皇后たちは、権力への近さを利用し

△リウィア・ドルシッラ（前59－後29年）
アウグストゥス帝の妻は後期の皇后ではないが、彼女はその後の皇后たちの雛形を作った。前の結婚で生まれた息子ティベリウスを夫の後継者にし、これを確実にしたが、ティベリウスは母親の影響力に憤慨し、すぐに母子は疎遠になった。

△ヘレナ（後246頃－330年頃）
コンスタンティヌス大帝の母であり、敬虔なキリスト教徒であるヘレナは、貧しい家庭の出身だった。いくつかの情報源では彼女を「宿屋の下女」と表現している。晩年、彼女は聖地を巡り、教会を設立し、イエスの磔刑で使用されたという聖十字架など、キリスト教の聖遺物を収集した。

△プルケリア（後398頃－453年）
テオドシウス2世の姉で、宮廷の有力者だった。プルケリアは宗教的貞操の誓いを立て、ライバルたちが彼女に結婚を強制し、彼女の影響力を低下させるのを阻止した。450年、プルケリアはついに結婚したが、夫はマルキアヌス帝であった。

「ローマ帝国の統治は、女性のものではなく男性のものだった」
歴史家プリスクス『断片』20第1節

て国政統治を支援した。テオドラ皇后は、6世紀初頭から中頃にかけて、夫のユスティニアヌス帝の法典制定に貢献した。貧しい家に育ち、あやしげな風俗業とみなされた踊り子出身のテオドラは、社会立法に影響を与えた。女性たちが、自らの意志に反していかがわしい労働を強制されることを防ぐための法制である。

地位の変化

彼女らの公的知名度の向上により、後期帝政期の皇后が帝位継承に果たす役割も変化した。5世紀には少なくとも1度、帝位の空席を現皇后の努力で埋めるという事例があった。その際、皇后は亡き皇帝の後継者を選び、その地位を正当化するべく彼と結婚した。これらの決定において、彼女がどれほどの発言権を持っていたかは不明だが、皇后の支持が重要であったという事実は、ローマ社会における彼女たちの地位の変化を反映している。

これらのいずれもが、帝国社会が根深い家父長制のままだった、という事実を変えるものではないが、何らかの権力を手に入れたアウグスタたちは、父親、息子、兄弟、夫など、男性とのつながりを通じて、その行使に成功した。制度上は、最強の皇后でさえ、最弱の皇帝の正式な権力に及ぶ力はなかった。しかし、古代後期の新たな状況のもと、それらの権力を利用できる機会がいくらか増え、何人かの女性がこれに乗じて、注目に値する歴史上の重要人物になったのである。

△ガッラ・プラキディア（後388頃－450年）
ガッラ・プラキディア（右。左は娘のホノリア）は若い頃、西ゴート王アタウルフと結婚させられ、さらに皇帝コンスタンティウス3世と再婚した。後年、息子のウァレンティニアヌス3世の後見人として有力者となった。

△アリアドネ（後450頃－515年）
東帝国統治者たちの娘、妻、母だったアリアドネは、40年間にわたりコンスタンティノープルの宮廷政治の中心にいた。491年に最初の夫のゼノン帝が亡くなったとき、彼女は後継の新皇帝として、自分でアナスタシウス1世を自分の新たな配偶者、帝国の統治者として選んだ、と言われている。

△テオドラ（後500頃－548年）
テオドラは傑出した人物で、幼少期の絶望的な貧困、10代で就いた性的労働から這い上がって、将来の東帝ユスティニアヌスと結婚した。皇后として立法と政治に多大な影響力を行使し、ビザンツ史上最も権力のある女性とされる。

ラヴェンナにある、ビザンツ様式のサン・ヴィターレ聖堂
イタリア北東部のラヴェンナは、
後402年に西ローマ帝国の首都になった。
この街のサン・ヴィターレ聖堂の建設は526年に始まったが、
このときのラヴェンナは東ローマ皇帝ユスティニアヌス1世の
統治下にあった。すでに西ローマ帝国が476年に滅亡した
後のことである。聖堂内部は、ラヴェンナを支配する
新しいビザンツ帝国の支配者、富裕層の影響を示し、
壁、天井、ドームを金色のモザイクが覆っている。
この後陣にある図像の中心は、左右に天使を従えたキリストだ。
両側には、聖堂を建設したラヴェンナ司教エクレシウス（右端）、
教会の名前の由来となった1世紀のキリスト教殉教者、
聖ウィタリス（左端）が配置されている。

MOSE

『アッティラ王の饗宴』
アッティラは19世紀のハンガリーで、国民的英雄として見直された。これはハンガリーの画家タン・モールによる1870年頃の絵画だが、伝説上の残忍な専制君主ではなく、厳格で権威ある統治者として描かれている。

フン人の王アッティラ

「フラゲッルム・デイ（神の災い）」として知られる武将

△**フンのジュエリー**
通常、単に暴力的で破壊的な「野蛮人」として描かれることが多いフン人だが、この金箔を貼った青銅のベルト・バックルのような創造的な作品も生み出した。宝石の象嵌がある。

アッティラは強力な草原の族長である。
中央ヨーロッパに自分の帝国を築き上げ、ローマの力に挑戦して西帝国の滅亡を早めた。
彼の名前は今も、無慈悲な軍事的成功の代名詞となっている。

ローマ帝国をあれほど混乱させた後5世紀のゲルマン人の大移動（280–281頁を参照）の主因は、東方の地、おそらくロシアにいたフン人（フン族）の到来である。指導者アッティラの指揮下、フン人の興隆は短期的とはいえ、ローマ帝国を決定的に脅かすことになった。

◁**アッティラの王妃志願者**
ホノリアを記念するソリドゥス金貨。彼女がアッティラを夫にしようとする前の450年頃に発行されたもの。451年以降の彼女の運命は不明である。

戦友の兄弟

アッティラと兄のブレダは、もともと部族連合の共同統治者だった。おそらくアッティラの命令で445年頃にブレダが亡くなり、アッティラが単独統治を引き継いだ。このときまでにフン人は、新しい土地に侵入しては略奪し、その後は立ち退きの条件として金を要求し、制圧した地域にさらに支払いを強要するという、成功した手口を確立していた。

この戦術は、ゲルマン諸族が支配する土地で成功し、440年代初頭からは東ローマ帝国の領内でも、アッティラとブレダの兄弟の常套手段となった。443年に彼らはナイスス（現在のセルビア）を略奪し、いくつかの大勝利の一つを収めた。

ブレダの死後、アッティラは、度重なる内戦や国外紛争によって弱体化していた西ローマ帝国を標的に定めた。ある史料では、ウァレンティニアヌス3世の姉ホノリアがアッティラに手紙を書き、強制的に婚約させられた元老院議員との結婚を阻止できるなら、あなたの妻になる、と申し出たという。アッティラは、貴女の弟君の帝国の半分を持参金としていただけるなら、とこれに同意した。ローマ領ガリアの大部分を荒廃させた後、アッティラは451年、カタラウヌム平原（現在のランス近郊）の戦いでローマ軍と西ゴート軍の手により、史上唯一の軍事的敗北を喫し、前進を阻止された。これは彼が、皇女ホノリアも、帝国の半分の分け前も奪えないことを意味した。足止めされたアッティラは、代わりにイタリアに侵攻したが、452年に教皇レオ1世の訪問を受けると、突然、撤退した。両者の会談の詳細は不明だが、教皇の介入の成功は奇跡として称賛された。

不名誉な結末

453年初め、アッティラはイルディコという女性との結婚を祝う宴席で亡くなった。彼は酒に酔って鼻血を出し、意識がなくなる中、自らの血で窒息死したという。

フン帝国は指導者不在のために崩壊したが、アッティラはローマに精神的な深い傷を残した。フン人は文書記録を残しておらず、我々の知るところはすべてローマの情報源に基づいている。ローマ人は彼を、恐怖と魅力が入り混じった目で見ていた。

▽**レオ1世とアッティラ**
ラファエロによる1513年から1514年のフレスコ画。教皇レオ1世が、ローマを略奪しないようアッティラを説得している。実際にアッティラの決断に影響を与えたのは、彼の軍隊にあった厭戦感情だったのかもしれない。

434年頃 アッティラとブレダがフン人の支配者となる。

443年 フン人の主力が東ローマ帝国に侵攻し、ナイススで略奪。

445年頃 ブレダの死。おそらくアッティラの命令によるものである。

447年 フン人の東方侵攻。

450年 ホノリアとの婚約疑惑。西への侵攻を決意。

451年 ガリア侵攻。カタラウヌム平原の戦い。

452年 イタリア侵攻。教皇レオ1世との交渉。

453年 婚儀の宴席で死去。

「ローマのヨーロッパ」の終焉

西ローマ帝国の緩慢な崩壊

後5世紀の西帝国は、政治的、軍事的、経済的危機に見舞われていた。それを加速するように、アッティラが率いるフン人、ゴート人、ヴァンダル人、フランク人、その他の民族による侵略があり、徐々に分裂していった。

西ローマ帝国は一挙に、ではなく、段階的に崩壊した。数十年にわたる内戦と対外戦争の結果、行政は弱体化し、国庫は空になり、多くの属州を維持する余裕がなくなった。各地方は、中央の統治機構なしでやっていけることを学び、独立性を高めた。

辺境での綻び

帝国の崩壊における、地域ごとの異なる推移の中で、それぞれの地域がローマ時代の過去の要素を保存、あるいは廃棄していった。そこに、新たにやってきた移住者たちの文化的側面が受容され、独自の統合が生み出された。

ローマ世界の周縁、ブリタンニア属州ことブリタニアは、後410年頃までに中央集権的な支配から外れた。以降の生活は激しく変化し、都市生活はほぼ完全に終焉した。人口は減少し、都市は放棄され、生活水準は大幅に低下した。教育は廃れ、識字能力は低下、キリスト教は事実上、消え去った。布教に努めたのは宣教師で著述家のパトリキウス（385頃－461年）のような稀有な人物だけだった。彼は今日、聖パトリックの名で知られている。

スカンジナビアや低地諸国からやってきたアングル人、サクソン人、ジュート人などは、自分たちの部族名と言語を残した。ゲルマン系の言葉を話す土地はアングル・ランド、すなわち「イングランド」となり、この言語は後にイングリッシュ（英語）となる。

変化と継続

ヒスパニア（スペインとポルトガル）やガリアなどの地域は、ローマ時代の遺産をもっと色濃く残す経過をたどった。400年代後半にローマ人がガリアを離れた後、フランク人が新しい支配者となると、当地はフランク王国（後のフランス）になった。彼らはローマの多くの制度や習慣を保存した。511年に亡くなったクローヴィス王の統治下で、彼らはカトリックに改宗し、徐々にラテン語を国語として採用した。同様のプロセスはスペインでも見られ、西ゴートのエウリック王は、ローマの先例を手本にした一連のラテン法典を470年代後半から公布した。これらの地域のラテン語は方言と融合し、現代の言語に進化した。

ヨーロッパに比べると、北アフリカにおけるローマ支配の終焉は、はるかに激動の時代だった。429年にスペインから侵入したヴァンダル人は、ローマ領アフ

事実とフィクションのアーサー王

ヨーロッパにおけるローマ支配の終わりは暗黒時代につながった。この時代の歴史はほとんど記録されていないため、そう呼ばれるのである。残っているのは、アーサー王物語のような神話や伝説で、中世までに伝承は美化され、詩人や吟遊詩人は、英雄的で半ば超自然的な支配者の物語に仕立て上げた。ブリテン島において、ローマ支配に続くサクソン人の侵略に反抗した将軍がいた可能性はあるが、もしそのような人物が実在したとしても、彼の名はアーサーではなく、キャメロット城の円卓も、グィネヴィア妃と結婚することもなければ、聖杯を求めたランスロット卿の遍歴もなかっただろう。

アーサー王のタペストリー（1385年頃）

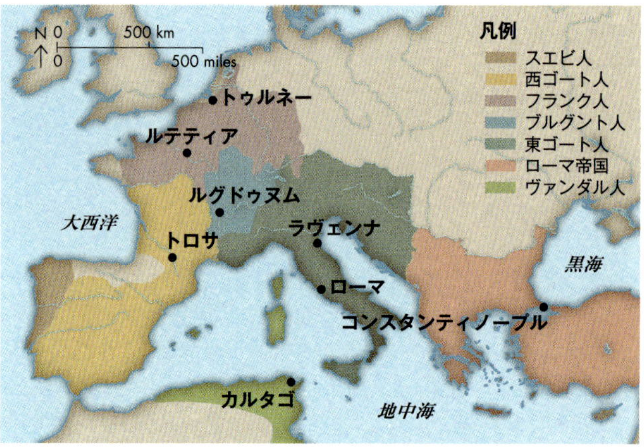

△後500年のヨーロッパ
ローマ崩壊から1世代後、フランス、スペイン、ポルトガル、イギリス、ドイツ、イタリアという近代国家の輪郭が、すでに形を整えつつあった。

△キルデリクの指輪
クローヴィスの父、キルデリクは、軍事支援の見返りにローマから土地を与えられ、フランク王国の拠点をトゥルネー（現在のベルギー）に置いた。

◁**エウリック王**
ガリアの西ゴート人の指導者エウリックは、466年に権力を掌握すると、西ローマ帝国の弱体化につけいり、ヒスパニアの大部分に領土を拡大した。

リカを征服し、439年に州都カルタゴを占領した。キリスト教の中では異端とされるアリウス派の実践者である彼らはカトリック教徒と衝突し、これを迫害した。ここで行った暴力や、神聖な建物への冒瀆行為から、ヴァンダル人の名は理不尽な破壊の代名詞になった。

だが、イギリスなどの地域とは異なり、北アフリカの人々はキリスト教徒のままだった。当地にある多くのローマ時代の都市、建物、施設は、6世紀にビザンツ帝国がこの地域を再征服するまで生き残ったし、以後もその用途は引き継がれ、より良い保存につながった。

このように、5世紀には「ポスト・ローマ」としての単一のプロセスは存在しなかった。文化、言語、宗教、社会の劇変は、旧帝国の各地域で、まったく異なる形で展開された。一部の地域では急激な衰退が見られ、終末的な状況に近いと見なされたが、はるかに円滑な移行が見られた地域もあったのである。

「いかなる憎しみが、互いに武器を取るように、彼ら全員を促したのであろうか？」
ビザンツの歴史家ヨルダネス
『ゴート人の起源と行為について』

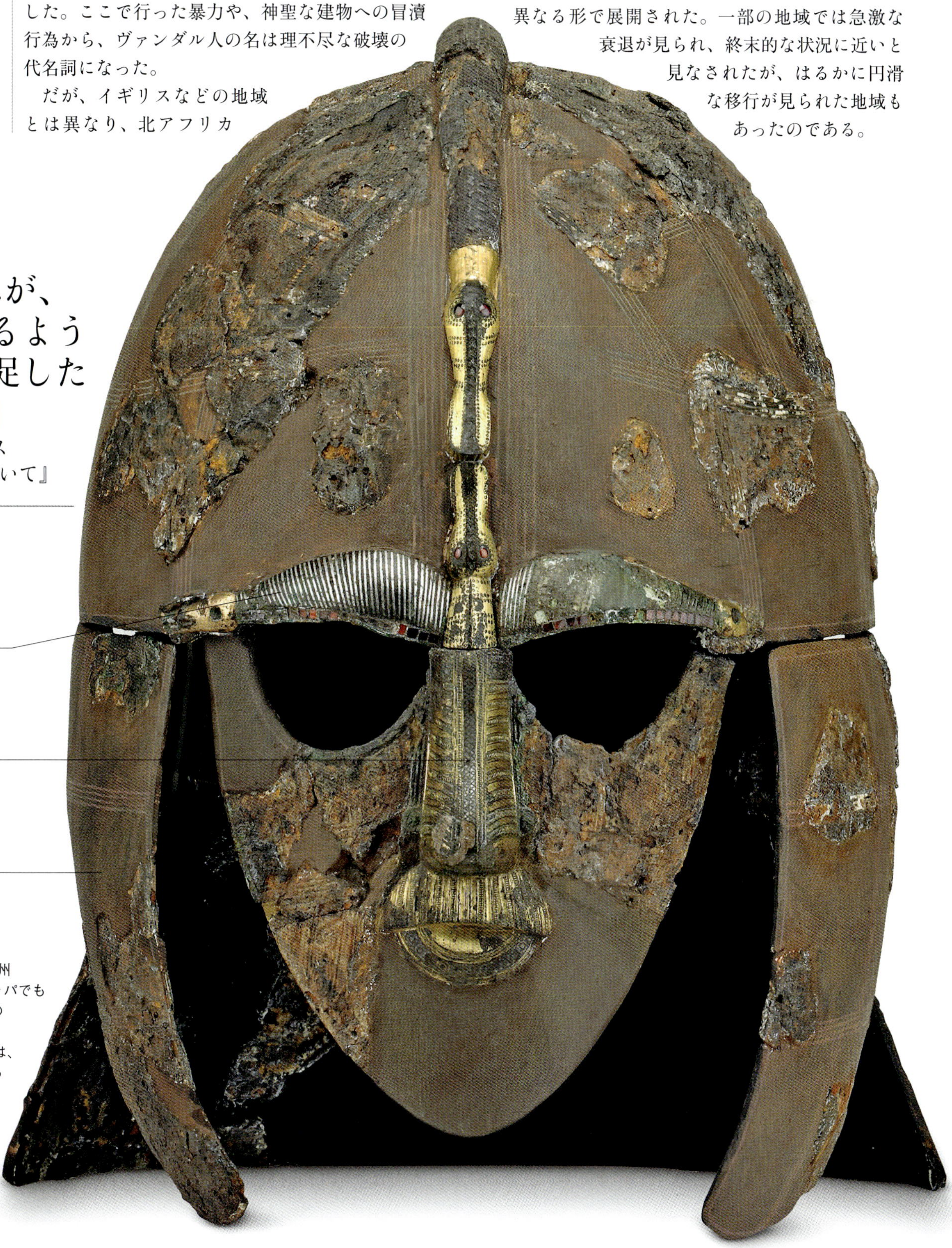

銅と銀の目庇（まびさし）は、空を飛ぶ鳥、あるいは竜の「翼」を形成する

鼻当てと口ひげの部分は、飛行する獣の体と尾になっている

頬当ては彫刻がある金属の化粧板で装飾されていたが、現在は摩耗している

▷**サットン・フーのヘルメット**
1939年、イギリスのサフォーク州サットン・フーで、北部ヨーロッパでも最大級のアングロ・サクソン人の財宝が発見された。6世紀から7世紀に遡る工芸品には、明らかにローマの影響が見られるほか、地元のデザインや様式も見える。

科学と知識

ギリシアの衣鉢を継いで

ローマ人は古代ギリシアの先人たちほど革新的ではなかったが、それでも科学と、周囲の世界についての知識を発展させることに積極的に関心を持ち続けた。

△ローマ数字
古代の日時計の断片。
このような十進法の
ローマ数字は、
今日でも使用されている。

ローマ人自身も外国の人々も、ローマ人は深い思想家ではなく、実践的な国民と見ていた。彼らの知識への貢献の多くは、建築、エンジニアリング、農業の分野にあった。しかし彼らは、科学の分野でも積極的に活動した。医学、天文学、自然史などで、ローマ人はギリシアの先人の業績を受け継ぎ、成果を築き上げた。

帝政初期に十分な教育を受けたローマ人は、さまざまな情報源から知識を収集することに興味を持ち、それらをより包括的な大作として構築し始めた。こうした編纂者の中で最も重要な人物は、後1世紀後半に複数巻の『博物誌』を著した大プリニウスである。37巻からなるこの広範な著作は、天文学、地理学から農業、数学に至るまで、膨大な範囲の主題を網羅し、世界初の百科事典と呼ばれている。プリニウスはギリシア人、特にアリストテレスの知識に、彼自身の経験を加えて活用した。彼は79年のウェスウィウス火山の噴火の際、ナポリ湾に船を出して調査に向かい、死亡している。

他のローマ人も百科事典的な著作を編纂したが、プリニウスの傑作ほど完全な形で残っているものはない。たとえば、アウルス・コルネリウス・ケルススの著作は『医学論』として一般に知られ、ローマ人の食事と健康管理の理解に関して多くのことを明らかにしているが、これは本来、ずっと大作で、現存するのはごく一部にすぎない。

△古代の水道橋
スペインのメリダにあるロス・ミラグロス水道橋。
ローマ人が帝国周辺に建設した200以上の水道橋の一つで、
大規模な土木プロジェクトにおける彼らの技能を示している。

ローマ人以外の貢献

「ローマ人」と同様に、帝国の科学は、その領内に住んでいた人々、特にギリシア人やエジプト人によっても進歩した。多くは専門的な知識を享受できる分野に焦点を当てており、典型例はギリシアの医学者ガレノスだろう。古代世界の医療における偉大な権威者ガレノス（148頁を参照）は、現役の臨床医だった。彼は皇帝の侍医として活動し、165年から180年にかけてはアントニヌスの疫病に対処し、その経験に基づいて記述を残した。また、2世紀のエジプトで活動した占星術師で数学者のプトレマイオスの著作は、何世紀にもわたって使用され続けた。一方、ペダニウス・ディオスコリデスはローマ軍の軍医として勤務し、植物薬に関する本を執筆した。

ローマ時代には、古代ギリシアを特徴づけたような科学の大きな進歩はなかった。とはいえ、初期の学問的洞察を保存して広めることで、後に続く他の文明の進歩と探究心を満たす基礎条件を作り出したといえる。

犠牲となった女性学者、アレクサンドリアのヒュパティア

ヒュパティアはエジプトのアレクサンドリアにいた優秀な女性の哲学者、天文学者、数学者である。5世紀初頭の激動の数十年間を生きた彼女は、人気のある教育者であり、革新的な思想家として知られていた。彼女の科学的解説は後に広くコピーされ、彼女の洞察は中世になってアラビア語に翻訳された。ヒュパティアの時代までに、ローマ帝国はキリスト教を国教として採用していたが、彼女は生徒たちに伝統宗教の実践を勧め、教えていた。これにより彼女はエジプトのローマ当局と対立し、415年にアレクサンドリアの路上で暴徒に襲われ殺害された。後の時代、特に18世紀の啓蒙時代には、ヒュパティアは科学の擁護者、独断的な宗教的不寛容の犠牲者として称揚された（この点には異論もないではない）。

▽**『薬物誌』（De materia medica）の1ページ**
ローマの軍医ペダニウス・ディオスコリデスが後1世紀にラテン語で書いた原書を、6世紀にギリシア語で複写したもの。古代の医師によるイラストが多数使われている。

読者によるアラビア語のメモ書きが残っている

この図は、媚薬とされるドラゴンアルム、ラテン名ドラクンクルス・ウルガリスの使用方法を示している

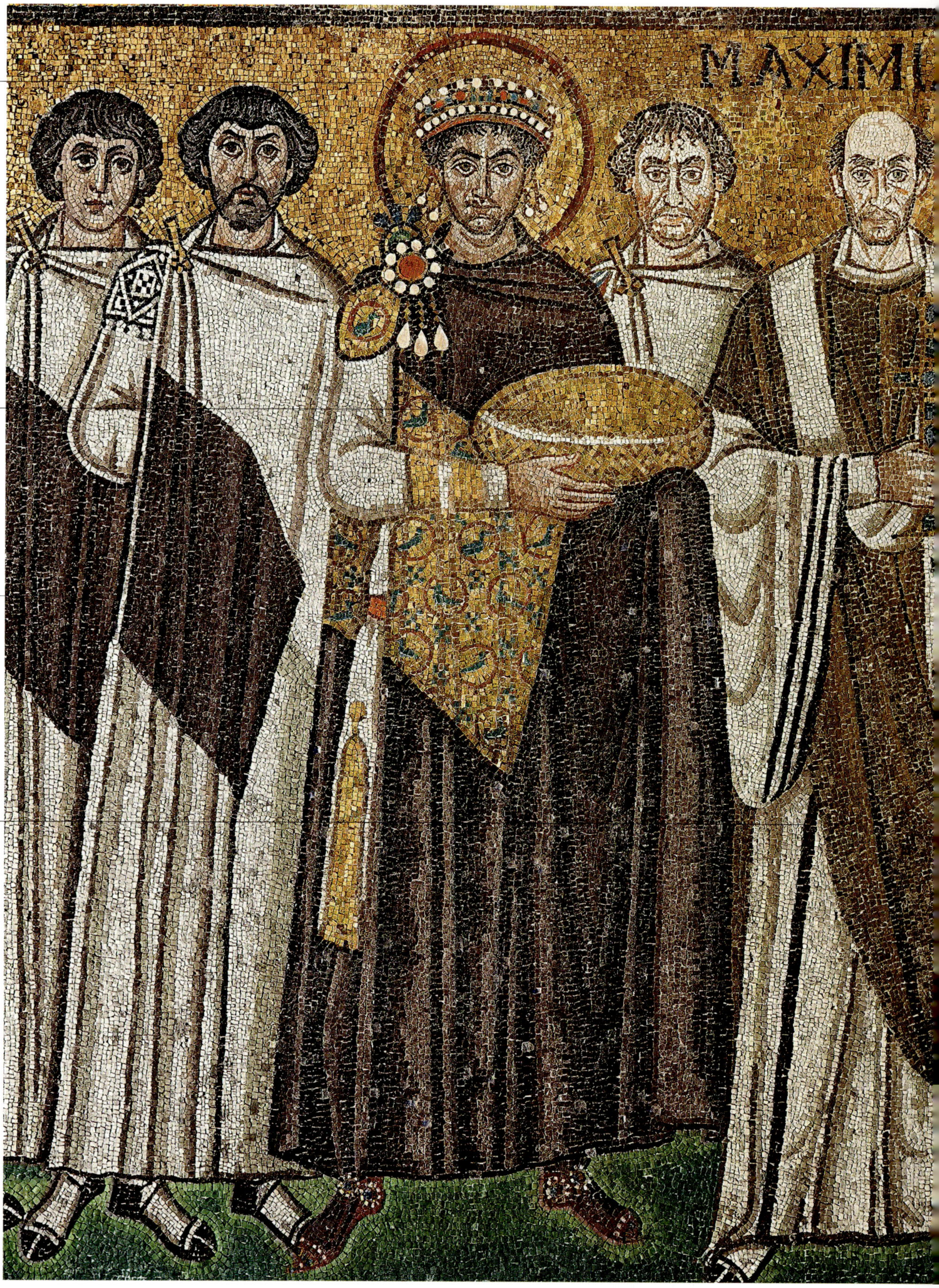

▷**ローマの立法者**
ラヴェンナのサン・ヴィターレ聖堂の547年頃のモザイク画に描かれているユスティニアヌス帝。彼は他のどの皇帝よりも法典整備に尽力し、『ローマ法大全』を編纂した。その一部は『ユスティニアヌス法典』と呼ばれた。

法と正義

帝国の法的基準を定める

ローマ人は、自分たちの先進的な法制度が、他のどの国よりも優れていると信じていた。その中には、基礎としたギリシアの法制度も部分的に含まれる。ローマ法は、今日でも世界中の多くの立法の基礎となっている。

◁**ユースティティアの硬貨**
この硬貨に見られるように、アウグストゥス帝の時代以降、ローマ人はしばしば正義の概念であるユースティティアを、玉座に座る女神として表現した。

共和政におけるローマ法は、十二表法という古代の法典に基づいて創始された（50–51頁を参照）。時間の経過とともに新しい法律が追加されたが、その多くは個人の自由に関するもので、養子縁組、離婚、殺人、窃盗などを扱う対象とした。法律は主に富裕層によって定められたが、彼らの主な関心事は財産の保護だった。共和政の後、皇帝たちは新法を発する任務を法学者と呼ばれる熟練した法律家たちに委任し、中でもウルピアヌスやユリアヌスなどは、影響力のある法律書を執筆した。

法理論と実務

理論上、ローマ人は法の前では平等だった。訴訟は政務官たちが主宰し、後には属州総督、属州長官、さらには皇帝が主宰した。帝国全土からの法的請願に対応するために法務局が設立され、彼らが下した決定は将来の訴訟の先例として使用される可能性があった。法的手続きで失望したローマ人は、控訴制度を使って救済を求めることもできた。だが、それには多額の費用がかかり、制度は腐敗していた。また、女性の権利は限られていたが、財産を所有したり、離婚したり、法廷で発言したりすることはできた。しかし彼女たちは、他人の代弁者として行動できない、などの法的制限も受けていた。

多くの人々、特に外国人や奴隷は司法制度から排除されていた。多くの非ローマ人が補助隊員として軍務についた理由の一つがこの点にあった。彼らは退役時に市民権を与えられ、これに伴って、ローマ法による保護を含むあらゆる恩恵を受けることになった。同じことは、自由を買ったか、与えられたりした解放奴隷の人々にも当てはまった。

◁**芸術は人生を模倣する**
ローマ近郊のオスティアで発見されたフレスコ画で、訴訟を監督する政務官を描いている。法廷シーンは、ローマの美術作品にも時々、描かれている。

永続的な影響力

5世紀までにローマ法は非常に複雑になったため、簡略化された公式法典が発行されることになった。完成までには1世紀以上かかったが、533年から534年にかけてユスティニアヌス帝が発行した『ローマ法大全』（Corpus Iuris Civilis）は、ローマ法の主要な要点をすべて複数巻の書物にまとめたものである。

ローマ法は帝国の終焉とともに使用されなくなったが、中世に再発見され、多くの中世法の基礎となった。そこから近世ヨーロッパの法体系の枠組みとして機能し、その後、世界中に輸出された。

現在、ローマ法を直接的に受け継いだ民法体系は、ヨーロッパの大部分を含む世界100か国以上で使用されている。

▽**サルウィウス・ユリアヌス**
ユリアヌス（後110頃–170年頃）はローマで最も尊敬された法学者の一人で、ハドリアヌス帝以降の数人の皇帝に仕えた。彼の像が、ローマのイタリア最高裁判所の外に立っている。

ローマの失われた建築

新世界で再利用された古建築物

**強大なローマ帝国が最終的に崩壊した後も、
ローマの街には引き続き人が住み続け、
新しい世代のローマ人が、過去の輝かしい建築物やその周囲で生活を築いた。**

△**カーサ・デイ・クレシェンツィ**
印象的な11世紀の邸宅の壁。ここには、ローマ時代初期とビザンツ時代の建物の遺構が組み込まれている。

後476年に西ローマ帝国が崩壊した後、都市ローマは劇的に縮小したが、地図から消滅することはなかった。最盛期のこの都市は広大な国際都市であり、100万人以上の人々で賑わったが、6世紀までに、人口は約5万人に減少した。そこで中世のローマ人は、自分たちがその時点の人口の20倍以上を想定して設計された都市に住んでいることに気付いたのである。帝国における貿易と課税の巨大ネットワークの受益者でなくなったローマは、収入をローマ・カトリック教会、特に有力な教皇に依存するようになった。劇的に変化した状況に対応するため、ローマの人々は、地元で利用できる唯一の主要な資源、つまり帝国時代の記念碑を再利用することを余儀なくされた。

適応と更新

古代後期（4－6世紀）までに、ローマ人は新しいプロジェクト、特にキリスト教会の建設のために、以前の建物の一部を再利用することに慣れてきていた。ローマの最初期の教会は都市の郊外に建てられた。城壁内に建設する場合には、異教の神殿を取り壊すことも多く、それらの古い建材は新しい建物に流用された。たとえば、5世紀初頭のサンタ・サビーナ聖堂には、その近くにあったユノ神殿の壮大な柱が組み込まれた。以前の建物から再利用された材料はスポリアと呼ばれた（右コラムを参照）。

最初の千年紀の後半、ローマの大部分は衰退し、放置されていた。アウグストゥスとトラヤヌスのフォルムは草が生い茂る庭園と化し、浴場や公会堂は墓地に転用されたが、それらはローマ帝国下では、常に城壁外に建設された。より新しく、より管理しやすい住居が必要になったとき、後の世代のローマ人は、崩れかけた古代の残骸に目を向けた。生き残った頑丈な壁と基礎は、新しく中世の家の基礎として使用された。使われなくなった遺跡から、大理石や素晴らしい装飾品が剝ぎ取られ、新しい教会に流用されるか、海外に売却もされた。中世後期に再び街に活気が戻ってくると、イタリアの裕福な貴族たちは残った建造物を再利用し始め、半分崩れた劇場や墓を、要塞や宮殿に変えた。自然災害で修復不可能な損害が生じた際にも、それは

> 「［カール大帝は］ローマから運ばれた
> 大理石の柱を所有しており……
> 他に適切なものは見つからなかった」
> アインハルト『カール大帝伝』

コンスタンティヌスの凱旋門

スポリアの活用はローマ時代以降に限った話ではない。後期ローマ時代に、過去の建築の再利用をした有名な例は、後315年に奉献されたコンスタンティヌスの凱旋門である。2世紀の皇帝の功績を称える古い建造物から外された像やレリーフ（下のトンド、つまり円形装飾はその一例）を大々的に使用している。これをもって、この時代のローマ美術の衰退の兆候と指摘する歴史家がいたが、現代の学者の見解は違う。凱旋門を早く完成させるために、緊急工事をした際の手抜きのプロセスではないか、というのである。

再利用のための新たな石の供給源となった。たとえば1349年の地震でコロッセウムの外壁が崩壊したとき、石材は教皇のサン・ジョバンニ・イン・ラテラノ大聖堂などの教会に転用された。

◁**サンタンジェロ城**
この印象的な建造物は、後139年にハドリアヌス帝の霊廟としてローマに建設されたが、後に中世の教皇によって要塞に改造された。

素晴らしい共存

現在のローマにある無数の建物は、古代後期の壁を埋め込んだルネサンス様式の宮殿や、古代の神殿の石の上に建てられた中世の教会など雑多であり、2000年の歴史を物語るものである。一部の評論家は、これを完全に否定的な文化破壊行為とみなしている。とりわけ、中世およびルネサンス期のローマの荒廃した建造物には、フォロ・ロマーノ（フォルム・ロマヌム）の大建造物の遺構ほど畏敬の念を抱かせるものなど、ほとんどないためである。また、特にルネサンス期のローマの権力者の一部が、自らの栄光を誇示する記念碑の拡張のために、無慈悲に遺跡の破壊に走ったことも事実だろう。

しかし、ローマは常に生きた都市である。歴代の指導者の多くは間違いなく、過去を保存するよりも、自分の時代の主題を提供する方が喫緊の課題である、と考えたはずだ。ディオクレティアヌス浴場やパンテオン（202–203頁を参照）など、多くの古代の記念碑的建造物は、後の計画において、特にキリスト教会として再利用されていなければ、まったく保存されなかったかもしれない。かくてローマの遺産は、表面的には手付かずに見える古い建物と同様に、これらの再利用された建物にも生き続けているのである。

▽**マルケッルス劇場**
かつては古代ローマ最大の公共劇場（前13年に完成）だったが、中世にはローマ貴族の城塞となった。後世の人々が、古代ローマの遺跡をどのように再構築したかを示す顕著な例である。

16世紀に造られた最上層は現在、近代的なアパートメントになっている

最古の層は前13年、アウグストゥス帝の統治下で完成した

劇場の大部分は、20世紀の発掘調査で修復されている

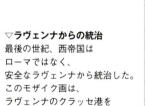

西ローマ帝国の滅亡 緩やかな衰退

地中海西部にある西ローマ帝国の最後の皇帝、ロムルス・アウグストゥスは、後476年に退位した。だが事実上はそのずっと前に、名ばかりの存在になっていた。

5世紀における西ローマ帝国の緩慢な崩壊は、最大の敵アッティラの死によっても止まることはなかった（290–291頁を参照）。フン人による破壊は免れたものの、西帝国はすでに劣悪な状態にあり、支配地域は主に、イタリア半島とその近隣部に限定されていた。アッティラの死に続いて、ローマ最後の真に有能な指導者、将軍だったアエティウスが暗殺された。彼の影響力の増大を嫌悪した西皇帝の命令により、殺害されてしまったのである。

◁テオドリック王の霊廟
ラヴェンナにあるこの墓に、東ゴート王テオドリックが埋葬されている。彼は東帝ゼノンの命令でオドアケルを討伐した。

強力なリーダーシップの欠如により、西帝国はゆっくりと分裂を続けた。北アフリカの最も裕福な属州なくしては、大規模な軍隊を維持することは不可能だったが、この地はヴァンダル人に占領された。一方、ガリアおよびイタリアの最大の都市はそれまでの戦争で荒廃していた。都市ローマは455年、ヴァンダル人の襲撃部隊によってまたも占領されることになった。アラリックが率いた西ゴート人の略奪ほど、歴史的に重要な事件とはされていないが、この略奪はさらに残忍なものだった。旧帝都の富はさらに持ち去られ、多くの住民が奴隷になった。

▽ラヴェンナからの統治
最後の世紀、西帝国はローマではなく、安全なラヴェンナから統治した。このモザイク画は、ラヴェンナのクラッセ港を描いたもの。

東ローマ帝国が終始、この事態を座して見ていたわけではない。東の皇帝は同胞のローマ人を救おうと試み、5世紀には2度、状況の安定を図るために、兵士と資金をつけて新しい皇帝をイタリアに派遣している。2度目の468年には、新たに即位した西帝アンテミウスと協力し、北アフリカをヴァンダル人から取り戻すための大規模な軍事遠征が計画された。それによって西帝国は、永久に続くかと思われた経済危機から抜け出すことができたかもしれなかったが、指導力の低さと悪天候により失敗に終わり、アンテミウスは直後に殺害された。この大失敗の後、コンスタンティノープルからの援助はもう来なかった。

最後の西ローマ皇帝

西ローマ最後の数十年間の物語は、中央権力が衰退していく物語である。名目的には臣下であり続けた人々の生活や日常から、無力な皇帝がますます遠ざかっていった。多くの普通の人々にとって、いくらか治安が悪化したとしても、人生は今までと同じように続いたのである。依然として皇帝に税金を納める者もいたが、余剰収益をさらに外国の新たな統治者に貢納する者もいた。最後の首都ラヴェンナにおいて、末期の皇帝のほとんどは、一連の軍事的有力者に支配された傀儡にすぎなかった。世紀の初頭にスティリコのような人物が確立した体制である。476年、そのような名ばかりの皇帝がまた1人、擁立された。ローマの建国の祖にちなんでロムルス・アウグストゥスと名付けられた10歳ほどの少年だったが、一般には「アウグストゥルス」としてよく知ら

れている。「小さな皇帝」という軽蔑的な意味のあだ名だ。このロムルス・アウグストゥスは目立った人物ではなく、前皇帝に対するクーデターでのし上がったオレステスという影響力のある大物の息子だったがゆえに、その座に就いたのである。

即位からわずか1年後、ゲルマン人の将軍オドアケルは、若い皇帝を廃位させた。彼はあまりに取るに足らない存在だったのである。オドアケルは皇帝の冠と紫色のローブをコンスタンティノープルの宮殿に送付し、これらはもはや必要ではない、と説明した。この際も、あえてアウグストゥルスを殺すことすらしなかった。当時、この一件はイタリアでも、東帝国でもほとんど注目されなかった。この何ともあっけない結末で、5世紀も前にアウグストゥス帝が創始したローマ帝国は、西方における終焉を迎えた。

△ローマの破壊
5世紀から現在に至るまで、ローマの滅亡は文明の崩壊を表す強力な比喩となっている。ここに描かれる残忍な破壊の地獄絵図は、「帝国の推移」というタイトルの連作の一部。トマス・コールが描いた19世紀の絵画である。

イタリア王オドアケル

西方におけるローマ帝国の支配は、470年代に権力を握ったゲルマン人の将軍によってついに終焉を迎えた。歴史的記述の中で、彼はしばしば悪名高い役割を担わされてきた。だがオドアケル（右。477年頃の硬貨）は現在、名ばかりの皇帝を支配した一連の非ローマ人将軍の最後を飾った人物にすぎない、と見られている。ゴート系だったリキメルなどの先任者たちは、傀儡皇帝をそのまま残すことに満足し、名目以上に自分の権威を高めたい場合に限り、その傀儡を排除してきた。オドアケルはこの茶番劇をやめて、自ら公然とイタリア王となって統治したが、東の皇帝に対して一応の配慮は続けた。493年、コンスタンティノープルの支援を受けた東ゴート王テオドリックの軍によって、彼は退位させられることになる。

ビザンツ帝国

生き残った東ローマ帝国

**西ローマ帝国は後5世紀に滅びたが、
ローマ帝国自体はヨーロッパの大国として、
それから1000年もの間、東方で存続し、1453年に最終的に滅亡した。**

△聖カタリナ修道院
エジプトのシナイ山にある修道院で、6世紀以来、継続的に使われ続けている。ここには、美しいビザンツ時代の図像や芸術作品が数多く保存されている。

今日、私たちはビザンツ帝国と呼んでいるが、その国の人々は、決して「ビザンツ人」などとは自称しておらず、むしろ自分たちはローマ人であり、東方におけるローマ帝国の継承者である、と考えていた。彼らはローマ法を遵守し、ローマ式の建物を建て、中世までローマ皇帝によって統治された。しかし、彼らはギリシア語を話し、独特のキリスト教を信仰し、古いローマではなく新しいローマ、すなわちコンスタンティノープルから統治した。後の歴史家はこの国を、崩壊した西帝国と区別するために「ビザンツ」と名付けた。330年に改名される前のコンスタンティノープルの旧名ビザンティオン（ビザンティウム）にちなむものである。

孤立感の増大

初期のビザンツ人は、古代世界の古典的ローマ人に似ていた。彼らは地中海での支配力を維持し、皇帝ユスティニアヌス1世の下で西方の大部分の領土を再征服し、新しいローマ法を公布した。しかし、7世紀に近東で新たなイスラム信仰が台頭し、アラブ人国家が大国化したことで一連の戦争が起こった。ビザンツ帝国は領土の大部分を喪失し、そこには最も裕福な属州、北アフリカとエジプトも含まれた。その後、彼らはコンスタンティノープルを中心とするごく小規模な国家となり、常に戦火にさらされる孤立した文明となった。中世のビザンツ帝国は、西ヨーロッパとはますます疎遠になり、イタリアに残されていた足場を失った。ローマの真の後継者を主張する新たな「神聖ローマ帝国」というイデオロギー的な挑戦に直面したのである。さらにビザンツのキリスト教は、イコンと呼ばれる宗教画の適切な扱いをめぐって大きな闘争に

◁象牙の棺
ビザンツでは、左図（10世紀から11世紀）のような、狩猟者や戦士の姿の装飾がある多くの象牙や骨のオブジェが作られた。

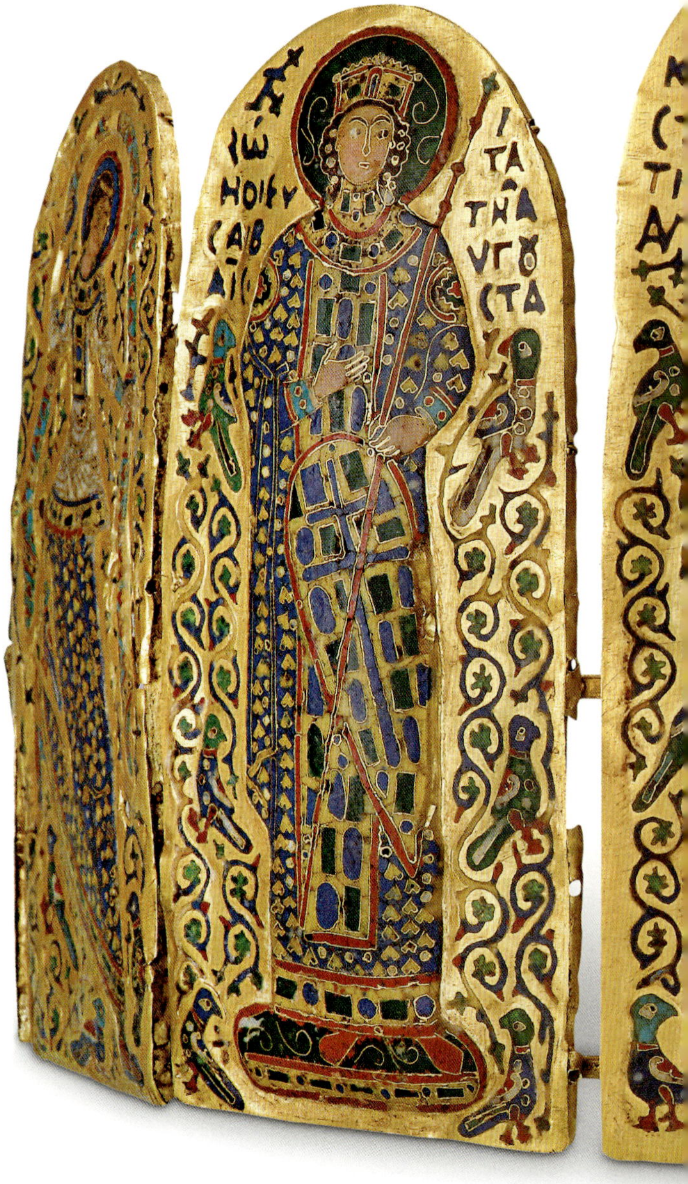

▷**後555年のユスティニアヌス帝の帝国**
皇帝ユスティニアヌス1世の時代、ビザンツ帝国は西帝国の旧領の大部分を再征服し、最大版図を示した。

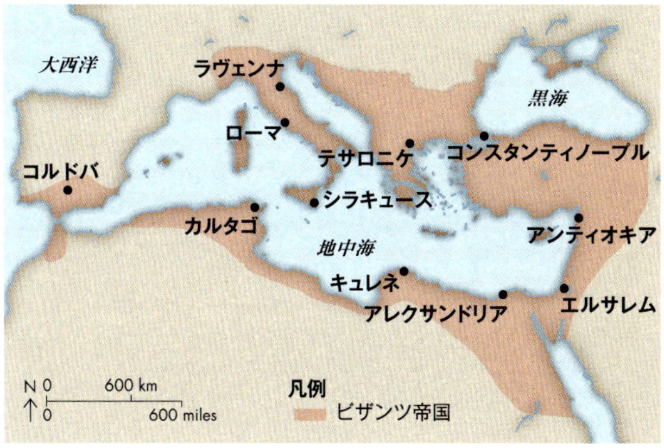

巻き込まれるようになる。神の好意を取り戻し、敗勢が続くビザンツの戦況を逆転するためには、こうした画像を破棄する必要がある、と信じる人もいたのである。この「偶像破壊（イコノクラスム）」運動は最終的には失敗に終わったが、その種の論争を避けてきた他のキリスト教国と帝国をさらに切り離す要素になった。コンスタンティノープルの皇帝とローマ教皇との間の緊張から、1054年にキリスト教は「東西教会の分裂」を起こし、ラテン・カトリックとギリシア正教に分かれて今日まで続いている。

ビザンツ文明は、それまでのローマの継承から、良くも悪くも劇的な変化を遂げる。構造的要因に加え、キリスト教徒の考え方の変化を受けて、奴隷は急激に減少したが、制度的に廃止されることはなかった。ビザンツ帝国においては、古代ローマにはなかった女性の単独統治者が時折、出現した。最初の人物は、8世紀末のエイレーネー女帝である。しかし、一般女性の権利はむしろ、離婚請求の条件が厳しくなるなど、一部で縮小した。

最終的にビザンツ帝国は、東西のライバル国家の間で板挟みになった。小アジアのトルコ人勢力に対抗するため、ビザンツ帝国は西方に援助を求めたが、図らずも中東征服を目的とするキリスト教十字軍を招き寄せる結果となった。しかし十字軍は、イスラム世界とほぼ同じくらい、ビザンツを「外国」として敵視していた。1204年、十字軍のある集団が、コンスタンティノープルの900年の歴史で初めて、略奪に及んだ。そして1453年、オスマン帝国軍がこの都市を占領した際、最後の「ローマ皇帝」も死んだ。このとき、ほぼ1500年前にアウグストゥス帝が創始した帝国は、最終的な終焉を迎えた。

▽**モノマコスの王冠**
コンスタンティノープルから出土した11世紀の精巧な王冠。ビザンツ皇帝コンスタンティノス9世モノマコスと、その家族が描かれている。

皇帝の左側の人物は、皇妃の妹を描いている

皇帝ユスティニアヌス1世

527年から565年まで統治したユスティニアヌス大帝は（部下の名将ベリサリウスの指揮の下）、劇的な領土拡大を図って北アフリカとイタリアを再征服し、ローマ帝国を復興した。テオドラ皇后（286-287頁を参照）とともに内政にも力を注ぎ、膨大な量のローマ法を制定し、多くの美しい建物を建設した。しかし彼は、宗教上の反対者も迫害し、532年には彼の統治に対する民衆の反乱を鎮圧するために、数千人の国民を虐殺した。

ローマと世界の歴史

王朝、帝国と、世界史上の出来事の年表

ローマの歴史は1200年にわたったが、同時代には他の偉大な文明の興亡もあった。
新しい宗教と政治制度が誕生し、国家が形成され、文化と技術は大きく進歩し、
帝国が崩壊した。こうして形成された世界に、永久的な遺産が受け継がれたのである。

- **前753年**
ローマが建国され、ロムルスがローマの初代国王になる。
- **前545年頃**
共和政ローマの創設者ルキウス・ユニウス・ブルートゥスが生まれる。
- **前509年**
ルキウス・タルクィニウス・スペルブス王が追放され、共和政を宣言。
- **前343年**
サムニウム戦争が始まる。前290年にローマの勝利で終わる。
- **前264年**
ポエニ戦争が始まる。前146年にカルタゴの敗北で終わる

古代ローマ

前753–前509年
王政ローマ

前509–前27年
共和政ローマ

前800年　前690年　前580年　前470年　前360年　前250年

世界の帝国と王国

古代ギリシア
ヘレニズム諸王国
古代エジプト
後期ヴェーダ文明
インドの諸王朝
中国文明
アケメネス朝ペルシア帝国
ヌビアのナパタン・クシュ王国
古代アンデス文明

- **前776年**
最初の古代オリンピックがギリシア南部のオリンピアで開催される。
- **前650年**
最古とされる硬貨がエフェソスで鋳造される。
- **前600年**
中国最古の文学作品である『詩経』が編纂される。
- **前600年**
フェニキアで硬貨が使用される。
- **前515年頃**
中国人が、初めて鉄を鋳造した民族となる。
- **前507年頃**
アテナイ（アテネ）で民主主義が確立される。
- **前496年頃**
劇作家ソフォクレス誕生。
- **前480年**
ペルシアの統治者クセルクセス1世が、ギリシアの都市国家に対する遠征を企てるが失敗する。
- **前427年頃**
アテナイの哲学者プラトンが生まれる。
- **前424年頃**
仏陀が悟りを開く。
- **前399年**
ソクラテスが死刑判決を受ける。
- **前334年**
アレクサンドロス大王がペルシア帝国の征服を開始。
- **前323年**
アレクサンドロス大王が死去。
- **前272年頃**
仏教信者であるマウリヤ朝のアショーカ王が、初のインド統一国家を設立。

- **前91年**
同盟市戦争が始まる。
前87年に終わる。

- **前70年**
ローマ最大の詩人
ウェルギリウス誕生。

- **前44年**
ユリウス・カエサルが
暗殺される。

- **前27年**
オクタウィアヌスがローマ
初代皇帝アウグストゥスに
なる。

- **14年**
アウグストゥス帝が死去し、
帝政（元首政）が正式に開始。

- **64年**
ローマ大火により市の
最大3分の2が焼失。

- **64年**
聖ペテロがローマで
処刑される

- **79年**
ウェスウィウス火山が噴火。
ポンペイ、ヘルクラネウムと周辺の
集落が壊滅。

- **80年**
ローマのコロッセウム
が開業。

- **193年**
セプティミウス・セウェルスが
ローマ初のアフリカ出身の
皇帝となる。

- **286年**
ディオクレティアヌス帝が
帝国を東西に分割。
293年に四帝分治制を確立。

- **312年**
コンスタンティヌス1世が
ミルウィウス橋の戦いでマクセンティウス
を破る。

- **380年**
テオドシウス帝がキリスト教を
ローマ帝国の国教とする。

- **402年**
ホノリウス帝が西帝国の首都を
ミラノからラヴェンナに移転。

- **410年**
8月24日、アラリック1世の
西ゴート軍がローマ略奪を実施。

- **453年**
ローマ帝国の最大の敵、
フンの指導者アッティラが
自身の婚儀の宴席で死去。

- **476年**
西ローマ帝国の滅亡。

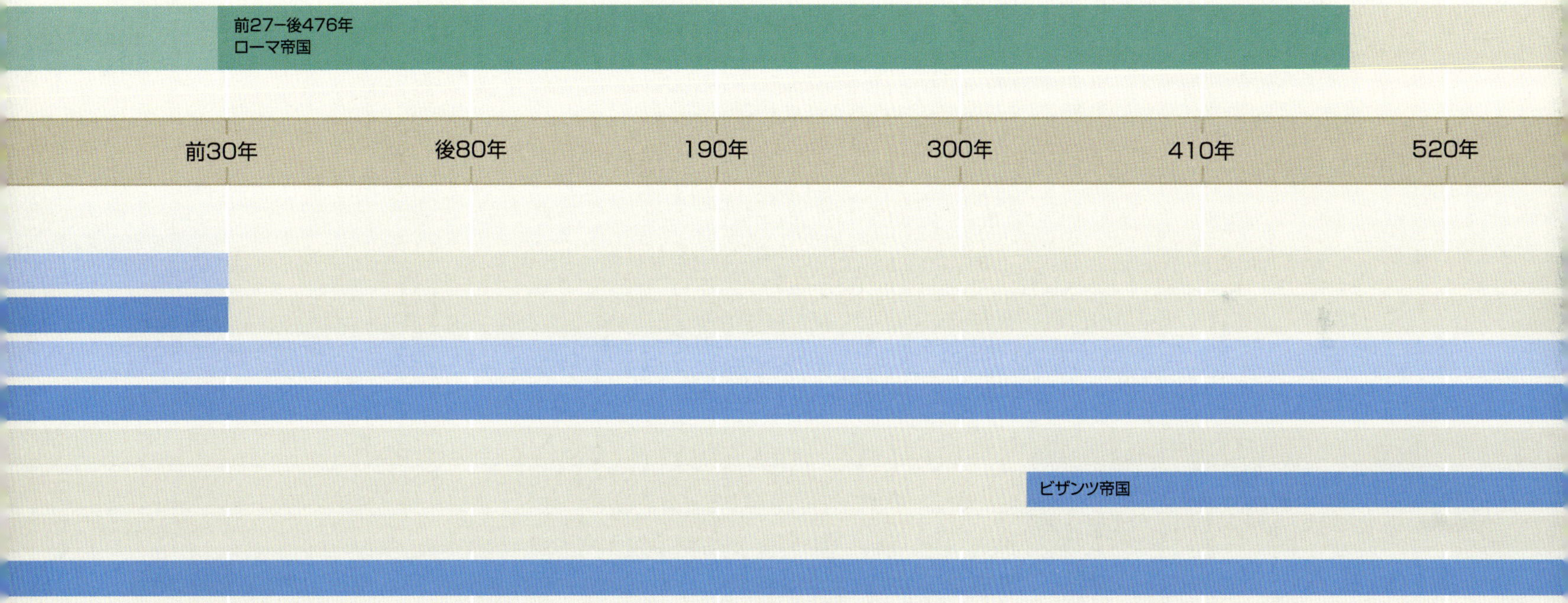

- **前69年頃**
クレオパトラ7世誕生。
前30年に自ら命を絶つ。

- **前50年頃**
マヤ人が52年周期の
マヤ暦を導入。

- **33年頃**
イエス・キリストが
十字架で処刑される。

- **70年**
エルサレムがティトゥスの
軍隊によって破壊される。

- **200年頃**
メキシコで太陽のピラミッドが
建設される。

- **220年**
中国の漢王朝が崩壊し、
三国時代が始まる。

- **224年**
パルティア帝国が崩壊し、
ササン朝帝国が興隆。

- **321年**
チャンドラグプタ1世が
ガンジス川渓谷を征服。
グプタ朝の基礎を築く。

用語解説

あ

アウグストゥス（複数形：アウグスティ）
「偉大な」を意味する称号。初代皇帝となったオクタウィアヌスに与えられ、その後の皇帝への敬称として採用された。四帝分治制時代には正帝を表す意味で使用された。

アクィラ
ラテン語で鷲、ユピテル神の使いの鳥を意味する言葉。ローマ軍団の軍旗に示された鷲は、神の加護を受けたローマ帝国の力を象徴していた。

アゲル・プブリクス
公有地。イタリアの肥沃な土地はローマ国家に没収され、小規模農地に分割され、ローマ市民によって耕作された。

アトリウム
ローマの家庭の中央ホール。

イードゥース
ローマ暦で毎月13日、または15日のこと。

インスラ（複数形：インスラエ）
都市部にある高層の集合住宅。

インペリウム
軍を指揮し統括する権利。一定期間、上級の政務官に割り当てられた。

ウェスタの処女
ウェスタ女神に身を捧げた6人の巫女たち。子供の頃から奉仕を始め、フォルムの中心にあるウェスタ神殿で、ローマの永遠の炎を灯し続ける責任を負っていた。30年後には立ち去ってよかったが、奉仕中に貞淑を保たなければ生き埋めにされる危険があった。この制度はおそらく前7世紀に遡り、後394年に禁止されるまで続いた。

エトルリア人
古代エトルリアの人々で、前6世紀にその文明は最高潮に達した。後にこの地域を支配したローマ人は、エトルリアの慣習を多く取り入れた。

王（レクス。複数形：レゲス）
王政時代のローマの指導者を指す言葉。通常、英語ではkingと訳される。

か

凱旋式（トリウムフス）
重要な軍事的勝利を祝うローマの大行列。戦勝将軍は戦利品とともに、軍隊と捕虜を引き連れ、戦車に乗ってローマ市内を巡った。

カエサル
ユリウス・カエサルの名前に由来する皇帝の称号。四帝分治制時代には副帝の地位を示した。

カタフラクト
パルティア帝国とササン朝帝国が、ローマ帝国との戦争で使用した重装騎兵。

ガリア
現在のフランスとその周辺を含む西ヨーロッパの地域。ローマの4属州で構成され、主にケルト人が居住していたが、これに限定されるわけではなかった。ローマ人はケルト人全般に「ガリア人」という包括的な呼称を与えた。

カルダリウム
ローマの浴場にあった「温室」。ヒポカウストで暖められ、温水プールもあった。

監察官（ケンソル）
ケンススを維持管理し、公序良俗の監督、公契約と徴税権の割り当てを担当した2人の政務官。監察官の決定は覆せないものとされた。

カンプス・マルティウス
「マルスの野」の意味。市の城壁外にある平地で、ローマ軍が集結し、選挙が行われた場所でもあった。

騎士（エクィテス）
ケンススで最も裕福なカテゴリーに分類されながら、元老院議員として政治活動に参加していない市民。しかし彼らはローマのエリート層の一部であり、政治に影響力を持っていた。

貴族（パトリキ）
共和政初期の貴族は公職を独占するエリート氏族であった。時間が経つにつれて、彼らは独占的な統治権を失い、共和政後期までに集団的影響力をほとんど、またはまったく喪失してしまった。

ギリシア語圏
ローマ初期の歴史は、ギリシアが地中海地域を植民地化する動きと並行していた。ギリシア本土とエーゲ海周辺で話されたギリシア語は、トルコ西部、イタリア南部、黒海、キプロス、さらに北アフリカの一部、フランス、スペインの共通言語でもあった。アレクサンドロス大王とその後継者の征服により、地中海東部ではギリシア語の使用が強化され、東ローマ帝国においては、コンスタンティノープルが陥落するまで公用語だった。

キー・ロー
ギリシア文字のキー（X）とロー（P）。キリストのギリシア名であるクリストスの最初の2文字を組み合わせたシンボル。

供儀の王
ローマの終身制の神官職。妻の「供儀の女王」とともに、国家を代表して生贄を捧げた。

供儀の女王
供儀の王を参照。

クルスス・ホノルム
「名誉のコース」。官職や政務官の出世の階梯である。順序良く上る必要があり、役職は公選、任期は1年間だった。

軍団（レギオン）
ローマ軍の主力作戦単位で、約5000人の市民の兵士で構成される。戦闘行動と後方任務で、同人数の非市民による補助部隊が支援した。

ゲルマン人
古代から中世初期まで、中央ヨーロッパとスカンジナビアに住んでいた部族の集団を指す歴史用語。

ケンスス（国勢調査）
監察官によって行われた、すべてのローマ市民の財力と納税義務の調査。

元老院
政務官経験者で構成されるローマの最上級政治団体。元老院の役割は、各年の政務官たちに助言することであった。共和政時代の元老院は外交政策に特別な関心を持っていた。

コミティウム
ローマ最古の屋外公共会議スペース。宗教的に非常に重要性を持っており、ローマの人々が、さまざまな市民的行事を行うために集まる場所だった。

護民官（トリブヌス・プレビス）
ローマの平民から、毎年10人の護民官を選出した。その役割は、平民の利益を守ることであった。

コルンバリウム（納骨堂）
骨や遺灰の入った壺を保管するため、複数の空間を備えた公共または民間の墓地。

コンスル（執政官）
毎年、共和政ローマで公選される官職の最高位。2人のコンスルが1年間、共同で政務を取り仕切った。

さ

最高神官（ポンティフェクス・マクシムス）
神官団の首席大神官であり、ローマにおける最高宗教職の保持者。アウグストゥスの統治下で、この役割は皇帝の地位の一部となった。

財務官（クァエストル）
主要な政務官の中で最下位であり、主に財政問題に関与する。共和政後期では財務官選挙において、元老院議員が選出された。

サトゥルナリア祭
ラティウムの古代国家神サトゥルヌスの祭り。12月末に開催され、全階層のローマ人がごちそうを食べ、贈り物を交換し合った。

四帝分治制（テトラルキア）
「4人で統治する」意味で、後3世紀にディオクレティアヌス帝が帝国を4分割し、2人の正帝と2人の副帝で統治した体制に与えられた名前。

神格化
特定の人物、通常はローマ皇帝を、その死後に神の地位に昇格させること。

スオウェタウリリア
豚（スス）、羊（オウィス）、雄牛（タウルス）をマルス神に生贄として捧げること。この言葉は、3種類の動物を組み合わせたものだ。

ステレ（石碑）
古代世界で記念碑的な目的で設置された石、または木のブロックで、通常は碑文または彫刻が施されている。

政務官（マギストラトゥス）
公選基準（男性、適切な年齢、財産、自由人）を満たし、特定の任務を遂行するために、正式な議会でローマ民団によって選出された人物。彼らの職責は、財産紛争の裁判官などの低いレベルのものから、属州総督や軍の指揮官など、最高レベルまで多岐にわたった。

造営官
共和政ローマで公選された役職。ローマに拠点を置き、公共の建物やインフラの維持、また公共の祭りの規制などの治安維持を担当した。

臓卜師（ハルスペクス。複数形：ハルスピケス）
エトルリアの占い師で、動物の内臓を見て神の意思を解釈する。元老院がよく雇用した。

属州
総督（プロコンスル）あるいは長官（レガテ）が管理するローマの行政区域。

た

大神官（ポンティフェクス。複数形：ポンティフィケス）
神権を司る公職で、ローマ市内の宗教生活を監督した。最高神官に従属する。

タブリヌム
家族の記録をタブレットに保存する部屋または書

斎。それはローマの家のアトリウムと柱廊の間に位置していた。

鳥占官（アウグル）
政治的決定を神意に沿ったものにするため（鳥の飛行を研究して）占うよう任命されたローマの終身制の官職。

テピダリウム
ローマの浴場で暖かい部屋のこと。

テルマエ
帝国全土で利用された大浴場。バルネアエという小浴場の建物もあった。

トガ
ローマ市民男性の伝統的な公服。

独裁官（ディクタトル）
軍事的または政治的な緊急事態の際に任命される最高権限を持つ政務官。危機が去ったときには辞任するのが伝統だったが、ユリウス・カエサルがこれを破った。

トリクリニア
ローマの建物にあるフォーマルな食堂。通常、3つのソファが置かれたために、こう名付けられた。

な

西ローマ帝国
後3世紀に分裂したローマ帝国の西部で、476年に滅亡した。だが、東ローマ帝国は首都コンスタンティノープルを拠点として、さらに1000年も存続した。

ノーナエ
ローマ暦で毎月5日、または7日のこと。

は

パクス・ロマーナ（ローマの平和）
約200年間（前27－後180年）も続いた安定期。帝国は比較的、平穏で安定しており、黄金時代と見なされた。

閥族派（オプティマテス）
共和政後期、権力と影響力で政策を主導した元老院議員の上級者集団を指して、イデオロギー的に用いられた呼び名。彼らは一般に反平民派と見なされ、一貫してユリウス・カエサルの台頭に反対した。

パテルファミリアス
「家父長」のこと。ローマの家庭の最年長の男性で、家長である。

パリリア祭
4月21日に祝われるローマの祭り。羊と羊飼いの守護神パレスに捧げられる。

パルティア
歴史上、イラン北東部の地域名で、パルティア帝国（前247－後224年）の支配者の政治的、文化的拠点となった。

東ローマ帝国
後3世紀に分裂したローマ帝国の東部。東帝国は当初、ニコメディアを首都とし、その後はコンスタンティノープルから統治された。西ローマ帝国の崩壊後も1000年間、存続した。ビザンツ帝国の名でも知られている。

ヒスパニア
イベリア半島とその属州のローマ名。

ヒポカウスト
当時のセントラル・ヒーティング・システム。熱風を起こして床下に循環させ、さらに暖気をパイプや細管に送り、壁面を暖めることもあった。

ファスケス
斧を囲む棒の束。古代ローマでコンスルを警護するリクトルが運んだ。束ねた棒は力による団結を表し、斧は政務官の権力（インペリウム）と、従わない者を罰する権威を象徴した。

ファミリア
ローマの「家族」のことだが、これには親族だけでなく、奴隷の世帯員も含んだ。

フラウィウス朝
ウェスパシアヌス帝が設立した王朝。

プラエトリアニ（皇帝親衛隊）
皇帝の専属警護を務めたローマ軍の部隊。

フラミニカ（複数形：フラミニカエ）
特定の神に仕える巫女。

フラメン（複数形：フラミネス）
特定の神を信奉する司祭。たとえば、ユピテル神やマルス神に仕えるフラメンがいた。フラメンはフラミニカと結婚した。

フリギダリウム
テルマエ（ローマの浴場）にあった3種類の主要な部屋の一つ。ここは涼しい部屋で、水風呂やプールがあった。

ブリタンニア（ブリタニア）
ブリテン島南部の3分の2の部分。後43年の征服後にローマの属州となった。

プリンキパテ
皇帝の執務室。

プロコンスル
元コンスルの意味で、その後に属州総督や軍司令官になった人物。

フローラリア祭
4月27日または28日に祝われるローマの祭りで、春と花の女神フローラに捧げられた。

平民（プレブス）
共和政初期に政治権力を独占した少数のエリート貴族の家系に属さないローマ市民。彼らは身分闘争（前494年－前287年）で自分たちの権利を求めて戦い、共和政後期までに、平民家系がローマ社会のあらゆるレベルで優勢になった。

平民派（ポプラレス）
共和政後期、エリート層ではないローマ市民に、帝国の利益を応分かつ確実に分配するために、元老院を回避し、民会や護民官を通じ、直接的に働きかけようとした政治家たちに適用された用語。

平和の祭壇（アラ・パキス）
前13年にアウグストゥス帝がガリアとスペインの遠征から無事、帰還したことを記念し、ローマ元老院によって建設された平和の記念碑的な祭壇。

ペナテス
家の神。物置の守護神。

ペリスタイル
ローマ建築において、建物の周囲の列柱で形成される連続したポーチ、または開かれた中庭。

ヘレニズム
歴史的には前323年のアレクサンドロス大王の死で始まり、前31年にローマがヘレニズム最後の王国、ギリシア系の君主が統治したエジプトのプトレマイオス朝を征服して終わった時代のこと。またこの用語は、ギリシアの歴史や文化に関するものも指す。

法務官（プラエトル）
コンスルに次ぐ上級政務官。主に司法判事の職務であり、公開法廷の運営に関与した。

補助隊員
ローマ軍で戦う非ローマ市民の兵士。満期除隊するとローマ市民権が与えられた。

ま

マトロナ
理想的なローマの良妻賢母のこと。

や

ユリウス＝クラウディウス朝
オクタウィアヌス（アウグストゥス）とリウィアが設立した王朝。

ら

ラティウム
ローマを含むイタリア中部の地域で、ラテン語の故郷。北はティベル（テヴェレ）川、東はアペニン山脈、南はレピニ山脈に囲まれた地域のこと。

ラティフンディア
大規模集団農地。多くの場合、小規模農地が1つに統合されて構成される。

ララリウム（複数形：ララリア）
ローマの家庭内にあるラレス神のための神殿で、家の神への供物が捧げられた。

ラレス・ファミリアレス
家族の守護神。

リクトル（先導警士）
もともとは政務官のファスケスを担う従者のこと。彼らの主な役割は、政務官の通行のために群衆を遮ることである。政務官たちの従者の構成がより複雑になるにつれて、彼らは警護官としての役割を担うことが多くなった。

リベラリア祭
毎年3月17日に祝われるローマの祭り。この期間、少年たちはトガを着て、成人したことを示した。

ルディ・サエクラレス祭
「世紀の大祭」の意味で、古いサエクルム（100年または110年のサイクル）の終わりと新しい時代の始まりを示すために、ローマのカンプス・マルティウスで3日間にわたって開催される見世物と供儀の祭典。

ルペルカリア祭
健康と子孫繁栄を祈念して、2月15日に祝われるローマの祭り。ルペルキ（狼の兄弟）と呼ばれる若者たちが祝い、半裸でローマ中を駆け回って山羊皮の鞭で見物人（多くは女性）を打って回った。

レガトゥス
上級政務官から委任された権限を使用し、特定の任務を実行するよう割り当てられた役人。

ロビガリア祭
穀物畑を病気から守るために、植物のさび病の神ロビグスを称え、犬を生贄として捧げるローマの祭り。4月25日に祝われた。

索引

太字のページ番号は、その項目が主に取り上げられているページを示す。

あ

か

さ

ま

や

ら・わ

謝辞／図版出典

ドーリング・キンダースリー・ロンドン(DK London)は、本書にご協力いただいた以下の方々に感謝いたします。フォルム・ロマルム、アトリウムのある別荘、パラティヌスの丘とキルクス・マクシムス、新しき巨大都市、コロッセウム、カラカラ浴場、ウィンドランダ砦の CGI アートワークを担当したマシュー・ニコルズ教授とピーター・ブル・アート・スタジオ。CGI資料取材協力のレディング大学・モアタズ・サミルとフロッソ・ツァパニドウ。2次アートワークのダクシータ・パッティーニ。写真調査協力のジョー・ウォルトン、ローランド・スミティーズ、サラ・ホッパー。編集サポートのダイアナ・ロクスレー、ボニー・マクレオド、アビゲイル・ミッチェル。索引のヘレン・ピーターズ。校正のダイアナ・ヴォウレス。クリエイティブ技術サポートのトム・モーズ。地図作成アドバイスのサイモン・マムフォード。

DK デリーは以下の方々に感謝いたします。
編集協力のナンディーニ・D・トリパシーとアンキタ・グプタ。デザイン支援のタンヴィ・サフウ、デヴィカ・アワスティ、ラギニ・ラワト。シニア DTP デザイナーのネーラジ・ブアティア。DTPデザインのパワン・クマールとアショク・クマール。

写真や作品の使用に快く許可をいただきました以下の方々に感謝いたします。
以下の CGI アートワークと線画はマシュー・ニコルズ教授が最初に作成したアートワークに基づく。64-67頁のフォルム・ロマヌム、146-147頁のパラティヌスの丘とキルクス・マクシムス、162-165頁の新しき巨大都市 (マシュー・ニコルズ教授による「ヴァーチャル・ローマ」からの画像。© 2021 University of Reading)、166頁のウルピア図書館、213頁の皇帝たちのフォルム、および 236-237頁のカラカラ浴場。

図版出典(省略記号): a-上、b-下/最下段、c-中央、f-端、l-左、r-右、t-最上段)

1 © The Trustees of the British Museum. All rights reserved. 2 Dreamstime. com: Scaliger. **4 Getty Images:** Marco Cantile. **5 The Art Institute of Chicago:** Katherine K. Adler Memorial Fund / Public Domain (cla). **The Cleveland Museum Of Art:** Gift of Mrs. Ernest Brummer 1986.185 / Open Acces (ca). **The Metropolitan Museum of Art:** (cra). **6 © KHM-Museumsverband:** (tc). **The Metropolitan Museum of Art:** (tr); Fletcher Fund, 1926 (tl). **7 Getty Images:** Marco Cantile. **8 The Metropolitan Museum of Art. 9 Alamy Stock Photo:** Panther Media GmbH (br). **10 Science Photo Library:** Marco Ansaloni (br). **11 Alamy Stock Photo:** Artepics. **12-13 The Art Institute of Chicago:** Katherine K. Adler Memorial Fund / Public Domain. **14 Alamy Stock Photo:** IanDagnall Computing. **15 Getty Images:** DEA / G. Carfagna (c). **Shutterstock.com:** 190291154 (t); ste77 (b). **16 Getty Images:** Heritage Images (l); Leemage (b). **17 The Metropolitan Museum of Art:** (b). **Shutterstock.com:** Gianni Dagli Orti (t). **18-19 Getty Images:** DEA / G. Dagli Orti. **20 Getty Images:** DEA / G. Nimatallah. **21 © The Trustees of the British Museum. All rights reserved:** (tr). **The Metropolitan Museum of Art:** Rogers Fund, 1903 (b). **22 Bridgeman Images:** © Museumslandschaft Hessen Kassel / Ute Brunze (b). **© The Trustees of the British Museum. All rights reserved:** (tl). **Getty Images:** Photo Josse / Leemage (tr). **23 Bridgeman Images:** Luisa Ricciarini. **24 AF Fotografie:** (c, r). **Alamy Stock Photo:** Interfoto (l). **25 AF Fotografie:** (c, l, r). **26 The Metropolitan Museum of Art:** (t). **Photo Scala, Florence:** Courtesy of the Ministero Beni e Att. Culturali e del Turismo (b). **27 akg-images:** Pirozzi. **28-29 Alamy Stock Photo:** Wieslaw Jarek (t). **28 AWL Images:** ImageBROKER (bc). **© The Trustees of the British Museum. All rights reserved:** (clb). **29 Ancestry Images:** (br). **30-31 © The Trustees of the British Museum. All rights reserved:** (bc). **30 © The Trustees of the British Museum. All rights reserved:** (ca). **Getty Images:** Sepia Times (bc). **The Metropolitan Museum of Art:** (tr, cla, fbl). **31 © The Trustees of the British Museum. All rights reserved:** (bc, br). **The Metropolitan Museum of Art:** (tr, crb); Gift of Mr. and Mrs. Klaus G. Perls, 1997 (tl); Purchase, 1915 (cla); Rogers Fund, 1916 (bl). **32 akg-images:** Nimatallah. **33 Getty Images:** DEA / V. Pirozzi (l); Julian Elliott Photography (r). **34 © The Trustees of the British Museum. All rights reserved:** (bl). **The Metropolitan Museum of Art:** (c). **35 Photo Scala, Florence:** bpk, Bildagentur fuer Kunst, Kultur und Geschichte, Berlin (b). **University of Oxford:** Egypt Exploration Society (t). **36 © The Trustees of the British Museum. All rights reserved:** (ca). **Carole Raddato:** (bl). **37 Alamy Stock Photo:** Album. **38-39 The Cleveland Museum Of Art:** Gift of Mrs. Ernest Brummer 1986.185 / Open Acces. **41 Alamy Stock Photo:** Eddy Galeotti (r); **Getty Images:** P. Eoche (c). **The Metropolitan Museum of Art**; imageBROKER (l). **42 © The Trustees of the British Museum. All rights reserved:** (bc). **Getty Images:** DEA / G. Dagli Orti (t). **43 Alamy Stock Photo:** Adam Eastland (t); The Picture Art Collection (br). **44 Alamy Stock Photo:** Peter Eastland. **45 Alamy Stock Photo:** Ionut David (cr); Marek Stepan (br). **Los Angeles County Museum of Art:** (c). **46 Alamy Stock Photo:** The Print Collector (c); Visual Arts Resource (l). **Bridgeman Images:** Raffaello Bencini (r). **47 Alamy Stock Photo:** imageBROKER (l). **Bridgeman Images:** © Patrice Cartier. All rights reserved 2022 (c). **Getty Images:** DEA / G. Dagli Orti (r). **48 Alamy Stock Photo:** BYphoto (bl). **Bridgeman Images:** © Museum of Fine Arts, Boston (c). **The Metropolitan Museum of Art:** Gift of Christos G. Bastis, in honor of Philippe de Montebello, 1995 (br); Rogers Fund, 1906 (bc); Rogers Fund, 1919 (cr). **48-49 The Metropolitan Museum of Art:** (c). **49 akg-images:** Landesmuseum Württemberg / Peter Frankenstein und Hendrik Zwietasch (clb). **Alamy Stock Photo:** Fabrizio Troiani (crb). **Getty Images:** VCG Wilson / Corbis (tr). **The Metropolitan Museum of Art:** Gift of Mrs. Frederick F. Thompson, 1903 (ca); Gift of Henry G. Marquand, 1897 (br). **Photo Scala, Florence:** Image Copyright Museo Nacional del Prado © Photo MN (tl). **50 Getty Images:** Werner Forman / Universal Images (cr). **Musei Capitolini, Roma:** (b). **Wikipedia:** Jastrow (cla). **51 Shutterstock.com:** Gianni Dagli Orti. **52 Alamy Stock Photo:** Prisma Archivo (c). **Getty Images:** DEA Picture Library (l). **© Marie-Lan Nguyen/Wikimedia Commons:** (r). **53 Alamy Stock Photo:** adam eastland (c). **American Numismatic Society:** (tr). **Getty Images:** Crisfotolux (r); Martin Child (l). **54 Photo Scala, Florence:** Courtesy of the Ministero Beni e Att. Culturali e del Turismo. **55 Getty Images:** Print Collector (br). **The Metropolitan Museum of Art:** Purchase by subscription, 1896 (l). **Photo Scala, Florence:** Courtesy of the Ministero Beni e Att. Culturali e del Turismo (tr). **56 Getty Images:** DEA / A. Dagli Orti (t). **Photo Scala, Florence:** bpk, Bildagentur fuer Kunst, Kultur und Geschichte, Berli (bl). **57 Digital image courtesy of the Getty's Open Content Program:** The J. Paul Getty Museum, Villa Collection, Malibu, California, Gift of Barbara and Lawrence Fleischman, 96.AC.232 (b). **Getty Images:** Heritage Images (t). **58 © The Trustees of the British Museum. All rights reserved:** (l). **Getty Images:** DEA / G. Nimatallah (r). **59 Alamy Stock Photo:** Wiliam Perry (b). **Justus Liebig University Giessen:** (t). **60 Getty Images:** DEA / M. Carrieri (b). **Wellcome Images http:// creativecommons.org/licenses/by/4.0/:** Science Museum, London (cl). **60-61 Photo Scala, Florence:** RMN-Grand Palais / Herve Lewandowski. **61 Getty Images:** Werner Forman (b). **62 Alamy Stock Photo:** Universal Art Archive (l). **Bridgeman Images:** Electa (r). **Getty Images:** (c). **63 Alamy Stock Photo:** Universal Art Archive (bc). **Bridgeman Images:** Museum of Fine Arts, Houston / museum purchase funded by the estate of Mary Alice Wilson and the Director's Accessions fund (br). **© The Trustees of the British Museum. All rights reserved:** (tr). **Photo Scala, Florence:** Christie's Images, London (bl). **65 Alamy Stock Photo:** Vito Arcomano (r); eye35.pix (l). **66 Alamy Stock Photo:** Vito Arcomano (cb); Chris Hooton (bl). **67 Alamy Stock Photo:** Adam Eastland (ca); Fabrizio Troiani (cra); Peter Horree (br). **68 Alamy Stock Photo:** Adam Eastland (br). **American Numismatic Society:** (cl). **69 Getty Images:** Ashmolean Museum / Heritage Images (l). **The Metropolitan Museum of Art:** Rogers Fund, 1903 (br). **70 akg-images:** MPortfolio / Electa (bl). **© The Trustees of the British Museum. All rights reserved:** (br). **Wellcome Images http:// creativecommons.org/licenses/by/4.0/:** (ca). **71 Getty Images:** DeAgostini (c). **72-73 Getty Images:** font83. **74 akg-images:** Erich Lessing (ca). **Alamy Stock Photo:** Stefano Ravera (cla). **Getty Images:** Print Collector (b). **75 akg-images:** Eric Vandeville (cr). **Getty Images:** DEA / G. Nimatallah (l). **76 Alamy Stock Photo:** Erin Babnik (b). **© The Trustees of the British Museum. All rights reserved:** (t). **77 Getty Images:** DeAgostini (b). **The Metropolitan Museum of Art:** Gift of Darius O. Mills, 1906 (t). **78 Getty Images:** Giorgio Cosulich (b). **79 Alamy Stock Photo:** WHPics (b). **80 akg-images:** Interfoto / Hermann Historica Gmbh (bc). **Alamy Stock Photo. Bridgeman Images:** Musee du Bardo, Tunis, Tunisia (c). **The Metropolitan Museum of Art:** (tr, br). **Museo Nazionale Romano:** (cla). **81 akg-images:** Museum Kalkriese (ca). **Alamy Stock Photo:** Artokoloro (cb); dpa picture alliance (tc); Royal Armouries Museum (tr). **Bridgeman Images:** Israel Museum, Jerusalem / Gift of Professor W. Weinberg (bc). **Wikipedia:** Jebulon / Public Domain (br). **Yale University Art Gallery:** (l). **82 Alamy Stock Photo:** Peter Horree (b). **Bridgeman Images:** Christie's Images (t). **83 Alamy Stock Photo:** Peter Horree (b). **84 Bridgeman Images. 85 Alamy Stock Photo:** agefotostock (cr); Panther Media GmbH (bl). **Bridgeman Images:** NPL - DeA Picture Library (t). **86 akg-images:** Erich Lessing. **87 MAK Center for Art and Architecture:** (ca). **rowanwindwhistler:** (br). **88 akg-images:** De Agostini Picture Lib. / W. Buss (bl). **Alamy Stock Photo:** Art Collection 2 (cr). **Photo Scala, Florence:** (cl). **89 Bridgeman Images:** NPL - DeA Picture Library. **90 Alamy Stock Photo:** Peter Eastland (bc). **The Metropolitan Museum of Art:** (cr). **91 Alamy Stock Photo:** Zev Radovan (b). **Getty Images:** estivillml (t). **92 Shutterstock.com:** Francesco De Marco (ca). **93 Alamy Stock Photo:** Adam Eastland (t). **Shutterstock.com:** Tatsuo Nakamura (bc). **94 Alamy Stock Photo:** Abaca Press (br). **Amgueddfa Cymru – National Museum Wales:** (bl). **Shutterstock.com:** Gianni Dagli Orti (ca). **95 Getty Images:** DEA / L. Pedicini. **96 © The**

Trustees of the British Museum. All rights reserved: (cl). **97 © KHM-Museumsverband:** (t). **Photo Scala, Florence:** Image Copyright Museo Nacional del Prado © Photo MNP (br). **98 Getty Images:** Jumping Rocks (b). **Photo Scala, Florence:** Luciano Romano (ca). **99 Getty Images:** Nando Pizzini Photography (t). **Photo Scala, Florence:** Luciano Romano (br). **100-101 The Metropolitan Museum of Art**. **102 Alamy Stock Photo:** Heritage Image Partnership Ltd (b). **103 Alamy Stock Photo:** Album (c); Tuul and Bruno Morandi (l); Hercules Milas (r). **104 Photo Scala, Florence:** RMN-Grand Palais / Herve Lewandowski (br). **105 Getty Images:** DEA / A. Dagli Orti (b); DeAgostini (t). **106 Photo Scala, Florence:** bpk, Bildagentur fuer Kunst, Kultur und Geschichte, Berlin (br). **107 Getty Images:** DEA Picture Library (r). **108 Alamy Stock Photo:** Erin Babnik. **109 Getty Images:** DeAgostini (b). **Photo Scala, Florence:** RMN- Grand Palais (t). **110 Emma Taricco:** (bl). **Winchester Museum Service:** (cra). **111 akg-images:** Hervé Champollion (br). **Getty Images:** PHAS (t). **112 Getty Images:** Photo Josse / Leemage (t). **Musée d'Aquitaine:** (bl). **113 Alamy Stock Photo:** Adam Eastland (br). **Lyon MBA:** Alain Basset (crb). **114 Alamy Stock Photo:** Greg Balfour Evans (tl). **The Metropolitan Museum of Art:** Rogers Fund, 1918 (tr). **Photo Scala, Florence:** Fotografica Foglia - courtesy of the Ministero Beni e Att. Culturali e del Turismo (b). **115 Getty Images:** DEA / A. Dagli Orti. **116 Alamy Stock Photo:** Album. **117 Alamy Stock Photo:** Domenico Tondini (br). **Gareth Harney:** (t). **118 Bridgeman Images:** Luisa Ricciarini. **119 American Numismatic Society:** (t). **Bridgeman Images:** Fine Art Images (b). **120-121 akg- images:** Album. **121 The Metropolitan Museum of Art:** Fletcher Fund, 1926 (t). **Wikipedia:** Jean-Pol Grandmont (br). **122 Bridgeman Images:** Ashmolean Museum (bl). **© The Trustees of the British Museum. All rights reserved:** (tl). **123 Bridgeman Images**. **124 Getty Images:** DEA / V. Pirozzi (br); Mondadori Portfolio (bl). **The Metropolitan Museum of Art:** Edith Perry Chapman Fund, 1952 (tr); Gift of J. Pierpont Morgan, 1917 (tl); Rogers Fund, 1912 (cb). **125 © The Trustees of the British Museum. All rights reserved:** (tr). **Ludwig Maximilians Universität:** (br). **The Metropolitan Museum of Art:** Bequest of Walter C. Baker, 1971 (c); Gift of J. Pierpont Morgan, 1917 (tl); Fletcher Fund, 1926 (tc); Rogers Fund, 1906 (cl); Purchase, Lila Acheson Wallace, Howard S. and Nancy Marks, Mr. and Mrs. Ronald S. Lauder, The Jaharis Family Foundation Inc., Philodoroi, Leon Levy Foundation, Renée E. and Robert A. Belfer, Mr. and Mrs. John A. Moran, Mr. and Mrs. Mark Fisch, Annette de la Renta, Beatrice Stern, Frederick J. Iseman, The Abner Rosen Foundation Inc., Mr. and Mrs. Richard L. Chilton Jr., Martha Stewart Living Omnimedia, Barbara G. Fleischman, in memory of Lawrence A. Fleischman, and Malcolm Hewitt Wiener Foundation Gifts; and The Bothmer Purchase and Diane Carol Brandt Funds, 2019 (cr); Gift of Philip Hofer, 1938 (bl). **126 Alamy Stock Photo:** Prisma Archivo. **127 Alamy Stock Photo:** Universal Art Archive (cra). **Getty Images:** Art Images (l). **128 © The Trustees of the British Museum. All rights reserved:** (ca). **128-129 Alamy Stock Photo:** REDA &CO srl (bc). **129 Getty Images:** Leemage. **130 The Art Institute of Chicago:** (fbl). **© The Trustees of the British Museum. All rights reserved:** (ftr, tr, fcla, ca, fcra, c, fcrb, fclb, fbr). **131 The Art Institute of Chicago:** (c, clb). **© The Trustees of the British Museum. All rights reserved:** (tl, tc, tr, ftr, ca, fcra, fbl, bc). **The Metropolitan Museum of Art:** (fbr). **132 © The Trustees of the British Museum. All rights reserved:** (bl). **Dreamstime.com:** Fotocvet (br). **History of Science Museum, University of Oxford:** (ca). **133 Alamy Stock Photo:** Lanmas. **134-135 James Glazier:** (bc). **134 Alamy Stock Photo:** Peter Horree (bc). **© The Trustees of the British Museum. All rights reserved:** (cla). **135 akg-images:** Hervé Champollion (tc). **136 Bridgeman Images:** Fitzwilliam Museum, University of Cambridge, UK (br). **Getty Images:** DeAgostini (t). **The Metropolitan Museum of Art:** Gift of J. Pierpont Morgan, 1917 (bl). **137 Alamy Stock Photo:** Giorgio Morara (t). **Science Photo Library:** Pasquale Sorrentino (b). **138 Alamy Stock Photo:** Michal Sikorski (bl). **© The Trustees of the British Museum. All rights reserved:** (ca). **139 Alamy Stock Photo:** Erin Babnik (l). **Jamie Mubler:** (tr). **140 Photo Scala, Florence:** DeAgostini Picture Library (t). **141 ALTAIR 4 MULTIMEDIA Srl**. **142 A.G.F. Agenzia Giornalistica Fotografica S.r.l**. **143 Alamy Stock Photo:** Heritage Image Partnership Ltd (br). **Bridgeman Images:** Photograph © 2022 Museum of Fine Arts, Boston. All rights reserved. / Henry Lillie Pierce Fun (c). **Getty Images:** DEA Picture Library (tr). **144 Alamy Stock Photo:** Vintage Archives (c). **Photo Scala, Florence:** Luciano Romano (bl). **145 Getty Images:** DEA / G. Roli. **146 Alamy Stock Photo:** Krisztian Juhasz (bl). **148 Getty Images:** DEA / A. De Gregorio (tr); DEA / A. Dagli Orti (bl). **Science & Society Picture Library:** Science Museum (br). **149 Getty Images:** Leemage. **150 Alamy Stock Photo:** Realy Easy Star. **151 Alamy Stock Photo:** Adam Eastland (br). **Getty Images:** DEA Picture Library (bl). **Photo Scala, Florence:** (tr). **152 © The Trustees of the British Museum. All rights reserved:** (l, br). **153 © The Trustees of the British Museum. All rights reserved:** (t). **154 Germanisches Nationalmuseum,:** (br). **The Metropolitan Museum of Art:** Edward C. Moore Collection, Bequest of Edward C. Moore, 189 (ca). **155 Alamy Stock Photo:** Niday Picture Library (br). **Getty Images:** Rainer Herzog (t). **156-157 The Metropolitan Museum of Art:** Fletcher Fund, 1926. **158 The Metropolitan Museum of Art:** Gift of Henry G. Marquand, 1881. **159 Alamy Stock Photo:** Lukasz Janyst (l). **Shutterstock.com:** Nejdet Duzen (c). **160 Alamy Stock Photo:** Damir Vujnovac (t); Viliam.M (b). **161 Alamy Stock Photo:** David Keith Jones (t). **© The Trustees of the British Museum. All rights reserved:** (b). **162 © The Trustees of the British Museum. All rights reserved:** (cla). **Getty Images:** DEA Picture Library (bc); Maremagnum (tr). **166 Davide Monaco:** (bc). **Shutterstock.com:** Naaman Abreu (cra). **167 Biblioteca Apostolica Vaticana**. **168 Alamy Stock Photo:** agefotostock (bl). **© The Trustees of the British Museum. All rights reserved:** (cra). **169 Getty Images:** Geoff Caddick (b); Mondadori Portfolio (t). **171 Photo Scala, Florence:** RMN-Grand Palais / Herve Lewandowski (tc, bc). **172 Alamy Stock Photo:** Adam Eastland. **173 Alamy Stock Photo:** Vito Arcomano (br); Masterpics (cr). **The Metropolitan Museum of Art:** Gift of Joseph H. Durkee, 1899 (ca). **174 Bignor Roman Villa:** (t). **175 Alamy Stock Photo:** Heritage Image Partnership Ltd (ca). **© The Trustees of the British Museum. All rights reserved:** (tr). **© Museum of London:** Museum of London Archaeology (b). **176 Getty Images:** Anshar73 (b); fbxx (t). **177 Alamy Stock Photo:** Romas_ph. **178 Getty Images:** Heritage Images. **179 Alamy Stock Photo:** Interfoto (tl). **Courtesy of the RISD Museum, Providence, RI.:** (r). **180 Alamy Stock Photo:** CPA Media Pte Ltd. **181 Alamy Stock Photo:** Album. **182 Alamy Stock Photo:** Album (cla); Adam Eastland (bc). **Bridgeman Images:** Photograph © 2022 Museum of Fine Arts, Boston. All rights reserved. / Gift in memory of R. E. and Julia K. Hecht (ca). **183 Carole Raddato**. **184 Getty Images:** DEA / G. Dagli Orti. **185 Getty Images:** Pictures from History (br); Universal History Archive (tr). **© Marie-Lan Nguyen/Wikimedia Commons:** (ca). **186 Science Photo Library:** Marco Ansaloni (l). **187 Getty Images:** Luso (b). **188 123RF.com:** graceenee (t). **Getty Images:** Heritage Images (b). **189 Bridgeman Images:** Israel Museum, Jerusalem / Israel Antiquities Authority (br). **Getty Images:** svarshik (bl). **Shutterstock.com:** Mikhail Semenov (tr). **190 © The Trustees of the British Museum. All rights reserved:** (cla). **Shutterstock.com:** Balate Dorin (b). **191 © The Trustees of the British Museum. All rights reserved:** Archivi. Il Parco Archeologico di Pompei (tr). **Dreamstime.com:** Bographics (br). **Getty Images:** DEA / G. Dagli Orti (tl). **192 Alamy Stock Photo:** Adam Eastland (bl); Sites & Photos / Shmuel Magal (cra). **193 Getty Images:** DEA / G. Nimatallah. **194 Alamy Stock Photo:** The Picture Art Collection (cl). **Getty Images:** Michael Nicholson. **196 Alamy Stock Photo:** Adam Eastland (c). **197 Alamy Stock Photo:** EmmePi Images (r). **198 © The Trustees of the British Museum. All rights reserved:** (cla). **Rheinisches Landesmuseum Trier:** GDKE / Th. Zühme (bl). **198-199 Bridgeman Images:** Alinari (br). **199 © The Trustees of the British Museum. All rights reserved:** (tr). **200 Getty Images:** DEA / G. Nimatallah. **201 Alamy Stock Photo:** agefotostock (tr); Universal Art Archive (b). **Getty Images:** DEA / G. Dagli Orti (ca). **202 Alamy Stock Photo:** Sergey Borisov (t). **203 akg-images:** Peter Connolly (b). **AWL Images:** (t). **204 © The Trustees of the British Museum. All rights reserved:** (ca). **The Vindolanda Trust:** (cl). **205 Bridgeman Images:** Arbeia Roman Fort & Museum, Tyne & Wear Archives & Museums (bc). **Getty Images / iStock:** StockSolutions (t). **206 Alamy Stock Photo:** Prisma Archivo (bc). **Digital image courtesy of the Getty's Open Content Program:** (br). **Shutterstock.com:** Lev Levin (bl).**207 Alamy Stock Photo:** Julian Money-Kyrle (bl). **Getty Images:** DEA / A. Dagli Orti (br); Heritage Images (tr). **Courtesy Israel Antiquities Authority:** (bc). **208- 209 Phoenix Ancient Art**. **210 AWL Images:** Jordan Banks (ca). **Photo Scala, Florence:** bpk, Bildagentur fuer Kunst, Kultur und Geschichte, Berlin (bl). **210- 211 © The Trustees of the British Museum. All rights reserved:** (bc). **211 © The Trustees of the British Museum. All rights reserved:** (l). **The Metropolitan Museum of Art:** Gift of C. and E. Canessa, 191 (crb). **212 Alamy Stock Photo:** Nikreates (t). **Getty Images:** DEA Picture Library (b). **213 AWL Images:** Ian Trower. **214 Alamy Stock Photo:** Frank Bach (r). **Getty Images:** Independent Picture Service (l). **216 akg-images:** Eric Vandeville (b). **© The Trustees of the British Museum. All rights reserved:** (tl). **216-217 ALTAIR 4 MULTIMEDIA Srl:** (c). **Poly Haven:** Rob Tuytel (texture, texture2). **217 Getty Images / iStock:** LuckyTD (r). **Photo Scala, Florence:** (t). **218 Digital image courtesy of the Getty's Open Content Program:** The J. Paul Getty Museum, Villa Collection, Malibu, California, 83.AM.227.2 (crb). **The Metropolitan Museum of Art:** Gift of Helen Miller Gould, 1910 (cl/Earring); Rogers Fund, 1921 (cl/Necklace); The Cesnola Collection, Purchased by subscription, 1874-76 (bc); Gift of Mrs. Wallace Phillips, 1957 (br); Rogers Fund, 1922 (c); Purchase, 1896 (cra). **The Walters Art Museum, Baltimore:** Gift of Mr. Furman Hebb, 1990 (tr). **219 © The Trustees of the British Museum. All rights reserved:** (tr, clb, br). **Digital image courtesy of the Getty's Open Content Program:** The J. Paul Getty Museum, Villa Collection, Malibu, California, Gift of Barbara and Lawrence Fleischman, 96.AM.256 (tl); The J. Paul Getty Museum, Villa Collection, Malibu, California, 83.AM.227.3 (ca). **The Metropolitan Museum of Art:** Fletcher Fund, 1925 (bc); Purchase, Deanna Anderson Gift and funds from various donors, 2002 (tc); Gift of Christos G. Bastis, in honor of Philippe de Montebello, 1995 (cl); The Cesnola Collection, Purchased by subscription, 1874-76 (bl). **220 Alamy Stock Photo:** imageBROKER (tr). **Getty Images:** DEA / A. Dagli Orti (l); DEA / G. Dagli Orti (b). **221 Getty Images:** Carlo A. **222 Alamy Stock Photo:** Adam Eastland Art + Architecture (br). **© The Trustees of the British Museum. All rights reserved:** (tl). **223 Alamy Stock Photo:** Peter Eastland (l); The Picture Art Collection (tr). **224-225 © KHM-Museumsverband**. **226 The Metropolitan Museum of Art:** Rogers Fund, 1918. **227 Alamy Stock Photo:** John

Zada (r); Michael Wheatley (l); Kenio (c). **228 Alamy Stock Photo:** history_docu_photo (br); Universal Art Archive (ca). **Photo Scala, Florence:** bpk, Bildagentur fuer Kunst, Kultur und Geschichte, Berlin (bl). **229 Science Photo Library:** David Parker. **230 Carole Raddato. 232 Alamy Stock Photo:** John Astor (br). **Getty Images:** Mondadori Portfolio (bc). **The Metropolitan Museum of Art:** Purchase, Joseph Pulitzer Bequest, 1955 (bl). **233 Alamy Stock Photo:** Vito Arcomano (bc); Universal Art Archive (tr); Dmitriy Moroz (br). **Digital image courtesy of the Getty's Open Content Program:** (bl). **234 Bridgeman Images:** Luisa Ricciarini (ca). **Getty Images:** DeAgostini (t). **235 © The Trustees of the British Museum. All rights reserved. 236 Shutterstock.com:** Angelo Carconi / EPA-EFE (bl). **237 Alamy Stock Photo:** Adam Eastland (tl). **238 Photo Scala, Florence:** bpk, Bildagentur fuer Kunst, Kultur und Geschichte, Berlin (cla). **238-239 Photo Scala, Florence:** RMN-Grand Palais / Maurice et Pierre Chuzeville. **239 Alamy Stock Photo:** Ken Welsh (tr). **240 Alamy Stock Photo:** Jozef Sedmak (br); Universal Art Archive (bl); Shotshop GmbH (bc). **241 Dreamstime.com:** Bernhard Richter (bc). **Getty Images:** Helmut Meyer zur Capellen (br). **Wikipedia:** Wolfgang Sauber / CC BY-SA 3.0 (bl). **242 Alamy Stock Photo:** Hemis (cr). **Getty Images:** Bashar Shglila (l). **243 Alamy Stock Photo:** 360b (br); Arterra Picture Library (t). **244 Photo Scala, Florence:** RMN-Grand Palais / Herve Lewandowski. **245 Getty Images:** Richard Hutchings (t); Sepia Times (b). **246 Alamy Stock Photo:** Science History Images (bc). **© The Trustees of the British Museum. All rights reserved:** (cl). **247 Alamy Stock Photo. Getty Images:** DEA / G. Dagli Orti (t). **248 Getty Images:** DEA / G. Dagli Orti. **249 © The Trustees of the British Museum. All rights reserved:** (bl). **Dreamstime.com:** Giuseppe Di Paolo (tl). **250-251 The Metropolitan Museum of Art:** Rogers Fund, 1903. **252 Alamy Stock Photo:** Prisma Archivo (bl). **The Metropolitan Museum of Art:** Fletcher Fund, 1934 (ca). **253 Alamy Stock Photo:** Universal Art Archive (br); Ivan Vdovin (t). **254 Alamy Stock Photo:** Uber Bilder (cla). **© The Trustees of the British Museum. All rights reserved:** (cra). **255 Alamy Stock Photo:** Stefano Politi Markovina (bl). **© The Trustees of the British Museum. All rights reserved:** (br). **256-257 Alamy Stock Photo:** Norman Barrett (b). **256 Alamy Stock Photo:** Norman Barrett (tr). **257 Alamy Stock Photo:** Norman Barrett (t). **258 The Vindolanda Trust:** (bc). **258-259 Poly Haven:** Rob Tuytel (texture).
259 Alamy Stock Photo: Jaime Pharr (tr). **260 Alamy Stock Photo:** agefotostock (bl). **© The Trustees of the British Museum. All rights reserved:** (ca). **261 Alamy Stock Photo:** CPA Media Pte Ltd. **262 Bridgeman Images:** Philadelphia Museum of Art, Pennsylvania, PA, USA / John G. Johnson Collection, 191 (t). **© The Trustees of the British Museum. All rights reserved:** (bl). **263 akg-images:** Gilles Mermet (tr). **Alamy Stock Photo:** Vito Arcoman (cb); The Picture Art Collection (br). **264 Alamy Stock Photo:** shapencolour (bl). **© The Trustees of the British Museum. All rights reserved:** (tr). **264-265 AWL Images:** (b). **266 Digital image courtesy of the Getty's Open Content Program:** (ca, bc). **The Metropolitan Museum of Art:** Fletcher Fund, 1959 (cl); Fletcher Fund, 1926 (bl); Theodore M. Davis Collection, Bequest of Theodore M. Davis, 191 (br). **The Walters Art Museum, Baltimore:** (cra). **267 Bridgeman Images:** AISA (cr). **© The Trustees of the British Museum. All rights reserved:** (l). **Digital image courtesy of the Getty's Open Content Program:** (ftr, tr). **Getty Images:** DEA Picture Library (c). **The Metropolitan Museum of Art:** Gift of Renée E. and Robert A. Belfer, 2012 (cb); Gift of Henry G. Marquand, 1881 (bc). **268 Alamy Stock Photo:** Norman Barrett (ca); Universal Art Archive (bl); Granger - Historical Picture Archive (br). **269 Alamy Stock Photo:** Universal Art Archive. **270 © The Trustees of the British Museum. All rights reserved:** (ca). **270-271 © The Trustees of the British Museum. All rights reserved:** (bc). **271 © The Trustees of the British Museum. All rights reserved:** (br). **272 Alamy Stock Photo:** Science History Images (bl). **The Metropolitan Museum of Art:** Rogers Fund, 1911 (cra). **273 Getty Images:** DEA / A. De Gregorio (bl). **Photo Scala, Florence:** RMN-Grand Palais / Thierry Ollivier (r). **274-275 The Metropolitan Museum of Art. 276 Getty Images:** DEA Picture Library. **277 Alamy Stock Photo:** F1online digitale Bildagentur GmbH (c). **Getty Images:** ermess (l). **278 AWL Images:** Michele Falzone (t). **279 Getty Images:** Emad Aljumah (t); Salvator Barki (bl). **The Metropolitan Museum of Art:** (br). **280 The Metropolitan Museum of Art:** Rogers Fund, 1988 (cla). **281 akg-images:** Mainz, Römisch-German. Zentralmuseum. **282 Getty Images:** Universal Images Group (b). **Musée des Beaux-Arts et d'Archéologie de Troyes:** Carole Bell, Ville de Troye (ca). **283 Alamy Stock Photo:** Lanmas (br). **The Walters Art Museum, Baltimore:** (l). **284 Alamy Stock Photo:** WHPics (cl). **Bibliothèque nationale de France, Paris:** (bl, br). **© The Trustees of the British Museum. All rights reserved:** (tr, fcl, clb). **285 Bibliothèque nationale de France, Paris:** (ftr, fcla, cla). **© The Trustees of the British Museum. All rights reserved:** (cb, br). **Magyar Nemzeti Muzeum:** (tr). **The Metropolitan Museum of Art:** (cr); Gift of Malcolm Wiener, on the occasion of the reinstallation of the Greek and Roman galleries, 200 (bl). **286 Alamy Stock Photo:** Adam Eastland Art + Architecture (bl). **Getty Images:** Fine Art Images / Heritage Images (bc); Heritage Images (br). **287 Getty Images:** Art Images (br); DEA / G. Dagli Orti (bc). **Photo Scala, Florence:** (bl). **288-289 AWL Images:** Catherina Unger. **290 Museum of Fine Arts - Hungarian National Gallery. 291 Alamy Stock Photo:** Interfoto (tr). **© The Trustees of the British Museum. All rights reserved. Photo Scala, Florence:** (ca, br). **292 Alamy Stock Photo:** Keith Corrigan (bl). **Getty Images:** Ashmolean Museum / Heritage Images (br). **293 Alamy Stock Photo:** Askanioff (tl). **© The Trustees of the British Museum. All rights reserved:** (br). **294 Alamy Stock Photo:** The Picture Art Collection (bc). **AWL Images:** Hemis (cra). **Getty Images:** DEA / A. Dagli Orti (l). **295 Alamy Stock Photo:** Austrian National Library / Interfoto. **296 Getty Images:** DeAgostini. **297 © The Trustees of the British Museum. All rights reserved:** (ca). **Photo Scala, Florence:** Courtesy of the Ministero Beni e Att. Culturali e del Turismo (bl). **298 Alamy Stock Photo:** Adam Eastland (r). **Dreamstime.com:** David Sanchez Paniagua Carvajal (l). **299 Alamy Stock Photo:** Classic Image (b). **AWL Images:** (t). **300 Alamy Stock Photo:** Pavel Dudek (ca). **Photo Scala, Florence:** A. Dagli Orti (bl). **301 © The Trustees of the British Museum. All rights reserved:** (br). **Getty Images:** The New York Historical Society (tc). **302 Alamy Stock Photo:** Imagebroker (cla). **The Metropolitan Museum of Art:** Gift of J. Pierpont Morgan, 1917 (bl). **302-303 Magyar Nemzeti Muzeum:** (bc). **303 Alamy Stock Photo:** Science History Images (br).
All other images © Dorling Kindersley
For further information see www.dkimages.com

【訳】**辻元よしふみ**（つじもと・よしふみ）
服飾史・軍事史研究家、翻訳家。陸上自衛隊需品学校部外講師。早稲田大学卒。訳書に、マクドノー『第三帝国全史 上：ヒトラー 1933-1939』『第三帝国全史 下：ヒトラー 1940-1945』、バックレー『第二次世界大戦 運命の決断：あなたの選択で歴史はどう変わるのか』など、辻元玲子との共著に『軍装・服飾史カラー図鑑』『図説 戦争と軍服の歴史』、共訳書に『写真でたどる 麗しの紳士服図鑑』『ビジュアル図鑑 魔導書の歴史』などがある。

【日本語版監修】**本村凌二**（もとむら・りょうじ）
東京大学名誉教授。専門は古代ローマ史。1947年生まれ。東京大学教養学部教授、同大学院総合文化研究科教授、早稲田大学国際教養学部特任教授を歴任。著書に『薄闇のローマ世界』（サントリー学芸賞）、『多神教と一神教』『はじめて読む人のローマ史1200年』『ローマ帝国 人物列伝』『英語で読む高校世界史』『教養としての「ローマ史」の読み方』など多数。

【監訳】**辻元玲子**（つじもと・れいこ）
桐朋学園大学音楽学部演奏学科卒。ドイツ国立ミュンヘン音楽・演劇大学にてハンノ・ブラシュケ教授に声楽を師事、同大学特別課程修了。歴史考証復元画家（ヒストリカル・イラストレーター）、陸上自衛隊需品学校部外講師。日本で数少ないユニフォーモロジー（制服学）と歴史復元画の専門画家。辻元よしふみとの共著、共訳書は左記。